에듀윌과 함께 시작하면,
당신도 합격할 수 있습니다!

자소서와 면접, NCS와 직무적성검사의 차이점이 궁금한
취준을 처음 접하는 취린이

대학 졸업을 앞두고 취업을 위해 바쁜 시간을 쪼개며
채용시험을 준비하는 취준생

내가 하고 싶은 일을 다시 찾기 위해
회사생활과 병행하며 재취업을 준비하는 이직러

누구나 합격할 수 있습니다.
이루겠다는 '목표' 하나면 충분합니다.

마지막 페이지를 덮으면,

에듀윌과 함께
취업 합격이 시작됩니다.

누적 판매량 242만 부 돌파
I베스트셀러 1위 3,615회 달성

공기업 NCS | 100% 찐기출 수록!

NCS 통합 기본서/실전모의고사
피듈형 | 행과연형 | 휴노형 봉투모의고사

매1N
매1N Ver.2

한국철도공사 | 부산교통공사
서울교통공사 | 국민건강보험공단
한국수력원자력+5대 발전회사

한국전력공사 | 한국가스공사
한국수자원공사 | 한국수력원자력
한국토지주택공사 | 한국도로공사

NCS 10개 영역 기출 600제
NCS 6대 출제사 찐기출문제집

대기업 인적성 | 온라인 시험도 완벽 대비!

20대기업 인적성 통합 기본서

GSAT 삼성직무적성검사
통합 기본서 | 실전모의고사

LG그룹 온라인 인적성검사

SKCT SK그룹 종합역량검사
포스코 | 현대자동차/기아

농협은행
지역농협

영역별 & 전공

취업상식 1위!

공기업 사무직 통합전공 800제
전기끝장 시리즈 ❶, ❷

이해황 독해력 강화의 기술
PSAT형 NCS 수문끝

공기업기출 일반상식

기출 금융경제 상식

다통하는 일반상식

더 많은
에듀윌 취업 교재

취업 대세 에듀윌!
Why 에듀윌 취업 교재

기출맛집 에듀윌!
100% 찐기출복원 수록

주요 공·대기업 기출복원 문제 수록
과목별 최신 기출부터 기출변형 문제 연습으로 단기 취업 성공!

공·대기업 온라인모의고사
+ 성적분석 서비스

실제 온라인 시험과 동일한 환경 구성
대기업 교재 기준 전 회차 온라인 시험 제공으로 실전 완벽 대비

무료 강의 ➕ 부가 자료

합격을 위한
부가 자료

교재 연계 무료 특강
+ 교재 맞춤형 부가학습자료 특별 제공!

eduwill

취업 교육 1위
에듀윌 취업 무료 혜택

교재 연계 강의

- 수리(자료해석/창의수리) 기출유형 무료특강 12강
- 비수리(언어이해/언어추리) 기출유형 무료특강 10강
- LG 자기소개서 작성법 무료특강 7강
- 수포자 부활 무료특강 4강

※ 2025년 1월 2일에 오픈될 예정이며, 강의명 과 강의 오픈 일자는 변경될 수 있습니다.
※ 무료 특강 이벤트는 예고 없이 변동 또는 종 료될 수 있습니다.

교재 연계 강의 바로가기

교재 연계 부가학습자료

다운로드 방법

STEP 1
에듀윌 도서몰
(book.eduwill.
net) 로그인

STEP 2
도서자료실 →
부가학습자료
클릭

STEP 3
[2025 최신판
LG그룹
통합 기본서]
검색

- 수포자 부활 노트(PDF)

온라인모의고사
& 성적분석 서비스

온라인 응시 서비스 응시코드

응시방법

PC 접속 https://eduwill.kr/1tVe
모바일 접속 하기 QR 코드 연결

※ 온라인모의고사 응시 및 성적분석 서비스는 2025년 12월 31일까지 유효합니다.
※ 본 응시코드는 1인 1회만 사용 가능하며, 중 복 사용은 불가합니다.

온라인 모의고사 신청

모바일 OMR
자동채점 & 성적분석 서비스

실시간 성적분석 방법

STEP 1
QR 코드 스캔

STEP 2
모바일 OMR
입력

STEP 3
자동채점 &
성적분석표
확인

※ 혜택 대상 교재는 본문 내 QR 코드를 제공하고 있으며, 교재별 서비스 유무 는 다를 수 있습니다.
※ 응시내역 통합조회
에듀윌 문풀훈련소 → 상단 '교재풀이' 클릭 → 메뉴에서 응시확인

에듀윌이
너를
지지할게

ENERGY

시작하라.

그 자체가 천재성이고,
힘이며, 마력이다.

– 요한 볼프강 폰 괴테(Johann Wolfgang von Goethe)

최신판

LG그룹
온라인 인적성검사
통합 기본서

LG그룹 채용의 모든 것!

LG Way Fit Test
합격 필독사항을 모았다!

LG그룹은
어떤 기업 인가요?

기업 소개 ➤ P. 6

모두가 들어가고 싶어 하는 LG그룹의 비전과 경영이념, 행동방식 등 기업 정보를 제공합니다. 자세한 내용은 'LG그룹 기업 소개'를 통해 확인할 수 있습니다.

LG인적성검사는
어떻게 출제 되나요?

출제경향 분석 ➤ P. 8

LG그룹 적성검사는 언어이해, 언어추리, 자료해석, 창의수리 총 4개 영역으로 20문항씩 총 80문항이 출제되며 80분간 진행되고, 인성검사는 총 183문항이 출제되며 20분간 진행됩니다. 자세한 내용은 'LG인적성검사 출제경향 분석'을 통해 확인할 수 있습니다.

LG인적성검사는
어떤 방식으로 진행되나요?

준비 및 진행 과정 ➤ P. 10

LG인적성검사는 온라인으로 진행 됩니다. 개인이 준비한 연습장 또 는 필기구 사용은 불가하며 시스템 상 준비된 계산기와 메모장을 활용 하여 시험을 치릅니다. 자세한 내 용은 'LG인적성검사 준비 및 진행 과정'을 통해 확인할 수 있습니다.

LG인적성검사의
출제 포인트는 무엇인가요?

영역별 출제 포인트 ➤ P. 12

언어이해는 크게 사실적 사고, 추 론적 사고로 나뉘며, 언어추리는 명제, 조건추리로 나뉩니다. 자료 해석은 자료이해, 창의수리는 수열 추리와 응용계산으로 구분할 수 있 습니다. 자세한 내용은 'LG인적성 검사 영역별 출제 포인트'를 통해 확인할 수 있습니다.

LG그룹 채용은
어떻게 진행되나요?

채용 정보 ➤ P. 15

LG그룹 채용의 모든 과정을 한눈 에 쉽게 파악할 수 있도록 정리하 였습니다. 자세한 내용은 'LG그룹 채용 정보'를 통해 확인할 수 있습 니다.

01 비전

고객들이 신뢰하는 LG

탁월한 품질과 브랜드 가치로 고객을 감동시켜
고객 스스로 LG가 최고라고 인정하게 만드는 것

투자자들에게 가장 매력적인 LG

높은 투자수익률로 투자자들에게
가장 매력적인 가치를 지닌 회사로 인정받는 것

인재들이 선망하는 LG

최고의 인재가 모여 주인의식을 가지고
신명나게 일할 수 있는 최고의 직장이 되는 것

경쟁사들이 두려워하면서도
배우고 싶어하는 LG

일등 경영을 통해 탁월한 성과를 창출함으로써
경쟁사들이 두려워하면서도 배우고 싶어하는 기업이 되는 것

02 경영이념

■ 고객을 위한 가치 창조

[고객중시]
- 경영의 출발점이 되는 고객을 최우선으로 생각한다.
- 항상 최종소비자 관점을 중시하여 판단하고 평가한다.

[실질적 가치제공]
- 고객의 잠재된 요구까지도 한 발 앞서 찾아낸다.
- 고객의 기대를 뛰어넘는 최고의 제품과 서비스를 제공한다.

[혁신을 통한 창조]
- 기존의 틀을 깨는 차별화된 아이디어를 창출한다.
- 끊임없이 더 나은 방식을 찾아 실행한다.

■ 인간존중의 경영

[창의 · 자율]
- 고정관념에서 탈피하여 새로운 생각과 시도를 추구한다.
- 자기 책임과 권한에 따라 주인의식을 가지고 일한다.

[인간중시]
- 개개인의 인격과 다양성을 존중한다.
- 고객가치 창출의 원천인 구성원을 가장 중요한 자산으로 여긴다.

[능력개발 및 발휘 극대화]
- 스스로 세계 최고가 되겠다는 신념으로 일하고 능력을 개발한다.
- 개개인의 잠재력이 최대한 발휘될 수 있도록 기회를 제공한다.

[성과주의]
- 도전적인 목표를 세우고 지속적인 성과 창출에 노력한다.
- 능력과 장단기 성과에 따라 공정하게 평가하고 보상한다.

03 행동방식

정도경영은 윤리경영을 기반으로 꾸준히 실력을 배양해 정정당당하게 승부하는 LG만의 행동방식입니다.

정직	공정한 대우	실력을 통한 정당한 경쟁
원칙과 기준에 따라 투명하게 일한다.	모든 거래 관계에서 공평하게 기회를 제공하고, 공정하게 대우한다.	정정당당하게 경쟁하여 이길 수 있는 실력을 키운다.

LG인적성검사 출제경향 분석

01 개요

2020년 9월부터 온라인 방식으로 실시된 LG인적성검사(LG Way Fit Test)는 LG 임직원의 사고 및 행동 방식의 기본인 LG Way에 적합한 인재를 선별하고자 진행하는 LG의 평가 방식 중 하나이다. 이는 모든 신입사원 지원자에게 공통적으로 적용되는 시험이다. 인적성검사는 LG그룹 공통으로 적용한다.

※ LG인적성검사의 유효 기간은 응시일 기준 12개월이며, 해당 기간 내에 LG 계열회사의 채용공고에 재지원할 경우 이전 응시 결과를 적용할 수 있다. 계열사별로 기준이 다를 수 있으므로 자세한 내용은 해당 계열사의 인적성검사 전형 시 안내될 내용을 참고하도록 한다.

02 구성

구분	문항 수	시간
적성	80문항 (언어이해, 언어추리, 자료해석, 창의수리, 영역별 20문항씩)	총 80분 (영역별 20분)
인성	183문항	20분

03 영역별 후기

1 언어이해

- 지문의 길이가 기존에 비해 많이 길어졌고, 난이도가 높은 내용이 출제됨
- 주제/제목 찾기, 글의 일치/불일치, 추론, 글에 대한 반박으로 적절하지 않은 것 등 다양한 유형이 출제되었음
- 선지들이 어렵게 나왔지만, 모의고사들을 풀며 독해력을 기르면 충분히 풀 수 있는 정도의 문제들이었음

2 언어추리

- 많이 어려웠지만 풀만한 난이도였음
- 명제와 조건추리, 참거짓을 찾는 진실게임 유형의 문제가 출제 되었으며, 명제와 조건추리보다는 진실게임 유형의 문제가 다수 출제됨
- 전체적으로 까다롭게 문제가 출제되었음
- 머릿속으로 명제와 대우를 세워 모순 없이 계산하는 연습이 필요함

3 자료해석

- 난이도가 이전 시험보다 더 높아진 문제들이 출제됨
- 문제를 풀 때 계산양이 많아 제한된 시간 내에 풀기에 어려웠음
- 증가율 등을 통해 옳은 것/옳지 않은 것을 고르는 전형적인 자료해석, 꺾은선 그래프 및 축적 막대그래프 자료 등이 바탕이 된 자료해석 문제가 출제되었음

4 창의수리

- 수열추리 유형과 응용계산 유형의 문제가 출제되었으며, 난이도가 높았음
- 제한 시간 내에 풀기에는 다소 시간 압박이 드는 문제가 많았으며, 까다롭고 어려운 문제들이 출제됨
- 수열추리 및 응용계산으로 구분되어 출제되었으며, 수열추리는 규칙을 발견하지 못할 정도로 눈에 띄는 규칙을 찾기 어려웠지만, 응용계산 중 방정식 문제는 비교적 쉬웠음
- 수열 문제가 많이 출제되었고, 도형문제는 거의 출제되지 않음

LG인적성검사 준비 및 진행 과정

01 사전준비

1 장소

- 타인과의 접촉이 없고 1인 1실로 응시 가능한 독립된 공간이어야 함
- 2시간 이상 안정적인 네트워크 연결과 PC 전원 공급이 가능한 장소여야 함

2 준비물

노트북 또는 데스크탑(태블릿PC / 모바일 불가), 웹캠, 헤드셋, 키보드, 마우스
※ 헤드셋 대체하여 스피커+마이크 또는 마이크가 부착된 이어폰 등 의사소통이 가능한 장비 모두 가능함

3 신분증

주민등록증, 운전면허증, 여권(유효기간 내), 외국인등록증 중 1개
※ 시험 보기 전 신분증을 등록해야 함

4 검사 프로그램 사전점검 (15분 소요)

- 응시일 기준 2일 전부터 인적성검사 시작 전까지 사전점검 필수 진행
- 사전점검 완료 후 [사전점검 종료] 버튼 클릭하지 않는 경우 인적성검사 응시 불가
- 기한 내 1회만 실시 가능하며, 사전점검 진행 중 추가 모니터 연결 시 부정행위 시도로 간주하여 인적성검사 응시 불가
- 프로그램 접속 후 메모장, 계산기 등 프로그램 시험 작동
  ※ 계산기는 2줄까지 사용 가능
- 인성검사 체험 가능

5 검사 프로그램 응시 준비

- 응시 당일 안내된 시각부터 19분 59초 동안 로그인 가능
  ※ 시간 초과 시 접속 불가
- 안내된 시각의 30분 전까지 시스템 점검/신분증 등록 등 응시 준비 완료해야 응시 가능

02 검사 프로그램 구성 및 진행

[시험 볼 때의 화면]

시간 표시	(화면) 본인 / 감독관
문제	번호 안내
	정답 입력 + 메모장 또는 그림판
	계산기

※ 온라인 진행 시 LG인적성검사 프로그램은 대략 위와 같이 구성되며, 일부 상이할 수 있음

- 인적성검사 진행 시간은 약 2시간 30분으로, 약 50분은 안내 및 출석, 신분증 확인, 응시 환경 확인 등의 절차를 진행하고 확인 절차가 완료된 후 100분 동안 검사 진행
- 휴대전화는 확인 절차 동안에는 전원을 켜두며, 시험 시작 10분 전 지시에 따라 전원 끄기 (전원 꺼졌는지 확인을 위해 시험 응시 중간에 모니터링 직원이 전화 발신)
- 확인 절차 중 웹캠으로 응시자의 양팔, 책상, 책상 아래, 응시 환경 내부 360°를 비추어 확인
- 검사 프로그램에서 제공하는 메모장, 계산기 이외에 종이, 필기구, 계산기 등 사용 금지
- 검사 시작 10분 전부터는 화장실 이용이 금지되며, 핸드폰이 꺼졌는지 확인해야 함
- 우측 상단에 메모장 또는 그림판이 있으며, 우측 하단에는 계산기가 있음
- 정답 입력 및 메모장 또는 그림판 부분에 타자와 드로잉이 모두 가능함
- 영역별로 다음 영역에 대한 예제가 나오는 1분의 쉬는 시간이 주어지며, 이후 검사가 시작됨
- 풀었을 때와 푸는 중일 때 문제를 의미하는 아이콘의 색이 바뀜

　※ 사용 금지 품목: 휴지, 물(기타 음료), 종이, 책, 필기구

LG인적성검사 영역별 출제 포인트

1 언어이해

다음 글의 내용과 일치하지 <u>않는</u> 것을 고르면?

> 알코올성 간 질환은 B형 간염, C형 간염과 함께 우리나라 만성 간 질환의 중요한 원인이 되고 있다. 알코올성 간 질환은 크게 알코올성 지방간, 알코올성 간염, 알코올성 간경변증으로 분류된다. 알코올성 지방간이란 간 내에 지방이 정상 이상으로 쌓이는 것으로 간 기능에는 큰 이상이 없는 상태를 말한다. 알코올성 간염이란 과도한 음주로 간에 염증성 손상이 진행되는 상태이다. 알코올성 간경변증이란 간의 염증성 손상이 비가역적으로 축적되고 섬유화되는 것으로, 출혈, 혼수, 간암 등의 심각한 합병증이 동반될 수 있다. 알코올에 의한 간 손상 초기에는 지방간 소견을 보이며, 음주를 계속하면 알코올성 간염이 유발되고, 알코올성 간염에서 다시 간경변증으로 진행된다. 때로는 알코올성 지방간에서 알코올성 간염을 거치지 않고 바로 간경변증으로 진행하기도 한다. 한 가지 소견이 발견되는 경우는 드물며, 환자에 따라 여러 소견이 겹쳐서 나타난다.

① 알코올성 간염은 심각한 합병증을 동반한다.
② 알코올성 지방간은 간 기능에는 큰 이상이 없다.
③ 알코올성 간 질환은 만성 간 질환의 중요한 원인이다.
④ 알코올성 간 질환은 주로 여러 소견이 겹쳐서 나타난다.
⑤ 알코올성 간 질환은 지방간, 간염, 간경변증 순서로 그 심각성이 크다.

 출제 포인트

✓ 언어이해 검사는 글의 중심 내용을 파악하거나 구조를 파악하는 능력을 알아보기 위한 사실적 사고 검사와 개별 진술문들 간 관계 및 구조를 파악하여 논리적인 판단을 내리는 능력을 알아보기 위한 추론적 사고 검사로 구성되어 있다.
✓ 주제나 제목 찾기, 문단배열, 일치/불일치, 추론, 비판 및 평가, 빈칸 삽입 등 독해 위주의 문제가 출제된다. 배경지식을 활용하지 않고 주어진 글에 근거하여 빠르게 정답을 찾는 연습을 해야 한다.

2 언어추리
[조건추리 예제]

A~E 다섯 명은 휴가 계획에 대해 다음 [조건]과 같이 말하였다. 다섯 명의 직원 중 한 명을 제외하고 모두 진실을 말했다고 할 때, 거짓을 말하고 있는 직원을 고르면?

> ┌─ 조건 ────────────────────────────────
> • A: "나는 E 바로 다음으로 휴가를 간다."
> • B: "나는 마지막으로 휴가를 간다."
> • C: "나는 D보다 늦게 휴가를 간다."
> • D: "나는 B와 C보다 늦게 휴가를 간다."
> • E: "내가 가장 먼저 휴가를 간다."

① A   ② B   ③ C   ④ D   ⑤ E

 출제 포인트

✓ 언어추리 검사는 주어진 정보를 종합하고 진술문들 간의 관계구조를 파악하여 새로운 내용을 추론해내는 능력을 알아보기 위한 검사이다.
✓ 명제: 삼단논법과 대우명제를 활용하여 논리 흐름을 따라가다 보면 해결되는 유형이 주로 출제된다. 유형이 매우 한정적이므로 반복 연습하면 가장 쉽게 점수를 얻을 수 있다.
✓ 조건추리: 다양한 경우의 수를 주어진 조건에 맞춰 줄여나가는 일종의 논리게임 유형이다. 추리 영역에서 가장 많이 출제되므로 철저하게 공략해야 한다.

3 자료해석

다음 [표]는 2014~2020년 OECD 국가별 인구 십만 명당 도로 교통사고 사망자 수에 관한 자료이다. 이에 대한 설명으로 항상 옳은 것을 고르면?

[표] 2014~2020년 OECD 국가별 인구 십만 명당 도로 교통사고 사망자 수 (단위: 명/십만 명)

구분	2014년	2015년	2016년	2017년	2018년	2019년	2020년
영국	2.8	2.7	2.8	2.8	2.7	2.7	2.3
일본	3.8	3.8	3.7	3.5	3.3	3.1	2.7
독일	4.1	4.2	3.9	3.8	3.9	3.6	3.2
프랑스	5.3	5.4	5.4	5.3	5	5	3.9
호주	4.9	4.9	5.2	5	4.9	4.7	4.3
한국	9.4	9.1	8.4	8.1	7.3	6.5	6

① 한국의 교통사고 건당 사망자 수는 매년 일본의 두 배 이상이다.
② 도로 교통사고 전체 사망자 수는 매년 영국이 가장 적다.
③ 일본의 인구 십만 명당 도로 교통사고 사망자 수는 2016년부터 매년 감소하였다.
④ 독일의 십만 명당 사망자 수는 매년 호주보다 적다.
⑤ 2019년 대비 2020년 십만 명당 도로 교통사고 사망자 수가 가장 크게 감소한 국가는 프랑스이다.

 출제 포인트

✓ 자료해석 검사는 표/그래프 자료를 신속하고 정확하게 분석하여 자료에 제시된 수치 정보를 계산하거나 의미를 해석하고, 추세 및 경향성에 대해 추론하는 능력을 측정하는 검사이다.
✓ 표나 그래프를 주고 자료를 해석하거나 자료를 이용해서 계산을 하는 문제가 출제된다.
✓ 인적성을 접하기 전까진 생소한 유형이므로 일단 유형에 익숙해지는 것이 최우선이다.

4 창의수리
[수열추리 예제]

다음은 일정한 규칙으로 수를 나열한 것이다. 빈칸에 들어갈 수로 알맞은 것을 고르면?

| −15 | −13 | −7 | ( ) | 25 | 55 | 97 |

① 1   ② 2   ③ 3   ④ 4   ⑤ 5

 출제 포인트

✓ 창의수리 검사는 일정한 규칙에 따라 배열된 숫자열이나 숫자의 집합으로부터 규칙 및 관계의 특성을 추론하는 능력을 알아보기 위한 수열추리 검사와 일상생활에서 발생하는 문제를 해결하기 위해서 수학의 기본 원리와 방정식, 함수 등을 활용하여 문제들을 접근하는 능력을 측정하는 응용계산 검사로 구성되어 있다.
✓ 수열추리는 등차수열, 등비수열, 계차수열, 피보나치수열 등 일반적인 유형일 경우 매우 쉽게 풀리지만, 독특한 규칙이 적용될 경우 시간이 굉장히 지체될 수 있다. 따라서 포기할 문제를 빠르게 포기하는 선구안을 길러야 한다.

[응용계산 예제]

하영이는 어머니와 20살 차이가 나는데, 7년 후에는 어머니 나이가 하영이 나이의 3배가 된다. 이때, 하영이의 현재 나이를 고르면?

① 2살   ② 3살   ③ 4살   ④ 5살   ⑤ 6살

 출제 포인트

✓ 농도, 거리/속력/시간, 일률, 원가/정가/할인가, 비와 비율, 경우의 수와 확률 등 중학교 수준의 응용수리 문제가 출제된다. 학창 시절에 모두 배웠던 내용이므로 기본 개념만 다시 리마인드하여 반복 연습하면 쉽게 정복할 수 있다.

5 인성검사

다음 문항을 읽고 자신과 맞는 성향에 따라 '전혀 아님'인 1점부터 '매우 그러함'인 7점까지의 점수를 표시한 후 세 문항 중 가장 가까운 문항에는 '가깝다'를, 가장 거리가 먼 문항에는 '멀다'를 고르시오.

번호		문항 예시	응답1							응답2	
			전혀 아님 《		보통			》 매우 그러함		멀다	가깝다
001	A	같이 일하는 것을 좋아한다.	①	②	③	④	⑤	⑥	⑦	○	○
	B	새로운 모험을 하는 것을 좋아한다.	①	②	③	④	⑤	⑥	⑦	○	○
	C	문화생활을 즐기는 편이다.	①	②	③	④	⑤	⑥	⑦	○	○

 출제 포인트

✓ LG Way에 맞는 개인별 역량 또는 직업 성격적인 적합도를 확인하는 검사이다. 총 183문항으로 20분간 진행된다.

LG그룹 채용 정보

01 개요

계열사별 전체 채용 일정은 LG Careers(https://careers.lg.com)에서 확인 가능하며, 채용 사이트 내에서 자신의 전공이나 관심 있는 회사, 직군, 근무지 등을 바탕으로 관심 채용공고를 등록하면 별도로 확인이 가능하다. 또한 채용 사이트 회원가입 시 이메일 및 SMS 알림 서비스를 신청하면 관심 등록한 해당 채용공고가 게시될 때 안내받을 수 있다.

02 채용 절차

LG는 '창의와 자율'의 원칙하에 계열회사 개별 채용을 진행하고 있다. LG는 취업준비생에게 더 많은 기회를 제공한다는 취지에서 계열회사 중복 지원에 대한 제한은 없다. 다만, 채용전형 진행 중인 동일 회사의 신입 공고에 중복으로 지원할 수 없다.

※ 신입/경력, 계열사에 따라 상이할 수 있으니 채용공고를 반드시 확인해야 함

1 서류전형
- 직무에 관계없이 지원자 모두에게 인턴, 봉사활동, 자격증, 공모전, 어학성적 등의 기재를 요구하지 않음
- 자기소개서를 통해 LG에 대한 관심과 직무수행 역량을 확인함

2 인적성검사
- LG 임직원의 사고 및 행동 방식의 기본인 LG Way에 적합한 인재를 선별하기 위한 방식
- 모든 신입사원 지원자에게 공통적으로 적용되는 시험

3 면접전형
- LG Way 기반의 인성면접과 더불어 각 사별로 토론면접, PT면접, 창의성면접 등 다양한 방식의 면접을 진행함
- 예비 신입사원다운 패기, 지원한 회사와 분야를 향한 관심과 열정을 확인

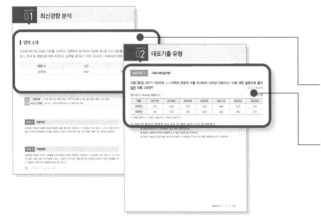

최신 기출 유형 파악!

최신경향 & 대표기출

최신경향 분석

온라인 시험인 LG인적성검사의 최신경향을
상세히 분석하였습니다.

대표기출 유형 & '문제 해결 TIP'

필기시험 기출 및 키워드 분석을 통해 실제
시험에서 출제되는 문항을 유형별로 정리하
여 분석하였습니다.
시간 단축, 접근 스킬, 관련 이론들을 정리함
으로써 학습 효율성을 높였습니다.

기출 유형 완전 정복!

유형연습 문제

핵심 연습 문제로 실력 완성

핵심 연습 문제로 구성하여 기출 유형을 완벽
하게 마스터할 수 있도록 하였습니다.

온라인으로 실전 체험하는
실전모의고사 4회분

실제 시험과 동일한 구성으로 4회 수록

온라인 시험 형식에 맞춰 언어이해, 언어추리, 자료해석, 창의수리 총 80문항으로 모의고사 4회를 구성하여 온라인 시험에 대비할 수 있도록 하였습니다.

➕ **전 회차 온라인 응시 서비스**

실전과 동일한 환경에서 연습할 수 있도록 4회 모두 온라인 응시 서비스와 성적분석 서비스를 제공하여 완벽하게 실전 연습을 할 수 있도록 하였습니다.

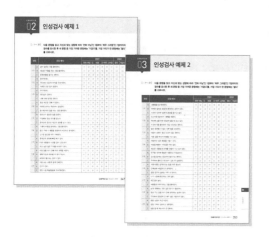

인성검사까지 완벽하게
인성검사 2회분

LG Way Fit Test

인성검사 유형 중 가장 복잡한 LG만의 인성검사 유형을 2회분 수록하여 충분히 연습 후 실전에 임할 수 있도록 하였습니다.

차례

언어이해

최신경향 분석

▌ 영역 소개

언어이해는 글의 중심 내용을 파악하거나 구조를 파악하는 능력을 알아보기 위한 사실적 사고 유형과 개별 진술들 간 관계 및 구조를 파악하여 논리적인 판단을 내리는 능력을 알아보기 위한 추론적 사고 유형으로 구성되어 있다.

문항 수	시간	형태
20문항	20분	객관식 5지선다형

▌ 출제유형 소개

유형 1   사실적 사고

사실적 사고 유형은 언어이해에서 절반 이상의 출제 비중을 차지하며, 난도가 크게 높지 않다. 사실적 사고 유형은 다음과 같이 세 가지 세부 유형으로 출제되고 있다.

세부 유형	주제/제목	주어진 글의 중심 내용 또는 제목을 파악하는 유형
	일치/불일치	주어진 글의 내용과 선택지 간의 일치 여부를 파악하는 유형
	빈칸/순서	주어진 글의 문단을 배열하거나 빈칸에 들어갈 내용을 파악하는 유형

유형 2   추론적 사고

추론적 사고 유형은 언어이해에서 절반 이하의 출제 비중을 차지하며, 난도가 약간 높은 편이다. 추론적 사고 유형은 다음과 같이 세 가지 세부 유형으로 출제되고 있다.

세부 유형	추론	주어진 글로 유추할 수 있는 사실을 추론하는 유형
	비판 및 평가	주어진 글을 비판하거나, 글을 읽은 후의 반응을 파악하는 유형
	사례	주어진 글을 읽고 적절한 사례를 선택하는 유형

유형 1	사실적 사고

세부유형 ①	주제/제목

다음 글에 나타난 필자의 의도와 일치하지 <u>않는</u> 것을 고르면? 2024 기출 복원

음성인식 기술은 현대 정보통신 분야에서 중요한 진보를 이루고 있으며, 지속적으로 발전 중이다. 사용자들이 음성으로 간편하게 기기를 제어할 수 있게 함으로써 일상생활에서의 편리성을 높여준다. 스마트폰, 가전제품, 차량 제어 시스템 등 다양한 분야에서 활용되고 있어 우리 삶의 질을 향상시키는 데 큰 역할을 하고 있다. 또한, 장애를 가진 사람들에게도 접근성을 크게 높여주며 정보 격차를 줄이는 데 기여하고 있다.

음성인식 기술이 해결해야 할 문제도 존재한다. 음성 데이터의 수집과 처리 과정에서 발생할 수 있는 개인정보 보호문제와 글로벌 시대에 맞춘 다양한 언어와 억양에 대한 인식률 개선이 요구된다. 따라서 기술 발전과 함께 이러한 문제를 해결하려는 노력이 병행되어야 한다. 음성인식 기술은 편리성과 접근성을 높이는 유용한 도구로 자리잡아 가고 있으나, 그 사용에 있어 신중한 접근이 필요하다.

① 음성인식 기술은 다양한 분야에서 정보 접근성을 확대하여 사회 전반의 디지털 격차를 줄일 것이다.
② 음성인식 기술은 사용자 편의를 우선시하는 만큼, 개인정보 보호문제는 일부 위험을 감수할 수 있다.
③ 다양한 억양과 언어를 인식할 수 있는 기술 개선이 이루어져야 한다.
④ 음성인식 기술은 장애를 가진 사람들의 정보 접근성을 높일 수 있는 유용한 도구로 자리잡을 것이다.
⑤ 음성인식 기술의 보안 문제 해결은 기술의 신뢰성 향상을 위해 반드시 필요하다.

정답해설

음성인식 기술 처리과정에서 발생하는 개인정보 보호문제를 해결해야 한다고 주장하고 있으므로, ②는 필자의 의도와는 거리가 멀다.

[오답풀이]
①, ④ 음성인식 기술은 정보 접근성을 확대하여 장애를 가진 사람들에게도 접근성을 크게 높여준다고 설명하고 있다.
③ 글로벌 시대에 맞춘 다양한 언어 인식 기술 개선을 요구하고 있다.
⑤ 기술 발전과 더불어 개인정보 보호문제를 언급하고 있으므로, 보안 문제 해결에 대한 의도가 엿보인다.

| 정답 | ②

다음 글의 내용과 일치하지 <u>않는</u> 것을 고르면?

2024 기출 복원

> 라이언에어(Ryanair)는 1985년 아일랜드에서 설립된 초저가 항공사로, 독특한 수익모델을 통해 빠르게 성장해 왔다. 이 항공사는 기본 운임을 낮추고 부가서비스에서 수익을 창출하는 구조를 갖고 있다. 라이언에어는 항공권 가격을 최저로 낮추는 대신 승객이 선택적으로 이용할 수 있는 다양한 부가서비스를 제공하고 있는데, 이것이 수익의 상당 부분을 차지한다. 부가서비스의 항목에는 좌석 예약, 수하물 추가, 기내 식음료 제공 등이 있으며, 기내 판매 상품과 항공사 파트너십을 통한 광고 수익도 포함된다. 이는 풀옵션의 항공 서비스를 원하는 승객이 아닌, 저렴한 운임을 찾는 소비자에게 적합한 구조이다.
>
> 라이언에어는 대형 항공기 운항을 최소화하고, 동일 기종의 항공기를 집중적으로 사용하여 정비 비용을 절감한다. 이를 통해 항공기는 최대한 짧은 시간 동안만 지상에 머물고, 신속한 회전율을 유지한다. 공항 선택 역시 비용 절감을 위해 주요 공항보다는 상대적으로 이용료가 저렴한 지방 공항을 이용하여 전체 비용을 크게 절감한다. 라이언에어는 단순히 저렴한 운임뿐만 아니라, 비용 절감을 통해 확보한 자금으로 추가적인 서비스 향상을 도모한다.
>
> 라이언에어의 수익모델은 논란의 대상이 되기도 한다. 일각에서는 기본 운임 외에도 여러 추가 요금이 발생하는 것에 대해 불만을 제기하며, 실제 운임이 생각보다 높아질 수 있다고 지적한다. 이런 불만에도 불구하고, 라이언에어는 낮은 운임과 선택적 비용 부담이라는 전략을 통해 고유한 위치를 차지하고 있다.

① 라이언에어는 저렴한 운임을 위해 주요 공항보다 이용료가 저렴한 지방 공항을 주로 선택한다.
② 라이언에어의 주요 수익은 항공권 판매 수익이며 부가서비스는 수익의 일부를 차지한다.
③ 회전율을 높이기 위해 동일한 기종의 항공기를 주로 사용하고 정비 시간을 최소화한다.
④ 일부 소비자들은 라이언에어의 추가 요금 정책에 대해 실제 운임이 예상보다 높아진다고 지적한다.
⑤ 라이언에어는 기존의 항공 서비스의 정책과 달리 선택적인 여러 부가서비스를 통해 수익을 올린다.

정답해설

라이언에어의 주된 수익원은 저렴한 항공권이 아닌 좌석 예약, 수하물 추가, 기내 식음료, 물품 판매 등과 같은 부가서비스이다.

[오답풀이]
① 주요 공항보다는 상대적으로 이용료가 저렴한 지방 공항을 이용하여 비용을 절감한다고 설명하고 있다.
③ 동일 기종의 사용으로 정비 비용을 절감하며 신속한 회전율을 유지한다는 설명이다.
④ 마지막 부분에 의하면 추가 요금이 실제 운임보다 높아질 수 있다는 지적이다.
⑤ 항공권 가격이 저렴한 대신 부가서비스 정책으로 수익을 높이는 구조이다.

| 정답 | ②

세부유형 ③　　빈칸/순서

다음 글의 문단 [가]~[마]를 논리적인 순서에 맞게 배열한 것을 고르면?　　2024 기출 복원

[가] 와인의 보관과 섭취 온도는 와인의 풍미에 큰 영향을 미친다. 레드 와인은 16℃에서 18℃의 실온에서 마시는 것이 좋고, 화이트 와인은 10℃에서 12℃의 차가운 온도에서 즐길 때 가장 좋은 맛을 낸다. 로제 와인도 화이트 와인과 비슷한 온도에서 즐기는 것이 좋다. 온도를 맞춰 마시면 와인의 향과 맛이 극대화된다.

[나] 와인을 즐길 때는 음식과의 조화도 중요하다. 레드 와인은 스테이크나 양고기 같은 육류와 화이트 와인은 생선이나 해산물 요리와 잘 어울린다. 로제 와인은 어느 음식과도 무난하게 어울려 다양한 요리와 조합할 수 있다. 와인과 음식의 궁합을 잘 맞추면, 와인의 풍미를 더욱 잘 느낄 수 있다.

[다] 와인의 종류는 크게 레드 와인, 화이트 와인, 로제 와인으로 나뉜다. 레드 와인은 포도의 껍질을 함께 발효시켜 짙은 색과 풍부한 탄닌 성분을 가지며 주로 육류와 잘 어울린다. 반면 화이트 와인은 포도의 껍질을 제거하고 발효시켜 산뜻하고 가벼운 맛을 지닌다. 로제 와인은 레드 와인과 화이트 와인의 중간으로, 껍질을 짧은 시간 동안만 발효시키기 때문에 분홍빛을 띠며 다양한 음식과 어울린다.

[라] 와인은 건강에도 긍정적인 영향을 미친다는 연구 결과가 있다. 적당한 와인 섭취는 심장 건강을 개선하고, 항산화 작용을 통해 노화를 늦추는 효과가 있다는 보고가 있다. 특히 레드 와인에 포함된 폴리페놀 성분은 혈액 순환을 개선하는 데 도움을 준다. 하지만 과도한 섭취는 오히려 건강에 해로울 수 있으므로 적정량을 마시는 것이 중요하다.

① [가]-[라]-[다]-[나]
② [나]-[다]-[라]-[가]
③ [다]-[가]-[나]-[라]
④ [다]-[나]-[가]-[라]
⑤ [라]-[다]-[나]-[가]

정답해설

[가] 보관 및 섭취 온도, [나] 음식과의 조화, [다] 와인의 종류, [라] 건강에 대한 긍정적 영향에 대하여 설명하고 있다. 와인의 종류에서 시작해 맛을 최대로 즐기는 방법 그리고 와인과 음식의 궁합, 마지막으로 와인의 건강에 대한 긍정적 영향을 차례로 서술한 구조로 문맥이 자연스럽다. 따라서 글의 문단을 논리적인 순서에 맞게 배열하면 [다]-[가]-[나]-[라]이다.

| 정답 | ③

세부유형 ①   추론

다음 글에서 추론한 내용으로 적절한 것을 고르면?

2024 기출 복원

> 생성형 AI의 신뢰성은 중요한 문제다. AI가 생산한 콘텐츠는 인간이 작성한 것처럼 보이지만, 정확한 정보만을 제공한다고 볼 수 없다. 특히, 데이터의 편향이나 훈련 데이터의 제한성에 따라 부정확한 정보를 생성할 위험이 있다. 이러한 문제는 의료, 법률, 금융 등 고도의 정확성이 요구되는 분야에서 더 큰 영향을 미친다. 잘못된 의료 정보를 생성한 AI는 환자와 의료진에게 큰 혼란을 초래할 수 있으며, 법률 분야에서의 오류는 법적 분쟁의 원인이 될 수 있다. 생성형 AI의 응답이 항상 동일하지 않다는 점도 신뢰성에 대한 우려를 높인다. 동일한 질문에 대해 AI가 다르게 응답하는 경우, 사용자들은 AI의 정보를 신뢰하는 데 어려움을 겪을 수 있다. 이는 AI의 응답이 확률적 모델을 기반으로 생성되기 때문이며, AI의 출력을 예측하고 검증하는 데 한계가 있다. 또한 AI는 인간과 달리 윤리적 판단이나 도덕적 책임을 인식하지 못한다. 따라서 AI가 생산한 콘텐츠는 무비판적으로 신뢰해서는 안 되며, 이를 검증하고 추가적인 확인을 거치는 과정이 필요하다. 생성형 AI가 보다 신뢰성 있는 정보를 제공하기 위해서는 데이터의 품질을 개선하고, 편향성을 줄이기 위한 지속적인 조정이 필요하다. 특히, 고위험 분야에서는 AI 결과를 인간 전문가가 최종적으로 확인하는 방식으로 보완할 필요가 있다.

① 생성형 AI의 오작동 가능성을 줄이기 위해 특정 데이터 유형을 배제하는 것이 필요할 것이다.

② 생성형 AI는 특정 분야에서 오히려 높은 신뢰성을 갖춘 정보 제공 도구로 자리잡을 가능성이 있다.

③ 생성형 AI의 응답이 신뢰성을 갖추기 위해, 사용자나 전문가의 지속적인 검토가 필요할 것으로 보인다.

④ 생성형 AI는 사용자 피드백에 기반해 스스로 오류를 교정할 능력을 가지도록 설계되었다고 볼 수 있다.

⑤ 생성형 AI는 시간 경과에 따라 동일한 질문에 대해 높은 정확도의 일관된 응답을 제공할 가능성이 크다.

정답해설

생성형 AI가 제공하는 정보에 대해 신뢰성 문제가 있을 수 있으므로 검증과 확인이 필요하다는 것이 올바른 추론이다.

[오답풀이]

① 데이터 품질 향상과 편향성 조정에 대한 언급은 있지만 특정 데이터의 유형을 선별적으로 제외해야 한다는 추론은 적절하지 않다.

② 특정 분야에서 신뢰성 있는 정보 제공 도구로 자리잡을 가능성을 언급하고 있으나, 지문에서는 오히려 고위험 분야에서의 신뢰성 문제를 강조하기 때문에 적절한 추론이 아니다.

④ AI가 스스로 교정 능력을 가진다는 추론은 주어진 글에서 근거를 찾기 어렵다.

⑤ AI의 응답이 확률적 모델을 기반으로 달라질 수 있음을 설명하고 있지만 시간이 경과한다고 해서 더 일관성이 높아질 것이라는 보장은 없기 때문에 올바른 추론이 아니다.

| 정답 | ③

세부유형 ②	비판 및 평가

다음 글에 대한 비판으로 적절하지 않은 것을 고르면?

2024 기출 복원

무고죄는 법적 정의와 사회적 신뢰를 지키기 위해 필수적인 법적 장치이다. 타인을 형사 처벌에 처하게 할 목적으로 허위 사실을 신고하는 행위는, 억울한 피해자를 양산하며 법적 절차에 대한 신뢰를 훼손한다. 무고죄를 통해 악의적 허위 신고를 막아야만, 이러한 부당한 피해를 줄이고 공정한 법적 시스템을 유지할 수 있다. 특히, 무고죄 처벌은 잠재적 허위 신고자들에게 경각심을 주며, 불필요한 법적 소모를 줄이는 데 기여한다. 허위 신고로 인해 피해자는 신분과 명예에 치명적인 손상을 입을 수 있으며, 이는 정상적인 사회 활동을 방해하는 심각한 결과를 초래한다. 무고죄 처벌은 단순히 개인 보호를 넘어 사회 전체의 법적 신뢰를 높이는 효과를 지닌다.

무고죄 처벌이 없다면, 법적 권리를 남용하여 타인을 공격할 수 있는 위험이 증가할 것이다. 무고죄 처벌은 사회적 혼란을 방지하고 법이 본연의 기능인 정의 구현과 공정성 유지에 충실할 수 있도록 돕는 핵심적 역할을 한다.

① 무고죄 처벌이 강화되면 허위 신고에 대한 두려움으로 정당한 신고마저 위축시킬 수 있다.

② 허위 신고가 문제가 된다면 이를 예방하는 교육이 더 효과적일 수 있다.

③ 무고죄는 개인적 문제일 뿐, 사회 전체의 법적 신뢰와는 큰 관련이 없다.

④ 무고죄 처벌은 법적 절차의 남용을 줄여 정의 구현에 도움이 될 것이다.

⑤ 무고죄 처벌을 강화하는 것보다 허위 신고의 기준을 명확히 하는 것이 우선이다.

정답해설

무고죄 처벌이 법적 절차 남용을 줄이고 정의 구현에 도움이 된다는 내용으로 주어진 글의 주장을 강화하고 있다.

[오답풀이]

① 무고죄 처벌 강화로 정당한 신고가 위축될 수 있다는 비판으로, 허위 신고를 억제하는 효과에 대한 적절한 비판이다.

② 허위 신고 예방에 교육이 더 효과적일 수 있다는 주장으로 무고죄 처벌 강화에 대한 대안적인 비판으로 적절하다.

③ 무고죄가 법적 신뢰성을 높인다는 입장에 반대하며, 사회적 신뢰성을 위한 무고죄의 필요성 주장을 비판한다.

⑤ 무고죄 처벌이 아닌 허위 신고에 대한 기준 설정이 우선이라는 관점을 제시하며 처벌 강화 주장에 반대한다.

| 정답 | ④

다음 글의 밑줄 친 예시의 사례로 적절하지 <u>않은</u> 것을 고르면?

2024 기출 복원

공공재의 가장 큰 특징은 비경합성과 비배제성이다. 비경합성이란 한 사람이 공공재를 소비해도 다른 사람의 소비를 방해하지 않는다는 성질을 말한다. 예를 들어, 한 사람이 공원을 이용한다고 해서 다른 사람이 공원을 사용할 수 없는 것은 아니다. <u>비배제성은 비용을 지불하지 않은 사람도 그 재화를 사용할 수 있다는 특성이다.</u> 국방 서비스의 경우, 모든 국민이 혜택을 누릴 수 있지만, 비용을 낸 사람과 내지 않은 사람을 구별하여 배제하기 어렵다. 이와 같이 공공재는 시장에서 자율적으로 제공되기 힘들다. 왜냐하면, 수익을 창출하기 어렵기 때문에 일반 기업은 공공재를 제공할 유인이 없기 때문이다. 따라서 정부나 공공기관이 주도적으로 공공재를 공급하게 된다. 하지만 공공재 공급에는 무임승차 문제가 발생할 수 있다. 이는 일부 사람들이 비용을 지불하지 않으면서 혜택만을 누리려는 경향으로, 전체적인 공공재 제공과 유지에 부담을 줄 수 있다. 이러한 문제를 해결하기 위해 정부는 세금으로 공공재의 비용을 충당하며, 이를 통해 공공재가 지속적으로 공급될 수 있도록 지원한다.

① 출근길에 이용하는 도로와 가로등
② 기상청의 기상정보와 지자체의 재난경보
③ 환경보호를 위한 대기 및 수질 관리
④ 회원제로 운영되는 공공도서관
⑤ 해수욕과 휴가를 즐기는 공공해변

정답해설

공공도서관은 공공재이지만 회원제로 운영되는 경우는 비배제적이지 않다. 회원제의 경우 회원으로 이용이 제한되어 특정 이용자를 배제할 수 있기 때문이다. 비배제성에서 '비용'의 개념은 사회적, 경제적(시간, 돈 등) 비용 모두를 포함한다.

[오답풀이]
①, ②, ③, ⑤ 모두 특정인을 배제하지 않는 비배제성을 띤 공공재이다.

| 정답 | ④

유형연습 문제

01 다음 글에 나타난 필자의 의도와 일치하지 <u>않는</u> 것을 고르면?

2024 기출 복원

01

언어이해

> 창업지원금은 스타트업의 초기 성장을 돕고, 국가 경제를 활성화하는 데 필수적인 역할을 한다. 스타트업은 혁신적인 아이디어와 기술로 새로운 시장을 개척할 가능성이 크지만, 초기 자금 확보가 쉽지 않아 안정적인 재정적 지원이 절실하다. 정부는 재정적 지원을 통해 스타트업이 자금 걱정 없이 창의적이고 과감한 시도를 할 수 있는 환경을 제공하며, 이러한 시도는 국가의 기술 경쟁력과 일자리 창출을 가져온다.
>
> 특히, 스타트업은 새로운 산업과 일자리를 창출하는 데 중요한 역할을 하기 때문에 창업지원금이 필수적이다. 정부의 재정적 지원을 통해 스타트업은 높은 위험 부담을 줄일 수 있고, 이를 통해 더 많은 기업이 기술 개발에 도전할 수 있는 환경이 조성된다. 이러한 지원은 경제 활성화에도 긍정적인 영향을 미치며, 국가 경쟁력을 강화하는 데 기여할 수 있다. 그러나 창업지원금이 일정한 기준 없이 무분별하게 지원된다면 국가 재정에 부담을 주고 지원금을 남용하는 사례가 발생할 수 있다. 따라서 정부는 체계적인 평가와 관리를 통해 지원금이 필요한 곳에 제대로 사용되도록 하고, 스타트업이 자립할 수 있도록 돕는 데 초점을 맞춰야 한다. 또한, 지속적인 평가와 관리 절차를 통해 실효성이 없는 지원금은 재조정하거나 축소함으로써 자금의 효율성을 높여야 한다. 단순히 자금을 지원하는 것을 넘어, 정부는 효과적인 관리와 평가를 통해 성장 가능성이 높은 스타트업 보육에 힘써야 한다.

① 스타트업의 창의적 도전을 뒷받침하기 위해 정부는 재정 지원을 할 필요가 있다.
② 창업지원금은 관리 체계를 통해 스타트업 자립을 돕고, 국가 경제 활성에 도움이 된다.
③ 일괄적인 배분보다는 평가와 관리 절차를 통한 재정적 지원으로 자금의 효율성을 높여야 한다.
④ 정부는 창업지원금을 장기적으로 성장 가능성이 높은 스타트업에 집중해야 한다.
⑤ 창업지원금은 기술 혁신과 고용 창출을 위해 확대하는 것이 바람직하다.

카멜레온은 자신의 피부색을 자유롭게 바꿀 수 있다. 색 변화의 원리는 피부에 있는 색소 세포와 나노 구조층에서 비롯된다. 카멜레온의 색 변화는 다양한 외부 요인에 따라 이루어지는데, 가장 대표적인 것은 온도, 빛, 그리고 본능적 반응이다. 온도가 낮을 때는 에너지를 효율적으로 흡수하기 위해 어두운 색을 띠고, 햇빛이 강할 때는 밝은 색으로 바꾸어 몸의 온도를 조절한다. 이처럼 색 변화는 단순히 위장의 목적뿐만 아니라, 체온 조절 기능도 수행한다.

카멜레온은 색을 통해 의사소통을 하기도 한다. 예를 들어, 서로의 영역을 표시하거나, 구애 행위를 표현하는 방식으로 색을 사용한다. 수컷 카멜레온은 공격적인 상황에서 몸을 더욱 강렬한 색으로 바꾸어 자신의 존재감을 과시하기도 한다. 하지만 색 변화가 모든 상황에서 완벽한 위장이나 의사소통을 보장하지는 않는다. 주변 환경과 유사한 색을 띠는 능력은 상당히 뛰어나지만, 특정 환경에서는 카멜레온의 색 변화가 완벽한 은폐를 보장하지 못하는 경우도 있다. 카멜레온의 색 변화는 주변과의 동화보다는 상황에 맞춘 능동적인 표현으로 해석할 수 있다.

① 카멜레온은 온도가 낮아지면 주변과 비슷한 색을 띠어 체온을 유지한다.
② 카멜레온의 색 변화는 주로 위장과 은폐를 위한 수단으로 사용된다.
③ 카멜레온은 모든 환경에서 위장 능력을 통해 완벽하게 주변에 녹아든다.
④ 카멜레온은 본능적으로 반응할 때 특정 색상을 사용하여 상대와 의사소통을 한다.
⑤ 카멜레온은 온도가 높아지면 밝은 색에서 어두운 색으로 변하는 특징이 있다.

삼강오륜은 (   ) 삼강(三綱)은 군위신강(君爲臣綱), 부위자강(父爲子綱), 부위부강(夫爲婦綱)으로 구성되며, 이는 각각 임금과 신하, 아버지와 자식, 남편과 아내의 관계에서 지켜야 할 도리를 의미한다. '군위신강'은 임금은 신하의 본보기가 되어야 하며 신하는 임금을 충성으로 섬겨야 한다는 의미다. '부위자강'은 아버지는 자식의 모범이 되고 자식은 부모를 공경하고 순종해야 한다는 뜻이다. 마지막으로 '부위부강'은 남편은 아내의 의지할 기둥이 되고 아내는 남편을 따르고 존중해야 함을 강조한다.

오륜(五倫)은 인륜(人倫)으로서, 인간 사회에서 기본적으로 지켜야 할 다섯 가지 도리를 말한다. 첫째, 부자유친(父子有親)으로 부모와 자식 간에는 친밀함과 사랑이 있어야 한다. 둘째, 군신유의(君臣有義)로 임금과 신하 간에는 의리가 있어야 한다. 셋째, 부부유별(夫婦有別)은 남편과 아내는 각자의 역할을 분명히 해야 한다. 넷째, 장유유서(長幼有序)는 어른과 어린이 사이에는 위계질서를 지켜야 한다. 마지막으로 붕우유신(朋友有信)은 친구 사이에는 믿음과 신뢰가 있어야 한다는 것이다.

① 유교의 핵심 윤리 규범으로, 인간 사회에서 지켜야 할 도덕적 질서를 나타내는 중요한 개념이다.
② 조선 시대의 사회적 질서를 유지하기 위한 법적 근거로, 국가의 통치를 보조하는 역할을 했다.
③ 유교적 가치 체계에서 가족과 국가 간의 위계질서를 유지하고 개인의 역할을 규정하는 원리이다.
④ 동양의 고전 철학을 반영한 이론으로, 사회에서 자연스럽게 형성된 인간관계 규칙을 정의한다.
⑤ 성리학의 원칙으로, 국가보다는 가족과 개인의 이익을 우선시하는 전통적 가치관을 담고 있다.

㉠탄수화물을 줄이는 것은 체중 감량에 효과적인 방법이다. 많은 다이어트 방법 중에서 저탄수화물 다이어트는 특히 높은 효과를 보이며, 이를 통해 체중 감량과 건강 개선을 동시에 이룰 수 있다. 탄수화물은 주로 혈당을 급격히 상승시키는 성질이 있어, 인슐린 분비를 촉진해 체내 지방 축적을 돕는다. 혈당과 인슐린 수치가 지속적으로 오르락내리락하면서 폭식과 과식을 유도하게 된다. 반면, 탄수화물 섭취를 줄이면 인슐린 분비가 줄어들고, 몸은 저장된 지방을 에너지원으로 사용하게 되어 체지방이 서서히 줄어드는 효과를 볼 수 있다.

저탄수화물 다이어트는 포만감을 유지하면서도 체중을 감량할 수 있는 방법이다. 단백질과 지방을 섭취량의 중심으로 두고, 복합 탄수화물을 일부 포함하는 식단은 더 안정적이고 지속 가능한 다이어트로 자리 잡았다. 단순히 칼로리 제한에만 의존하는 다이어트는 많은 사람들에게 오히려 배고픔을 유발해 실패로 끝나는 경우가 많지만, 저탄수화물 식단은 지속적인 에너지원 공급을 가능하게 하여 허기를 줄이고 체중 감량을 돕는다. 이러한 방식은 대사 증후군, 당뇨, 고혈압 같은 만성 질환의 위험을 줄일 가능성도 있다.

탄수화물의 섭취를 엄격히 조절하는 것이 건강에 이롭다는 연구도 꾸준히 늘고 있다. 탄수화물이나 정제된 곡물 섭취를 줄이고, 과일과 채소로부터 소량의 탄수화물을 섭취하는 방식이 권장된다. 체중 감량을 위한 핵심 전략은 탄수화물 섭취를 제한하고, 체지방을 연료로 활용하도록 유도하는 데 있다.

① 탄수화물 섭취를 줄이면 인슐린 분비가 줄어들고, 체내 지방이 에너지원으로 활용되어 체중이 감소할 것이다.

② 저탄수화물 식단은 체중 감량 외에도 대사 증후군과 같은 만성 질환의 위험을 줄일 것이다.

③ 저탄수화물 다이어트는 안정적이고 지속 가능한 다이어트 방식이다.

④ 탄수화물 대신 단백질과 지방 중심의 식단을 구성하면 배고픔은 줄고 체중 감량이 지속될 것이다.

⑤ 칼로리를 엄격히 제한하는 방식은 저탄수화물 식단에 비해 체중 감량에 더 효과적일 것이다.

다음 중 A의 입장에서 B를 반박한다고 할 때, 가장 적절한 것을 고르면?

> • A: 비타민은 인체에 꼭 필요한 영양소로, 특히 현대인의 불균형한 식단에서 부족한 부분을 보충하는 데 도움을 준다. 예를 들면, 비타민 C는 면역력 강화와 피부 건강 개선에 효과가 있으며, 비타민 D는 뼈와 치아 건강에 필수적이다. 비타민 영양제는 생활 속에서 충분히 섭취하기 어려운 영양소를 보충해 주므로, 건강을 유지하고 예방적 효과를 높이기 위해 유용하다.
> • B: 비타민 영양제를 소비하는 것은 불필요한 지출일 뿐이다. 균형 잡힌 식단을 통해 필요한 영양소는 충분히 얻을 수 있다. 비타민 영양제를 섭취하는 것은 건강에 큰 영향을 끼치지 않으며, 오히려 과다 복용 시 부작용을 초래할 가능성도 있다. 영양제보다는 자연식품을 통해 필요한 비타민을 섭취하는 것이 더 바람직하다.

① 건강을 위해 비타민 영양제보다는 식단 관리가 필수적이다.
② 비타민은 과다 섭취 시 부작용을 초래할 수 있어 특정 비타민 섭취를 제한해야 한다.
③ 비타민 영양제는 일상에서 충분히 얻기 어려운 비타민 C와 D 등을 보충해 줄 수 있다.
④ 과도한 비타민 복용은 위험할 수 있으므로, 영양제보다는 식단 관리가 우선이다.
⑤ 현대인은 바쁜 일상과 과도한 스트레스로 인해 불균형한 식단을 하는 경우가 다반사이다.

카피라이트(Copyright)와 카피레프트(Copyleft)는 창작물에 대한 두 가지 상반된 개념으로, 창작물의 권리 보호와 공유를 다르게 접근한다. 카피라이트는 저작권을 통해 창작자의 권리를 보호하며, 창작물이 무단으로 복제되거나 사용되는 것을 방지한다. 이는 창작자가 자신의 작품을 통제하고 수익을 얻을 수 있도록 돕는 제도로, 저작권자가 허락하지 않는 한 타인이 작품을 복사, 배포, 수정하는 것을 제한한다. 카피라이트는 창작자가 작품의 소유권을 독점할 수 있도록 하여, 특히 상업적 사용에서 창작자에게 이익을 보장한다.

<u>카피레프트</u>는 창작물을 공유하고 개방하는 데 초점을 둔다. 카피레프트는 저작자가 특정 조건하에 자유로운 복제와 배포를 허용하는 개념으로, 다른 사람이 창작물을 수정하거나 공유할 수 있도록 장려한다. 카피레프트 라이선스는 보통 사용자가 원저작물에 기여하거나 확장하는 것을 허용하며, 이를 통해 공동 창작과 협업이 이루어지도록 독려한다.

① 교과서와 논문과 같은 학술저작물
② 상업적 사용이 제한된 미술 작품
③ 특허 등록 완료한 의료기기
④ 상표권 등록 완료된 기업 로고
⑤ 재배포 가능한 소프트웨어

07 다음 글의 주제로 가장 적절한 것을 고르면?

> 플라스틱 폐기물 문제는 전 세계적으로 점점 더 심각해지고 있다. 플라스틱의 내구성은 그 자체로 심각한 환경 문제를 초래하고 있다. 사용된 플라스틱은 분해되기까지 수백 년이 걸리며 그동안 땅과 바다에 쌓여 환경을 오염시킨다. 특히 바다로 유입된 플라스틱은 해양 생물에게 치명적인 피해를 입히며 미세 플라스틱으로 분해되어 먹이사슬을 통해 인간에게까지 영향을 미친다.
>
> 플라스틱 문제를 해결하기 위해 다양한 방법이 제시되고 있다. 플라스틱 사용을 줄이고 재사용 가능한 대체 재료를 도입하는 것이 중요하다. 또한 플라스틱 재활용률을 높이기 위한 기술적 발전과 정책적 지원도 필요하다. 각국 정부는 플라스틱 사용을 제한하는 법안을 도입하거나 재활용을 의무화하는 법안을 시행하고 있다. 그러나 여전히 많은 플라스틱 폐기물이 적절히 처리되지 않고 자연으로 흘러들어가고 있다. 근본적으로 해결하기 위해서는 소비자, 기업, 정부가 협력하여 지속 가능한 대책을 마련해야 한다. 플라스틱 사용을 줄이는 것뿐만 아니라 새로운 기술과 혁신을 통해 환경 친화적인 재료를 개발하는 것이 장기적으로 플라스틱 문제를 해결하는 핵심이 될 것이다.

① 플라스틱의 내구성 문제로 인해 재활용 대책과 규제가 필수적이다.
② 플라스틱 폐기물 문제는 현대 사회가 직면한 중요한 환경적 과제이다.
③ 플라스틱 폐기물 문제를 해결하기 위한 협력이 필요하다.
④ 플라스틱 문제 해결을 위해서는 재활용 기술의 발전이 가장 중요한 과제이다.
⑤ 플라스틱 폐기물 피해를 줄이기 위한 기술 혁신이 필요하다.

08 다음 글의 내용과 일치하지 <u>않는</u> 것을 고르면?

비즈니스 모델은 기업이 가치를 창출하고 전달하며, 이를 통해 수익을 창출하는 방식을 의미한다. 비즈니스 모델은 일반적으로 고객 세분화, 가치 제안, 유통 채널, 고객 관계, 수익 흐름, 핵심 자원, 핵심 활동, 핵심 파트너, 비용 구조 등 여러 요소로 구성된다. 각 요소는 기업의 성공에 중요한 역할을 하며 이들 간의 조화가 성공적인 비즈니스 모델을 만든다.

가치 제안은 고객에게 제공되는 핵심 가치를 의미한다. 고객 세분화는 다양한 고객 그룹을 식별하고 이들에게 최적의 가치를 제공하기 위한 전략을 수립하는 과정이다. 유통 채널은 제품과 서비스가 고객에게 전달되는 방식을 결정하며 고객 관계는 기업이 고객과 장기적으로 관계를 맺고 유지하는 방식을 의미한다. 수익 흐름은 기업이 수익을 창출하는 다양한 방법을 나타내며 구독 서비스, 제품 판매, 광고 수익 등이 이에 해당한다. 핵심 자원과 활동은 비즈니스 모델을 실행하는 데 필요한 자원과 활동을 의미하며, 핵심 파트너는 이러한 활동을 지원하거나 확장하는 외부 협력자들이다. 마지막으로 비용 구조는 비즈니스 운영에 드는 비용을 관리하고 최적화하는 방법을 포함한다.

---

① 비즈니스 모델은 가치를 창출하고 이를 통해 수익을 얻는 방식을 의미한다.
② 고객 세분화는 다양한 고객 그룹을 구분하여 적합한 가치를 제공하기 위한 과정이다.
③ 유통 채널은 고객 관계를 유지하는 방법을 나타낸다.
④ 수익 흐름은 구독 서비스, 제품 판매 등을 통해 기업이 수익을 창출하는 방식을 의미한다.
⑤ 비용 구조는 비즈니스 운영에 소요되는 비용을 최적화하는 방법이다.

09 다음 글의 문단 [가]~[라]를 논리적인 순서에 맞게 배열한 것을 고르면?

[가] 우리나라는 지난 2021년 최초로 싱가포르와 디지털동반자협정을 체결한 데 이어, 2023년 에는 싱가포르·뉴질랜드·칠레가 참여하는 디지털경제동반자협정(DEPA)에 가입했으며, 현재 유럽연합(EU) 및 영국과 협상 중에 있다.

[나] 디지털동반자협정을 체결하더라도 국내 디지털 서비스가 글로벌하게 확장되기 위해서는 무엇보다 국내 디지털 서비스 인프라의 글로벌 전환과 함께 국가 간 상호인정 체계 구축이 선결돼야 한다. 즉, 국내 디지털 신원과 전자서명 등의 각종 전자인증 등이 글로벌 표준과 호환될 뿐 아니라 협정 국가와도 상호 인정이 돼야 한다는 의미다.

[다] 디지털동반자협정이 중요한 이유는 국내로 한정된 디지털 서비스 시장을 글로벌하게 확장 할 수 있는 법적 근거가 될 수 있기 때문이다. 현재 디지털 서비스 해외 진출은 기업이 먼 저 해당 국가로 진출한 뒤 현지화하는 방식으로 추진되고 있지만, 디지털동반자협정이 체 결될 경우에는 동등한 법·제도적 효력을 받으면서 협정 국가와 디지털 서비스 시장을 상호 공유할 수 있다.

[라] 최근 국가간 디지털동반자협정(DPA) 체결이 빈번하게 이뤄지고 있다. 이는 자유무역협정 (FTA)의 전자상거래 파트에서 명시한 디지털 제품의 비관세뿐만 아니라 인공지능(AI)과 사이버 보안, 디지털 신원, 전자인증 및 전자서명 등을 포괄한 국가 간 디지털경제 협력을 규정하고 있다.

① [가]-[다]-[나]-[라]
② [가]-[라]-[나]-[다]
③ [다]-[가]-[나]-[라]
④ [라]-[가]-[다]-[나]
⑤ [라]-[다]-[가]-[나]

10 다음 글을 읽고 이해한 내용으로 적절하지 <u>않은</u> 것을 고르면?

독일 머크가 경기도 안성사업장에 '한국 스핀온절연막(SOD) 애플리케이션센터(KSAC)'를 개소했다. SOD는 반도체 금속 배선 사이에 들어가는 박막 절연체다. 차세대 D램, 낸드 플래시 메모리, AI 가속기를 위한 고대역폭메모리(HBM), 첨단 로직 칩 개발에 사용된다. 원자층증착(ALD)·화학기상증착(CVD)과 함께 머크의 박막 기술 역량을 입증할 핵심 제품이다.

KSAC는 머크가 확보한 글로벌 SOD R&D 거점 중 두 번째다. 머크는 한국 연구소 개소와 SOD 기술 역량 확보를 위해 총 910만 유로(약 120억 원)을 투자했다. 연구소는 이산화규소(SiO₂) 필름에 코팅된 SOD 소재 측정·분석 장비를 갖췄고, 향후 관련 인력 추가 확보도 예상된다. 국내 SOD 생산기지가 있는 안성사업장은 SOD 뿐 아니라 감광액·극자외선(EUV) 세정액(린스), 유기발광다이오드(OLED) 박막필름, 반사방지코팅(ARC) 등도 생산하고 있다.

머크의 새로운 SOD R&D 센터는 한국과 광범위한 아시아 태평양 지역에서 고객사들의 요청에 대한 대응 시간과 납품주기(리드 타임)를 단축하고, 첨단 고순도 SOD 소재 개발과 안정적인 공급에도 기여할 것으로 예상된다. 이번 KSAC 개소는 머크가 2025년까지 한국에 투자하기로 발표한 6억 유로(약 8,700억 원) 투자 일환이다. 특히 박막 사업의 경우 ㈜엠케미칼 인수를 통해 생산 능력을 확대한데 이어 R&D 역량까지 고도화하는 것이라 주목된다. 머크는 현재까지 반도체 소재 설비 확대, 인력 확보 등을 위해 6억 유로 중 50% 이상의 투자를 완료했다.

① 독일 머크가 한국에 차세대 반도체 박막 소재 연구 기지를 마련했다.
② 독일 머크는 박막의 생산을 위해서 국내 회사를 인수하기도 했다.
③ 박막 소재는 인공지능(AI) 등 차세대 반도체를 위한 소재이다.
④ KSAC에서는 감광액, 박막필름과 반사방지코팅도 생산하고 있다.
⑤ 머크는 R&D 거점을 현지화해 고객 대응 능력을 강화할 계획이다.

11 다음 글의 A의 입장에서 B를 반박한다고 할 때, 가장 적절한 것을 고르면?

- A: "최근 기상이변으로 인해 기후변화와 그 주요 원인인 기후온난화 그리고 기후온난화의 원인인 온실가스의 배출에 대해 관심이 높아지고 있다. 기상이변의 주요 원인 중 하나가 온실가스의 배출이다. 유엔(UN) 식량농업기구의 2017년 보고서에 따르면, 전 세계 인위적인 온실가스의 14.5%가 가축 공급망에서 발생하고 있고, 이 중 3분의 2는 소와 양과 같은 반추가축의 장내 발효 과정에서 발생하는 메탄으로 인한 것이며 메탄 배출량은 전 세계 배출량의 30%를 차지한다고 한다. 이런 문제를 해결할 수 있는 대체육은 가축 사육을 할 필요가 없지만, 육류와 거의 동일한 맛과 식감과 효능이 있는 대표적인 푸드테크다. 대체육이 장기적인 관점에서는 기후 문제의 하나의 해결책으로 고려할 만한 가치가 있다."

- B: "싱가포르나 미국, 영국과 같은 일부 국가를 제외하고, 기후 문제에 적극적인 유럽연합(EU) 국가들을 포함한 많은 국가들은 대체육에 대해 대체로 부정적인 정책을 운용하고 있다. 최근 이탈리아는 대체육의 생산, 유통 등을 금지하는 법안을 통과시켰다. 대체육은 세포공학기술을 통한 세포 배양을 하는 과정에서 전기에너지 등을 사용하기 때문에 실제로는 가축사육을 통한 육류 생산보다 더 많은 온실가스를 배출하게 될 수 있다. 대량생산화 하기에는 현재로서 기술적으로 부족한 부분이 있으며 생산과정에 상당한 시간이 소요돼 현재의 육류 소비량을 따라가지 못한다. 또 대체육보다는 반추가축에서 생산되는 육류를 그렇지 않은 돼지고기나 닭고기 등 육류로 대체하는 것이 더 현실적이다."

① 기존 축산업에 큰 타격을 줘 관련 종사자들과 가족들의 생계를 위협할 수 있다.
② 세포 배양 과정에서의 전기에너지 소비는 재생에너지로 대체할 수 있다.
③ 메탄가스를 배출하는 반추가축에서 생산되는 육류만 있는 것은 아니다.
④ 국내에서는 한우 출하기간 단축을 통해 온실가스를 저감할 수 있다.
⑤ 대체육이 실제 사람의 건강에 어떠한 영향을 미칠지 알 수 없다.

지방질이 산패(酸敗)가 일어나면 식품의 영양 가치와 맛이 떨어지며, 불쾌한 냄새와 맛이 발생하여 섭취가 어려워진다. 특히 불포화 지방산에서 산패가 잘 일어나며, 이 과정에서 자유 라디칼과 과산화물이 생성된다. 산패된 지방은 건강에 유해한 산화물과 자유 라디칼을 포함하여 체내에서 산화 스트레스를 증가시키고 세포 손상을 일으킬 수 있다.

지방질의 산패는 자동 산화와 효소적 산화로 나뉘는데, 자동 산화는 산소가 지방질과 직접 반응하여 발생하며 과산화 지질이 생성되어 산패가 가속된다. 반면, 효소적 산화는 리폭시게나제 등의 효소가 지방을 분해하며 산패를 촉진한다. 외부 요인인 고온, 빛, 산소 노출이 산패 속도를 높이며, 이로 인해 산패가 빠르게 진행된다. 산패 방지를 위해서는 저온 보관, 산소 차단 포장, 항산화제 첨가가 효과적이다. 저온 보관은 산화 속도를 줄이며, 산소 차단 포장은 공기와의 접촉을 막아 산패를 억제한다. 항산화제는 산패 시 생성되는 자유 라디칼을 억제해 산화를 늦춘다. 예를 들어, 로즈마리 추출물과 같은 천연 항산화제를 첨가하면 산패가 지연되는 효과를 볼 수 있다. 또한, 지방이 포함된 식품은 밀폐 용기에 담아 서늘하고 어두운 곳에서 보관하는 것이 권장된다.

① 식용유를 어두운 유리병에 담아 서늘한 곳에 보관한다.
② 견과류를 밀폐 용기에 넣고 냉장 보관하여 신선도를 유지한다.
③ 육류를 진공 포장해 산소와의 접촉을 줄여 산패를 방지한다.
④ 버터를 상온에 보관하여 손쉽게 사용할 수 있도록 한다.
⑤ 올리브유에 천연 항산화제인 로즈마리 추출물을 첨가하여 산패를 늦춘다.

13 다음 글의 제목으로 가장 적절한 것을 고르면?

> 교사가 업무시간 중 수업 계획과 준비에 할애하는 시간이 적고 행정업무에 할애하는 시간이 많으면 교사의 근무환경 만족도는 떨어지고, 이는 우수한 인력을 교사로 유인하고 유지하는데 부정적인 영향을 미치게 된다. 이는 아동발달에 있어 교사가 학생에 대해 정기적으로 평가하고 그 결과를 채점해 학생의 취약점은 무엇이고 어떤 과목에 어떤 교수법을 써야 학생에게 유익할 지 연구하고, 학생의 학습 목표나 기술·단계 등에 구체적인 도움을 줄 시간이 중요하다는 의미이다.
>
> 방과 후 학교 업무에 대한 교사의 업무 부담을 경감하려면 지자체, 교육청, 단위 학교 간의 역할 분담이 필요하다. 교육청의 방과 후 학교 업무 담당 장학사들은 교사가 방과 후 학교 관련 학부모 민원 및 회계 처리, 강사 선발 등의 업무로 본업인 수업 연구 및 활동에 집중하기 어렵다고 입을 모은다. 지자체의 방과후활동지원센터에서는 방과 후 강사 인력 풀을 관리·배치하여 평가 및 보수 교육을 수행하고, 수강료를 관리하거나 프로그램을 개설하고, 지역사회에서 동원할 수 있는 자원을 파악해 네트워크를 구축하는 등 행정사무를 처리하는 한편, 단위 학교에서 개설하려는 프로그램에 적합한 강사를 연결해줄 수 있다. 교육청에서는 자질이 높은 강사가 선발되고 그 수준이 유지될 수 있도록 방과 후 강사 선발 절차와 교육 콘텐츠 구성을 주도할 수 있다. 단위 학교에서는 수강 모집을 안내하고 교육공간을 제공하며 강사와 교육과정 운영을 협의하는 데 초점을 맞춘다면 행정 부담이 크게 경감될 것이다.

① 방과 후 학교의 발전 방안
② 교육과 돌봄을 위한 방과 후 학교 도입의 필요성
③ 방과 후 학교 강사의 질적 수준 제고
④ 방과 후 학교에 대한 물적 지원 확대 방안
⑤ 방과 후 학교 교사의 업무 경감의 중요성

14 다음 글의 내용과 일치하지 <u>않는</u> 것을 고르면?

잊힐 권리란 '본인이 원할 경우 온라인상의 모든 개인정보를 삭제할 수 있는 권리'다. 잊힐 권리를 최초로 규정하고 있는 EU GDPR 제17조는 정보주체는 개인정보처리자를 상대로 그와 관련된 개인정보의 삭제권 및 개인정보의 확산을 중지시킬 권리를 가지며, 구체적으로 수집되거나 처리되는 목적에 정보가 더 이상 부합하지 않는 경우, 정보를 처리할 수 있는 법적 근거가 없는 경우로서, 처리에 대한 동의를 철회하거나 동의한 유효 기간이 만료된 경우, 정보주체가 개인정보의 처리에 반대하는 경우 그리고 정보의 처리 방식이 다른 이유로 인해 본 규정의 조건을 충족하지 못하는 경우라는 요건 중 하나를 충족하도록 하고 있다. 잊힐 권리가 인정되어야 하는 이유는 초연결사회에서는 엄청난 양의 개인정보가 집적, 공유되면서 소위 '제로 프라이버시 사회'의 위험을 만들어 내고 있기 때문이다. 현행 개인정보보호법 상 개인정보의 정정·삭제 요구권과 처리정지 요구권도 잊힐 권리와 유사한 권리라고 할 수 있으나 이용자가 회원을 탈퇴한 경우에는 적용되기 어려운 문제점이 있었다. 따라서 2016년 4월 방송통신위원회는 '인터넷 자기게시물 접근배제요청권 가이드라인'을 마련했다. 이용자는 게시판 관리자에게 접근배제를 요청하거나 검색서비스 사업자에게 검색 목록 배제를 요청할 수 있다. 관리자 및 사업자는 이용자가 제출한 입증자료를 고려해 게시물이 이용자 본인의 게시물이라고 판단되는 경우 접근 배제 조치 등을 실시한다. 단, 다른 법률 또는 법령에서 위임한 명령 등에 따라 보존 필요성이 있는 경우와 게시물이 공익과 상당한 관련성이 있는 경우에는 예외로서 접근배제 요청이 거부될 수 있다.

① EU GDPR 제17조는 잊힐 권리에 대해 최초로 구체적인 요건을 정리한 법안이다.
② 개인으로서 프라이버시 침해의 위험을 대비하기 위해서 잊힐 권리가 보장되어야 한다.
③ 개인정보보호법은 인터넷 자기게시물 접근배제요청권에 비해 그 범위가 한정적이다.
④ 방통위에 따르면 개인정보처리자는 검색서비스 사업자에게 검색목록 배제를 요청할 수 있다.
⑤ 공익과 관련성이 높은 경우에는 인터넷 자기게시물 접근배제 요청이 거부될 수 있다.

15 다음 글의 빈칸에 들어갈 말로 가장 적절한 것을 고르면?

바람이 많이 부는 날, 베란다 창문을 살짝 열면 엄청나게 빠른 속도로 바람이 들이친다. 유체의 속력이 증가하면 압력이 감소하며 압력이 높은 곳에서 낮은 곳으로 유체가 흐르기 때문에 창문 틈을 향해 바람이 몰리며 빠르게 흐르게 된다. 직선이나 완만한 곡선의 관이라면 당연히 액체를 높은 곳에서 낮은 곳으로 이동시킬 수 있다. 유체에도 중력이 작용하기 때문에 우리가 물건을 놓치면 바닥으로 떨어지듯이, 유체도 자연스럽게 아래로 이동한다. 하지만 U자형의 휘어진 관이 높낮이가 다른 두 개의 통에 거꾸로 꽂혀 있다면, 아무리 열심히 배치를 조절해봐도 이대로 높은 통에 있는 액체가 더 높은 위치의 관을 통과해 낮은 통으로 떨어지지는 않는다. 여기서 사이펀의 원리가 작용하면 대기압과 중력을 이용해서 현 상태에서 액체가 이동할 수 있도록 만들 수 있다. 우선 유체가 끊어지는 부분이 없이 연속적으로 이동할 수 있도록 구부러진 관 안에 액체를 가득 채운다. 그러면 중력 때문에 낮은 위치에 있는 통 위의 관에 가득 찬 액체는 아래로 떨어질 것이다. 그렇다면 관에 가득 차 있는 나머지 액체는 어떻게 될까. (   ) 액체는 관 안으로 빨려 들어간다. 이러한 과정이 연속적으로 이어지며 관 속의 압력이 통 속에 걸린 대기압보다 낮게 유지가 된다면, 액체가 낮은 통으로 완전히 이동할 때까지 멈추지 않고 계속 관을 따라 흐르게 된다.

① 빠르게 이동하는 유체는 압력이 증가하므로 관 안의 압력은 감소할 것이며, 관 밖의 통 속에 존재하는 액체의 압력이 상대적으로 높기 때문에

② 빠르게 이동하는 유체는 압력이 감소하므로 관 안의 압력은 감소할 것이며, 관 밖의 통 속에 존재하는 액체의 압력이 상대적으로 높기 때문에

③ 빠르게 이동하는 유체는 압력이 감소하므로 관 안의 압력은 증가할 것이며, 관 밖의 통 속에 존재하는 액체의 압력이 상대적으로 높기 때문에

④ 빠르게 이동하는 유체는 압력이 증가하므로 관 안의 압력은 감소할 것이며, 관 밖의 통 속에 존재하는 액체의 압력이 상대적으로 낮기 때문에

⑤ 빠르게 이동하는 유체는 압력이 감소하므로 관 안의 압력은 증가할 것이며, 관 밖의 통 속에 존재하는 액체의 압력이 상대적으로 낮기 때문에

16 주어진 글을 바탕으로 하여 '학습'에 관한 글을 작성하고자 할 때, 이끌어 낼 수 있는 내용으로 적절하지 <u>않은</u> 것을 고르면?

> '도보 여행'을 하기 전에는 먼저 어디로 갈 것인가를 정해 두는 것이 좋다. 지도를 보고 자신이 가고자 하는 곳을 정해 놓아야 일정이나 숙박 시설, 준비물 등을 정할 수 있다. 그리고 여행을 떠나기에 앞서 준비 운동 등을 통해 체력을 비축해 두는 것이 좋다. 실제 도보 여행을 떠났을 때는 하루에 얼마를 가겠다 정하면 더 이상은 무리하지 말아야 한다. 또한 날씨나 도로 상황 등을 고려하여야 하며, 어려운 코스는 하루 중 걷기 편한 시간을 이용하여 이동하는 것도 중요하다.

① 자신이 학습하고자 하는 목적을 유념하도록 한다.
② 학습하고자 하는 분량을 미리 정하고 이를 지킨다.
③ 다양한 학습 방법으로 변화를 주어 지루하지 않게 한다.
④ 학습에 필요한 서적이나 노트, 필기구 등을 미리 챙긴다.
⑤ 학습하기에 좋은 신체 상태를 마련하고 학습을 해야 한다.

17 다음 글에 대한 비판으로 적절하지 <u>않은</u> 것을 고르면?

자동차 업계 관계자들은 최근 차량 급발진과 화재 등 시장 전반에 퍼진 포비아(공포증)를 경계했다. 영업 현장에선 수년간 공들여 출시한 신차에 대한 문의가 크게 줄었다는 우려의 목소리가 들린다. 포비아가 순식간에 확산한 것은 포털사이트나 유튜브, TV 등 누구나 쉽게 접하는 영상 채널로 자극적인 콘텐츠가 빠르게 퍼진 영향이 크다. 전기차가 갑자기 가속해 큰 인명 사고를 내거나 화염에 휩싸이는 모습을 소개하는 영상이 수백만 조회수를 기록하기도 한다.

TV에 자주 등장하는 교통사고 전문 변호사는 급발진 의심 사고에 대해 "우리나라는 급발진을 인정한 사례가 없다."면서 "사고기록장치(EDR)가 급발진 여부 판단에 도움이 되지 않는다."며 겁을 준다. 소비자를 혼란에 빠트릴 수 있는 발언이다.

전기차 화재 사고도 새로운 포비아 콘텐츠 소재다. '의문의 사고'처럼 자극적인 제목을 달고 위험성을 강조한 콘텐츠가 주를 이룬다. 화재 발생 시 대처법이나 향후 대응책에 대한 내용은 찾아보기 어렵다. 화재 원인이나 해법에 대해 자신과 다른 의견을 낸 이들을 비난하는 콘텐츠는 눈살이 찌푸려질 정도다. 오해와 편견은 자동차 회사와 고객이 함께 쌓아온 신뢰를 한순간에 무너트릴 만큼 치명적이다.

① 치료는 정확한 진단에서 시작된다.
② 외국의 자동차 제조사인 토요타는 급발진을 인정한 사례가 있다.
③ 전기차 화재 사고가 공론화 되자 벤츠는 주요 전기차 모델을 대거 리콜했다.
④ 수출용과 내수용 차량의 소재를 달리한다는 루머가 퍼지면서 제조사가 곤혹을 치렀다.
⑤ 차량 결함 여부를 소비자가 밝히는 것은 사실상 불가능하므로 입증 주체를 제조사로 바꿔야 한다.

18 다음 글의 제목으로 가장 적절한 것을 고르면?

규제 샌드박스(Regulatory Sandbox)는 2016년 영국의 금융 분야에서 처음 시행되었다. 규제 샌드박스의 어원은 '모래놀이터(Sandbox)'로서 일정하게 제한된 공간에서 마음껏 뛰어놀게 하더라도 모래로 인하여 큰 부상이 발생하지 않는다는 점에서 착안하였다. 영국 금융행위 감독청에 의하여 규제 샌드박스가 시행되고, 성공적으로 정착해 나가면서 우리나라에도 도입되었다. 우리나라에서 금융규제 샌드박스는 핀테크 스타트업의 투자유치, 핀테크 스타트업 및 기존 금융기관의 고용 확대, 새로운 혁신금융서비스의 시도 등 금융 산업에 긍정적인 영향을 끼치고 있다. 투자금액 유치 현황 파악이 가능한 핀테크 스타트업의 경우 금융규제 샌드박스 선정 이후 선정 이전보다 평균적으로 2배 이상의 투자금액을 유치한 것으로 분석되고 있으며 IT 인력을 중심으로 고용도 증가한 것으로 나타나고 있다. 기존 금융기관도 금융규제 샌드박스 선정이 유일한 원인은 아니지만, 금융규제 샌드박스를 디지털 전환의 일환으로 활용하는 가운데 IT 인력을 중심으로 고용을 확대하고 있는 것으로 알려지고 있다. 또한 금융규제 샌드박스 시행 이후 신기술의 활용, 이종산업과의 융합, 비대면 금융거래 등 종전에는 시도되지 않았거나 서비스 출시에 소극적이었던 새로운 금융서비스가 등장하고 있다.

① 금융규제 샌드박스의 의미와 출현배경
② 규제 샌드박스의 개념과 핵심요소
③ 금융규제 샌드박스의 금융 산업에 대한 영향
④ 국내 규제 샌드박스 제도 특징
⑤ 금융규제 샌드박스와 핀테크 스타트업의 관계

19 다음 글의 내용과 일치하지 <u>않는</u> 것을 고르면?

고래는 몸에 많은 양의 탄소를 저장하고 죽으면 해저 바닥으로 가라앉는다. 이때 고래 사체를 '고래폭포'라고 하는데, 조직에 포함된 탄소는 수천 년간 그대로 저장될 수 있다. 이렇게 탄소를 저장할 수 있는 자원을 블루카본이라고 하며, 이는 탄소를 포집하고 이를 해저로 포함시키는 작용을 한다. 해저로 누적된 탄소는 대기 중으로 방출되지 않고 무기한 저장될 수 있다.

G해양보호구역 내 블루카본은 현재 퇴적물에 약 17만 5,000MgC(메가그램탄소)를 보유하고 있다. 이대로 해저에 저장된다면 많은 양의 탄소가 제거될 수 있지만, 해저에 흡수되기 전에 파괴시킬 경우 다시 방출되게 된다. 이는 약 64만 3,000톤의 이산화탄소를 방출하거나 1년 동안 도로에 14만 대의 차량을 추가하는 것과 같은 규모다. 그중 고래폭포는 탄소 약 60%를 저장하고 있는 것으로 나타났다. 나머지 40%는 해초 및 다시마가 저장한다.

이 밖에도 고래는 탄소 포집에 이로운 작용을 하는 생물이다. 고래는 배설물에 철과 질소가 있어 탄소 포집에 효과적인 식물성 플랑크톤 성장을 돕는다. 식물성 플랑크톤은 해양에 필요한 산소 약 50%를 제공하고, 대기 중 이산화탄소의 40%인 370억 톤 가량을 제거한다. 하지만 고래는 수십 년간 진행된 고래사냥 등으로 인해 개체 수가 66~90% 가까이 줄어들었다. 대왕고래의 경우 이전 개체 수의 3%에 불과한 수가 생존해 있다.

① 다시마는 탄소를 포집하고, 이를 해저로 포함시키는 작용을 한다.
② 블루카본은 대기 중 이산화탄소를 포집하여 바다로 흡수되는 것을 촉진한다.
③ G해양보호구역 내 블루카본은 17만 5,000톤의 이산화탄소를 보유하고 있다.
④ 고래의 배설물은 간접적으로 대기 중 이산화탄소를 제거하는 데 도움을 준다.
⑤ 고래의 개체 수를 회복하는 것은 기후 위기에 대한 해결책이 될 수 있다.

다음 글의 내용과 부합하지 <u>않는</u> 것을 고르면?

> 과학 혁명 이전 아리스토텔레스 철학은 로마 가톨릭교의 정통 교리와 결합되어 있었기 때문에 오랜 시간 동안 지배적인 영향력을 발휘하였다. 천문 분야 또한 예외는 아니었다. 아리스토텔레스의 세계관을 따라 우주의 중심은 지구이며, 모든 천체는 원운동을 하면서 지구의 주위를 공전한다는 천동설이 정설로 자리 잡고 있었다. 프톨레마이오스가 천체들의 공전 궤도를 관찰하던 도중, 행성들이 주기적으로 종전의 운동과는 반대 방향으로 움직인다는 관찰 결과를 얻었을 때도 그는 이를 행성의 역행 운동을 허용하지 않는 천동설로 설명하고자 하였다. 그래서 지구를 중심으로 공전하는 원 궤도에 중심을 두고 있는 원, 즉 주전원(周轉圓)을 따라 공전 궤도를 그리면서 행성들이 운동한다고 주장하였다.
>
> 과학과 아리스토텔레스 철학의 결별은 서서히 일어났다. 그 과정에서 일어난 가장 중요한 사건은 1543년 코페르니쿠스가 행성들의 운동 이론에 관한 책을 발간한 일이다. 코페르니쿠스는 천체의 중심에 지구 대신 태양을 놓고 지구가 태양의 주위를 공전한다고 주장하였다. 태양을 우주의 중심에 둔 코페르니쿠스의 지동설은 행성들의 운동에 대해 프톨레마이오스보다 수학적으로 단순하게 설명하였다.

① 과학 혁명 이전 시기에는 천동설이 정설로 받아들여졌다.
② 프톨레마이오스의 주전원은 지동설을 지지하고자 만든 개념이다.
③ 천동설과 지동설은 우주의 중심을 어디에 두느냐에 따라 구분된다.
④ 행성의 공전에 대한 프톨레마이오스의 설명은 코페르니쿠스의 설명보다 수학적으로 복잡하였다.
⑤ 지동설이 알려지기 전에는 철학과 종교가 과학적 사실에도 큰 영향을 끼치고 있었다.

정답과 해설 P.2

걸음마를 시작하기 전에
규칙을 먼저 공부하는 사람은 없다.
직접 걸어 보고 계속 넘어지면서
배우는 것이다.

– 리처드 브랜슨(Richard Branson)

02

언어추리

최신경향 분석

▌ 영역 소개

언어추리는 주어진 정보를 종합하고 진술 간의 관계 구조를 파악하여 새로운 내용을 추론해내는 능력을 알아보기 위한 영역이다. 크게 명제와 조건추리 유형으로 구성되어 있다.

문항 수	시간	형태
20문항	20분	객관식 5지선다형

▌ 출제유형 소개

유형 1	명제

명제 유형은 언어추리에서 절반 이하를 차지하며, 난도가 크게 높지 않다. 명제 유형은 대부분 삼단논법 유형이 출제되고 있다.

세부 유형	삼단논법	2개의 전제와 결론으로 이뤄진 추론 방식으로 전제 또는 결론을 찾는 유형
	명제추리	여러 명제를 서로 연결하여 항상 참이거나 그렇지 않은 것을 찾는 유형

유형 2	조건추리

조건추리 유형은 언어추리에서 절반 이상을 차지하며, 난도가 크게 높지 않다. 조건추리 유형은 크게 두 가지 세부유형으로 출제되고 있다.

세부 유형	진실게임	진술을 하는 여러 사람 중 일부는 참을, 일부는 거짓을 말하는 유형
	매칭	줄 세우기, 자리 채우기 등 조건에 맞는 경우를 찾는 유형

대표기출 유형

유형 1 　명제

세부유형 ①　삼단논법

다음 결론이 반드시 참이 되게 하는 전제1을 고르면?

전제1	
전제2	키위를 좋아하는 사람은 사과를 좋아하지 않는다.
결론	포도를 좋아하는 사람은 키위를 좋아하지 않는다.

① 키위를 좋아하는 어떤 사람은 포도를 좋아한다.

② 포도를 좋아하는 모든 사람은 사과를 좋아한다.

③ 사과를 좋아하는 사람은 포도를 좋아하지 않는다.

④ 사과를 좋아하는 어떤 사람은 포도를 좋아하지 않는다.

⑤ 사과를 좋아하지 않는 어떤 사람은 포도를 좋아하지 않는다.

정답해설

전제2의 명제로 주어진 결론과 연결되는 실마리를 찾기 어려우므로 전제2의 대우 명제를 생각해 보자. 전제2의 대우 명제가 '사과를 좋아하는 사람은 키위를 좋아하지 않는다.'이다. 이를 통해 전제1을 유추하면 '포도를 좋아하는 모든 사람은 사과를 좋아한다.' 또는 이 명제의 대우 명제임을 알 수 있다.

| 정답 | ②

다음 명제가 모두 참일 때, 항상 옳은 것을 고르면?

2024 기출 복원

> - 뉴욕으로 출장을 다녀온 사람은 파리로 출장을 다녀온다.
> - 뉴욕으로 출장을 다녀오지 않은 사람은 로마로 출장을 다녀오지 않는다.
> - 로마로 출장을 다녀오지 않은 사람은 베이징으로 출장을 다녀온다.
> - 베이징으로 출장을 다녀온 사람은 싱가포르로 출장을 다녀온다.
> - 방콕으로 출장을 다녀오지 않은 사람은 싱가포르로 출장을 다녀오지 않는다.

① 방콕으로 출장을 다녀오면 로마로 출장을 다녀온다.

② 파리로 출장을 다녀오지 않으면 방콕으로 출장을 다녀온다.

③ 로마로 출장을 다녀오면 베이징으로 출장을 다녀오지 않는다.

④ 베이징으로 출장을 다녀오면 뉴욕으로 출장을 다녀오지 않는다.

⑤ 뉴욕으로 출장을 다녀오지 않으면 싱가포르로 출장을 다녀오지 않는다.

정답해설

주어진 명제와 대우 명제를 간단히 나타내면 다음과 같다.

- 뉴욕 ○ → 파리 ○ / 파리 × → 뉴욕 ×
- 뉴욕 × → 로마 × / 로마 ○ → 뉴욕 ○
- 로마 × → 베이징 ○ / 베이징 × → 로마 ○
- 베이징 ○ → 싱가포르 ○ / 싱가포르 × → 베이징 ×
- 방콕 × → 싱가포르 × / 싱가포르 ○ → 방콕 ○

따라서 '파리 × → 뉴욕 × → 로마 × → 베이징 ○ → 싱가포르 ○ → 방콕 ○'이므로 항상 옳다.

[오답풀이]

①, ③, ④ 참인지 거짓인지 알 수 없다.

⑤ '뉴욕 × → 로마 × → 베이징 ○ → 싱가포르 ○'이므로 항상 옳지 않다.

| 정답 | ②

다음 명제를 참고하여 내린 [보기]의 A, B에 대한 설명으로 옳은 것을 고르면?

- 감성적이지 않은 사람은 미술을 좋아하지 않는다.
- 키워드를 좋아하는 사람은 미술을 좋아한다.
- 감성적인 사람은 음악을 좋아하지 않는다.

- A: 키워드를 좋아하는 사람은 음악을 좋아하지 않는다.
- B: 미술을 좋아하는 사람은 감성적이지 않다.

① A만 옳다.   ② B만 옳다.   ③ A, B 모두 옳다.
④ A, B 모두 옳지 않다.   ⑤ A, B 모두 옳은지 옳지 않은지 알 수 없다.

정답해설

주어진 명제들 간의 연관성을 찾아야 하며, 이를 위해 문장을 도식화하여 다음과 같이 나타낼 수 있어야 한다.
~감성적 → ~미술
키워드 → 미술
감성적 → ~음악
이들 세 개의 도식화된 명제를 살펴보면 두 번째 명제 + 첫 번째 명제의 대우명제 + 세 번째 명제의 순으로 세 명제들이 상호 연결고리를 갖게 됨을 알 수 있다.
따라서 이를 정리하면 '키워드 → 미술 → 감성적 → ~음악'의 논리 관계가 성립하며, 또한 이의 대우명제인 '음악 → ~감성적 → ~미술 → ~키워드'의 논리 관계 역시 성립한다는 것을 알 수 있다. 따라서 A는 옳고, B는 옳지 않다는 것을 알 수 있다.

| 정답 | ①

세부유형 ①-1	진실게임

A~E의 5명 중 2명은 참 마을에 거주하고 3명은 거짓 마을에 거주한다. 참 마을에 거주하는 사람은 참말만 하고 거짓 마을에 거주하는 사람은 거짓말만 할 때, 대화 내용을 바탕으로 참 마을 주민을 모두 고르면?

2024 기출 복원

- A: "D는 참 마을 주민이다."
- B: "C는 거짓말하고 있다."
- C: "B는 거짓 마을 주민이다."
- D: "A 또는 B가 참 마을 주민이다."
- E: "A는 거짓말하고 있다."

① A, B
② A, D
③ C, D
④ C, E
⑤ D, E

정답해설

주어진 선택지의 사람들이 참 마을 주민이라고 가정하여 5명의 발언의 참/거짓 여부를 확인해 보면 다음과 같다.

구분	A의 발언	B의 발언	C의 발언	D의 발언	E의 발언
① A, B	T	T	F	T	F
② A, D	T	F	T	T	F
③ C, D	T	F	T	T	F
④ C, E	F	F	T	F	T

⑤은 D, E가 참말을 하는 경우, A의 말에서 오류가 발생하기 때문에 정답일 수 없다.

이때, 2명만 참말을 하는 경우는 ④이다.

| 정답 | ④

다음과 같이 A, B, C 세 명이 각기 다른 주장을 하고 있으며, 이들의 주장 중 각각 반은 진실이고 반은 거짓일 경우, 집을 산 사람이 누구인지 고르면?

- A: "나는 집을 사지 않았다. B도 집을 사지 않았다."
- B: "나는 집을 사지 않았다. C도 집을 사지 않았다."
- C: "나는 집을 사지 않았다. 누가 샀는지 모른다."

① A 　　　　　　　② B 　　　　　　　③ C
④ A와 B 　　　　　　⑤ B와 C

정답해설

이러한 유형의 명제 추리 문제는 주어진 명제를 하나씩 분석해 보아야 하며, 어느 것을 먼저 분석하느냐에 따라 풀이 과정이 달라질 수 있다. 진술의 유형이 나머지 두 사람과 다른 C의 명제를 먼저 살펴보면, 만일 "나는 집을 사지 않았다."가 거짓이라면, 집을 산 것이 됨과 동시에 뒤에 한 "누가 샀는지 모른다."는 말이 진실이 되어야 한다. 따라서 이 둘은 모순이 되므로 C의 "나는 집을 사지 않았다."는 말은 진실이 됨을 알 수 있다.
이 경우, "C도 집을 사지 않았다."고 말한 B의 뒷말이 진실이 되므로 B의 앞말은 거짓이 되어야 한다. 따라서 집을 산 사람은 B가 된다.
A의 진술을 확인해 보면, "B도 집을 사지 않았다."가 거짓이어야 하므로 앞말인 "나는 집을 사지 않았다."는 진실이 되어 모순이 없게 된다.

| 정답 | ②

A~F 6명이 1~6번 자리에 한 자리씩 앉으려고 한다. 다음 [조건]을 바탕으로 자리에 앉았을 때, 옳지 <u>않</u>은 것을 고르면?

2024 기출 복원

조건

- A는 C의 바로 옆자리에 앉고, B는 E의 바로 옆자리에 앉는다.
- D는 F의 바로 옆자리에 앉는다.
- F는 1번 자리에 앉고, B는 D와 나란히 앉지 않는다.
- C는 E와 나란히 앉지 않고, 제일 끝자리에 앉지 않는다.

① A는 3번 자리에 앉는다.
② B는 5번 자리에 앉는다.
③ E는 4번 자리에 앉는다.
④ C는 4번 자리에 앉는다.
⑤ D는 2번 자리에 앉는다.

정답해설

F는 1번 자리에 앉으며, A는 C와 나란히 앉고 B는 E와 나란히 앉는다. C와 E는 나란히 앉지 않는다.
D는 F의 옆자리이므로 2번 자리에 앉게 된다. 이를 정리하면 다음과 같다.
- F－D－A / C－B / E
- F－D－E－B－C－A
따라서 ③ E는 4번 자리에 앉는다는 것은 옳지 않다.

| 정답 | ③

유형연습 문제

01 주어진 명제가 모두 참일 때, 항상 <u>거짓</u>인 명제를 고르면?

> - 록 음악을 좋아하면 팝 음악도 좋아한다.
> - 클래식 음악을 좋아하면 힙합 음악을 좋아하지 않는다.
> - 힙합 음악을 좋아하면 록 음악을 좋아하지 않는다.
> - 팝 음악을 좋아하지 않으면 클래식 음악을 좋아한다.

① 팝 음악을 좋아하지 않으면 록 음악도 좋아하지 않는다.
② 클래식 음악을 좋아하지 않으면 힙합 음악을 좋아한다.
③ 록 음악을 좋아하면 힙합 음악을 좋아하지 않는다.
④ 힙합 음악을 좋아하지 않으면 팝 음악을 좋아한다.
⑤ 클래식 음악을 좋아하지 않으면 팝 음악을 좋아한다.

02 다음 명제가 모두 참일 때, 항상 <u>거짓</u>인 것을 고르면?

> - 겨울을 좋아하면 여름도 좋아한다.
> - 봄을 좋아하면 가을을 좋아하지 않는다.
> - 가을을 좋아하면 겨울을 좋아하지 않는다.
> - 여름을 좋아하지 않으면 봄을 좋아한다.

① 여름을 좋아하지 않으면 겨울도 좋아하지 않는다.
② 봄을 좋아하지 않으면 겨울을 좋아한다.
③ 겨울을 좋아하면 가을을 좋아하지 않는다.
④ 가을을 좋아하면 여름을 좋아한다.
⑤ 봄을 좋아하지 않으면 여름을 좋아한다.

03 다음 명제가 모두 참일 때, 항상 옳지 <u>않은</u> 것을 고르면?

> • 짜장면을 좋아하는 사람은 짬뽕을 좋아한다.
> • 떡볶이를 좋아하는 사람은 순대국밥을 좋아한다.
> • 뼈해장국을 좋아하는 사람은 라면을 좋아한다.
> • 순대국밥을 좋아하지 않는 사람은 뼈해장국을 좋아한다.
> • 짬뽕을 좋아하지 않는 사람은 떡볶이를 좋아하지 않는다.
> • 뼈해장국을 좋아하지 않는 사람은 짬뽕을 좋아하지 않는다.
> • 떡볶이를 좋아하지 않는 사람은 짜장면을 좋아하지 않는다.

① 짬뽕을 좋아하는 사람은 라면을 좋아한다.
② 짜장면을 좋아하는 사람은 순대국밥을 좋아한다.
③ 순대국밥을 좋아하지 않는 사람은 라면을 좋아한다.
④ 짜장면을 좋아하는 사람은 라면을 좋아하지 않는다.
⑤ 뼈해장국을 좋아하지 않는 사람은 떡볶이를 좋아하지 않는다.

04 다음 명제를 참고하여 내린 [보기]의 A, B에 대한 설명으로 옳은 것을 고르면?

> • 이 카페에서는 테이크아웃이 가능하다.
> • 이 카페에서는 음료를 미리 주문할 수 있다.
> • 음료를 미리 주문하지 않은 경우에는 테이크 아웃이 불가능하다.

> **보기**
> • A: 음료를 미리 주문한 경우에는 테이크 아웃이 불가능하다.
> • B: 음료를 미리 주문하지 않은 경우에는 테이크 아웃이 가능하다.

① A만 옳다.　　　　　② B만 옳다.　　　　　③ A, B 모두 옳다.
④ A, B 모두 옳지 않다.　　⑤ A, B 모두 옳은지 옳지 않은지 알 수 없다.

05 다음 명제가 모두 참일 때, [보기]의 A, B에 대한 설명으로 옳은 것을 고르면?

> • 빨간색을 좋아하는 사람 중에는 파란색을 좋아하는 사람도 있다.
> • 노란색을 좋아하는 사람 중에는 빨간색을 좋아하는 사람도 있지만, 파란색을 좋아하는 사람은 아무도 없다.

보기

> • A: 빨간색을 좋아하는 사람 모두가 노란색을 좋아하는 사람일 수도 있다.
> • B: 파란색을 좋아하는 사람 모두가 빨간색을 좋아하는 사람일 수도 있다.

① A만 옳다. ② B만 옳다. ③ A, B 모두 옳다.
④ A, B 모두 옳지 않다. ⑤ A, B 모두 옳은지 옳지 않은지 알 수 없다.

06 다음 자료를 근거로 판단할 때, [보기]에서 항상 옳은 것을 모두 고르면?

> • 신입 승무원들은 모두 처음에 고객응대 업무 또는 배식 업무 중 하나를 경험한다.
> • 혼자서 일하는 것을 좋아하는 신입 승무원은 판단력이 뛰어나다.
> • 고객응대 업무를 경험한 신입 승무원은 판단력이 뛰어나지 못하다.
> • 배식 업무를 경험한 신입 승무원은 부지런하다.
> • 부지런하지 않은 신입 승무원은 혼자서 일하는 것을 좋아하지 않는다.

보기

> ㉠ 부지런하지 않은 신입 승무원은 고객응대 업무를 경험한다.
> ㉡ 배식 업무를 경험한 신입 승무원은 혼자서 일하는 것을 좋아한다.
> ㉢ 판단력이 뛰어난 신입 승무원은 부지런하다.

① ㉠ ② ㉡ ③ ㉠, ㉡
④ ㉠, ㉢ ⑤ ㉡, ㉢

07 다음 결론이 반드시 참이 되게 하는 전제2를 고르면?

전제1	라면을 좋아하는 사람은 떡볶이를 좋아한다.
전제2	
결론	짬뽕을 좋아하는 어떤 사람은 라면을 좋아하지 않는다.

① 떡볶이와 짬뽕을 모두 좋아하는 사람이 있다.

② 떡볶이를 좋아하는 사람은 모두 짬뽕을 좋아한다.

③ 짬뽕을 좋아하는 사람은 모두 떡볶이를 좋아한다.

④ 짬뽕을 좋아하는 어떤 사람은 떡볶이를 좋아하지 않는다.

⑤ 짬뽕을 좋아하지 않는 사람은 모두 떡볶이를 좋아하지 않는다.

08 다음 두 개의 명제가 참일 경우, 이를 근거로 도출할 수 있는 올바른 결론을 고르면?

- 모든 사원은 주임이다.
- 어떤 사원은 연구디자인을 한다.

① 모든 사원은 연구디자인을 한다.

② 연구디자인을 하는 사원은 주임이 아니다.

③ 어떤 사원은 주임이면서 연구디자인을 한다.

④ 모든 사원은 주임이면서 연구디자인을 한다.

⑤ 연구디자인을 하는 모든 주임은 사원이다.

09 인사팀에 근무 중인 A~E는 서로 다른 시각에 출근하였다. 다음 내용을 바탕으로 할 때, 항상 옳지 않은 것을 고르면?

> • D와 E 사이에 한 명이 출근하였다.
> • A는 C보다 나중에 출근하였다.
> • A와 B 사이에 두 명이 출근하였다.
> • C와 D는 연달아 출근하지 않았다.

① E는 세 번째로 출근하였다.
② A는 E보다 먼저 출근하였다.
③ D는 마지막으로 출근하였다.
④ A와 E는 연달아 출근하였다.
⑤ C와 D 사이에 두 명이 출근하였다.

10 1~9까지의 숫자를 사용하여 네 자리 비밀번호를 설정하려고 한다. 다음 [조건]을 바탕으로 비밀번호를 설정할 때, 가능한 비밀번호는 몇 개인지 고르면?

조건
> • 동일한 숫자는 반복되지 않으며, 네 자리수의 합은 22 이상이다.
> • 3개의 짝수와 1개의 홀수로 구성되어 있다.
> • 가장 큰 수와 가장 작은 수는 9와 2이다.
> • 비밀번호 네 자리는 앞자리부터 오름차순이다.

① 0개   ② 1개   ③ 2개
④ 3개   ⑤ 4개

11 A~E의 5명 중 2명이 입사 시험에 합격하였다. 이에 대해 다음과 같이 대화하였는데, 1명이 거짓말을 하였다. 거짓말한 사람을 고르면?

2024 기출 복원

> • A: "B가 합격하였다."
> • B: "C와 D는 불합격하였다."
> • C: "A는 거짓말을 하였다."
> • D: "E의 발언이 참이라면 B는 합격하였다."
> • E: "A 또는 D 중 1명이 합격하였다."

① A   ② B   ③ C
④ D   ⑤ E

12 다음 상황을 근거로 판단할 때, 을의 연구실과 강의실이 있는 연구동의 위치가 바르게 짝지어진 것을 고르면?(단, 각 연구동에는 연구실과 강의실이 각각 1개씩 있는 것으로 가정한다.)

> • 갑, 을, 병은 각각 A, B, C연구동 중 어느 한 곳에 연구실을 가지고 있다.
> • 갑, 을, 병은 각각 A, B, C연구동 중 어느 한 곳에서 강의를 한다.
> • 갑, 을, 병은 모두 자신의 연구실과 강의실이 있는 연구동이 다르다.
> • 갑은 병의 강의실이 위치한 연구동에 연구실을 가지고 있다.
> • 병은 A연구동에 연구실을 가지고 있지 않다.
> • 병과 을은 B연구동에 연구실을 가지고 있지 않다.
> • 갑의 강의실이 위치한 연구동은 A연구동이다.

	연구실	강의실
①	A연구동	B연구동
②	A연구동	C연구동
③	B연구동	C연구동
④	C연구동	A연구동
⑤	C연구동	B연구동

13 다음 [조건]을 바탕으로 할 때, 항상 옳은 것을 고르면?

조건

- A~G의 7명은 7층 건물의 각 층에 거주한다.
- A~G 중 3명은 도마뱀을 키운다.
- 도마뱀을 키우지 않는 사람들끼리는 인접하게 거주하지 않는다.
- A는 5층에 거주한다.
- D와 F는 도마뱀을 키운다.
- B와 E 사이에는 1명이 거주한다.
- C의 바로 아래층에 G가 거주한다.

① B는 1층에 거주한다.
② E는 3층에 거주한다.
③ G는 6층에 거주한다.
④ D는 2층에 거주하지 않는다.
⑤ F는 4층에 거주하지 않는다.

14 A~E의 5명 중 1명이 출장을 다녀왔다. 이에 대해 다음과 같이 대화하였는데, 5명 중 2명이 참말을 하였고, 나머지 3명은 거짓말을 하였다. 이때, 항상 옳은 것을 고르면?

- A: "E가 출장을 다녀왔다."
- B: "E는 출장을 다녀오지 않았다."
- C: "B 또는 E가 출장을 다녀왔다."
- D: "A가 출장을 다녀왔다."
- E: "B의 발언은 참이다."

① A가 거짓말을 한다면 C가 출장을 다녀왔다.
② B가 거짓말을 한다면 D가 출장을 다녀왔다.
③ C가 거짓말을 한다면 D가 출장을 다녀왔다.
④ D가 거짓말을 한다면 B가 출장을 다녀왔다.
⑤ E가 거짓말을 한다면 E가 출장을 다녀왔다.

15. A~F가 원탁 책상에서 회의를 하려고 한다. 다음 [조건]을 바탕으로 자리에 앉았을 때, 옳지 <u>않은</u> 것을 고르면?

조건

- A는 C의 옆자리에 앉는다.
- B는 A와 나란히 앉을 수 없다.
- D는 B와 서로 가장 먼 자리에 앉는다.
- F는 3번 자리에 앉는다.
- B는 1번 자리에 앉는다.

[그림] 원탁 책상 배치도

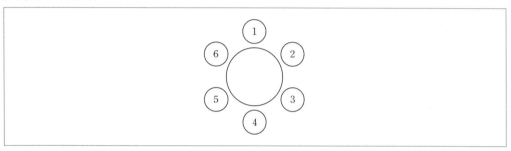

① E는 2번 자리에 앉는다.
② C는 6번 자리에 앉는다.
③ D는 4번 자리에 앉는다.
④ A는 6번 자리에 앉는다.
⑤ F는 D의 옆자리에 앉는다.

16 다섯 명의 요리사 A~E가 서로 다른 시간에 요리를 끝냈다. 다음 [조건]을 바탕으로 할 때, 가장 먼저 요리를 끝낸 요리사를 고르면?

조건

- 요리사 C는 요리사 E보다 먼저 요리를 끝냈다.
- 요리사 A보다 늦게 요리를 끝낸 요리사는 3명이다.
- 요리사 D는 세 번째로 요리를 끝냈다.
- 요리사 C는 요리사 D보다 늦게 요리를 끝냈다.

① 요리사 A 　　　② 요리사 B 　　　③ 요리사 C
④ 요리사 D 　　　⑤ 요리사 E

17 다섯 명의 친구, 현아, 수빈, 정우, 민호, 유진이 있다. 한 명의 친구만 거짓말을 하고, 나머지 친구들은 진실을 말한다. 현아의 생일파티에 모두 참석했을 때, 거짓말을 하는 친구가 누구인지 고르면?

- 현아: "수빈은 내 생일파티에 왔어."
- 수빈: "정우는 생일파티에 오지 않았어."
- 정우: "민호는 생일파티에 왔어."
- 민호: "유진은 거짓말을 하지 않아."
- 유진: "나는 생일파티에 갔어."

① 현아 　　　② 수빈 　　　③ 정우
④ 민호 　　　⑤ 유진

18 다음 4명의 진술 중 1명만 거짓을 말하고 있을 경우의 설명으로 옳은 것을 고르면?(단, 4명은 1~4층까지 모두 다른 층에 살고 있다.)

> • A: "난 2층에 살지 않아."
> • B: "난 3층에 살지 않아."
> • C: "난 1층과 3층에 살지 않아."
> • D: "난 2층과 4층에 살지 않아."

① A의 말이 거짓일 경우 2명이 사는 층만 알 수 있다.

② D의 말이 거짓일 경우 D가 사는 층을 알 수 없다.

③ C의 말이 거짓일 경우 4명이 모두 몇 층에 사는지 알 수 있다.

④ B의 말이 거짓일 경우 B가 사는 층만 알 수 있다.

⑤ D의 말이 거짓일 경우 4명이 모두 몇 층에 사는지 알 수 없다.

19 K상점에서 물품 도난 사건이 발생하였다. 용의자 A~E가 다음 [보기]와 같이 진술하였는데 이 중 참을 말하는 사람이 2명이고, 거짓을 말하는 사람이 3명이다. 용의자 중 1명이 범인이라고 할 때, 범인을 고르면?(단, 참을 말하는 사람의 모든 발언은 참이고, 거짓을 말하는 사람의 모든 발언은 거짓이다.)

보기

> • A: "C가 거짓을 말하고 있고, D가 범인이야."
> • B: "범인인 사람은 참을 말하고 있어."
> • C: "E가 범인이야."
> • D: "나는 범인이 아니고, B는 진실을 말하고 있어."
> • E: "나와 C는 범인이 아니야."

① A   ② B   ③ C

④ D   ⑤ E

20 F~J 5명 중 한 명이 축구 경기 중 고의로 반칙을 했다. 5명 중 J와 다른 한 명이 참을 말하고, F와 나머지 2명이 거짓을 말할 때, 반칙을 한 선수를 고르면?

> - F: "G가 반칙을 했어."
> - G: "I는 반칙을 하지 않았어."
> - H: "J가 반칙을 했어."
> - I: "H와 나는 반칙을 하지 않았어."
> - J: "F는 반칙을 하지 않았어."

① F 　　　　　② G 　　　　　③ H
④ I 　　　　　⑤ J

자료해석

최신경향 분석

▌ 영역 소개

자료해석은 표/그래프 자료를 신속하고 정확하게 분석하여 자료에 제시된 수치 정보를 계산하거나 의미를 해석하고, 추세 및 경향성에 대해 추론하는 능력을 알아보기 위한 검사이다. 자료이해 유형이 주로 출제된다.

문항 수	시간	형태
20문항	20분	객관식 5지선다형

▌ 출제유형 소개

유형 1 | 자료이해

자료이해 유형이 대부분 출제되며, 계산기를 사용할 수 있으므로 난도가 크게 높지 않다. 자료이해 유형은 크게 두 가지 세부유형으로 출제되고 있다.

세부유형	자료이해	단일 자료 또는 복합 자료가 주어지고 옳은 것 또는 옳지 않은 것을 고르는 유형
	보고서 연계형	표 또는 그래프와 함께 보고서가 동반되는 유형

유형 2 | 자료계산

자료계산 유형은 자료를 토대로 특정한 값을 계산하는 유형으로, 거의 출제가 되지 않는다. 그러나 자료이해 유형의 선택지의 일부에서 공식을 이용한 값, 자료 수치에 대한 비중, 차이 등을 구해야 하는 문제로 출제된다.

유형 3 | 자료변환

자료변환 유형은 주어진 자료들을 다른 형태의 자료로 변환하는 유형으로, 거의 출제가 되지 않는다. 그러나 출제 비중이 높은 자료이해 유형에서 표나 그래프가 제시되어 이를 해석하는 능력을 요하므로 자료의 형태를 바꾸는 연습을 사전에 하면 학습에 도움이 될 것이다.

대표기출 유형

유형 1 　자료이해

세부유형 ① 　자료이해(일반형)

다음 [표]는 2017~2023년 △△지역의 관광객 수를 조사하여 나타낸 자료이다. 이에 대한 설명으로 옳지 않은 것을 고르면?

2024 기출 복원

[표] 2017~2023년 관광객 수 　　　　　　　　　　　　　　　　　　　　　　　　(단위: 만 명)

구분	2017년	2018년	2019년	2020년	2021년	2022년	2023년
내국인	121	194	178	154	166	125	137
외국인	84	115	98	102	120	96	117

※ 전체 관광객 수＝내국인 관광객 수＋외국인 관광객 수

① 2021년 외국인 관광객 수는 4년 전 대비 40% 이상 증가하였다.

② 2022년 내국인 관광객 수는 전년 대비 25% 미만으로 감소하였다.

③ 전체 관광객 수가 세 번째로 낮은 해는 2022년이다.

④ 2019~2023년 외국인 관광객 수는 평균 106만 명 이상이다.

⑤ 2018~2023년 전년 대비 내국인 관광객 수 변화율이 가장 낮은 해의 변화율은 8% 미만이다.

연도별로 전체 관광객 수를 계산하면, 2017년 205만 명, 2018년 309만 명, 2019년 276만 명, 2020년 256만 명, 2021년 286만 명, 2022년 221만 명, 2023년 254만 명이다.

따라서 전체 관광객 수가 가장 적은 해는 2017년, 두 번째로 적은 해는 2022년, 세 번째로 적은 해는 2023년이다.

[오답풀이]

① 2021년 외국인 관광객 수의 4년 전 대비 증가율은 $\frac{(120-84)}{84} \times 100 ≒ 42.9(\%)$이므로 40% 이상이다.

② 2022년 내국인 관광객 수의 전년 대비 감소율은 $\frac{(166-125)}{166} \times 100 ≒ 24.7(\%)$이므로 25% 미만이다.

④ 2019~2023년 외국인 관광객 수는 98+102+120+96+117=533(만 명)이므로, 평균 $\frac{533}{5}=106.6$(만 명)이다.

⑤ 2018~2023년 전년 대비 내국인 관광객 수의 변화량은 2018년 73만 명, 2019년 16만 명, 2020년 24만 명, 2021년 12만 명, 2022년 41만 명, 2023년 12만 명이다.

2021년과 2023년의 경우 변화량(12만 명)은 같지만, 내국인 수가 더 많은 2021년의 변화율이 더 낮다. 따라서 2021년의 내국인 수 변화율은 $\frac{(166-154)}{154} \times 100 ≒ 7.8(\%)$이므로 8% 미만이다.

| 정답 | ③

문제 해결 tip

내국인 관광객 수의 변화량이 가장 적다고 해서 변화율이 가장 낮은 것은 아니다. 변화량을 확인하였을 때 12만 명 다음으로 높은 해는 16만 명의 2019년이다. 추가로 확인해 본다면 2019년의 변화율을 확인하면 된다. 다만, 16만 명 대비 전체 내국인 관광객 수를 고려할 때 2021년의 변화율이 가장 낮다는 것을 파악할 수 있다.

다음 [표]는 2023년부터 2024년 상반기까지 △△기업의 매출액 현황을 분기별로 나타낸 자료이다. 이에 대한 설명으로 옳은 것을 [보기]에서 모두 고르면?

[표] △△기업의 분기별 매출액 현황
(단위: 억 원, %)

구분	2023년				2024년	
	1분기	2분기	3분기	4분기	1분기	2분기
매출액	1,800	1,640	2,700	2,160	1,920	2,400
영업비용	( )	1,280	1,080	( )	1,450	1,800
영업이익률	10	22.0	( )	12.5	24.5	( )

※ 영업이익＝매출액－영업비용

※ 영업이익률(%)＝$\dfrac{(매출액)-(영업비용)}{매출액} \times 100$

보기

ⓐ 2023년 1분기 영업비용은 1,620억 원이다.

ⓑ 2023년 영업이익이 두 번째로 큰 분기는 4분기이다.

ⓒ 전체 기간 중 2024년 2분기의 영업이익률이 두 번째로 높다.

① ㉠   ② ㉡   ③ ㉠, ㉡

④ ㉠, ㉢   ⑤ ㉠, ㉡, ㉢

정답해설

㉠ 2023년 1분기의 영업이익률이 10%이므로 영업이익은 1,800×0.1＝180(억 원)이다. 따라서 2023년 1분기의 영업비용은 1,800－180＝1,620(억 원)이다.

㉢ 2023년 3분기의 영업이익이 2,700－1,080＝1,620(억 원)이므로 영업이익률은 $\dfrac{1,620}{2,700} \times 100 = 60(\%)$이다. 그리고 2024년 2분기의 영업이익이 2,400－1,800＝600(억 원)이므로 영업이익률은 $\dfrac{600}{2,400} \times 100 = 25.0(\%)$이다. 따라서 전체 기간 중 2023년 3분기 영업이익률이 가장 높고, 2024년 2분기의 영업이익률이 두 번째로 높다.

[오답풀이]

㉡ 2023년의 영업이익을 분기별로 확인해 보면 다음과 같다.

• 1분기: 1,800×0.1＝180(억 원)

• 2분기: 1,640－1,280＝360(억 원)

• 3분기: 2,700－1,080＝1,620(억 원)

• 4분기: 2,160×0.125＝270(억 원)

따라서 2023년 영업이익이 두 번째로 큰 분기는 2분기이다.

| 정답 | ④

다음 [표]는 2021년과 2023년 반려가구·반려인 수 및 반려인 기준 반려동물 입양처 변화에 대한 자료이다. 이에 대한 설명으로 옳은 것을 고르면?

[표1] 반려가구·반려인 수 변화

구분	2021년	2023년
반려가구(만 가구)	536	552
반려인(만 명)	1,282	1,262

[표2] 반려인 기준 반려동물 입양처 변화 (단위: %)

구분	2021년	2023년
친구/지인	45	34
애견센터/복합매장	20	22
유기동물	14	20
인터넷개인거래	5	9
동물병원	8	8
브리더	5	3
기타	3	4

① 2021년과 2023년 반려동물 입양처 비중 순위는 변화가 없다.

② 2023년 반려가구당 반려인 수는 2021년보다 증가했다.

③ 반려동물 입양처가 동물병원인 반려인 수는 2021년과 2023년이 동일하다.

④ 2021년 반려동물 입양처가 친구/지인인 반려인 수는 브리더인 반려인 수보다 512.8만 명 많다.

⑤ 반려동물 입양처가 2021년 애견센터/복합매장인 반려인 수는 2023년 유기동물인 반려인 수보다 4만 명 적다.

정답해설

2021년 반려동물 입양처가 친구/지인인 반려인 수는 1,282×45%(만 명)이고, 브리더인 반려인 수는 1,282×5%(만 명)이므로 1,282×(45%−5%)=512.8(만 명) 많다.

[오답풀이]

① 2021년 4번째로 많은 입양처는 동물병원이었지만, 2023년 4번째로 많은 입양처는 인터넷개인거래이다.

② 반려가구당 반려인 수는 2021년 $\frac{1,282}{536}$(명)이고, 2023년 $\frac{1,262}{552}$(명)이다. 반려인 수는 감소했지만, 반려가구는 증가했으므로 2023년 반려가구당 반려인 수는 2021년보다 감소했다.

③ 반려동물 입양처가 동물병원인 반려인 수는 2021년 1,282×8%(만 명)이고, 2023년 1,262×8%(만 명)이므로 동일하지 않다.

⑤ 반려동물 입양처가 2021년 애견센터/복합매장인 반려인 수는 1,282×20%(만 명)이고, 2023년 유기동물인 반려인 수는 1,262×20%이므로 1,282×20%−1,262×20%=(1,282−1,262)×20%=4(만 명) 많다.

| 정답 | ④

다음 [그래프]는 2019~2023년 ○○지역의 주류 판매량을 나타낸 자료이다. 이를 바탕으로 작성한 [보고서]의 내용 중 옳은 것을 모두 고르면?

2024 기출 복원

[그래프] 2019~2023년 주류 판매량　　　　　　　　　　　　　　　　　　　　　　　　(단위: 10만 L)

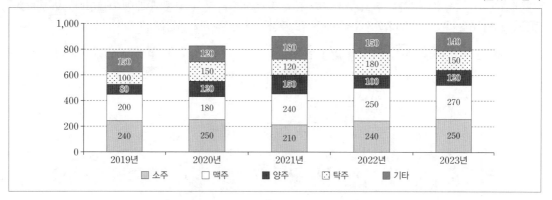

[보고서]

　　○○지역은 2019년부터 2023년까지 해마다 주류 판매량이 꾸준히 증가하였다. ㉠특히 2021년에는 2020년 대비 800만 L 증가하였다. ㉡최근 3년 동안에는 맥주 판매량이 소주 판매량보다 많은데, 탁주 판매량은 꾸준히 양주 판매량보다 많다. ㉢2019년에는 소주와 맥주 판매량이 전체의 57% 정도였는데, ㉣2023년에는 60% 이상으로 증가하면서 꾸준한 강세를 나타내었다.

① ㉠, ㉡　　　　　　　　　② ㉠, ㉢　　　　　　　　　③ ㉡, ㉣
④ ㉠, ㉢, ㉣　　　　　　　⑤ ㉡, ㉢, ㉣

정답해설

㉠ 2020년 주류 판매량은 250+180+120+150+120=820(10만 L)이고 2021년에는 210+240+150+120+180=900(10만 L)이다. 따라서 2021년 주류 판매량은 2020년 대비 900-820=80(10만 L) 증가하였으므로 800만 L 증가하였다.

㉢ 2019년 주류 판매량이 240+200+80+100+150=770(10만 L)이므로 소주와 맥주 판매량은 전체의 $\frac{440}{770} \times 100 ≒ 57.1(\%)$이므로 57% 정도이다.

[오답풀이]

㉡ 2021년부터 2023년까지 맥주 판매량은 소주 판매량보다 많다. 그런데 2021년에는 탁주 판매량이 양주 판매량보다 적다.

㉣ 2023년 주류 판매량이 250+270+120+150+140=930(10만 L)이므로 소주와 맥주 판매량은 전체의 $\frac{520}{930} \times 100 ≒ 55.9(\%)$이므로 60% 미만이다.

| 정답 | ②

다음 [그래프]는 2021년 산업 간 일자리 이동자 수 및 동일산업 간 이동률에 대한 자료이다. A+B+C의 값을 고르면?(단, 사업 간 일자리 이동자 수 계산 시 소수점 첫째 자리에서 반올림한다.)

[그래프] 2021년 산업 간 일자리 이동자 수 및 동일산업 간 이동률　(단위: 천 명, %)

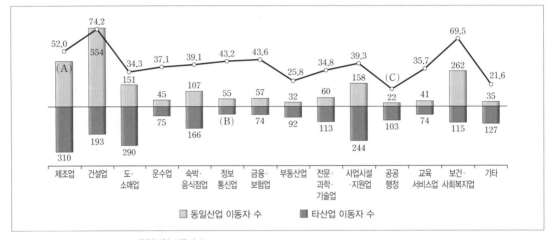

※ 동일산업 이동률(%)= $\dfrac{\text{동일산업 이동자 수}}{\text{동일산업 이동자 수+타산업 이동자 수}} \times 100$

① 416.9　　　　　② 425.6　　　　　③ 430.2

④ 437.5　　　　　⑤ 443.3

정답해설

• $\dfrac{A}{(A+310)} \times 100 = 52.0$ 에서 A=336

• $\dfrac{55}{(55+B)} \times 100 = 43.2$ 에서 B=72

• $C = \dfrac{22}{(22+103)} \times 100 = 17.6$

따라서 A+B+C=336+72+17.6=425.6이다.

| 정답 | ②

다음 [표]는 2022년 주택소유가구 현황에 대한 자료이다. 이를 바탕으로 나타낸 그래프 중 [보기]에서 옳지 <u>않은</u> 것을 모두 고르면?(단, 계산 시 소수점 첫째 자리에서 반올림한다.)

[표] 2022년 주택소유가구 현황   (단위: 만 가구)

구분		일반가구	주택소유가구	주택소유율
연령별	30세 미만	185	21	11.4%
	30~39세	313	118	37.7%
	40~49세	421	251	59.6%
	50~59세	484	310	64.0%
	60~69세	423	286	67.6%
	70~79세	228	161	70.6%
	80세 이상	124	76	61.3%
가구원수별	1인	750	232	30.9%
	2인	626	408	65.2%
	3인	419	297	70.9%
	4인	301	225	74.8%
	5인 이상	82	61	74.4%

※ 주택소유율(%)= $\dfrac{\text{주택소유가구 수}}{\text{일반가구 수}} \times 100$

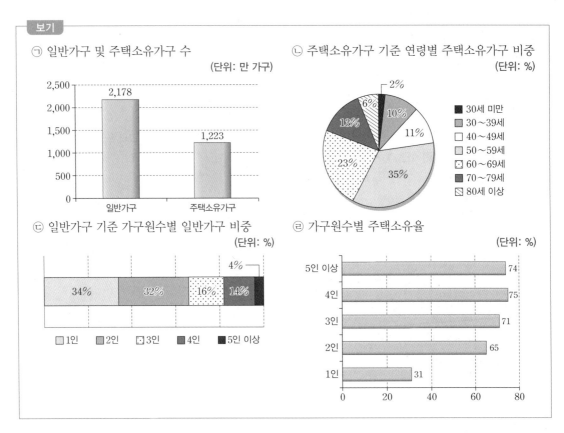

① ㉠, ㉡　　　　　　　② ㉠, ㉢　　　　　　　③ ㉡, ㉢

④ ㉡, ㉣　　　　　　　⑤ ㉢, ㉣

정답해설

ⓒ 주택소유가구는 1,223만 가구이고, 그 중 40~49세 가구는 251만 가구이므로 어림셈하면 20% 이상이고, 50~59세 가구는 310만 가구로 30% 미만이므로 그래프는 옳지 않다.

[주택소유가구 기준 연령별 주택소유가구 비중]

30세 미만	$\frac{21}{1,223}\times100\fallingdotseq2(\%)$	60~69세	$\frac{286}{1,223}\times100\fallingdotseq23(\%)$
30~39세	$\frac{118}{1,223}\times100\fallingdotseq10(\%)$	70~79세	$\frac{161}{1,223}\times100\fallingdotseq13(\%)$
40~49세	$\frac{251}{1,223}\times100\fallingdotseq21(\%)$	80세 이상	$\frac{76}{1,223}\times100\fallingdotseq6(\%)$
50~59세	$\frac{310}{1,223}\times100\fallingdotseq25(\%)$		

ⓒ 일반가구는 2,178만 가구이고, 그 중 2인 가구는 626만 가구이므로 어림셈하면 30% 이하이고, 3인 가구는 419만 가구로 15%보다 20%에 가까우므로 그래프는 옳지 않다.

[일반가구 기준 가구원수별 일반가구 비중]

1인	$\frac{750}{2,178}\times100\fallingdotseq34(\%)$	4인	$\frac{301}{2,178}\times100\fallingdotseq14(\%)$
2인	$\frac{626}{2,178}\times100\fallingdotseq29(\%)$	5인 이상	$\frac{82}{2,178}\times100\fallingdotseq4(\%)$
3인	$\frac{419}{2,178}\times100\fallingdotseq19(\%)$		

[오답풀이]
ⓐ 가구원수별 일반가구와 주택소유가구를 구하면 다음과 같다.

일반가구	750+626+419+301+82=2,178(만 가구)
주택소유가구	232+408+297+225+61=1,223(만 가구)

연령별 일반가구와 주택소유가구를 구해도 결과는 위와 같다.
ⓓ 가구원수별 주택소유율은 [표]의 주택소유율 수치로 확인할 수 있다.

| 정답 | ③

자료해석

01 다음 [표]는 2023년 멸종위기야생생물 분류군 지정 현황에 대한 자료이다. 이에 대한 설명으로 옳은 것을 고르면?

[표] 2023년 멸종위기야생생물 분류군 지정 현황 (단위: 종)

구분	1급	2급
포유류	14	6
조류	16	53
양서파충류	2	6
어류	11	18
무척추동물류	4	28
곤충류	8	21
육상식물류	13	79
해조류	0	2
균류	0	2

※ 무척추동물류: 곤충류 제외

① 멸종위기야생생물에서 종수가 가장 많은 2급 분류군은 1급 종수도 가장 많다.
② 멸종위기야생생물은 총 273종이다.
③ 멸종위기야생생물로 지정된 비율이 10% 이상인 야생생물은 4종이다.
④ 멸종위기야생생물 중 1급인 야생생물은 전체 멸종위기야생생물의 24%이다.
⑤ 멸종위기야생생물 중 조류의 비율은 어류의 비율보다 10% 높다.

02 다음 [그래프]는 2019~2023년 두 회사에서 판매하는 4개 제품에 대한 매출액을 조사하여 나타낸 자료이다. 이에 대한 설명으로 옳지 <u>않은</u> 것을 [보기]에서 모두 고르면? 2024 기출 복원

[그래프] 2019~2023년 매출액 현황 (단위: 억 원)

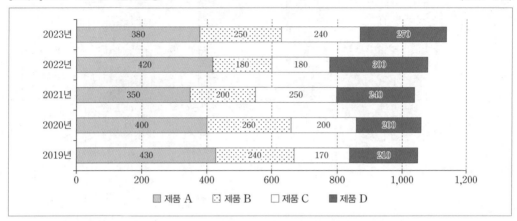

보기

ㄱ 제품 B의 5년간 평균 매출액은 제품 D보다 16억 원 낮다.

ㄴ 4개 제품에 대한 2023년 총매출액은 4년 전 대비 8.6% 증가하였다.

ㄷ 총매출액에서 제품 C가 차지하는 비중이 두 번째로 큰 해는 2020년이다.

ㄹ 2019~2022년 제품 A의 매출액 합계는 2022~2023년 세 제품 B, C, D의 매출액 합계보다 175억 원 이상 많다.

① ㄱ, ㄷ   ② ㄱ, ㄹ   ③ ㄴ, ㄷ

④ ㄱ, ㄴ, ㄹ   ⑤ ㄴ, ㄷ, ㄹ

03 다음 [그래프]는 2022~2023년 1인 가구의 월급 분포를 나타낸 자료이다. 이에 대한 설명으로 옳은 것을 [보기]에서 모두 고르면?

[그래프] 2022~2023년 1인 가구의 월급 분포 (단위: %)

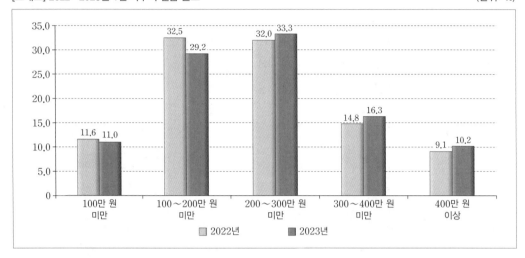

보기

㉠ 2년간 비중이 가장 큰 폭으로 변화한 구간은 300~400만 원 미만 구간이다.

㉡ 월급 수준이 400만 원 미만인 1인 가구의 비중은 2022년보다 2023년에 더 낮다.

㉢ 두 해 모두 월급 수준이 100~300만 원 미만인 1인 가구 수는 전체 1인 가구 수의 절반에 미치지 못한다.

㉣ 혼자 사는 A씨가 2년간 각각 월급 300만 원을 받았다면, 2022년에는 1인 가구 중 상위 25% 내에 속했지만 2023년에는 상위 25% 내에 속하지 못한다.

① ㉠, ㉡   ② ㉠, ㉢   ③ ㉡, ㉣

④ ㉠, ㉢, ㉣   ⑤ ㉡, ㉢, ㉣

04 다음 [그래프]는 2015~2023년 A~D지역의 교통사고 발생 현황을 나타낸 자료이다. 이에 대한 설명으로 옳은 것을 [보기]에서 모두 고르면?　　　　　　　　　2024 기출 복원

[그래프] 2015~2023년 교통사고 발생 현황　　　　　　　　　　　　　　　　　(단위: 건)

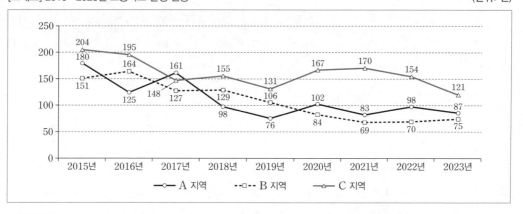

보기

㉠ A지역의 평균 교통사고 발생량은 C지역보다 50건 이상 낮다.
㉡ 지역별 전년 대비 교통사고 발생 건수 변화율이 가장 낮은 해에 대하여 변화율이 낮은 순서대로 지역을 나열하면 C, B, A이다.
㉢ B지역에서 교통사고 발생 건수가 가장 많았던 해를 기준으로 할 때 가장 적었던 해에 대한 발생 건수의 변화율은 60% 미만이다.

① ㉡　　　　　　　　② ㉢　　　　　　　　③ ㉠, ㉡
④ ㉠, ㉢　　　　　　　⑤ ㉠, ㉡, ㉢

05 다음 [표]는 2019~2023년 연령대별 인구수 및 비율을 조사하여 나타낸 자료이다. 이에 대한 설명으로 옳은 것을 고르면?

[표] 2019~2023년 연령대별 인구수 및 비율

(단위: 만 명, %)

구분		2019년	2020년	2021년	2022년	2023년
14세 이하	인구수	7,029	6,865	6,724	6,589	6,435
	비율	( )	( )	( )	( )	( )
15세 이상	인구수	( )	( )	( )	( )	( )
	비율	86.2	86.6	87.0	87.2	87.6

① 14세 이하 인구 비율은 계속해서 증가하고 있다.

② 2023년 전체 인구수는 2019년 전체 인구수보다 많다.

③ 2023년 15세 이상 인구수는 2019년 15세 이상 인구수보다 적다.

④ 2021년 15세 이상 인구수는 같은 해 14세 이하 인구수의 7배 이상이다.

⑤ 2020~2023년 중 전년 대비 14세 이하 인구수가 가장 크게 줄어든 해는 2023년이다.

06 다음 [표]는 어느 회사의 구내식당에서 연령대별로 가장 선호하는 메뉴를 조사한 자료이다. 이에 대한 설명으로 옳지 <u>않은</u> 것을 고르면?

[표] 설문조사 결과

연령대	직원 수	설문조사 참여자 수	가장 선호하는 메뉴(1가지)			
			한식	일식	중식	양식
20대	80명	60명	10%	40%	30%	20%
30대	140명	120명	25%	15%	20%	40%
40대	160명	100명	35%	10%	25%	30%
50대	120명	110명	40%	30%	20%	10%

① 연령대별로 1위를 많이 차지한 메뉴를 선정한다면 한식을 선정한다.

② 중식을 가장 선호하는 연령대는 없다.

③ 직원 수가 가장 많은 연령대는 일식을 가장 선호하지 않는다.

④ 설문조사 참여자 수가 가장 많은 연령대는 한식을 가장 선호한다.

⑤ 중식에 투표한 직원 수는 일식에 투표한 직원 수보다 많다.

07 다음 [표]는 2022년과 2023년 어느 국가의 5대 수출입 항목을 나타낸 자료이다. 이에 대한 설명으로 옳은 것을 [보기]에서 모두 고르면?

[표] 5대 수출입 항목

(단위: 억 달러)

구분	2022년				2023년			
	수출		수입		수출		수입	
	항목	금액	항목	금액	항목	금액	항목	금액
1위	A	1,165	D	803	A	935	G	702
2위	B	486	C	447	F	430	D	423
3위	E	408	G	231	G	405	A	228
4위	F	246	B	214	B	325	C	186
5위	G	110	A	197	E	254	F	178

※ 무역수지＝수출액−수입액
※ 무역수지가 양이면 흑자, 음이면 적자를 의미함

> **보기**
>
> ㉠ 항목 G의 수입금액 증가율은 200% 이상이다.
> ㉡ 항목 A의 2023년 무역수지는 2022년 대비 260억 달러 이상 감소하였다.
> ㉢ 5대 수출입 항목을 기준으로 할 때 2023년 무역수지는 2022년 대비 109억 달러 증가하였다.
> ㉣ A~F까지의 항목 중 2022년 무역수지가 적자인 항목은 2023년 무역수지가 적자인 항목보다 1개 더 많다.

① ㉠, ㉢ 　　② ㉠, ㉣ 　　③ ㉡, ㉣
④ ㉠, ㉡, ㉢ 　　⑤ ㉡, ㉢, ㉣

다음 [그래프]는 2013~2023년 15세 이상 인구, 취업자, 경제활동 인구, 비경제활동 인구의 전년 대비 증감률 추이에 대한 자료이다. 이에 대한 설명으로 옳지 <u>않은</u> 것을 고르면?

[그래프1] 2013~2023년 15세 이상 인구, 취업자의 전년 대비 증감률 추이 (단위: %)

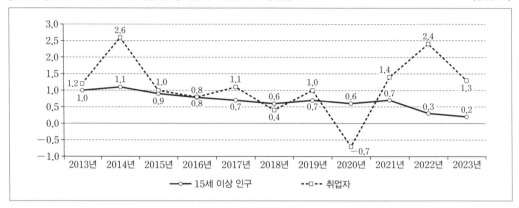

[그래프2] 2013~2023년 경제활동 인구, 비경제활동 인구의 전년 대비 증감률 추이 (단위: %)

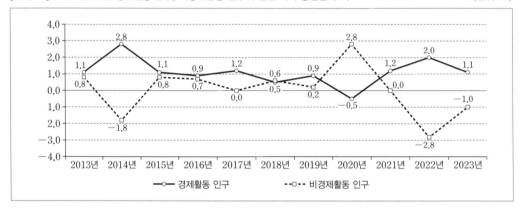

① 15세 이상 인구가 전년 대비 1% 이상 증가한 시기는 2013년, 2014년이다.
② 취업자 인구가 전년 대비 가장 크게 감소한 해에 비경제활동 인구는 전년 대비 가장 크게 증가했다.
③ 2013~2023년 동안 매년 인구가 증가한 것은 15세 이상 인구뿐이다.
④ 경제활동 인구가 전년 대비 감소한 해에 비경제활동 인구는 전년 대비 가장 크게 증가했다.
⑤ 2023년 전년 대비 인구가 증가한 것은 비경제활동 인구뿐이다.

09 다음 [표]는 2019~2023년 1월 인허가·착공 실적 추이에 대한 자료이다. 이에 대한 설명으로 옳은 것을 고르면?

[표1] 2019~2023년 1월 인허가 실적 추이   (단위: 만 호)

구분	수도권	지방
2019년	1.8	1.4
2020년	1.2	1.2
2021년	1.2	1.4
2022년	1.5	2.4
2023년	0.5	1.6

[표2] 2019~2023년 1월 착공 실적 추이   (단위: 만 호)

구분	수도권	지방
2019년	1.3	1.1
2020년	0.9	0.8
2021년	1.7	1.1
2022년	1.0	0.9
2023년	1.0	0.6

① 수도권의 2020년 1월 인허가 실적은 전년 대비 50% 감소했다.

② 지방의 1월 인허가 실적과 착공 실적의 증감 상태의 변화는 동일하다.

③ 수도권의 2022년 1월 인허가 실적은 전년 대비 30% 증가했다.

④ 지방의 1월 착공 실적이 전년 대비 증가한 해는 수도권의 1월 인허가 실적도 전년 대비 증가했다.

⑤ 지방의 2023년 1월 착공 실적의 전년 대비 감소율은 수도권의 2020년 1월 인허가 실적의 전년 대비 감소율과 같다.

자료해석

유형연습 문제 **89**

10 다음 [표]는 하루 1번 이상 섭취하는 절제가 필요한 식품의 섭취율에 대한 자료이다. 이에 대한 설명으로 옳지 <u>않은</u> 것을 고르면?

[표] 하루 1번 이상 섭취하는 절제가 필요한 식품의 섭취율 (단위: 명, %)

구분		응답자 수	맵고 짠 국물음식	설탕이 많이 들어간 간식
전체		3,594	33.6	31.5
연령	청년층(18~34세)	579	26.7	18.8
	중장년층(35~64세)	2,482	34.8	33.9
	노년층(65세 이상)	533	39.7	42.9
월평균 가구 소득	200만 원 미만	161	43.3	30.7
	200~350만 원 미만	815	28.7	32.5
	350~500만 원 미만	944	34.8	34.3
	500~700만 원 미만	943	32.8	38.4
	700만 원 이상	731	33.9	20.7
가구 유형	1인 가구	617	29.2	28.8
	다인 가구	2,977	35.0	32.5

① 맵고 짠 국물음식을 하루에 1번 이상 섭취한 비율은 33.6%이고, 연령이 높을수록 섭취 비율은 높다.

② 응답자의 3명 중 1명은 하루에 1번 이상 맵고 짠 국물음식 또는 설탕이 많이 들어간 간식을 섭취한다.

③ 맵고 짠 국물음식과 설탕이 많이 들어간 간식을 하루에 1번 이상 섭취한 비율은 1인 가구가 다인 가구보다 적다.

④ 맵고 짠 국물음식을 하루에 1번 이상 섭취한다고 답한 응답자 수는 노년층에서 가장 많다.

⑤ 설탕이 많이 들어간 간식을 하루에 1번 이상 섭취한 사람은 소득이 200만 원 미만인 응답자 수보다 700만 원 이상인 응답자 수가 많다.

11 다음 [그래프]는 2005~2022년 기부자 1인당 평균 기부 금액 및 기부자 수의 변화에 대한 자료이다. 이에 대한 설명으로 옳은 것을 [보기]에서 모두 고르면?

[그래프] 2005~2022년 기부자 1인당 평균 기부 금액 및 기부자 수의 변화

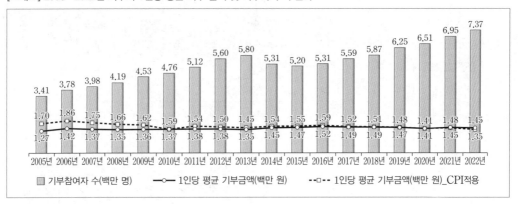

보기

㉠ 2022년 CPI적용 시 기부 총액은 994.95백억 원이다.

㉡ 1인당 평균 기부 금액은 2005년 127만 원에서 2022년 145만 원으로 14% 증가했다.

㉢ 2021년 CPI적용 기부 총액은 2022년 CPI미적용 기부 총액과 같다.

㉣ 2022년 CPI적용 1인당 평균 기부 금액은 2021년 대비 1만 원 감소했다.

① ㉠, ㉡　　　　　　② ㉡, ㉣　　　　　　③ ㉢, ㉣

④ ㉠, ㉡, ㉢　　　　⑤ ㉡, ㉢, ㉣

12 다음 [표]는 우리나라 총인구 및 인구성장률 추이를 나타낸 자료이다. 이를 바탕으로 작성한 [보고서]의 내용 중 알 수 <u>없는</u> 것을 모두 고르면?

[표] 총인구 및 인구성장률 추이   (단위: 천 명, %, 명/1,000명, 세)

구분	1980년	1990년	2000년	2010년	2016년	2017년	2018년	2019년	2020년	2021년	2030년	2040년
총인구	38,124	42,869	47,008	49,554	51,218	51,362	51,585	51,765	51,836	51,745	51,199	50,193
인구성장률	1.56	0.99	0.84	0.50	0.40	0.28	0.43	0.35	0.14	−0.18	−0.10	−0.35
자연증가율	15.4	9.5	8.2	4.3	2.5	1.4	0.5	0.1	−0.6	−1.1	−	−
중위 연령	21.8	27.0	31.8	37.9	41.4	42.0	42.6	43.1	43.7	44.3	49.8	54.6

[보고서]

　㉠우리나라 총인구가 4,000만 명을 처음 넘은 것은 1990년이다. 그리고 2020년까지는 꾸준히 상승하였는데, ㉡2021년에 인구성장률이 음수를 기록하며 총인구가 감소하였다. 하지만 ㉢자연증가율은 이미 2020년에 감소세를 나타내기 시작하였다. 한편, ㉣중위 연령은 1980년대부터 해마다 꾸준히 상승함을 확인할 수 있다.

① ㉠, ㉡　　　　　　　　② ㉠, ㉢　　　　　　　　③ ㉠, ㉣
④ ㉡, ㉢　　　　　　　　⑤ ㉢, ㉣

13 다음 [그래프]는 어느 회사에서 부서별 동계피복 치수를 조사한 자료이다. 이를 바탕으로 작성한 [보고서]의 내용 중 옳은 것을 모두 고르면?

[그래프] 부서별 동계피복 신청 치수 (단위: 명)

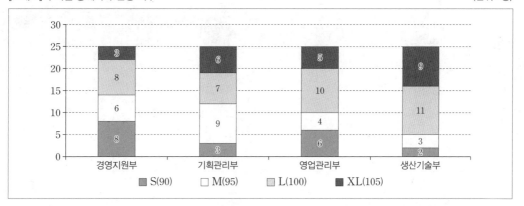

[보고서]

　부서별 신청한 동계피복 치수를 조사한 결과 ㉠경영지원부는 S와 M사이즈를 신청한 사람이 과반수이며, ㉡기획관리부는 M사이즈를 신청한 인원이 가장 많다. ㉢영업관리부는 S보다 XL 사이즈를 신청한 사람이 더 많고 ㉣4개 부서의 전체 인원 중 S사이즈를 신청한 사람의 비율은 20%이다.

① ㉠, ㉡　　　　　　② ㉠, ㉢　　　　　　③ ㉡, ㉢
④ ㉡, ㉣　　　　　　⑤ ㉢, ㉣

14 다음 [표]는 2019~2023년 전국 공공도서관 통계조사 종합지표에 대한 자료이다. 이를 바탕으로 작성한 [보고서]의 내용 중 옳은 것을 모두 고르면?

[표] 2019~2023년 전국 공공도서관 통계조사 종합지표

구분		2019년	2020년	2021년	2022년	2023년
공공도서관 수(관)		1,134	1,172	1,208	1,236	1,271
도서 인쇄 자료 수(천 권)		( )	118,545	120,937	122,603	123,670
전자 자료 수(천 점)		32,614	44,159	55,485	84,289	607,725
1관 당	인구 수(명)	45,723	44,223	42,747	41,617	40,382
	도서 인쇄 자료 수(권)	101,477	101,148	( )	99,193	97,301
	전자 자료 수(점)	28,760	37,678	45,931	68,195	( )

[보고서]

    ㉠2023년 기준 공공도서관 수는 1,271개로 전년 대비 35관, 2.8% 증가했고, 도서 인쇄 자료 수와 전자 자료 수 모두 꾸준히 증가했다. ㉡2019~2023년 인구 수와 1관 당 인구 수 모두 감소하고 있으며, ㉢2019~2023년 도서 인쇄 자료 수와 1관 당 도서 인쇄 자료 수는 증가하고 있는 반면 전자 자료 수와 1관당 전자 자료 수는 모두 꾸준히 증가했다. 특히, ㉣2023년 1관 당 전자 자료 수는 47,814권으로 전년 대비 62.1% 증가했다.

① ㉠, ㉡
② ㉠, ㉣
③ ㉡, ㉢
④ ㉠, ㉢, ㉣
⑤ ㉡, ㉢, ㉣

15 다음 [표]는 2022년과 2023년 우리나라의 재화별 무역 현황에 관한 자료이다. 이를 바탕으로 할 때, 2022년 소비재의 무역특화지수와 2023년 자본재의 무역특화지수를 차례로 바르게 구한 것을 고르면?

[표] 재화별 수출액 및 수입액
(단위: 억 달러)

구분	2022년			2023년		
	원자재	소비재	자본재	원자재	소비재	자본재
수출액	580	120	1,010	2,020	140	3,450
수입액	830	100	670	3,200	380	1,600

※ 무역특화지수 $= \dfrac{\text{수출액} - \text{수입액}}{\text{수출액} + \text{수입액}}$

① $\dfrac{1}{11}$, $\dfrac{37}{101}$
② $\dfrac{1}{11}$, $\dfrac{1}{3}$
③ $\dfrac{1}{10}$, $\dfrac{37}{101}$
④ $\dfrac{1}{10}$, $\dfrac{1}{3}$
⑤ $\dfrac{2}{9}$, $\dfrac{37}{101}$

16 다음 [그래프]는 2023년 어느 무역회사의 수출입액 현황에 관한 자료이고, [보고서]는 [그래프]를 토대로 작성된 것이다. 이를 바탕으로 할 때, A~E에 해당하는 수를 바르게 나타낸 것을 고르면?

2024 기출 복원

[그래프] 2023년 월별 수출입액 현황 (단위: 천 달러)

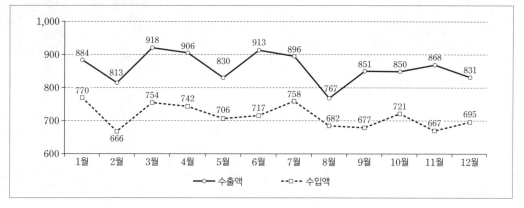

[보고서]

A월은 수출액과 수입액의 차이가 12만 4천 달러이고 B월은 A월보다 조금 더 큰 12만 9천 달러이다. C월은 전월 대비 수출액이 크게 증가하여 11% 이상을 기록하였지만, 바로 다음 달에 1만 달러 이상 수출액이 감소하였다. D월은 수입액이 세 번째로 많은 달이자 수출액이 가장 많은 달이다. 그리고 E월은 전월 대비 수출액과 수입액이 모두 감소하였지만, 바로 다음 달에는 다시 증가하였다. 특히 수출액의 경우 10만 달러 이상 증가하였다.

① A—10　　　　　② B—5　　　　　③ C—3
④ D—1　　　　　⑤ E—5

17 다음 [그래프]는 2015~2019년 가구 수에 대한 자료이다. 이를 바탕으로 할 때, 2015년 대비 2019년 1인 가구 수 비중이 얼마나 증가했는지 고르면?(단, 계산 시 소수점 둘째 자리에서 반올림한다.)

[그래프] 2015~2019년 가구 수   (단위: 가구 수)

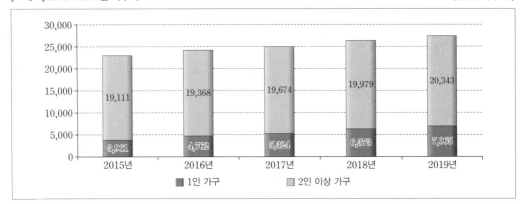

① 8.4%p   ② 8.6%p   ③ 8.8%p
④ 9.0%p   ⑤ 9.2%p

18 다음 [표]는 LG그룹 인적성 평가인 'LG Way Fit Test'에 응시한 지원자 36명에 대하여 언어 영역과 수리 영역의 점수 분포를 나타낸 자료이다. 두 영역의 점수 차가 20점인 지원자 비율(A)과 두 영역의 평균 점수가 80점 이상인 지원자 수(B)를 바르게 나타낸 것을 고르면?

[표] LG Way Fit Test 영역별 점수 분포   (단위: 명)

수리 영역 \ 언어 영역	50점	60점	70점	80점	90점	100점	합계
100점						1	1
90점			1		1	2	4
80점		3	3	3	2		11
70점			5	4	2		11
60점		2	2	3			7
50점	1	1					2
합계	1	6	11	10	5	3	36

　A　　　　 B　　　　　　　　 　A　　　　 B
① 20%　　　12명　　　　　 ② 21%　　　12명
③ 21%　　　13명　　　　　 ④ 25%　　　12명
⑤ 25%　　　13명

19 다음 [표]는 2019~2022년 기관별 R&D 과제 건수를 조사하여 나타낸 자료이다. 이를 바탕으로 할 때, [보기] 중 옳은 것을 모두 고르면?

[표] 2019~2022년 기관별 R&D 과제 건수 (단위: 건)

구분	2019년	2020년	2021년	2022년
기업	150	120	180	180
대학	250	380	240	420
정부	340	450	630	780
기타	60	50	150	120
합계	800	1,000	1,200	1,500

보기

㉠ 기업의 R&D 과제 건수 전년 대비 증가량
(단위: 건)

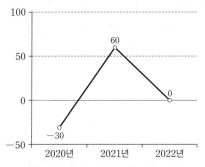

㉡ 연도별 정부의 R&D 과제 건수 비중
(단위: %)

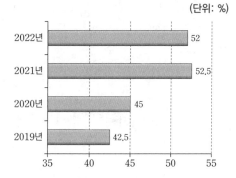

㉢ 2021년 기관별 R&D 과제 건수 비중
(단위: %)

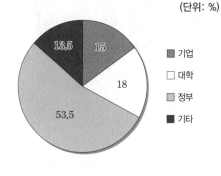

㉣ 전체 R&D 과제 건수 전년 대비 증가율
(단위: %)

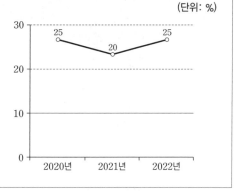

① ㉠, ㉢
② ㉠, ㉣
③ ㉡, ㉢
④ ㉠, ㉡, ㉣
⑤ ㉡, ㉢, ㉣

20 다음 [표]는 2017~2020년 에너지원별 생산량에 관한 자료이다. 이를 바탕으로 나타낸 그래프 중 옳지 <u>않은</u> 것을 고르면?

[표] 2017~2020년 에너지원별 생산량   (단위: MW)

구분	2017년	2018년	2019년	2020년
태양광	1,670	2,190	3,050	4,150
풍력	460	520	570	670
수력	600	720	590	830
바이오	3,600	4,440	4,160	3,900
폐기물	5,430	5,120	4,870	5,600

① 2020년 에너지원별 비중   (단위: %)

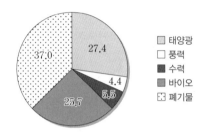

② 2017~2020년 태양광, 바이오, 폐기물 에너지원별 생산량   (단위: MW)

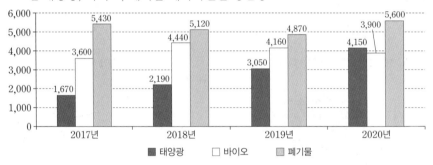

③ 2017~2020년 풍력, 수력 에너지원별 생산량   (단위: MW)

④ 2017~2020년 전체 에너지원 생산량 합계

(단위: MW)

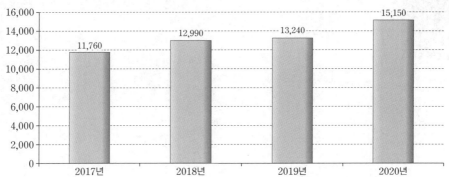

⑤ 2018~2020년 전년 대비 태양광, 폐기물 에너지원별 생산량 증가량

(단위: MW)

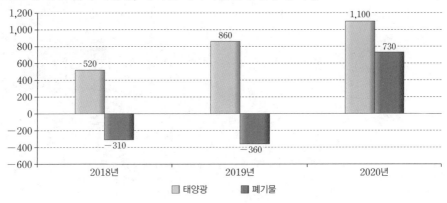

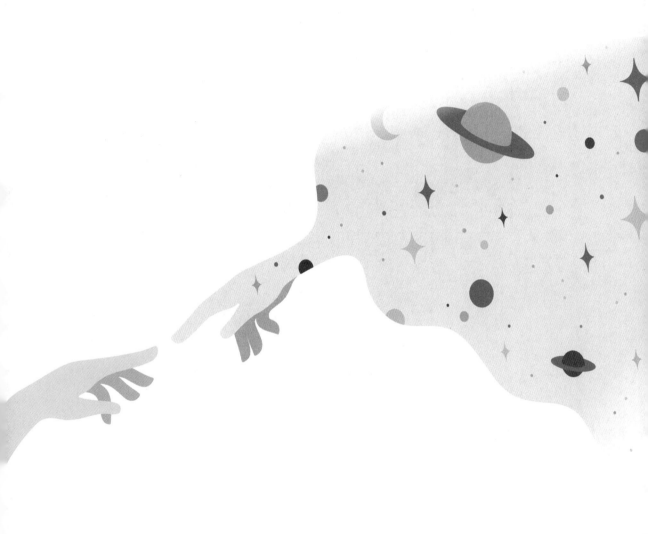

미래를 예측하는 최선의 방법은
미래를 창조하는 것이다.

– 앨런 케이(Alan Kay)

창의수리

영역 소개

창의수리는 일정한 규칙에 따라 배열된 숫자열이나 숫자의 집합으로부터 규칙 및 관계의 특성을 추론하는 능력을 알아보기 위한 수열추리 검사와 일상생활에서 발생하는 문제를 해결하기 위해서 수학의 기본 원리와 방정식, 함수 등을 활용하여 문제들을 접근하는 능력을 측정하는 응용계산 검사로 구성되어 있다.

문항 수	시간	형태
20문항	20분	객관식 5지선다형

출제유형 소개

유형 1   수열추리

수열추리 유형은 창의수리에서 절반가량을 차지하며, 경우에 따라서는 난도가 굉장히 높을 수도 있다. 수열추리 유형은 크게 두 가지 세부유형으로 출제되고 있다.

세부유형	숫자나열	일렬로 나열된 숫자의 규칙성을 파악하는 유형
	그림추리	그림을 동반한 숫자의 규칙성을 파악하는 유형

유형 2   응용계산

응용계산 유형은 창의수리에서 절반 이상을 차지하며, 난도가 크게 높지 않다. 응용계산 유형은 크게 세 가지 세부유형으로 출제되고 있다.

세부유형	방정식	거리·속력·시간, 농도, 일의 양, 원가·정가·할인가, 나이, 비와 비율 등 방정식을 활용하는 유형
	경우의 수	어떤 사건이 발생했을 때 생기는 모든 결과의 가짓수를 고르는 유형
	확률	어떤 사건이 발생할 확률을 고르는 유형

유형 1	수열추리

세부유형 ①-1	숫자나열

다음은 일정한 규칙으로 수를 나열한 것이다. 빈칸에 들어갈 수로 알맞은 것을 고르면?

−15	−13	−7	( )	25	55	97

① 1　　　　　　　　　　② 2　　　　　　　　　　③ 3

④ 4　　　　　　　　　　⑤ 5

정답해설

주어진 수열의 규칙은 다음과 같다.

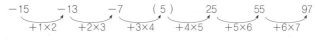

따라서 빈칸에 들어갈 알맞은 수는 5이다.

| 정답 | ⑤

문제 해결 tip

증가하는 수가 2, 6, 12, 20, 30, 42인데, 이 수들이 연속된 두 자연수의 곱으로 구성된다는 것을 이용하여 문제를 해결한다.

다음은 일정한 규칙으로 수를 나열한 것이다. 빈칸에 들어갈 수로 알맞은 것을 고르면?　　　2024 기출 복원

| 9　41　40　　　7　25　24　　　20　29　(　　) |

① 19　　　　　　　　　　② 20　　　　　　　　　　③ 21
④ 22　　　　　　　　　　⑤ 23

정답해설

세 숫자의 조합은 피타고라스의 수들에 해당하는 쌍 중 일부이다. 피타고라스의 정리는 두 변의 길이의 제곱의 합 (a^2+b^2)은 직각삼각형의 빗변의 길이의 제곱(c^2)과 같다는 것인데, (9, 41, 40)의 조합은 $41^2=9^2+40^2$이고, (7, 25, 24)의 조합은 $7^2+24^2=25^2$이다. 따라서 빈칸에 들어갈 수는 $29^2=20^2+(\quad)^2$이므로, $(\quad)^2=841-400=441=21^2$이다.

| 정답 | ③

다음 그림의 숫자들은 일정한 규칙을 가지고 있다. 이때, 빈칸에 들어갈 수로 알맞은 것을 고르면?

		3		
2	8	6		

		9		
6	4	3		

		8		
3	12	( )		

① 4　　　　　　　　　② 6　　　　　　　　　③ 10

④ 14　　　　　　　　⑤ 16

정답해설

다음 그림의 각 부분을 a, b, c, d라고 할 때, ac＝2bd와 같은 식이 성립한다.

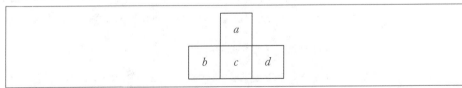

	a	
b	c	d

따라서 8×12＝2×3×(　　)이므로, 빈칸에 들어갈 수는 96÷2÷3＝16이다.

| 정답 | ⑤

세부유형 ①-1   방정식(거리·속력·시간)

H군이 집에서 출발하여 편의점에 들른 후 도서관에 갔다. 집에서 편의점까지 갈 때는 시속 30km의 속력으로 자전거를 타고 갔고, 편의점에서 도서관까지는 시속 6km의 속력으로 걸어갔다. 집에서 편의점까지의 거리가 편의점에서 도서관까지의 거리의 3배이고 집에서 출발하여 도서관에 도착할 때까지 걸린 시간이 1시간 38분일 때, 자전거를 타고 간 거리를 고르면?(단, 제시되지 않은 내용은 고려하지 않는다.)

① 16.25km   ② 17.125km   ③ 17.875km

④ 18.375km   ⑤ 18.75km

정답해설

집에서 편의점까지의 거리를 $3x$km라고 하고, 편의점에서 학교까지의 거리를 $x$km라고 하면 집에서 편의점까지 갈 때 걸린 시간은 $\frac{3x}{30} = \frac{x}{10}$(시간)이고 편의점에서 도서관까지 갈 때 걸린 시간은 $\frac{x}{6}$시간이다. 집에서 출발하여 도서관에 도착할 때까지 걸린 시간이 1시간 38분이므로 $\frac{x}{10} + \frac{x}{6} = \frac{98}{60}$

양변에 60을 곱하고 식을 정리하면 $6x + 10x = 98$ ∴ $x = \frac{98}{16} = 6.125$

따라서 자전거를 타고 간 거리는 $6.125 \times 3 = 18.375$(km)이다.

| 정답 | ④

농도가 10%인 소금물과 농도가 6%인 소금물을 섞은 다음 물 100g을 더 넣었더니 농도가 8%인 소금물 700g이 되었다. 이때, 다음 중 농도가 6%인 소금물에 들어 있는 소금의 양을 고르면?   2024 기출 복원

① 5g   ② 6g   ③ 8g
④ 10g   ⑤ 12g

정답해설

농도가 6%인 소금물의 양을 xg이라고 하자. 농도가 6%인 소금물에서 소금의 양은 $0.06xg$, 농도가 10%인 소금물에서 소금의 양은 $0.1 \times (600-x) = 60 - 0.1x$(g)이고, 농도가 8%인 소금물 700g에서 소금의 양은 $700 \times 0.08 = 56$(g)이다. 즉, $0.06x + (60-0.1x) = 56$

양변에 100을 곱하고 식을 정리하면 $6x + (6,000 - 10x) = 5,600$

$4x = 400$ $\therefore x = 100$

따라서 6%인 소금물에 들어 있는 소금의 양은 $0.06 \times 100 = 6$(g)이다.

| 정답 | ②

어느 회사에서는 취업 박람회에 방문한 사람들에게 기념품을 나눠주려고 한다. 방문객 한 명당 5개씩 기념품을 나눠주면 4개가 남고, 7개씩 나눠주면 마지막 방문객 한 명은 3개 이상 6개 미만으로 받는다고 한다. 이때, 다음 중 기념품 최대 개수를 고르면?

2024 기출 복원

① 24개   ② 26개   ③ 28개

④ 30개   ⑤ 32개

정답해설

방문객 수를 x명이라고 하자. 한 방문객당 5개씩 기념품을 나눠주면 4개가 남는다고 하였으므로 기념품의 개수는 $(5x+4)$개이다. 그리고 기념품을 방문객 한 명당 7개씩 나눠주면 마지막 방문객 한 명은 3개 이상 6개 미만으로 받는다고 하였으므로 그 한 명을 제외한 $(x-1)$명의 방문객은 기념품 7개를 온전히 받는 것임을 알 수 있다. 그리고 마지막 방문객 한 명이 3개 이상 6개 미만의 기념품을 받으므로 다음과 같이 식을 세울 수 있다.

$7(x-1)+3 \leq 5x+4 < 7(x-1)+6$

앞의 부등식을 먼저 풀면 $7x-4 \leq 5x+4$ $\therefore x \leq 4$

뒤의 부등식을 풀면 $5x+4 < 7x-1$ $\therefore x > \dfrac{5}{2}$

즉, x의 범위는 $\dfrac{5}{2} < x \leq 4$이므로 방문객 수는 3명 또는 4명이다.

따라서 기념품 개수의 최댓값은 $5 \times 4 + 4 = 24$(개)이다.

| 정답 | ①

129개 팀이 토너먼트로 축구 시합을 진행한다. 전체 경기 횟수를 a회, 부전승 처리 횟수를 b회라고 할 때, 다음 중 a+b의 값을 고르면?

2024 기출 복원

① 131   ② 132   ③ 133
④ 134   ⑤ 135

정답해설

129개 팀이 토너먼트로 축구 시합을 진행하는 것을 라운드별로 확인해 보면 다음과 같다.
- 1라운드: 129개 팀이 64회의 시합을 진행하고 한 팀이 부전승으로 올라간다.
- 2라운드: 65개의 팀이 32회의 시합을 진행하고 한 팀이 부전승으로 올라간다.
- 3라운드: 33개의 팀이 16회의 시합을 진행하고 한 팀이 부전승으로 올라간다.
- 4라운드: 17개의 팀이 8회의 시합을 진행하고 한 팀이 부전승으로 올라간다.
- 5라운드: 9개의 팀이 4회의 시합을 진행하고 한 팀이 부전승으로 올라간다.
- 6라운드: 5개의 팀이 2회의 시합을 진행하고 한 팀이 부전승으로 올라간다.
- 7라운드: 3개의 팀이 1회 시합을 진행하고 한 팀이 부전승으로 올라간다.
- 8라운드: 2개의 팀이 1회 시합을 진행한다.

즉, 전체 경기 횟수는 $64+32+16+8+4+2+1+1=128$(회)이므로 $a=128$이고 부전승 처리 횟수는 7회이므로 $b=7$이다. 따라서 $a+b=128+7=135$

| 정답 | ⑤

팀 내 K선수의 홈경기에서 골을 넣을 확률은 60%, 원정경기에서 골을 넣을 확률은 40%이다. K선수가 경기를 뛴 횟수는 이번 시즌 팀 내 전체 경기 횟수의 50%이고, 홈경기 횟수는 이 중 80%이다. K선수가 이번 시즌 어떤 경기에서 골을 넣었을 때, 해당 경기가 원정경기일 확률을 고르면?(단, 이번 시즌 소속 팀이 치른 시합 수는 총 30회이다.)

① $\dfrac{1}{10}$　　　　　　　② $\dfrac{1}{9}$　　　　　　　③ $\dfrac{1}{8}$

④ $\dfrac{1}{7}$　　　　　　　⑤ $\dfrac{1}{5}$

정답해설

K선수가 뛴 경기는 총 30회×0.5=15(회)이고, 홈경기 횟수는 15회×0.8=12(회), 원정경기 횟수는 3회이다. 홈경기에서 골을 넣을 확률이 60%이므로 $12 \times \dfrac{6}{10}$(회)의 경기에서 골을 넣었고, 원정경기에서 골을 넣을 확률이 40%이므로 $3 \times \dfrac{4}{10}$(회)의 경기에서 골을 넣었다.

즉, $\dfrac{12 \times 6 + 3 \times 4}{10} = \dfrac{72 + 12}{10} = 8.4$(회)의 경기에서 골을 넣었고, 그 중 원정경기는 $\dfrac{12}{10} = 1.2$(회)이므로 K선수가 골을 넣었을 때 해당 경기가 원정경기일 확률은 $\dfrac{1.2}{8.4} = \dfrac{1}{7}$이다.

| 정답 | ④

유형연습 문제

01 다음은 일정한 규칙으로 수를 나열한 것이다. 빈칸에 들어갈 수로 알맞은 것을 고르면?

| 22 29 52 | 32 (   ) 42 | 23 44 62 |

① 9   ② 25   ③ 35

④ 54   ⑤ 75

02 다음은 일정한 규칙으로 수를 나열한 것이다. 빈칸에 들어갈 수로 알맞은 것을 고르면?

2024 기출 복원

| 0.80 | 0.71 | 0.62 | 0.53 | (   ) | 0.35 | 0.26 | 0.17 |

① 0.36   ② 0.38   ③ 0.44

④ 0.48   ⑤ 0.51

03 다음은 일정한 규칙으로 수를 나열한 것이다. 빈칸에 들어갈 수로 알맞은 것을 고르면?

| 6 | 18 | 32 | 48 | 66 | (   ) | 108 | 132 |

① 80   ② 82   ③ 84

④ 86   ⑤ 88

04 다음은 일정한 규칙으로 수를 나열한 것이다. 빈칸에 들어갈 수로 알맞은 것을 고르면?

2	2	12	5	52	26	212	( )	852

① 637   ② 677   ③ 717

④ 757   ⑤ 797

05 다음은 일정한 규칙으로 수를 나열한 것이다. 빈칸에 들어갈 수로 알맞은 것을 고르면?

1	2	3	10	29	( )	127

① 55   ② 66   ③ 77

④ 88   ⑤ 99

06 다음은 일정한 규칙으로 수를 나열한 것이다. 빈칸에 들어갈 수로 알맞은 것을 고르면?

23	21	25	17	33	1	65	( )

① −78   ② −69   ③ −63

④ 32   ⑤ 67

07 다음은 일정한 규칙으로 수를 나열한 것이다. 빈칸에 들어갈 수로 알맞은 것을 고르면?

3	2	4	3	6	( )	10	9

① 4   ② 5   ③ 6

④ 7   ⑤ 8

08 다음 그림의 숫자들은 일정한 규칙을 가지고 있다. 이때, 빈칸에 들어갈 수로 알맞은 것을 고르면?

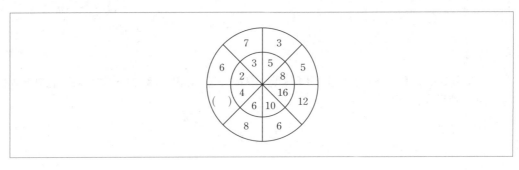

① 3   ② 5   ③ 7

④ 9   ⑤ 11

09 다음 정육면체 전개도의 숫자들은 일정한 규칙을 가지고 있다. 이때, |A−B|의 값을 고르면?

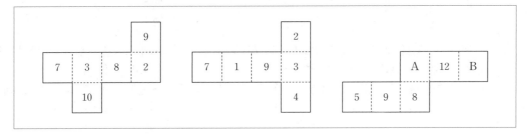

① 1   ② 2   ③ 3

④ 4   ⑤ 5

10 다음 그림의 숫자들은 일정한 규칙을 가지고 있다. 이때, 빈칸에 들어갈 수로 알맞은 것을 고르면?

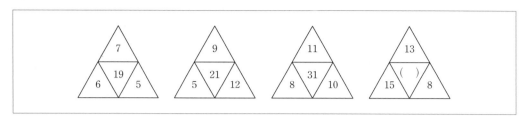

① 39   ② 41   ③ 49

④ 51   ⑤ 59

11 6명 중 3명을 뽑아 아래 일직선으로 나열된 의자에 2명 이상이 서로 붙어 앉는 경우 없이 앉히는 경우의 수를 고르면?

① 180가지   ② 240가지   ③ 480가지

④ 540가지   ⑤ 600가지

12 A지점에서 B지점까지 20m 간격으로 나무가 세워져 있다. A지점과 B지점을 모두 포함하여 22개의 나무가 세워져 있는데, 식목일을 맞이하여 30m 간격으로 나무를 다시 심기로 했다. 이때, A지점과 B지점을 제외하고 두 지점 사이에 있는 나무 중 이동시킬 필요가 없는 나무는 몇 그루인지 고르면?

① 2그루   ② 3그루   ③ 4그루

④ 5그루   ⑤ 6그루

13 A가 받는 이메일 중 80%는 스팸 메일, 20%는 일반 메일이고, 이메일 제목에 '이벤트'라는 문구가 들어가는 이메일은 스팸 메일 중 60%, 일반 메일 중 30%이다. A가 이메일 제목에 '이벤트'라는 문구가 들어가는 이메일을 받았을 때, 그 메일이 일반 메일일 확률을 고르면?

① $\dfrac{1}{27}$　　　　② $\dfrac{1}{18}$　　　　③ $\dfrac{1}{9}$

④ $\dfrac{2}{9}$　　　　⑤ $\dfrac{1}{3}$

14 주머니 A, B, C에는 공이 각각 2개, 3개, 4개가 들어있다. 각 주머니에서 적어도 1개의 공을 꺼낸다고 했을 때, 총 4개의 공을 꺼낼 수 있는 경우의 수를 고르면?

① 48가지　　　　② 56가지　　　　③ 60가지

④ 72가지　　　　⑤ 84가지

15 어느 회사의 사내 체육대회에는 종목별로 상금이 걸려 있다. 체육대회 종목은 A~H의 8개 종목이고 전체 상금 1,200만 원에 대하여 종목별 상금 비율 및 참가 인원은 다음 [표]와 같다. 종목별로 참가한 모든 사람에게 상금이 공평하게 배분된다고 할 때, A종목에 참가한 1명이 받는 상금은 D종목에 참가한 1명이 받는 상금의 몇 배인지 고르면? 2024 기출 복원

[표] 종목별 상금 비율 및 참가 인원　　　　　　　　　　　　　　　　(단위: %, 명)

종목	A	B	C	D	E	F	G	H
비율	25	8	10	4	20	7	11	15
참가 인원	12	4	8	6	5	8	3	4

① $\dfrac{5}{2}$배　　　　② $\dfrac{25}{6}$배　　　　③ $\dfrac{25}{8}$배

④ $\dfrac{25}{4}$배　　　　⑤ $\dfrac{25}{2}$배

16 K과장은 다음 주 주말에 등산을 다녀오려고 한다. 지정된 등산로를 따라 올라갈 때는 시속 3km의 속력으로 올라가고, 내려올 때는 같은 길을 시속 4km의 속력으로 걸어서 내려와서 왕복으로 걸린 시간을 2시간 30분 이상 3시간 30분 이하로 하려고 한다. 이때, 다음 중 왕복 거리의 최댓값을 고르면?

2024 기출 복원

① 6km   ② 8km   ③ 10km
④ 12km   ⑤ 14km

17 판매가가 5,400원인 제품 A는 1개를 판매할 때마다 12%씩 이익이 남는다. 제품 B의 판매가는 제품 A의 판매가보다 1,800원 낮은데, 1개를 판매할 때마다 20%씩 이익이 남는다. 그런데 제품 B는 판매가 잘되지 않아 10% 할인하여 판매하였다. 제품 A를 80개 판매하고 제품 B를 30개 판매하였을 때, 두 제품에 대한 총이익을 고르면?

2024 기출 복원

① 51,840원   ② 58,280원   ③ 62,640원
④ 64,020원   ⑤ 68,460원

18 A병원에서 식사가 어려운 환자에게 적절한 영양을 공급하기 위해 필요한 농도의 포도당 용액을 조제하고 있다. 환자에게 필요한 10% 포도당 용액 400g을 조제하기 위해 4% 포도당 용액과 12% 포도당 용액을 섞은 후 물을 추가했다. 4% 포도당 용액과 물을 1:1로 섞었다고 할 때, 12% 포도당 용액은 몇 g을 섞었는지 고르면?

① 240g   ② 280g   ③ 320g
④ 350g   ⑤ 400g

19 어느 대학교의 경영학과 3학년 학생 수는 총 48명이다. 이들 중 복수 전공을 한 학생 수와 복수 전공을 하지 않은 학생 수의 비율이 5:7이고 복수 전공을 한 학생 중 경제학을 복수 전공 하지 않은 학생 수가 경제학을 복수 전공한 학생 수의 4배일 때, 경제학을 복수 전공한 학생 수를 고르면?

2024 기출 복원

① 2명 ② 3명 ③ 4명
④ 5명 ⑤ 6명

20 L팀에서 매월 처리하는 어떤 일을 A가 혼자 하면 6일, B가 혼자 하면 15일이 걸린다. 그런데 A가 사정상 퇴사를 하게 되어 신규직원 C를 채용하기로 했다. 이에 A와 B가 함께 1일 동안 일을 하고, 이후 A가 퇴사하여 B가 1일 동안 혼자 일을 한 뒤, C가 입사하여 B와 함께 7일간 일을 했더니 이 일을 끝마칠 수 있었다. C가 처음부터 혼자 이 일을 한다고 할 때, 끝마칠 때까지 걸리는 시간을 고르면?

① 20일 ② 25일 ③ 27일
④ 30일 ⑤ 35일

정답과 해설 P.16

언어이해 (20문항/20분)   정답과 해설 P.19

01 다음 글의 주제로 가장 적절한 것을 고르면?

> 기록상 우리나라의 노벨상 수상자는 3명이다. 2000년에 노벨평화상을 수상한 고 김대중 전
> 대통령, 올해 노벨문학상을 받은 한강, 1987년 노벨화학상 수상자 미국 국적의 찰스 피터슨이
> 있다. 이 상을 제정한 노벨의 유지에 따라 국적을 고려하지 않고 출생지를 기준으로 수상자의
> 수를 통계하고 있기 때문이다. 피터슨의 아버지는 노르웨이 출신 선박 기술자로 부산에서 일하
> 던 중 일본인 여성과의 사이에서 1904년 10월 부산에서 피터슨을 낳게 된다. 피터슨은 한국에
> 서 살다가 8살 때 일본으로 건너갔고, 이후 미국 MIT에서 석사과정을 마치고 미국 듀퐁사의
> 잭슨 연구소에서 일하던 중 노벨화학상을 받게 되었다. 미국은 총 417회의 노벨상 수상자를 배
> 출하여, 가장 많은 노벨상을 받은 나라다. 미국의 무엇이 노벨상 수상자를 많이 배출하게 하였
> 을까? 예산의 10%를 교육에 투자하고 문제의 답을 맞히는 것보다 풀이 과정의 창의성을 중요
> 시하는 미국의 교육정책이 이런 결과를 낳은 것이다. 그들의 교육과정을 보면 기본 실력이 되
> 지 않으면 상급 학년에 올리지 않는 철저한 관리 방안도 본받을 일이라고 여겨진다. 우리가 살
> 아가면서 생각지도 않은 일을 당하기도 하고 계획했던 일이 술술 잘 풀리기도 하는데 그 과정
> 을 돌아보면 모든 게 다 나름의 이유가 있기도 하고 그럴만한 까닭이 있는 것이다. 우리나라의
> 노벨상 숫자가 더 많아지고 세계 속에 우뚝 서 가도록 하는 방안은 무엇일까를 생각하고 이를
> 실천하는 것은 이 시대 우리가 감당할 몫이다.

① 노벨상은 국적을 고려하지 않는다는 점에서 다른 상과 차별된다.
② 앞으로 예산의 10%이상을 교육에 투자하여 후세를 이끌어야 한다.
③ 학생들의 기본 실력을 키우기 위해 공교육을 바로 세워야 한다.
④ 결과보다는 풀이 과정의 창의성을 중시하는 교육과정을 도입해야 한다.
⑤ 우리의 주어진 삶 속에서 긍정적인 생각을 하며 살아가는 것이 삶의 지혜이다.

02 다음 글의 제목으로 가장 적절한 것을 고르면?

우리나라 계기지진관측은 1905년 인천관측소에 기계식지진계를 설치함으로써 시작되었다. 그 후 40여 년간 조선총독부 산하 측후소에 지진계를 점진적으로 추가 설치하여 광복 이전까지 우리나라에서는 총 6개소의 관측점을 갖는 지진관측망을 운영하였다. 한편, 1945년의 광복과 1950년 6.25 동란은 우리나라의 지진관측업무를 쇠퇴·중단시키는 결과를 초래하였다.

약 20년간의 지진관측 공백기를 거쳐 계기지진관측이 재개된 것은 1963년 3월이다. 이는 미국지질조사소의 세계지진관측망 사업의 일환으로 국립중앙관상대에 세계표준지진계 1대가 설치됨으로써 이루어진 것이다. 그리고 1978년 홍성지진을 계기로 장비현대화 사업에 힘입어 1990년 초에 12개소의 관측점을 갖는 온라인 지진감시시스템을 구성하게 되었다.

그 후 1996년 12월 13일 영월지진과 1997년 6월 26일 경주지진으로 국가의 지진방재체제에 대한 전면적 보강의 필요성이 제기되었다. 과거장비는 아날로그 기록 방식으로 장비의 노후화뿐만 아니라 지진 분석 시 관측자의 주관이 개입되어 오류 발생 가능성이 높은 것이었다. 따라서 기상청은 지진 및 지진해일 경보 시스템 보강을 위한 지진 및 지진해일 관측망 확충 계획을 수립하였다. 이와 같은 시대적 상황에 따라 지진관측장비가 전면적으로 보강되어 최신의 디지털식 지진관측망을 확충하여 질적-양적인 발전을 가져왔다.

① 국내 지진관측망의 시초
② 현 지진방제체제의 문제점
③ 국내 지진관측망의 발전
④ 국내 계기지진관측의 역사
⑤ 국내 지진관측 기록방식의 변화

다음 글의 내용과 일치하지 <u>않는</u> 것을 고르면?

우리나라의 H사는 베트남 짜빈성 미롱남 마을에서 베트남 현지 사회적 기업 '맹그러브'와 함께하는 '메콩델타 맹그로브 프로젝트'의 시작을 알리는 행사를 진행했다. 이번 행사를 통해 500 그루의 맹그로브 묘목을 심었으며 향후 총 2헥타르(ha)에 맹그로브 묘목 4,000그루를 심는 것을 목표로 활동을 이어나갈 예정이다.

맹그로브 숲은 이산화탄소를 효율적으로 흡수하는 능력을 지니고 있을 뿐만 아니라, 다양한 생물종의 서식지로서 중요한 역할을 한다. 특히, 베트남 메콩델타 지역의 맹그로브는 해안 지반을 잡아주고 바닷물이 저지대로 흘러가는 것을 막는 중요한 역할을 해왔지만, 최근 새우 양식장과 같은 무분별한 개발과 환경 문제로 많은 맹그로브 숲이 파괴되고 있다.

베트남을 주요 해외 거점으로 두고 있는 H사는 짜빈 지역을 시작으로 맹그로브 숲 복원 사업뿐만 아니라 베트남 정부에서 멸종위기종으로 지정한 맹그로브 수종의 연구를 지원한다. 이번 프로젝트는 베트남 생물 다양성 보존을 위한 첫 활동으로 식재 및 관리, 지역 주민 대상 교육 등을 통한 지역 상생 효과도 있을 것으로 기대되고 있다. H사는 앞으로도 국내 생물 다양성 보존 활동에 이어 베트남 지역의 맹그로브 숲 복원을 통해 기후 위기에 대응할 수 있는 역량을 높여나갈 계획이라고 밝혔다.

① H사는 이번 행사를 포함하여 총 4,500그루의 맹그로브 묘목을 심을 계획이다.
② 짜빈성의 맹그로브 숲 복원 사업은 '맹그러브'와 H사가 공동으로 진행한다.
③ 베트남 정부는 맹그로브 수종을 멸종위기종으로 지정하고 연구를 지원하고 있다.
④ 베트남에서 환경 문제는 새우 양식장의 무분별한 개발에 기인한다.
⑤ H사는 국내 회사인데 베트남을 주요 해외 거점으로 두고 있다.

04 다음 글의 내용과 일치하는 것을 고르면?

전고체전지는 양극과 음극 사이에서 이온을 전달하는 '전해질'을 기존 가연성의 액체에서 화재나 폭발의 위험성이 극히 낮은 고체로 대체한 것이다. 고체라는 특성상 충·방전 과정에서의 안정성 확보 등 고도의 기술력이 요구된다. 특히 음극은 전지의 충전 속도와 수명에 큰 영향을 미치는 만큼 소재가 매우 중요하다.

현재 전고체전지의 음극재로는 리튬금속이 가장 많이 연구된다. 하지만 리튬금속은 충·방전을 거듭할수록 리튬 표면에 나뭇가지 모양의 형태로 리튬이 자라나는 일명 '수지상 성장'이 발생해 내부 단락을 일으키는 등 전지의 수명과 안정성을 위협하는 원인이 됐다. 리튬금속 외에 실리콘 음극재도 있지만 낮은 전자·이온 전도도, 부피 팽창으로 인한 균열 등 해결해야 할 문제가 적지 않다.

K연구팀은 주석(Sn) 기반의 합금계 소재인 '주석—철 화합물($FeSn_2$)'을 음극재로 제안했다. $FeSn_2$는 반복적인 충·방전 시에도 재결합 반응으로 입자가 작아지는 특성이 있다. 이를 통해 전고체전지에서 내부 고체 입자들 간의 접촉을 장기간 밀접하게 유지하고 치밀·균일한 전극을 형성하는 것이다. 외부 자극이 가해지는 환경에서도 $FeSn_2$는 높은 탄성과 변형 에너지를 가지고 있어 균열 없이 전기화학적 안정성도 좋다. 관련 실험결과 $FeSn_2$는 기존 리튬이온전지 대비 5배 높은 면적당 용량을 달성했으며, 또 3분 및 6분 시간 조건에서 급속 충·방전을 1,000회 사이클 이상 진행한 결과 기존 리튬이온전지보다 70~80% 이상 높은 용량 유지율을 기록했다.

① 전고체전지가 위험한 이유는 '전해질'로 가연성 액체를 사용하기 때문이다.
② 현재 전고체전지의 음극재로는 리튬금속, 실리콘, $FeSn_2$가 연구되고 있다.
③ 리튬금속을 음극재로 활용하는 이유는 폭발의 위험성이 낮고 수명이 길기 때문이다.
④ 대부분의 전지는 반복적으로 충전을 하면 재결합 반응이 강하게 나타난다.
⑤ $FeSn_2$는 리튬이온전지에 비해 충전 속도가 빠르고 전기 화학적 안정성이 높다.

다음 글을 통해 알 수 <u>없는</u> 것을 고르면?

제로 웨이스트(Zero Waste)는 쓰레기를 만들어 내려 하지 않는 것, 그리고 최대한 모든 상품들이 다시 사용될 수 있는 순환 구조를 만들기 위해 노력하는 운동을 말한다. 제로 웨이스트는 매립되거나 소각되는 쓰레기가 없는 것을 목표로 하며, 낭비가 없는 사회를 꿈꾼다. 재활용과 재사용을 통해 쓰레기 배출을 0(제로)에 가깝게 최소화하자는 것이다.

2012년 세계은행은 도시 인구로 인해 도시 폐기물만 13억 톤이 생산되었다고 발표했다. 그 수는 2025년이 되면 22억 톤에 이를 것이라 예측하고 있다. 고형 폐기물의 생산량 증가는 쓰레기 매립장의 필요성을 증가시키는데, 도시화가 급속히 진행되면서 이 쓰레기 매립장은 지역 사회와 점점 더 가까운 곳에 만들어지고 있다. 매립지는 중금속, 유기 화합물 등을 배출해 지하수를 오염시키고 미세먼지 등 공기를 악화시킨다. 결국 사람들이 플라스틱을 많이 쓸수록 그 피해는 그대로 사람들에게 돌아오는 셈이다.

제로 웨이스트는 이 점을 지적한다. 아예 폐기물을 만들지 않는다면 이런 환경 오염도 줄일 수 있고 들어가는 비용 또한 절감할 수 있다. 환경 보호, 비용 절감, 폐기물 관리 및 처리 과정에서 새로운 일자리를 만들어 낼 수도 있고, 제품을 버리지 않고 여러 번 사용함으로써 이런 매립지를 점점 줄여나갈 수도 있다. 제로 웨이스트는 재활용 원료를 사용해 제품의 수명 연장, 제품의 수명이 다했을 때 분해해 다시 쓸 수 있는 용이성을 위해 노력한다.

제로 웨이스트 운동의 창시자 베아 존슨은 제로 웨이스트를 실천할 수 있는, R로 시작하는 다섯 가지 방법을 제시한다. Refuse(거절하기: 일회용품이나 홍보 사은품 등 필요하지 않은 물품은 거절하기), Reduce(줄이기: 필요한 것이라도 적게 소비하고, 필요하지 않은 물건은 팔거나 기부하기), Reuse(재사용하기: 여러 번 사용할 수 있는 것은 버리지 않고 재사용하기), Recycle(재활용하기: 재사용할 수 없는 것들은 재활용하기), Rot(or Compost, 거름으로 만들기)가 그것이다.

① 제로 웨이스트의 실천 방법
② 제로 웨이스트의 의미
③ 제로 웨이스트 운동의 목표
④ 제로 웨이스트의 현황과 전망
⑤ 제로 웨이스트의 긍정적 영향

06 다음 글을 통해 유추할 수 있는 것을 고르면?

> 트라우마는 개인이 감당하기 어려운 충격적 사건을 겪은 후 경험하는 심리적 상처를 의미한다. 이러한 상처는 단기간에 치유되지 않으며 오랜 기간 동안 개인의 정신 건강에 영향을 미칠 수 있다. 트라우마는 사건 후 즉시 나타나기도 하지만 시간이 지나면서 서서히 표면화되기도 한다. 트라우마를 겪은 사람들은 종종 사건을 회상하거나 그와 유사한 상황에 처할 때 불안감과 두려움을 느끼며 고통을 겪는다.
>
> 트라우마는 개인의 일상생활에도 부정적인 영향을 미친다. 특히 외상 후 스트레스 장애(PTSD)로 이어질 경우, 사람들은 평소에 즐기던 활동조차 피하게 되고 사회적 고립을 경험하기도 한다. 트라우마를 경험한 사람들은 자신이 겪은 감정을 타인과 공유하기 어려워하거나 심지어는 스스로도 그 감정을 이해하기 어려워할 수 있다. 이러한 감정들은 시간이 지남에 따라 심화되기도 하며 전문가의 도움을 받지 않으면 더욱 악화될 가능성이 크다. 트라우마를 극복하기 위해서는 자신이 겪은 감정과 상황을 인지하고 이를 적절히 표현하고 관리하는 과정이 필요하다. 특히 상담 치료나 심리 치료는 트라우마로 인해 억압된 감정을 해소하는 데 큰 도움을 준다. 전문가와의 대화를 통해 자신의 경험을 객관적으로 바라보는 능력을 키우고, 그 과정에서 자신을 치유할 수 있는 방법을 찾을 수 있다.

① 트라우마를 겪은 사람은 유사한 상황 발생 시 경험에 의해 적절히 대처할 것이다.
② 시간이 상당히 지나면 자연스럽게 트라우마에서 점차 회복될 것이다.
③ 상담치료가 트라우마 경험자에게는 오히려 역효과를 불러일으킬 것이다.
④ 트라우마가 심해질수록 사람들은 대인 관계에서 더 많은 지지를 요청할 것이다.
⑤ 트라우마를 겪은 사람들은 전문적인 치료 없이는 심리적 고립을 경험할 것이다.

07 다음 글의 빈칸에 들어갈 말로 가장 적절한 것을 고르면?

> 낸드는 올해 반도체 시장 회복의 신호탄으로 여겨졌다. HBM과 더불어 AI 시대의 핵심 메모리로 주목받으며, 기업용 솔리드스테이트드라이브(eSSD)를 중심으로 지속적인 상승세를 보였다. 지난해 말까지 삼성전자·SK하이닉스·마이크론·키옥시아 등 주요 낸드 제조사의 감산으로 수요가 공급을 앞질렀기 때문이다. 이에 3분기까지 낸드 제조사들은 공장(팹) 가동률을 끌어올리며 수요에 대응했다. 삼성전자는 중국 시안 공장을 중심으로 90% 이상의 가동률을 최근까지 이어왔다. SK하이닉스 역시 eSSD 사업을 하는 솔리다임을 중심으로 가동률을 높였다.
>
> 낸드 3·4위인 미국 마이크론과 일본 키옥시아도 가세했다. 특히 키옥시아의 경우 6월 기준 주요 낸드 생산 거점인 욧카이치 공장과 기타카미 공장 가동률 100%를 달성하며 1년 8개월 만에 낸드 감산을 완전 종료했다.
>
> 그런데 반도체 업계에 따르면 낸드 플래시 재고량이 점점 늘어나 공급 과잉 수준에 임박한 것으로 나타났다. (   ) 수요와 가격이 상승하면서 생산량을 크게 늘렸지만, 수요가 장기간 이어지지 않았다는 의미다. 특히 eSSD 뿐 아니라 PC 및 모바일용 낸드 가동률까지 높이면서 공급 과잉에 가까워졌다는 지적이다. 여기에 중국 낸드 제조사들도 가동률을 높이며 대대적인 공급에 나선 것도 재고 축적에 영향을 미쳤다는 풀이다.

① 낸드 플래시의 꾸준한 수요를 공급이 따르지 못하고 있다.
② PC와 모바일용 낸드 수요 회복은 eSSD 대비 여전히 더딘 편이기 때문이다.
③ 최근 재고 확대는 급격한 가동률 상승의 반작용으로 풀이된다.
④ 재고 일수는 반도체 완제품 생산 완료 후 출하까지 걸리는 기간이다.
⑤ 주요 낸드 제조사들이 가동률을 조정하여 낸드 가격 하락을 막고 있다.

08 다음 글의 문단 [가]~[라]를 논리적인 순서에 맞게 배열한 것을 고르면?

> [가] 표면 장력은 액체와 접촉하는 다른 물질의 성질에 따라 달라지며 다양한 현상에서 관찰된다. 예를 들어 기름을 물 위에 부으면 기름의 표면 장력이 물보다 낮아 기름이 물 위에 얇은 막을 형성한다. 이렇게 액체의 종류에 따라 표면 장력의 크기와 성질이 다르게 나타난다.
>
> [나] 표면 장력은 다양한 응용 분야에서도 중요한 역할을 한다. 잉크젯 프린터는 표면 장력을 조절해 잉크가 종이에 고르게 분포되도록 한다. 표면 장력이 너무 낮으면 잉크가 퍼지거나 흐르기 때문에 적절한 조정이 필수적이다.
>
> [다] 일상생활에서도 표면 장력은 자주 관찰된다. 비눗물을 사용하면 물의 표면 장력이 낮아져 물이 더 쉽게 퍼지고 세척 효과가 증가한다. 또한 물방울이 표면 위에서 구 형태를 유지하는 것도 표면 장력 때문이다.
>
> [라] 표면 장력은 액체의 표면이 외부 힘에 저항하려는 성질로, 액체 분자들이 서로 끌어당기는 힘 때문에 발생한다. 이 힘은 액체 표면에서 더욱 강하게 작용해 물방울이 둥글게 유지되거나 작은 곤충이 물 위를 떠다닐 수 있게 한다.

① [가]－[나]－[라]－[다]
② [나]－[가]－[라]－[다]
③ [나]－[다]－[가]－[라]
④ [다]－[나]－[가]－[라]
⑤ [라]－[가]－[다]－[나]

09 다음 글의 중심 내용으로 가장 적절한 것을 고르면?

한국어 어휘는 크게 고유어, 한자어, 외래어로 이루어져 있는데, 그 가운데 우리말의 근간을 이루는 것은 고유어와 한자어이다. 즉, 우리말의 어휘는 크게 보면 두 계보를 지니고 있는 셈이다. 상대(上代)* 이래 한자어의 대량 유입은 많은 고유어를 사라지게 했다. 그러나 비슷한 뜻의 한자어가 한국어에 수입된 경우에도 고유어의 상당수는 그대로 남았다. 대체로 고유어가 이미 있었던 상태에서 그 위를 한자어가 덮은 형국이지만, 반드시 그런 것만은 아니다. 먼저 한자어가 수입된 이후에 고유어를 살리려는 노력으로 만들어진 고유어 계통의 유의어들도 있다. 이 경우에는 고유어 쪽이 그것의 한자어 유의어에 견주어 형성이 늦은 셈이다. 특히, 고유어로 된 문법 용어의 대부분은 그것들에 대응하는 한자어보다 늦었다.

* 상대(上代): 조상(祖上)의 대

① 한국어 어휘의 다양성
② 한국어 어휘의 복잡한 층위
③ 한국어 어휘에서 고유어의 비율을 높여야 하는 이유
④ 한국어 어휘에서 높은 비율을 차지하고 있는 한자어
⑤ 한국어 어휘의 주된 층위를 이루는 고유어와 한자어

10 다음 글의 핵심 내용으로 가장 적절한 것을 고르면?

수달은 유라시아 대륙 전체에 분포하고 있으며, 족제비과 동물 중에서 물에 가장 잘 적응한 동물로서 발가락에 물갈퀴도 가지고 있다. 수달의 흔적을 찾는 것은 그리 어려운 일은 아니다. 수달은 강이나 바다 등 물가를 따라 서식하며, 강가의 큰 바위나 다리 밑의 바위 위에 배설하는 습성을 가지고 있다.

해달은 일본 북해도에서 서식할 뿐만 아니라 지금은 쿠릴열도를 지나 알류샨열도를 넘어 북미 서부 지역까지 분포하는 전형적인 해양 생물이다. 덩치도 수달보다는 한참 커서 수컷의 체중이 40kg을 넘기도 한다. 전 세계에 30만 마리까지도 분포했었으나 모피 산업으로 인한 지나친 포획으로 거의 1,000마리까지 개체군이 몰락한 적도 있다. 이후 국제적인 보호 활동으로 개체군이 회복되고 있으나 해양 기름 오염과 같은 문제로 인해 여전히 생존을 위협받고 있다.

수달 역시 하천의 오염이나 모피 때문에 무차별로 포획한 결과, 전국적으로 그 수가 감소했고 이를 보호하려는 노력이 진행되고 있으나 이미 일본에서는 더 이상 야생 수달을 볼 수 없다.

① 수달과 해달의 총개체 수
② 수달 포획의 문제점과 해결 방안
③ 멸종 위기에 처한 해달과 수달
④ 환경오염이 가져온 수달과 해달의 멸종 위기
⑤ 무분별한 포획으로 인한 해양 생물의 감소

11 다음 글을 읽고 이해한 내용으로 가장 적절한 것을 고르면?

『자산어보』는 조선시대 유학자이자 실학자인 정약용의 형인 정약전이 남긴 해양생물 분류서 이다. 정약전이 순조 시절 흑산도로 유배를 갔을 당시 흑산도 인근에 사는 바다생물 총 227종 에 관해 기록한 내용이 담겨 있다. 『자산어보』는 총 3권으로 구성되어 있는데, 제1권은 인류, 제2권 무인류 및 개류, 제3권은 잡류로 해양생물을 분류했다. 인류는 비늘이 있는 어류, 무인류 는 비늘이 없는 어류, 개류는 등껍질이 딱딱한 어류, 잡류는 기타 어류와 해조류이다. 근대 동 식물 분류법과는 다르지만, 동식물 분류법이 확립돼 있지 않았던 그 당시에 자신만의 체계로 어류를 분류한다는 것 자체가 대단한 과학적 성취라 할 수 있다. 정약전은 『자산어보』를 쓰면서 중국의 문헌을 참고하고 때로 인용까지 하였으나, 결코 문헌에만 의지하지 않았다. 실제로 물 고기를 해부하고, 흑산도 어부들의 증언을 모아 어류에 대한 정보를 매우 상세히 서술했다. 예 를 들어 『자산어보』에는 상어가 18종류로 분류돼 있고 '암상어의 몸 안에는 2개의 태보가 있고, 거기에서 알이 생기는데 부화된 알은 어미의 태보 안에서 새끼 상태로 6개월에서 1년 정도 머 문다' 등 그 내용이 매우 자세히 기록돼 있다.

① 『자산어보』에서 거북이는 제1권에서 다룰 것이다.

② 『자산어보』는 조선 시대 최초의 해양생물 분류서로 간주된다.

③ 『자산어보』의 일부 내용은 중국의 문헌 내용과 동일할 것이다.

④ 『자산어보』에는 해양생물의 외형에 대한 기록만 수록되었을 것이다.

⑤ 오늘날 흑산도 인근 해역의 상어의 종류는 『자산어보』에 기록된 것과 일치한다.

12 다음은 '고령화에 따른 노인 문제와 대책'을 주제로 작성한 글의 서론에 해당한다. 서론을 참고할 때, 본론에서 다루어질 내용으로 적절한 것을 [보기]에서 모두 고르면?

우리 사회는 급격한 고령화를 경험하였고, 향후 초저출산 현상이 지속될 것이라는 우려 때문에 사회의 지속 가능성에 대한 관심이 높다. 노인에게는 보호받아야 하는 존재가 아니라 스스로 자신을 돌볼 수 있는 독립적인 존재가 되도록 하는 것이 노인의 기본적인 역할이라는 인식을 공유하고 있다. 그러나 압축적인 사회 경제적 발전으로 현세대 노인들의 교육 수준과 소득 수준이 낮아 이러한 기대에 부응하기가 쉽지 않은 상황이다.

한편, 전통적으로 가족 내에서 노인에게 기대되었던 역할은 변화하였지만, 우리 사회가 가진 연령분리적 특성으로 인하여 연령차별적 인식은 여전히 강한 편이다. 또한 우리 사회는 사회 구성원의 사회 참여 경험이 많지 않았기 때문에 현재 노인들의 사회 참여율도 낮을 뿐만 아니라 활동 내용도 제한적이다. 아직 한국 사회에서 노인의 역할은 자신과 가족 및 이웃과 같은 협소한 영역에 초점을 두고 있으며, 자발성에 기초하여 예산을 확보하고 활동 내용을 개발해 가지는 못하고 있다.

보기
ㄱ. 고령화 시대에 적합한 노인의 역할 모색
ㄴ. 인구 고령화에 따른 선진국에서의 노인의 사회 참여 활동 소개
ㄷ. 가구 형태의 변화와 노인의 소득 구조 파악
ㄹ. 출산율 제고를 위한 정부와 사회의 역할

---

① ㄱ, ㄴ, ㄷ   ② ㄱ, ㄴ, ㄹ   ③ ㄱ, ㄷ, ㄹ
④ ㄴ, ㄷ, ㄹ   ⑤ ㄱ, ㄴ, ㄷ, ㄹ

13 다음 글의 내용과 일치하지 <u>않는</u> 것을 고르면?

> 인간이 대규모 기후 조작에 나서면 몇 년 안에 지구 온난화를 되돌릴 수 있을 것으로 예측됐다. 하지만 이처럼 인위적으로 기후에 개입하면 큰 부작용을 초래할 수 있다는 우려도 함께 제기됐다. 영국 왕립 학회, 미국 워싱턴 소재 환경보호기금(EDF), 이탈리아 트리에스테 소재 개발도상국 과학 한림원(TWAS) 공동연구진은 12월 1일 이런 내용을 담은 지구공학 보고서를 공개했다.
>
> 지구공학 보고서에 따르면 이산화황 수백만 톤을 대기권 상층부에 살포하거나, 해수를 분무해 구름의 색을 더 밝게 만들고 태양광의 반사율을 높여 지표면에 도달하는 에너지를 줄임으로써 온도 상승을 막을 수 있다. 지붕을 모두 옅은 색으로 칠한다든지, 밝은색 작물을 재배하는 등의 방법도 거론됐다. 연구진의 시뮬레이션 결과 이와 같은 지구공학적 방법을 시행하면 단지 몇 년 안에 산업혁명 이전 수준으로 지구 온도를 떨어뜨리는 극적인 효과를 발휘할 수 있는 것으로 나타났다.
>
> 특히 이산화황 살포법은 단번에 평균온도를 0.5도 낮출 수 있다고 연구진은 주장했다. 그러나 인위적인 '지구 냉각'은 기후 교란과 같은 더 큰 부작용을 초래할 수 있다고 연구진은 경고했다. 연구를 주도한 존 셰퍼드 사우샘프턴대 해양학 교수는 "지구공학이 저탄소 경제로 이전하기까지 시간을 벌어줄 수 있다."라면서도 "온실가스 배출을 최소화하는 플랜A를 실천하는 데 최선을 다해야 할 것이다."라고 말했다. 한편, 유엔의 공식 견해에 따르면 기후변화에 따라 2100년까지 지구상의 평균온도는 약 6.4도가 상승하며 이로 인해 해수면이 상승하는 등 엄청난 환경 재난이 일어날 것으로 우려된다.

① 미래에 환경 재난이 일어날 수도 있다.
② 지구의 온도 상승을 막기 위한 방법에는 여러 가지가 있다.
③ 온실가스 배출을 최소화하는 플랜A가 그 무엇보다 중요하다.
④ 인위적인 지구 냉각을 통해 지구 온난화를 말끔히 해결할 수 있다.
⑤ 지구공학적인 방법을 통하면 산업혁명 때와 같은 온도로 지구 온도를 낮추는 것이 가능하다.

14 다음 글에 나타난 문제를 해결하기 위한 방안으로 가장 적절한 것을 고르면?

> 우리 사회에는 10년 사이에 석박사 학위자들이 2배 이상 늘었다. 과거에는 진학의 주요 이유가 학문의 심화 학습과 학위 취득이었으나, 현재는 취업 시장이 어려워지면서 '도피성 대학원 진학'이라는 말이 나올 정도로 취업난이 심각하다.
>
> 우리나라의 높은 교육열은 국민 소득의 증가, 정보 사회 진입에 따른 전문 지식의 필요성 등이 야기했다고 볼 수 있지만, 이는 다양한 직업을 경험하지 못하고 대기업, 전문직을 쫓다 보니 발생한 문제이기도 하다. 대졸 취업자들이 대부분 선호하는 대기업이나 공무원직은 워낙 취업이 힘들어서 일단 '스펙 쌓기' 차원에서 대학원에 가고 보자는 식의 진학이 많고, 대학원을 졸업하고도 일자리 문제가 해결되지 않으면 박사 코스로 진학하는 경우가 많다. 결국 학력 인플레만 부추기고, 고급 실업자만 양산하는 사회적 구조를 만들고 있는 것이다.
>
> 아무리 일자리를 창출해도 학사 이상의 소지자들이 취업할 수 있는 일자리 창출은 힘들다. 사회 구조 현상으로 볼 때 불가능한 일이기도 하다. 우리나라의 가장 시급한 문제는 사회 구조를 정상화할 수 있는 정책의 수립이다.

① 대기업과 중소기업 간의 상호 협력을 통해 국가 경쟁력을 키워야 한다.
② 청년 인턴, 비정규직 등의 일자리 수를 늘려 고학력 실업률을 낮춘다.
③ 정부 지원을 바탕으로 대학과 기업 간의 맞춤식 교육을 통해 직업 선택의 다양성을 확보한다.
④ 대대적인 대기업 구조 조정을 감행하여 청년층의 고용을 확대한다.
⑤ 무분별하게 대학원에 진학하는 경우를 막기 위해 대학원 진학 후에는 학업을 계속 하도록 제도를 개선한다.

15 다음 글의 반론으로 적절하지 <u>않은</u> 것을 고르면?

경제학자들은 경제 위기의 원인에 대해 '고비용 저효율론'을 앞세운다. 즉, 임금, 금리, 물류 비용 등 생산비는 계속 높아지는 데에 반해 생산의 효율은 증가하지 않아 위기가 왔다고 보는 것이다. 이들이 특히 강조하는 것은 고임금이다. 강력한 노동조합으로 인해 임금이 생산성의 향상 비율을 초과하여 올라가 생산비가 늘어나는 반면, 국가의 지나친 경제 규제와 노동 시장의 경직성으로 인한 해고의 어려움 등으로 효율이 상승하지 않는다는 것이다. 따라서 이들은 정부의 지나친 경제 개입을 완화하고 시장 만능주의를 통해 시장 기능을 회복하며, 기업 활동의 자유를 보장하여 효율을 높이는 한편, 노동 시장의 경직성 해소, 노동조합에 대한 규제 강화 등을 통해 고임금, 고비용을 억제하여 이윤을 회복시켜야 한다고 주장한다.

① 고임금을 원인으로 지적하기 전에 생산성이 제대로 향상되지 않는 생산 구조에 대한 분석이 먼저 이루어져야 한다.

② 임금과 생산성 사이의 연관 관계를 무시하고 있으며, 생산성이 계속 향상될 수 있다면 고임금 은 문제가 되지 않는다.

③ 인간의 노동력은 일반 상품과는 달리 인간 자체로부터 분리될 수 없으므로 시장 만능주의를 주장하며 노동력을 시장 기능에만 맡겨 놓을 수는 없다.

④ 정부가 경제에 개입하지 않는 시장 만능주의는 소득 분배를 악화하여 빈곤층의 증대, 독과점 확산, 호황과 불황의 격심한 교대로 인한 경제 불안정을 초래한다.

⑤ 현대 자본주의의 경제 위기는 자연스러운 순환 국면에서 나타나는 일시적인 것이 아니라 더 심각한 구조적 성격 때문이라는 것을 무시하고 있다.

16 다음 글의 밑줄 친 ㉠의 사례로 보기 <u>어려운</u> 것을 고르면?

일반적으로 새는 얼굴의 좌우 측면에 두 눈이 있다. 그러기 때문에 시야를 넓게 확보할 수 있다. 그러나 수리부엉이의 눈은 다른 새들과 달리 정면에 붙어있다. 그리고 수리부엉이의 두 눈은 신체 면적 중에서 5퍼센트를 차지할 정도로 크다. 이로써 수리부엉이는 한 눈으로 보는 것보다 높이, 넓이, 길이를 훨씬 입체적으로 볼 수 있고, 넓은 시야를 포기하는 대신 더 밝게 볼 수 있다. 게다가 수리부엉이는 밤의 조건에 맞게 느리게 나는 신체 구조를 선택했다. 다른 새에 비해 넓은 날개는 공기 저항 탓에 비행 속도는 떨어지지만 비행할 때 소리가 나지 않으며, 공중에 더 오래 머물 수 있어 먹잇감에 정확하게 접근할 수 있게 한다. 이러한 수리부엉이의 사냥은 발로 완성된다. 수리부엉이의 발톱은 날카롭고 발바닥에 있는 거친 돌기는 먹이를 잡을 때 마찰력을 강화한다. 따라서 수리부엉이의 발에 한 번 걸리면 어느 누구도 빠져나갈 수 없다. 이와 같이 자신의 생존 방식에 맞게 진화한 수리부엉이의 신체 구조는 ㉠<u>수리부엉이가 어둠 속에서 살아남기 위한 전략이다.</u>

① 침엽수림이 우거진 높은 바위산에서 주로 활동하는 노루는 발굽이 매우 발달되어 있다.

② 땅속에서 생활하는 두더지는 땅 파기에 적당한 큰 앞발과 짧은 발가락, 그리고 크고 강한 발톱을 가지고 있다.

③ 춥고 눈이 많은 산림 지역에 주로 서식하는 스라소니는 크기가 크고 발바닥이 넓어 눈에 잘 빠지지 않다.

④ 민가 근처에서도 잘 적응하는 너구리는 다리가 짧고 몸집이 작으며 행동이 재빠르지 못해 천적의 공격을 받으면 죽은 시늉을 한다.

⑤ 오리나 꿩처럼 나무에 앉지 않는 새와 달리 까치와 멧비둘기처럼 나무에 앉는 새들은 나뭇가지를 움켜쥐는 데 유용한 뒷발가락이 발달해 있다.

17 다음 글의 내용과 일치하는 것을 고르면?

세계 경제가 원자재 비용 상승, 공급망 적체, 팬데믹 이후의 노동자 임금 상승 등 여러 문제를 겪고 있는 가운데 생산 비용 급등의 부담을 소비자들이 고스란히 떠안고 있다. 마트 계산대에서 내는 금액은 그대로인데 구입한 물건의 양이 줄어드는 현상을 '슈링크플레이션'이라고 한다.

주로 인플레이션 시기에 발생하는 이 관행은 현재 전 세계 마트나 시장에서 포착되고 있다. 최근 프랑스 슈퍼마켓 체인 '까르푸'는 가격 인하 없이 제품의 내용물이 적어졌다는 것을 소비자에게 알리는 스티커를 제품에 부착하기도 했다. 소비자들도 이를 자각하고 불만스러워 하고 있는데, 특히 인플레이션으로 인해 구매력이 이미 하락하고 있다는 것을 알기에 더욱 그렇다. 그런데 점진적으로 나타나는 변화도 있기 때문에 소비자들이 항상 변화를 즉시 알아챌 수 있는 것은 아니다. 소비자들은 제품 구매가 지갑에 미치는 영향을 많이 신경쓰기 때문에 줄어든 제품 양보다 가격 상승에 더 민감하게 반응한다.

전문가들은 새로운 크기나 용량의 제품이 시중에 한 번 출시되면, 이전 상태로 돌아갈 가능성은 매우 낮다고 말한다. 슈링크플레이션이 일어나면 브랜드 충성도는 급격히 하락하는 만큼 소비자들은 종종 가격과 양 측면에서 우월한 유통사의 자체 브랜드 제품을 선택한다. 하지만 생필품의 경우엔 소비자의 선택폭이 넓지 않을 수 있다.

슈링크플레이션이 인플레이션과 대체로 일치하지만, 경제 문제가 완화되더라도 제품의 크기가 반등하는 것을 기대할 수 없다. 일반적으로 기업들은 더 적은 재료를 사용해 같은 양을 만들거나 더 많이 만들 수 있는 기회를 포기하지 않기 때문이다.

① 가격을 올리면서 제품의 양은 그대로 유지하는 것을 슈링크플레이션이라고 한다.
② 대형 마트는 법적으로 소비자에게 슈링크플레이션에 대해서 고지해야 한다.
③ 슈링크플레이션은 지금은 불만 수준이지만 향후에 더 큰 문제를 낳을 수 있다.
④ 인플레이션이 완화되면 슈링크플레이션 문제 또한 자연스럽게 해결될 수 있다.
⑤ 소비자들은 가격 인상보다 제품의 양에 대해서 더 크게 느끼는 경향이 있다.

18 다음 글에 대한 비판으로 적절한 것을 고르면?

탄성반발설은 1906년 캘리포니아 대지진이 발생했을 때, H. F. Reid가 산안드레아스 단층을 조사하여 샌프란시스코 지진의 원인을 규명한 것이다. 이것은 지면에 기존의 단층이 존재한다고 가정하고 이 단층에 가해지고 있는 힘(탄성력)에 어느 부분이 견딜 수 없게 되는 순간 급격한 파괴를 일으켜 지진이 발생한다는 것으로 이 이론의 핵심은 다음과 같이 요약할 수 있다.

지진은 장기간에 걸쳐 지각의 일부에 변형이 축적되어 암석의 강도(Strength) 한계를 넘게 될 때 이 지각이 파쇄되며 발생한다. 지진 발생 시, 파쇄 전 암석의 양쪽은 변형이 없는 위치로 급속히 튕겨 가고, 이 운동은 파쇄부에서 멀어질수록 감소한다.

지진에 의한 진동은 처음에는 파쇄면의 작은 면적에서 시작되며 이 면적은 곧 빠른 속도로 팽창해 나간다. 단, 이 속도는 P파의 속도보다는 느리다. 파쇄와 이에 수반하는 진동이 맨 처음 시작되는 지각 내의 한 점을 진원(Focus 또는 Hypocenter)이라 부른다. 지진 발생 시 방출된 에너지는 파쇄되기 직전 변형된 암석의 탄성에너지이다.

① 왜 특정 지역에서 지진이 자주 발생하는가?
② 단층을 움직이는 힘은 어디로부터 유래하는가?
③ 화산이 발생하는 지역과 지진이 발생하는 지역이 유사한가?
④ 대규모 수평면 운동이 지진이나 조산 현상의 원인이 될 수 있는가?
⑤ 지각판들의 운동은 그들의 가장자리 사이의 마찰에 의하여 저항을 받지 않는가?

19 다음 글을 읽고 빈칸에 들어갈 내용으로 가장 적절한 것을 고르면?

집단에 속해 있을 때 우리는 상황을 변화시키기 위해 뭔가 획기적이고 거대한 계획과 노력이 동반되어야 한다고 생각한다. 그러나 모든 변화가 그런 노력을 해야 하는 것은 아니다. 아주 사소한 시도로 집단이 변화하고 더 큰 결과를 만들어 내는 경우가 많다. 이를테면 지하철과 승강장에 끼인 사람을 구하기 위해 사람들이 기차를 옆으로 밀어올린 것처럼 말이다. 다시 말해 상황이란 우리 자신이 만드는 것이고 그것을 바꾸는 것 역시 우리이다.

상황의 힘은 때론 너무나도 압도적이어서 인간을 꼼짝 못하게 만들기도 하고 말도 안 되는 권위에 복종하게도 만든다. 심지어 위기에 처한 사람을 방관하여 한 사람의 목숨이 사라지기도 한다. 그러나 우리에게는 상황에 굴복하지 않는 또 다른 얼굴이 있다. 우리는 상황의 빈틈을 노려 보다 인간에게 유익한 방향으로 상황의 힘을 이용하기도 하고, 아주 사소한 것에 주의를 기울임으로써 순식간에 상황을 역전시킬 수도 있다. 무엇보다 중요한 것은 우리 내면에 (   ) 본성이 존재한다는 사실이다.

① 힘겨운 상황을 체념하고 타인을 원망하는
② 상황이 변하기를 묵묵히 인내하며 기다리는
③ 편하게 살기 위해 상황에 굴복하고 적응하는
④ 상황 변화를 수용하고 이에 유동적으로 대처하는
⑤ 상황의 힘을 거부하고 주도적으로 이끌어 나가려는

20 다음 글을 통해 추론한 내용으로 적절하지 <u>않은</u> 것을 고르면?

20세기 초 서구에서는 전통적인 희로애락 정서에서 벗어나 학구적이고 난해한 현대음악이 나타나기 시작했다. 초기 소련은 이런 서구의 음악에 관용적인 태도를 보였다. 그러나 스탈린이 집권하면서 소련은 노동자를 더 쉽게 선동하기 위해 민중의 삶과 연결되고 혁명 투쟁을 연상할 수 있는 음악을 요구했다. 〈교향곡 제1번〉 작곡 후 천재 음악가로 주목을 받은 쇼스타코비치는 소련 당국으로부터 혁명 10주년 기념작을 의뢰받았다. 이에 탄생한 볼셰비키의 투쟁을 찬양하는 〈교향곡 제2번〉은 큰 찬사를 받았다. 이어 1934년 그의 작품 중 불륜과 살인을 다룬 오페라 〈므첸스크의 맥베스 부인〉은 엄청난 흥행을 거뒀다. 흥행 소식을 들은 스탈린도 직접 관람하러 왔지만 되려 공연장을 박차고 나간 사건이 일어났다. 이 일로 순수하게 자신의 음악성을 드러내려던 쇼스타코비치는 『프라우다』라는 소련 공산당 기관지의 많은 비판을 받고 숙청당할 위기에 처했다. 그러나 1937년 사회주의 리얼리즘에 기초한 〈교향곡 제5번〉을 작곡한 후 스탈린 체제의 밝은 미래를 들려줬다는 찬사를 받으며 애국적 영웅의 대접을 받게 됐다. 1945년 독소전쟁이 끝난 후 소련 예술계는 당의 체제와 노선을 찬양하는 선동적인 작품만 나오는 암흑기였다. 소련 당국은 쇼스타코비치가 승리를 나타내는 큰 규모의 곡을 쓰길 원했다. 그러나 당국이 원하는 바와 달리 〈교향곡 제9번〉은 풍자적이고 가벼운 분위기의 곡이었고 끝내 이 곡은 금지곡으로 지정됐다. 그뿐만 아니라 스탈린주의를 지지하던 즈다노프가 실행한 법령으로 쇼스타코비치와 그 지인들이 모두 반공주의자로 낙인찍혔고 작품 활동도 멈춰야 했다.

① 예술가는 당대 이념에 영향을 받아 작품을 만들기도 한다.
② 20세기 초 소련은 전통에서 벗어난 예술을 허용하지 않았다.
③ 예술가는 자신의 예술세계를 끝없이 탐험하는 자유로운 영혼을 가지고 있다.
④ 전쟁에서의 승리가 예술가에 대한 탄압으로 이어지기도 한다.
⑤ 쇼스타코비치는 권력과 예술의 불편한 관계를 보여주는 대표적인 사례이다.

01 다음 명제가 모두 참일 때, 항상 옳은 것을 고르면?

> • 집이 가까운 사람은 지각하지 않는다.
> • 집이 먼 사람은 직급이 과장 미만이다.
> • 지각하는 사람은 인사고과 점수가 낮다.
> • 인사고과 점수가 높은 사람의 직급은 과장 이상이다.

① 집이 먼 사람은 인사고과 점수가 높다.
② 지각하는 사람은 직급이 과장 이상이다.
③ 지각하는 사람은 직급이 과장 미만이다.
④ 인사고과 점수가 낮은 사람은 집이 멀다.
⑤ 집이 가까운 사람은 직급이 과장 미만이다.

02 다음 명제를 참고하여 내린 [보기]의 A, B에 대한 설명으로 옳은 것을 고르면?

> • X패키지를 구매하면 발 마사지를 받을 수 있다.
> • Y패키지를 구매하면 발 마사지를 받을 수 없다.
> • X패키지를 구매하지 않으면 전통차 서비스를 받을 수 있다.

보기
> • A: X패키지를 구매하면 Y패키지도 구매한다.
> • B: 발 마사지를 받지 않으면 전통차 서비스를 받을 수 없다.

① A만 옳다.   ② B만 옳다.   ③ A, B 모두 옳다.
④ A, B 모두 옳지 않다.   ⑤ A, B 모두 옳은지 옳지 않은지 알 수 없다.

03 다음 명제를 통해 얻을 수 있는 결론으로 옳은 것을 고르면?

> • 물리학을 해 보지 않은 사람은 화학도 해 보지 않았다.
> • 생물학을 해 본 사람은 화학을 해 보았다.
> • 물리학을 해 본 사람은 전기공학을 해 보지 않았다.

① 물리학을 해 본 사람은 화학을 해 보았다.
② 생물학을 해 본 사람은 전기공학을 해 보지 않았다.
③ 화학을 해 본 사람은 물리학을 해 보지 않았다.
④ 물리학을 해 본 사람은 생물학을 해 보지 않았다.
⑤ 화학을 해 보지 않은 사람은 물리학도 해 보지 않았다.

04 다음 전제를 보고 항상 참인 결론을 고르면?

전제1	모든 어류는 조리하지 않고 먹을 수 있다.
전제2	어떤 생물은 조리하지 않고 먹을 수 없다.
결론	

① 어떤 생물은 어류가 아니다.
② 모든 생물은 조리하지 않고 먹을 수 없다.
③ 조리하지 않고 먹을 수 있으면 생물이 아니다.
④ 조리하지 않고 먹을 수 없으면 생물이 아니다.
⑤ 모든 생물은 어류가 아니다.

다음 두 개의 명제가 참일 경우, 이를 근거로 도출할 수 있는 올바른 결론을 고르면?

> • 손재주가 좋은 어떤 사람은 공학도이다.
> • 모든 공학도는 수학을 공부한다.

① 모든 손재주가 좋은 사람은 수학을 공부하지 않는다.
② 모든 공학도는 손재주가 좋다.
③ 어떤 공학도는 손재주가 좋지도 않고 수학을 공부하지도 않는다.
④ 손재주가 좋은 어떤 공학도는 수학을 공부한다.
⑤ 모든 공학도는 손재주가 좋지 않다.

06

다음 [보기]는 이번 학기 은성이가 받은 과목별 성적에 대한 내용이다. 은성이가 조직학에 합격하지 않았을 때, 은성이가 합격한 과목은 총 몇 개인지 고르면?

보기

> • 조직학에 합격하지 않았다면 해부학에 합격하였다.
> • 면역학에 합격했다면 생리학에 합격하였다.
> • 병리학에 합격하지 않았다면 약리학에 합격하지 않았다.
> • 병리학에 합격했다면 면역학에 합격하였다.
> • 해부학에 합격했다면 생리학에 합격하지 않았다.

① 1개   ② 2개   ③ 3개
④ 4개   ⑤ 5개

07 현수는 겨울 방학 때 학원을 다닌다고 한다. 현수가 바둑 학원에 다닐 때, 다음 [조건]을 보고 현수가 다니는 학원은 총 몇 곳인지 고르면?

조건

- 영어 학원에 다니지 않는다면 태권도 학원에 다닌다.
- 미술 학원에 다니지 않는다면 피아노 학원도 다니지 않는다.
- 태권도 학원에 다닌다면 수학 학원에 다니지 않는다.
- 바둑 학원에 다닌다면 미술 학원에 다니지 않는다.
- 영어 학원에 다닌다면 피아노 학원에 다닌다.

① 1곳   ② 2곳   ③ 3곳
④ 4곳   ⑤ 5곳

08 A~E 5명은 각각 피자 또는 햄버거 1개를 먹었다. C가 거짓을 말하고 나머지 4명이 참을 말할 때, 피자를 먹은 사람이 총 몇 명인지 고르면?

- A: "나는 피자를 먹었다."
- B: "나는 C와 같은 것을 먹었다."
- C: "D는 피자를 먹었다."
- D: "B와 다른 것을 먹었다."
- E: "D와 같은 것을 먹었다."

① 1명   ② 2명   ③ 3명
④ 4명   ⑤ 5명

09 A~E 5개의 가게가 물건을 배달 받았다. 다음 [조건]을 바탕으로 마지막에 물건을 배달 받은 가게를 고르면?

조건
- C는 D보다 늦게 물건을 배달 받는다.
- A는 E보다 늦게 물건을 배달 받는다.
- C는 A보다 먼저 물건을 배달 받지만, 연달아 배달 받지 않는다.
- B는 E보다 늦게 물건을 배달 받으며, B와 E 사이에는 하나의 가게가 물건을 배달 받는다.

① A   ② B   ③ C
④ D   ⑤ E

10 갑, 을, 병, 정, 무 5명 중 흡연자는 거짓을 말하고, 비흡연자는 진실을 말하고 있다. 다음 [조건]과 같이 말했고 갑이 흡연자라고 할 때, 흡연자의 수를 고르면?

조건
- 갑: "무는 흡연자야."
- 을: "흡연자는 3명이야."
- 병: "정은 담배를 피지 않아."
- 정: "을은 흡연자야."
- 무: "나와 병은 흡연자가 아니야."

① 1명   ② 2명   ③ 3명
④ 4명   ⑤ 5명

11 각각 다른 지역에서 모인 갑, 을, 병, 정, 무 다섯 명이 자신들이 거주하는 지역의 차량 주유비에 대해서 다음 [보기]와 같이 말했고, 4명은 진실을, 나머지 1명은 거짓말을 하였다. 다음의 주장을 근거로 거짓말을 하지 않았다고 확신할 수 있는 사람이 누구인지 고르면?

- 갑: "을이 사는 지역은 병이 사는 지역보다 차량 주유비가 비싸다."
- 을: "갑이 사는 지역은 정이 사는 지역보다 차량 주유비가 비싸다."
- 병: "무가 사는 지역은 갑이 사는 지역보다 차량 주유비가 비싸다."
- 정: "병이 사는 지역은 무가 사는 지역보다 차량 주유비가 비싸다."
- 무: "을이 사는 지역은 정이 사는 지역보다 차량 주유비가 비싸다."

① 갑   ② 을   ③ 병
④ 정   ⑤ 무

12 A, B, C, D, E, F, G 7명은 휴가를 계획하고 있다. 휴가 계획에 대한 다음 [조건]을 참고할 때, 이들의 휴가 순서에 대한 설명으로 옳은 것을 고르면?(단, 한 번에 한 명씩만 휴가를 간다.)

- D는 G보다 먼저 휴가를 간다.
- B는 C보다 늦게, E와 A보다는 먼저 휴가를 간다.
- G는 B의 바로 앞 순서로 휴가를 간다.
- F는 가장 늦게 휴가를 간다.

① G는 C보다 먼저 휴가를 간다.
② E는 G보다 먼저 휴가를 간다.
③ A는 E보다 휴가를 늦게 간다.
④ G는 E와 연이은 순서로 휴가를 간다.
⑤ C와 D의 휴가 순서는 알 수 없다.

13 다음 [조건]을 만족하는 패스워드에 대한 설명으로 옳지 <u>않은</u> 것을 고르면?

> **조건**
> - 패스워드는 네 개의 숫자로 구성되었다.
> - 네 개의 숫자 모두 동일하지 않은 짝수와 홀수가 각각 두 개씩 사용되었다.
> - 짝수 두 개와 홀수 두 개는 각각 연이어 있다.
> - 첫 번째 숫자는 3이고, 마지막 숫자는 3보다 작은 수이다.
> - 네 개의 숫자를 모두 더하면 12이며, 가장 큰 수는 6보다 크지 않다.

① 조건에 맞는 패스워드는 모두 2개이다.
② 패스워드에 0은 사용될 수도, 사용되지 않을 수도 있다.
③ 2는 어떤 경우에도 패스워드에 사용된 숫자이다.
④ 두 번째와 세 번째 숫자의 합은 6보다 크다.
⑤ 세 번째 숫자가 2가 될 수는 없다.

14 지혜, 은태, 선혜, 수인, 형호는 게임을 하여 1등부터 5등까지 등수를 정했다. 1등과 5등은 거짓만을 말하며, 2~4등은 참만을 말한다. 다음 [조건]을 바탕으로 3등인 사람을 고르면?

> **조건**
> - 지혜: "나는 1등이야."
> - 은태: "지혜는 5등이야."
> - 선혜: "형호는 1등이야."
> - 수인: "나는 2등이야."
> - 형호: "선혜는 3등이야."

① 지혜   ② 은태   ③ 선혜
④ 수인   ⑤ 형호

15 A~E 5명 중 A는 참을 말할 때, 거짓을 말하는 사람은 총 몇 명인지 고르면?

- A: "B는 진실을 말하고 있어."
- B: "C는 거짓을 말하고 있어."
- C: "E는 진실을 말하고 있어."
- D: "A는 거짓을 말하고 있어."
- E: "D는 진실을 말하고 있어."

---

① 1명   ② 2명   ③ 3명
④ 4명   ⑤ 5명

16 A~E 5개의 팀 직원은 6층부터 10층까지 각 팀별로 부서의 층이 다르다. 각자의 2가지 진술 중 하나만 진실이고, E팀이 7층에 있다고 할 때, 옳은 것을 고르면?

- A팀 직원: "우리 팀은 8층에 있고, B팀은 6층에 있어요."
- B팀 직원: "D팀은 6층에 있고, 우리 팀은 9층이네요."
- C팀 직원: "E팀은 가장 높은 층이고, 우리 팀은 가장 낮은 층이네."
- D팀 직원: "우리 팀은 가장 높은 층이고, E팀은 8층입니다."
- E팀 직원: "우리 팀은 7층이고, C팀은 9층입니다."

---

① A팀은 8층에 배치되었다.
② B팀은 가장 낮은 층에 배치되었다.
③ C팀은 10층에 배치되었다.
④ D팀은 9층에 배치되었다.
⑤ C팀은 가장 높은 층에 배치되었다.

17 다음 [조건]을 근거로 판단할 때, 다음 달(7월)에 함께 불침번 근무를 설 수 <u>없는</u> 사람의 조합을 고르면?

- 1소대와 2소대는 다음 달 1일부터 소대별 1인씩 2인1조로 야간 불침번 근무를 선다.
- 1소대 4명과 2소대 6명이 불침번 근무자로 선정되었다.
- 1소대에서는 오 상병, 나 일병, 최 상병, 신 병장의 순서대로 근무를 선다.
- 2소대에서는 백 상병, 정 상병, 권 상병, 김 일병, 민 일병, 양 일병의 순서대로 근무를 선다.
- 첫날의 불침번 근무자는 최 상병과 민 일병이다.
- 1소대와 2소대는 하루에 1번씩만 근무를 서며 나머지 시간은 다른 소대에서 근무를 선다.

① 오 상병, 정 상병   ② 최 상병, 권 상병   ③ 신 병장, 양 일병
④ 나 일병, 김 일병   ⑤ 신 병장, 김 일병

18 용의자 A, B, C, D, E 5명은 범행 현장인 술집에 들어온 순서에 대하여 다음 [보기]와 같이 각각 두 가지씩 진술하였다. 5명의 각자 두 가지 진술 중 한 가지만 진실일 경우 이들이 술집에 들어온 순서에 대한 설명으로 옳은 것을 고르면?(단, 5명 이외의 사람들은 고려하지 않으며, 동시에 들어온 사람은 없는 것으로 가정한다.)

보기
- A: "저는 세 번째로 들어왔고, B가 가장 먼저 들어왔습니다."
- B: "D가 가장 먼저 들어왔고, 저는 네 번째로 들어왔습니다."
- C: "저는 마지막에 들어왔고, E가 가장 먼저 들어왔습니다."
- D: "저는 마지막에 들어왔고, C는 세 번째로 들어왔습니다."
- E: "C는 두 번째로 들어왔고, 저는 네 번째로 들어왔습니다."

① A는 세 번째로 들어왔다.
② B는 다섯 번째로 들어왔다.
③ C는 네 번째로 들어왔다.
④ D는 첫 번째로 들어왔다.
⑤ E는 두 번째로 들어왔다.

19 어느 회사에 공금횡령 사건이 발생했고, CCTV 확인 결과 범인은 두 명이었다. 경찰은 재무팀 직원 6명을 용의자로 특정하고, 이들을 대상으로 질문하였더니 다음과 같이 대답하였다. 범인이 아닌 사람은 진실을 말하고 범인 2명만 거짓을 말하였을 때, 범인 2명을 고르면?

- 도 씨: 김 씨는 범인이다.
- 신 씨: 도 씨는 범인이다.
- 명 씨: 이 씨는 범인이다.
- 이 씨: 도 씨는 범인이 아니다.
- 현 씨: 신 씨는 범인이 아니다.
- 김 씨: 명 씨는 범인이 아니다.

① 신 씨, 도 씨 ② 도 씨, 이 씨 ③ 이 씨, 현 씨
④ 현 씨, 김 씨 ⑤ 김 씨, 명 씨

20 다음 [조건]에 따라 A, B, C, D 4명 중 다음 주에 휴가를 확실하게 낼 수 있는 사람을 고르면?

조건

- 휴가를 내기 위해서는 이번 주 내로 월 마감을 해야 하고, 지난달에 휴가를 내지 않았으며, 휴가 중 업무 대행자가 있어야 한다. 이 중 적어도 2가지 이상의 조건이 충족되어야 한다.
- A와 B는 각각 3가지 조건 중 적어도 1가지를 충족한다.
- B와 D는 어제와 오늘 월 마감을 하였다.
- A는 휴가를 낸 지 3개월이 넘었다.
- B와 C는 휴가 중 각각 E와 F가 업무 대행을 맡을 예정이다.

① A ② B ③ C
④ D ⑤ 없음

01 다음 [표]는 어느 지역의 2018년과 2023년 사업체 수 및 종사자 수 현황을 나타낸 자료이다. 이에 대한 설명으로 옳지 <u>않은</u> 것을 고르면?

[표] 연도별 사업체 수 및 종사자 수 현황　　　　　　　　　　　　　　　　　　　　　　　　(단위: 개, 명)

구분	개인사업체		회사법인		회사이외법인		비법인단체	
	사업체 수	종사자 수	사업체 수	종사자 수	사업체 수	종사자 수	사업체 수	종사자 수
2018년	3,250	8,270	590	9,930	130	3,370	140	660
2023년	3,300	8,540	620	10,500	150	3,600	200	850

① 전체 사업체 수는 160개 증가하였다.

② 개인사업체당 종사자 수는 증가하였다.

③ 비법인단체당 종사자 수는 감소하였다.

④ 사업체 수는 회사법인보다 회사이외법인의 증가율이 더 높다.

⑤ 2023년 전체 사업체 종사자 중에서 회사법인 종사자가 차지하는 비중은 45% 이상이다.

02 다음 [그래프]는 2017~2021년 국가과학기술표준분류 연구분야별 단일 및 융합 분야 집행비 추이에 대한 자료이다. 이에 대한 설명으로 옳지 않은 것을 고르면?(단, 계산 시 소수점 첫째 자리에서 버린다.)

[그래프] 2017~2021년 국가과학기술표준분류 연구분야별 단일 및 융합 분야 집행비 추이 　　　　　　(단위: 억 원)

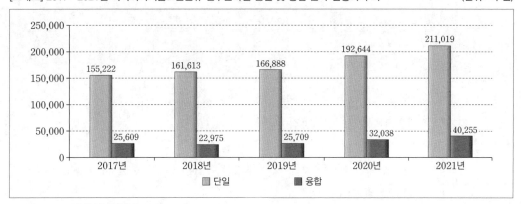

※ 융합 비중(%)=$\dfrac{융합\ 분야\ 집행비}{집행비\ 총액}\times100$

※ 집행비 총액=(융합+단일) 분야 집행비

① 단일 분야 집행비는 꾸준히 증가했다.

② 융합 분야 집행비가 가장 큰 해의 집행비 총액도 가장 크다.

③ 단일 분야 집행비와 융합 분야 집행비의 차가 가장 큰 해는 2021년이다.

④ 융합비중이 가장 작은 해의 집행비 총액이 가장 작다.

⑤ 2017년과 2020년 융합 비중은 같다.

03 다음 [표]는 어느 유치원 6세 반 어린이 10명을 대상으로 독감 예방접종에 따른 감기 발생 여부를 조사한 자료이다. 이에 대한 설명으로 옳은 것을 고르면?

[표] 독감 예방접종에 따른 감기 발생 현황

구분	A	B	C	D	E	F	G	H	I	J
예방접종	○	○	×	×	×	○	×	○	×	×
감기 발생	×	×	×	○	○	×	○	○	○	×

① 6세의 어린이는 감기 발생 확률이 높다.

② 감기에 걸린 어린이는 모두 예방접종을 하지 않았다.

③ 예방접종을 하지 않은 어린이는 모두 감기에 걸렸다.

④ 감기에 걸린 어린이가 예방접종을 하지 않았을 확률이 예방접종을 하지 않은 어린이가 감기에 걸리지 않았을 확률보다 높다.

⑤ 예방접종을 하지 않은 어린이 중 감기에 걸리지 않은 어린이가 예방접종을 한 어린이 중 감기에 걸리지 않은 어린이보다 많다.

04 다음 [표]는 "안경을 렌즈로 바꾸면 어려움이 있는가"에 대한 답변 분포 자료이다. 이에 대한 설명으로 옳은 것을 고르면?

[표] "안경을 렌즈로 바꾸면 어려움이 있는가"에 대한 답변 분포 (단위: %)

구분	전혀 어렵지 않음	약간 어려움	상당히 어려움	일상생활을 전혀 할 수 없음
전체	82.6	14.9	2.4	0.1
13~19세	92.4	6.0	1.6	0.0
20~29세	93.9	5.2	0.9	0.0
30~39세	94.9	4.4	0.7	0.0
40~49세	88.0	10.9	1.1	0.0
50~59세	78.9	19.2	1.8	0.1
60~69세	72.2	24.2	3.6	0.0
70~79세	64.3	30.1	5.4	0.2
80세 이상	48.3	38.3	13.0	0.4

① 상당히 어려움을 느끼는 20대가 30대보다 더 많다.

② 20대 중 약간이라도 어려움을 느끼는 사람은 7% 이상이다.

③ 20~39세 중 전혀 어려움을 느끼지 않는 사람은 95% 이상이다.

④ 연령대가 높아질수록 약간 어려움이라고 답변하는 분포도 높아진다.

⑤ 약간이라도 어려움을 느끼는 사람이 절반 이상인 연령대는 80세 이상뿐이다.

05 다음 [그래프]는 2014~2020년 어느 지역의 교통사고 부상자 수를 조사하여 나타낸 자료이다. 이에 대한 설명으로 옳은 것을 [보기]에서 모두 고르면?

[그래프] 2014~2020년 교통사고 부상자 수　　　　　　　　　　　　　　　　　　　　　(단위: 명)

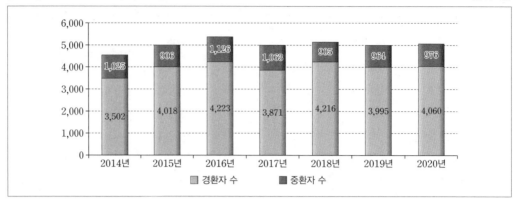

※ 부상자 수=경환자 수+중환자 수

> **보기**
>
> ㉠ 2020년 경환자 수는 중환자 수의 4배 이상이다.
> ㉡ 교통사고 부상자 수가 가장 많은 해는 2016년이다.
> ㉢ 2015년 중환자 수는 2016년 중환자 수보다 220명 더 적다.
> ㉣ 경환자 수가 가장 많은 해는 2018년이다.

① ㉠, ㉡, ㉢　　　　　　② ㉠, ㉡, ㉣　　　　　　③ ㉠, ㉢, ㉣
④ ㉡, ㉢, ㉣　　　　　　⑤ ㉠, ㉡, ㉢, ㉣

06 다음 [표]는 2023년 기업 규모별 수출입 현황에 대한 자료이다. 이에 대한 설명으로 옳은 것을 고르면?

[표] 2023년 기업 규모별 수출입 현황

구분	대기업	중견기업	중소기업
수출기업 수(개)	989	2,228	94,014
수출액(억 달러)	4,030	1,151	1,127
전년 대비 수출액 증감률(%)	-10	-5	-3
수입기업 수(개)	1,367	2,754	213,494
수입액(억 달러)	3,889	977	1,492
전년 대비 수입액 증감률(%)	-15	-10	-7

① 전년 대비 수출기업 수는 대기업, 중견기업, 중소기업 모두 감소했다.

② 2022년 대기업 수출액은 3,664억 달러이다.

③ 2023년 수출액의 전년 대비 감소액은 대기업이 중견기업의 2배 이상이다.

④ 2023년 중소기업당 수출액은 중소기업당 수입액보다 적다.

⑤ 2023년 대기업 수출액의 전년 대비 감소액은 2023년 중견기업 수입액의 전년 대비 감소액과 같다.

다음 [표]는 어느 자격증 시험 1급과 2급에 대하여 두 지역 A, B의 응시 결과를 나타낸 자료이다. 이 자료를 바탕으로 할 때, 옳지 <u>않은</u> 것을 고르면?

[표] 자격증 시험에 대한 지역별 응시 결과 (단위: 명)

구분	1급		2급	
	합격자 수	불합격자 수	합격자 수	불합격자 수
A 지역	40	160	160	240
B 지역	60	120	100	150

① 2급 자격증 합격률은 A 지역이 더 높다.

② A 지역의 1급 자격증 합격률은 20%이다.

③ B 지역의 1급 자격증 합격률은 30% 이상이다.

④ B 지역의 해당 자격증 시험 전체 응시자 수는 400명 이상이다.

⑤ 해당 자격증 시험에서 합격자 수는 B 지역이 A 지역의 0.8배이다.

08 다음 [표]는 성별 사망 원인별 인구 10만 명당 사망자 수에 대한 자료이다. 이에 대한 설명으로 옳지 않은 것을 [보기]에서 모두 고르면?

[표] 성별 사망 원인별 인구 10만 명당 사망자 수
(단위: 명)

순위	남성 사망 원인	2021년	2022년	순위	여성 사망 원인	2021년	2022년
1위	암	199.0	200.6	1위	암	123.4	125
2위	심장 질환	60.3	65.5	2위	심장 질환	62.7	66.1
3위	폐렴	49.1	57.9	3위	뇌혈관 질환	44.7	64.7
4위	뇌혈관 질환	43.4	55.6	4위	폐렴	39.8	50.0
5위	고의적 자해(자살)	35.9	48.4	5위	알츠하이머병	21.7	48.6
6위	간 질환	20.7	35.7	6위	당뇨병	16.6	31.8
7위	당뇨병	18.3	22.3	7위	고의적 자해(자살)	16.2	21.3
8위	만성 하기도 질환	14.1	21.4	8위	고혈압성 질환	15.9	19.6
9위	운수사고	10.7	15.8	9위	패혈증	14.4	15.6
10위	패혈증	10.7	13.5	10위	코로나19	9.2	15.1

보기

㉠ 2022년 암으로 사망한 남성은 전년 대비 인구 10만 명당 1.6명 증가했다.
㉡ 2022년 뇌혈관 질환으로 사망한 여성은 전년 대비 20명 증가했다.
㉢ 2021년 2022년 남성 인구가 모두 3천만 명이라면 2022년 간 질환으로 인해 증가한 사망자
  수는 전년 대비 45,000명이다.
㉣ 2022년 여성 인구가 3천만 명이라면 폐렴으로 인한 사망자 수는 15,000명이다.

① ㉠, ㉡ 　　　② ㉠, ㉢ 　　　③ ㉡, ㉢
④ ㉡, ㉣ 　　　⑤ ㉢, ㉣

09 다음 [그래프]는 2018~2022년 국가연구개발사업 집행액과 세부과제 수에 대한 자료이다. 이를 바탕으로 한 [보고서]의 내용 중 옳지 **않은** 것을 고르면?

[그래프] 2018~2022년 국가연구개발사업 집행액과 세부과제 수

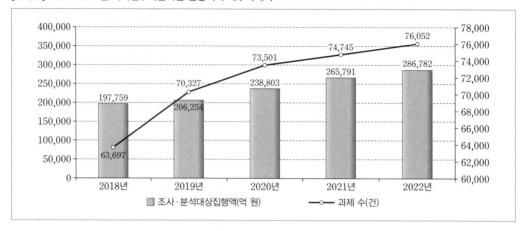

[보고서]

2022년 총집행액 28조 6,782억 원으로 전년 대비 ㉠2천 991억 원 증가, ㉡7.9% 증가하였다. 이는 정부연구개발예산의 투자계획 29조 7,770억 원(예산 27조 2,407억 원, 기금 2조 5,363억 원) 대비 예산 변경(사업 신규편성 포함) 2,632억 원, 미집행액(예산 미배정, 불용 등) 8,356억 원을 제외한 28조 6,782억 원 집행한 것이며, 2022년 조사·분석 정부연구개발예산은 2021년 12월 국회에서 심의·의결된 2022년 정부연구개발예산과 동일한 29조 7,770억 원이다.

2019~2022년 총집행액은 매해 전년 대비 ㉢1조 원 이상 증가하였으며, 최근 5년간('18~'22년) 국가연구개발사업의 집행액은 연평균 9.7% 증가한 것으로 정부 총지출 규모에 대한 연평균 증가율(9.1%)의 1.07배 수준이다.

과제 수와 조사·분석 정부연구개발예산액은 매해 증가하였으며 2022년 과제 수 건당 조사·분석 정부연구개발예산액은 ㉣3.8억 원이다.

① ㉠, ㉢
② ㉠, ㉣
③ ㉡, ㉢
④ ㉡, ㉣
⑤ ㉢, ㉣

10 다음 [그래프]는 2022년 전체 가구와 1인 가구의 주거 유형 및 점유 유형에 대한 자료이다. 이에 대한 설명으로 옳지 <u>않은</u> 것을 고르면?(단, 2022년 전체 가구는 21,448천 가구, 1인 가구는 7,166천 가구이다.)

[그래프1] 2022년 가구별 주거 유형 (단위: %)

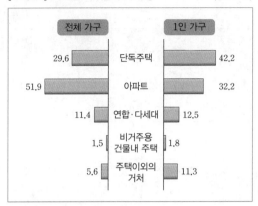

[그래프2] 2022년 가구별 점유 유형 (단위: %)

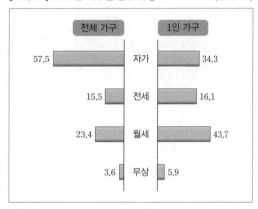

① 1인 가구는 전체 가구의 33.4%이다.

② 단독주택에 거주하는 1인 가구가 단독주택에 거주하는 전체 가구보다 많다.

③ 단독주택에 거주하는 1인 가구는 아파트에 거주하는 1인 가구보다 약 717천 가구 많다.

④ 자가인 전체 가구는 전세인 전체 가구보다 약 9,008천 가구 많다.

⑤ 아파트에 거주하는 1인 가구는 전세인 1인 가구의 2배이다.

11 다음 [표1]은 어느 지역의 탄소 포인트제 가입자 A~D의 에너지 사용량 감축률 현황을 나타낸 자료이고, [표2]는 탄소 포인트 지급 기준을 나타낸 자료이다. 두 자료를 바탕으로 할 때, 탄소 포인트를 가장 많이 받는 가입자와 가장 적게 받는 가입자를 바르게 나타낸 것을 고르면?

[표1] 가입자별 에너지 사용량 감축률 현황   (단위: %)

에너지 사용 유형	A	B	C	D
전기	2.8	13.0	12.7	6.9
수도	15.0	13.0	5.6	24.1
가스	32.6	23.5	10.2	8.6

[표2] 탄소 포인트 지급 기준   (단위: 포인트)

에너지 사용 유형	5% 미만	5~10% 미만	10% 이상
전기	0	4,000	8,000
수도	0	1,500	2,500
가스	0	2,000	4,000

※ 가입자가 받는 탄소 포인트는 에너지 사용 유형별 탄소 포인트의 합계를 의미함

① A, B　　　　　　　② B, A　　　　　　　③ B, D
④ C, A　　　　　　　⑤ C, D

12 다음 [그래프]는 A~D지역에 대하여 직장인의 출근 시간에 관한 설문조사 결과를 나타낸 자료이다. 이에 대한 설명으로 옳지 <u>않은</u> 것을 고르면?

[그래프] 출근 시간대별 비중 (단위: %)

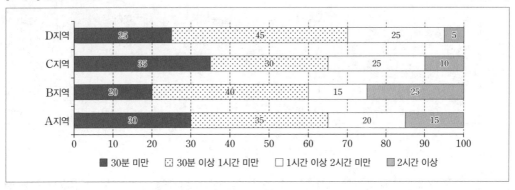

[표] 지역별 직장인 수 (단위: 백 명)

구분	A지역	B지역	C지역	D지역
직장인 수	300	120	250	400

① C지역에서 출근 시간이 30분 미만인 직장인 수는 9천 명 미만이다.

② C지역에서 출근 시간이 1시간 이상 2시간 미만인 직장인 수는 6,250명이다.

③ 출근 시간이 2시간 이상인 직장인 수에 대하여 D지역보다 B지역이 더 많다.

④ D지역에서 출근 시간이 30분 미만인 직장인 수는 A지역에서 출근 시간이 30분 이상 1시간 미만인 직장인 수보다 500명 더 많다.

⑤ A지역에서 출근 시간이 30분 미만인 직장인 수는 B지역에서 출근 시간이 30분 이상 1시간 미만인 직장인 수보다 4천 명 이상 많다.

13 다음 [표]는 2022년 11월 지식재산 통계에 대한 자료이다. 이를 바탕으로 작성한 [보고서]의 내용 중 옳지 <u>않은</u> 것을 모두 고르면?

[표] 2022년 11월 지식재산 통계   (단위: 건)

구분		특허	실용신안	디자인	상표
출원	11월	26,017	265	5,782	23,434
	1~11월 누적	207,241	2,830	51,294	237,861
등록	11월	11,122	120	4,751	12,718
	1~11월 누적	124,861	1,356	50,209	122,062

[보고서]

　㉠2022년 11월 출원한 지식재산 중 특허, 실용신안, 디자인, 상표 모두 각각의 1~10월 월평균보다 많다. 반면 ㉡2022년 11월 등록된 지식재산 중 특허, 실용신안은 각각의 1~10월 월평균보다 많았고, 디자인, 상표는 각각의 1~10월 월평균보다 적다. ㉢2022년 11월 출원한 지식재산 중 1~11월 누적의 10% 이상을 차지하는 것은 특허, 디자인, 상표의 3종이고, ㉣2022년 11월 등록된 지식재산 중 1~11월 누적의 10% 이상을 차지하는 것은 상표의 1종뿐이다.

① ㉠, ㉡   ② ㉠, ㉢   ③ ㉡, ㉢

④ ㉡, ㉣   ⑤ ㉢, ㉣

14 다음 [그래프]는 전년 대비 디자인 수출액·수입액에 대한 자료이다. 2016년 수출액이 882억 원, 수입액이 103억 원일 때, 2022년 무역수지를 고르면?

[그래프] 전년 대비 디자인 수출액·수입액 (단위: 억 원)

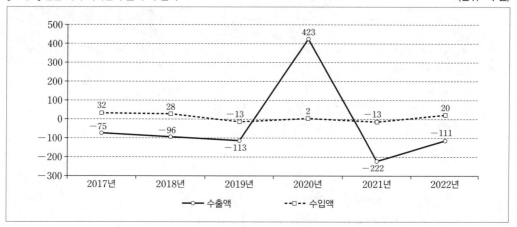

※ 수출액=무역수지+수입액

① 485억 원   ② 496억 원   ③ 507억 원
④ 518억 원   ⑤ 529억 원

15 다음 [표]는 2023년 상반기 어느 지역의 출생아 수 및 사망자 수를 조사한 자료이다. 이에 대한 설명으로 옳은 것을 [보기]에서 모두 고르면?

[표] 2023년 상반기 출생아 및 사망자 현황　　　　　　　　　　　　　　　　　　(단위: 명)

구분	1월	2월	3월	4월	5월	6월
출생아 수	200 (+25%)	240 (−4%)	120 (−20%)	150 (+25%)	240 (−20%)	120 (+20%)
사망자 수	280 (−20%)	120 (+20%)	240 (+20%)	270 (+8%)	190 (−5%)	260 (+4%)

※ 괄호 안의 값은 전년 동월 대비 증감률을 나타냄

보기

㉠ 2022년 5월 출생아 수는 전월 대비 150% 증가하였다.
㉡ 2022년 3월 사망자 수는 전월 대비 100명 증가하였다.
㉢ 2022년 3월 출생아 수는 2023년 4월 출생아 수와 같다.
㉣ 2023년 상반기의 출생아 수는 사망자 수보다 300명 이상 적다.

① ㉠, ㉡　　　　　　② ㉠, ㉣　　　　　　③ ㉢, ㉣
④ ㉠, ㉡, ㉢　　　　⑤ ㉡, ㉢, ㉣

16 다음 [그래프]는 어느 지역 시민 12,000명을 대상으로 여름 휴가 계획에 관한 설문조사를 한 결과를 나타낸 자료이다. 유럽 여행을 계획 중인 사람 수와 제주도 여행을 계획 중인 사람 수를 차례로 나타낸 것을 고르면?(단, [그래프2]는 [그래프1]에서 국내를 선택한 사람들을 대상으로 설문한 것이다.)

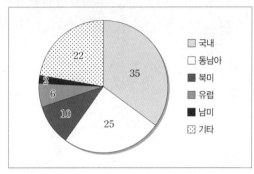

[그래프1] 여름 휴가 지역 (단위: %)

□ 국내
□ 동남아
■ 북미
■ 유럽
■ 남미
▣ 기타

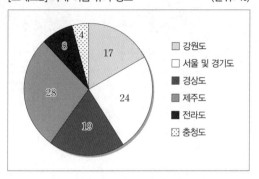

[그래프2] 국내 여름 휴가 장소 (단위: %)

□ 강원도
□ 서울 및 경기도
■ 경상도
■ 제주도
■ 전라도
▣ 충청도

① 600명, 720명 ② 600명, 1,176명 ③ 720명, 840명
④ 720명, 1,176명 ⑤ 4,200명, 1,176명

17 다음 [표]는 2022년과 2023년 A~D지역의 고용 현황을 나타낸 자료이다. 이에 대한 설명으로 옳은 것을 [보기]에서 모두 고르면?(단, 고용률 계산 시 소수점 둘째 자리에서 반올림한다.)

[표] 지역별 고용 현황 (단위: 백 명, %)

지역	2022년			2023년		
	인구수	취업자 수	고용률	인구수	취업자 수	고용률
A	250	150	( )	300	( )	66.7
B	( )	75	62.5	150	80	53.3
C	( )	630	87.5	700	( )	80
D	320	280	( )	( )	280	66.7

※ 고용률(%)= $\dfrac{\text{취업자 수}}{\text{인구수}} \times 100$

보기

㉠ 2023년 A지역의 고용률은 2022년 대비 감소하였다.

㉡ C지역과 D지역의 2022년 고용률은 같다.

㉢ 모든 지역의 2023년 인구수는 2022년 대비 증가하였다.

㉣ 2023년 B지역의 인구수는 2022년 대비 3천 명 증가하였다.

① ㉠, ㉡   ② ㉠, ㉣   ③ ㉡, ㉢
④ ㉡, ㉣   ⑤ ㉢, ㉣

18 다음 [그래프]는 2016~2020년 A~E 5개의 제품에 대하여 매년 1,200명을 대상으로 선호도를 조사한 자료이다. 이에 대한 설명으로 옳은 것을 [보기]에서 모두 고르면?

[그래프] 2016~2020년 제품 선호도 조사 결과 (단위: %)

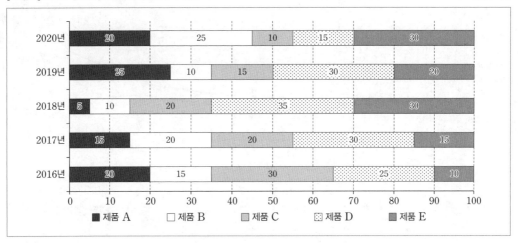

보기

㉠ 5년간 선호도가 꾸준히 증가한 제품은 없다.

㉡ 2016년 제품 D를 선호하는 사람 수는 300명이다.

㉢ 5년간 제품 A를 선호하는 사람 수의 합은 1,000명 미만이다.

㉣ 2016년 대비 2020년 제품 B를 선호하는 사람 수의 증가율은 65% 이상이다.

① ㉠, ㉡, ㉢   ② ㉠, ㉡, ㉣   ③ ㉠, ㉢, ㉣
④ ㉡, ㉢, ㉣   ⑤ ㉠, ㉡, ㉢, ㉣

19 다음 [그래프]는 두 제품 A, B의 연도별 평균 가격을 나타낸 자료이다. 이에 대한 설명으로 옳은 것을 [보기]에서 모두 고르면?

[그래프] 두 제품 A, B의 연도별 평균 가격 (단위: 만 원)

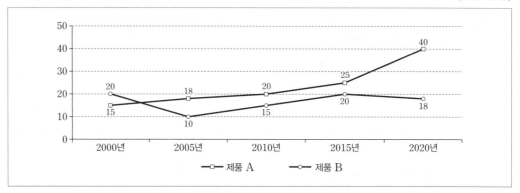

보기

㉠ 제품 A의 평균 가격은 꾸준히 상승하였다.
㉡ 제품 A의 2005년 평균 가격은 5년 전 대비 25% 인상되었다.
㉢ 2020년 제품 B의 평균 가격은 20년 전 대비 10% 하락하였다.
㉣ 제품 B의 2015년 평균 가격은 10년 전 대비 100% 인상되었다.

① ㉠, ㉡　　　　　　　② ㉠, ㉢　　　　　　　③ ㉡, ㉣
④ ㉠, ㉢, ㉣　　　　　⑤ ㉡, ㉢, ㉣

20 K시에서는 A~D 네 개의 대학교에 멘토링 사업을 실시하였다. 대학별로 멘토링에 지원한 학생 수와 합격자 수, 합격한 학생 중 실제로 멘토링 사업에 참여한 학생 수가 다음 [표]와 같고, 이를 그래프로 나타냈을 때 옳지 않은 것을 고르면?(단, 추가 합격은 없다.)

[표] 대학별 멘토링 사업 모집 현황 (단위: 명)

구분	A대학교	B대학교	C대학교	D대학교	합계
지원자	180	320	200	250	950
합격자	117	192	124	145	578
참여자	105	182	109	135	531

① 멘토링 합격자 중 비참여자 수 (단위: 명)

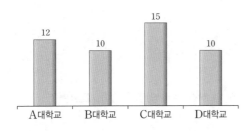

② 대학별 지원자 및 합격자 수 (단위: 명)

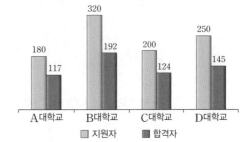

③ 참여자의 대학별 비중 (단위: %)

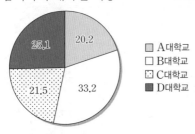

④ 대학별 불합격자 수 (단위: 명)

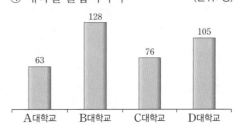

⑤ 지원자의 대학별 비중 (단위: %)

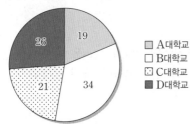

01　다음은 일정한 규칙으로 수를 나열한 것이다. 빈칸에 들어갈 수로 알맞은 것을 고르면?

	-7	-4	-2	2	3	8	8	( )	

① 11　　　　　　　　　② 12　　　　　　　　　③ 13
④ 14　　　　　　　　　⑤ 15

02　다음은 일정한 규칙으로 수를 나열한 것이다. 빈칸에 들어갈 수로 알맞은 것을 고르면?

0.03	0.08	0.11	0.19	0.30	0.49	0.79	1.28	( )

① 2.07　　　　　　　　② 2.12　　　　　　　　③ 2.34
④ 2.61　　　　　　　　⑤ 2.97

03　얼마 전 A는 등산을 했는데, 산을 올라갈 때는 5km/h로 올라갔다가, 내려올 때는 지름길을 이용하여, 올라갈 때보다 1km 더 짧은 거리를 내려와서 총 5시간이 걸렸다. 등산 당시 A의 평균속력이 5.8km/h라고 했을 때, A가 산을 내려올 때의 속력을 고르면?

① 6km/h　　　　　　　② 7km/h　　　　　　　③ 8km/h
④ 9km/h　　　　　　　⑤ 10km/h

04 6%의 소금물에 물을 더 넣어서 5%의 소금물 240g을 만들려고 한다. 이때, 6%의 소금물의 양과 더 넣은 물의 양은 각각 바르게 나타낸 것을 고르면?

	6%의 소금물의 양	더 넣은 물의 양
①	120g	40g
②	140g	40g
③	120g	60g
④	140g	60g
⑤	200g	40g

05 다음 정육면체 전개도의 숫자들은 일정한 규칙을 가지고 있다. 이때, A+B의 값을 고르면?

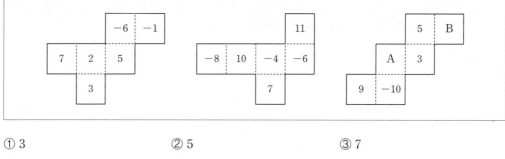

① 3 ② 5 ③ 7
④ 9 ⑤ 11

06 다음은 일정한 규칙으로 수를 나열한 것이다. 빈칸에 들어갈 수로 알맞은 것을 고르면?

55	140	77	33	78	( )	42	54	27

① 59 ② 68 ③ 73
④ 87 ⑤ 94

07 어느 날 두 목수 A, B는 똑같은 양의 일을 맡게 되었다. 목수 A는 이 일을 끝내는 데 10일에 걸렸고, 목수 B는 12일이 걸렸다. 그리고 1년 뒤 두 목수는 이전보다 20배 많은 양의 일을 함께 맡게 되었다. 두 목수가 함께 60일 동안 일하였는데, 목수 A가 다쳐서 그 뒤부터는 목수 B가 혼자서 일을 끝마치게 되었다. 이때, 목수 B가 혼자 일한 기간을 고르면?

① 72일   ② 84일   ③ 96일
④ 100일   ⑤ 108일

08 L사에서 정기 공개채용을 실시했는데, 지원한 신입직원과 경력직원의 비는 7:5였다. 남성 지원자 중 신입직원과 경력직원의 비는 4:3, 여성 지원자 중 신입직원과 경력직원의 비는 3:2였다. 여성 지원자의 수가 60명일 때, 정기 공개채용에 지원한 총 인원을 고르면?

① 128명   ② 132명   ③ 136명
④ 140명   ⑤ 144명

09 과장 P는 사내 홍보용 포스터를 제작하려고 한다. 포스터 제작단가는 기본 60장에 10만 8천 원이고, 1장을 초과 시 1,500원이 추가된다고 한다. 포스터 장당 평균 가격이 1,600원 이하가 되기 위해 최소 포스터 장수를 몇 장 인쇄해야 하는지 고르면?

① 120장   ② 140장   ③ 150장
④ 160장   ⑤ 180장

10 다음 그림의 숫자들은 일정한 규칙을 가지고 있다. 이때, A−B의 값을 고르면?

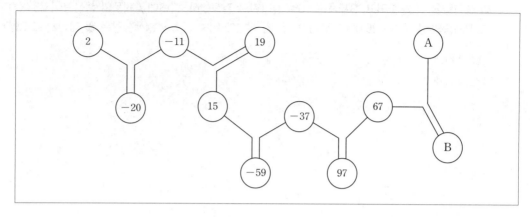

① 69
② 74
③ 79
④ 84
⑤ 89

11 다음은 일정한 규칙으로 수를 나열한 것이다. 빈칸에 들어갈 수로 알맞은 것을 고르면?

| $1\frac{1}{2}$ | $1\frac{1}{3}$ | $1\frac{3}{10}$ | $1\frac{2}{7}$ | $1\frac{5}{18}$ | $1\frac{3}{11}$ | ( ) |

① $1\frac{1}{26}$
② $1\frac{1}{13}$
③ $1\frac{7}{26}$
④ $1\frac{5}{13}$
⑤ $1\frac{15}{26}$

12 E사에서 작년에 판매한 제품 중 A제품은 B제품에 비해 판매율이 저조하여, 작년에 비해 올해 A제품의 생산량을 15% 줄이고, B제품은 10% 늘리기로 결정했다. 작년에 A제품의 생산량이 36,000개였고, B제품의 생산량이 25,000개였다고 할 때, 작년에 비해 감소한 총생산량은 몇 개인지 고르면?

① 1,900개 ② 2,500개 ③ 2,700개
④ 2,900개 ⑤ 3,100개

13 2022년 11월 중 당직 확률을 알아보니 평일은 20%이고 주말은 12.5%였다. 당직 수당의 경우 평일은 65,000원이고 주말은 105,000원이라고 할 때, 11월 당직비의 기댓값을 고르면?

일	월	화	수	목	금	토
		1	2	3	4	5
6	7	8	9	10	11	12
13	14	15	16	17	18	19
20	21	22	23	24	25	26
27	28	29	30			

① 371,000원 ② 376,000원 ③ 381,000원
④ 386,000원 ⑤ 391,000원

14 다음 그림의 숫자들은 모두 동일한 규칙이 적용되어 변화하고 있다. 이때, A+B의 값을 고르면?

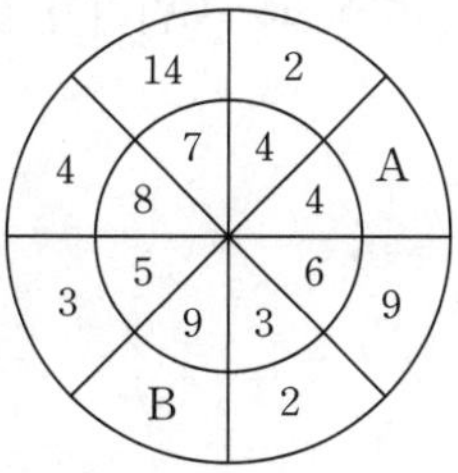

① 11   ② 13   ③ 22

④ 23   ⑤ 24

15 다음은 일정한 규칙으로 수를 나열한 것이다. 빈칸에 들어갈 수로 알맞은 것을 고르면?

	3	6	11	19	32	53	( )

① 83   ② 84   ③ 85

④ 86   ⑤ 87

16 차장 1명과 과장 2명, 사원 5명이 하나의 원탁에 앉으려고 한다. 차장과 과장, 총 3명이 이웃하여 앉을 때, 앉을 수 있는 경우의 수를 고르면?

① 80가지   ② 120가지   ③ 240가지

④ 360가지   ⑤ 720가지

17 지민이와 수정이가 다트 게임을 하는데, 빨간 원은 10점, 파란 원은 8점, 노란 원은 6점, 검은 원은 4점, 흰색 원은 2점이다. 20점을 먼저 득점하는 사람이 승리자가 된다. 지민이가 먼저 시작하고 수정이와 번갈아 순서대로 게임을 진행할 때, 지민이가 두 번째 차례에서 이길 확률을 고르면?(단, 각 원에 다트를 꽂을 확률은 동일하다.)

① $\frac{1}{25}$ ② $\frac{2}{25}$ ③ $\frac{3}{25}$

④ $\frac{4}{25}$ ⑤ $\frac{1}{5}$

18 어떤 상자에는 빨간 공 4개, 파란 공 3개, 노란 공 2개가 들어 있다. 상자에서 연달아 1개씩 2번 공을 꺼냈을 때, 첫 번째는 빨간 공이 나오고 두 번째는 노란 공이 나올 확률을 고르면?

① $\frac{1}{4}$ ② $\frac{1}{8}$ ③ $\frac{1}{9}$

④ $\frac{1}{12}$ ⑤ $\frac{1}{18}$

19 어느 가게에서 벽지 A는 가로 1.2m, 세로 2m에 4,000원에 판매되고, 벽지 B는 가로 1m, 세로 1.5m에 2,500원에 판매되고 있다. 넓이가 54m²인 직사각형 모양의 벽을 두 벽지 중 하나를 선택하여 최소 비용으로 도배하려고 할 때, 가게에 지불해야 하는 비용을 고르면?(단, 벽지는 제시된 크기로만 구매가 가능하다.)

① 80,000원   ② 84,000원   ③ 86,000원
④ 90,000원   ⑤ 92,000원

20 다음은 일정한 규칙으로 수를 나열한 것이다. 빈칸에 들어갈 수로 알맞은 것을 고르면?

-2	6	-10	22	-42	86	(	)

① -170 ② -172 ③ -174
④ -176 ⑤ -178

언어이해 (20문항 / 20분)

정답과 해설 P.33

01 다음 글의 제목으로 가장 적절한 것을 고르면?

혈관은 우리 몸에서 매우 중요한 역할을 한다. 혈액을 온몸으로 순환시키는 통로인 혈관이 건강하지 못하면 신체의 여러 기관에 산소와 영양분이 제대로 전달되지 않기 때문이다. 그러나 나이가 들면서 혈관은 탄력을 잃고 이로 인해 다양한 혈관 질환이 발생할 수 있다. 대표적인 혈관 질환으로는 고혈압, 동맥경화 그리고 심혈관 질환 등이 있다. 이러한 질환들은 혈관 내벽에 쌓이는 콜레스테롤과 같은 물질들로 인해 발생하며 결국 혈류의 흐름을 방해하여 심각한 건강 문제를 일으킨다.

특히, 동맥경화는 혈관 내벽에 지방질이 축적되어 혈관이 좁아지거나 막히는 상태를 말한다. 이로 인해 심장에 충분한 혈액이 공급되지 않아 협심증이나 심근경색과 같은 심각한 질환이 발생할 수 있다. 또한 고혈압은 혈관에 지속적인 압력을 가해 혈관 벽이 손상되고 장기적으로는 혈관이 터지는 뇌졸중의 위험을 높인다. 이러한 혈관 질환은 초기에는 특별한 증상이 없기 때문에 정기적인 건강검진을 통해 예방하고 관리하는 것이 중요하다.

혈관 건강을 지키기 위해서는 꾸준한 운동과 식습관 관리가 필수적이다. 규칙적인 유산소 운동은 혈액 순환을 돕고 혈관의 탄력을 유지시키는 데 효과적이다. 또한 지방이 적고 섬유질이 풍부한 식단은 혈관 건강을 유지하는 데 도움을 준다. 혈관에 부담을 줄 수 있는 염분과 콜레스테롤 섭취를 줄이는 것이 필요하며 스트레스 관리도 중요하다.

① 혈관 질환의 위험과 예방법
② 혈관 건강을 위한 운동과 식단
③ 콜레스테롤과 혈관 건강
④ 혈관 건강을 지키는 방법
⑤ 고혈압과 동맥경화의 위험

02 다음 글의 내용과 일치하지 <u>않는</u> 것을 고르면?

1963년 노벨물리학상을 수상한 헝가리의 이론물리학자 유진 위그너는 전자 사이의 반발력이 충분히 강하면 전자도 결정화할 수 있다고 제안했다. 결정은 고체를 이루는 원자나 분자가 일정한 격자 형태로 배열을 이루고 움직이지 않는 상태를 말한다. 이를 위그너 결정(Wigner crystals)이라고 부른다.

전자를 결정상태로 만들면 영하 240℃ 이상의 상대적 고온에서 전류가 흐를 때 저항이 사라지는 고온초전도 현상이나 극저온에서 점성이 사라지는 초유체 현상 같은 물리학 난제를 해결하는 데 단서가 될 것으로 기대됐다. 수십 년간 전 세계 과학자들이 전자 결정을 연구한 이유다.

지난 2021년 K연구팀은 알칼리 금속을 도핑한 물질에서 액체 성질을 가진 전자 결정 상태를 발견해 연구결과를 네이처에 공개한 바 있다. 이후 후속 연구를 통해 도핑 농도를 조절한 결과 특정 도핑 농도에서 전자 결정이 액체와 고체 성질을 동시에 갖는 전자 결정을 발견했다. 전자들의 배열이 규칙적으로 완벽한 경우(위그너 결정)를 고체 상태, 규칙적인 배열이 전혀 없는 경우를 기체 상태에 비유한다면 불규칙적으로 짧은 거리에서만 결정 배열이 있는 전자 결정은 액체 결정(액정, liquid crystal)에 비유할 수 있다. K 연구팀은 방사광가속기와 각분해광전자분광장치를 이용해 전자의 에너지와 운동량을 정밀 측정하고 전자 결정에서 나타나는 독특한 불규칙성을 관측하는 데 성공했다. 세계 최초로 액정 상태와 비슷한 전자 결정의 발견을 입증한 셈이다. 발견된 불규칙성은 초유체 특징과도 유사했다.

① 노벨물리학상 수상자 위그너는 전자들이 규칙적인 배열을 이룰 수 있다고 말했다.
② K연구팀은 알칼리 금속을 도핑한 물질에서 힌트를 얻어 관련 연구를 이어왔다.
③ 초유체 현상과 고온초전도 현상은 과학자들이 해결하지 못한 물리학 난제이다.
④ K연구팀은 2021년에 액체 성질을 갖는 전자 결정을 발견하고 네이처에 공개했다.
⑤ 초유체의 특징과 유사한 위그너 결정을 K연구팀이 세계 최초로 발견했다.

03 다음 글을 읽고 난 후의 반응으로 가장 적절한 것을 고르면?

맥주 거품의 양을 결정하는 요인 중 하나는 맥주의 성분이다. 맥주에는 기본적으로 효모가 발효하면서 내놓는 탄산 기체인 이산화탄소가 0.3~0.4% 포함돼 있다. 여기까지는 모든 맥주가 동일하다. 맥주는 생맥주 기계 안의 좁은 관을 통과하면서 높은 압력으로 압축된다. 이때 물에 잘 녹지 않는 질소를 충전한 맥주는 더 높은 압력을 받고 더 많은 탄산 기체가 녹는다. 기체의 용해도는 압력과 비례한다는 '헨리의 법칙' 때문이다. 맥주에 녹은 탄산 기체가 좁은 관을 통과해 밖으로 나오면 비로소 거품이 된다. 질소가 많이 충전된 맥주는 상대적으로 많은 거품을 만든다. 하지만 질소가 많아진다고 거품이 많이 만들어지는 것은 아니다. 기체가 그냥 공기 중으로 방출되면 아무런 소용이 없다. 이를 막는 것이 맥아의 단백질과 홉의 폴리페놀이다. 덩굴 식물인 홉에 있는 폴리페놀은 녹차나 포도주, 사과 등에도 들어 있는 화학 물질이다. 이들이 기체를 둘러싸야 비로소 거품이 완성된다. 하지만 홉은 맥주의 맛을 쓰게 만들기 때문에 너무 많이 넣으면 맛이 없어질 수 있다. 질소 기체 역시 너무 많이 넣으면 맥주 특유의 청량감이 사라진다.

① 맥주의 청량감은 맥아의 양에 따라 차이를 보일 것이다.
② 폴리페놀이 많이 함유된 맥주일수록 쓴맛이 강할 수 있다.
③ 질소가 많이 포함된 생맥주일수록 거품이 오래 유지될 것이다.
④ 생맥주는 다른 맥주보다 효모가 많이 포함되어 있을 것이다.
⑤ 충전된 질소 기체가 빠르게 맥주 외부로 방출될수록 거품이 많이 생긴다.

04 다음 글을 통해 추론한 내용으로 적절하지 <u>않은</u> 것을 고르면?

> 비타민C는 활성산소 제거, 콜라겐의 합성, 피부 미백, 색소침착 억제 등 다양한 효능이 있는데, 그중에서도 특히 피부 미용에 필수적인 영양소로 알려져 있다. 비타민C는 수용성 비타민이라 과다 복용을 해도 배출되는 성질을 가졌다. 이에 비타민C 하루 권장 섭취량인 100mg보다 10배에서 200배 더 많은 양을 주사로 투여하거나 보충제로 먹는 메가도스요법이 크게 유행하고 있다.
>
> 그러나 비타민C 고용량 섭취는 체내에서 흡수되지 못한 비타민C가 삼투 효과를 일으키면서 속쓰림, 메스꺼움, 구토, 설사 등의 위장장애를 일으킬 염려가 있다. 또 비타민C는 대사과정에서 옥살산이 발생하는데, 이때 비타민C의 대사산물인 옥살산과 칼슘이 만나 생성되는 옥살산칼슘이 신장결석을 유발한다. 옥살산칼슘은 시금치, 양배추 등의 식품에도 포함되어 있으나, 대부분 고용량의 보충제를 따로 먹는 경우에 부작용이 나타난다. 이외에도 철분 과잉으로 인해 심장이나 간, 췌장, 갑상선 등에 손상을 일으킬 수 있고, 방광염이 발생할 수 있다. 전문가들은 비타민C의 흡수율 측면에서 본다면 하루에 200~500mg 정도를 섭취하는 것이 가장 적합하다고 권장한다. 이는 혈중농도를 유지하는 현상에 따라 과다 복용을 해도 흡수되는 양은 일정량으로 유지되기 때문이다. 또한 비타민C는 크게 합성 비타민C와 천연 비타민C로 나눌 수 있는데, 천연 비타민C의 흡수율이 합성 비타민C보다 약 2~3배가량 더 높고, 생체 이용률도 약 12배가량 높다고 알려져 있다.

① 비타민C의 과다복용이 허용되는 이유는 체내에 축적되지 않고 배출되는 성질을 가졌기 때문이다.
② 비타민C를 과다 복용하면 신장결석이나 위장장애와 같은 부작용이 나타날 수 있다.
③ 시금치와 양배추는 신장결석을 유발하는 성분을 일부 포함하고 있다.
④ 일반적인 메가도스요법은 비타민C를 하루에 1,000~20,000mg 정도 투여하거나 섭취한다.
⑤ 비타민C를 먹을 때는 천연 비타민C를 선택하고 하루 100mg만 먹는 것이 좋다.

05 다음 글을 이해한 내용으로 적절하지 <u>않은</u> 것을 고르면?

서양 매너의 기원은 유럽 문명의 뿌리가 되는 고대 그리스로 거슬러 올라간다. 아리스토텔레스의 '니코마코스 윤리학'과 그의 제자인 테오프라스토스의 '성격의 유형들'이 서양 예법의 이론적·실용적 출발을 이룬다. 아리스토텔레스는 이후 서양 매너와 관련해 중요한 원칙이 되는 세 가지 개념을 다루는데, 중용, 자제력 그리고 친애가 그것이다. '성격의 유형들'은 예의 바른 행동이 어떤 것인지를 설명한 일종의 사례집으로 서양 역사에서 예법서의 시원을 이루는 작품이다. 고대 로마의 정치가이자 철학자인 키케로는 '의무론'에서 이후 매너와 동의어로 쓰이게 된 데코룸이라는 용어를 처음 사용했고, 내적인 본성과 외적인 행동이 일치한다는 대원칙을 제시했으며, 드러낼 것과 감추어야 할 것의 구별을 강조함으로써 서양 예법의 전통에 큰 영향을 끼쳤다. 마키아벨리의 '군주론'과 더불어 르네상스기 양대 처세서로 꼽히는 발다사레 카스틸리오네의 '궁정인'은 궁정식 매너, 즉 쿠르투아지의 정수를 담은 책이다. 이 책에서 카스틸리오네는 '스프레차투라'를 가장 강조했는데, 이 말은 태연함, 자연스러움, 무심함, 유유자적하면서도 능란한 양태를 가리킨다. 16세기 최고의 인문주의자로 불리는 에라스무스는 말년에 '소년들의 예절론'이라는 책을 썼다. 궁정 예절인 쿠르투아지와 달리 모든 계층 사람들을 대상으로 한 '시빌리테'를 새로운 매너의 이상적 형태로 부각시켰다는 점에서 혁명적이다. "그 누구도 자기 부모나 나라를 선택할 수는 없다. 그러나 누구든지 성품과 품행을 획득할 수는 있다"는 대목은 매너를 이용해 신분제를 철폐하자는 평등주의 선언처럼 들리기도 한다.

① 고대 그리스에는 예의 바른 행동을 설명한 사례집이 있었다.
② 중용, 자제력 그리고 친애는 서양 매너와 관련한 중요한 원칙이다.
③ 데코룸을 처음 사용한 키케로는 내적인 본성과 외적인 행동이 일치한다고 말했다.
④ 르네상스시대에는 궁정식 매너에서 유유자적하면서도 능란한 양태가 강조되었다.
⑤ 에라스무스는 매너를 이용해 신분제를 철폐하고 평등주의를 전파하고자 했다.

다음 글의 주제로 가장 적절한 것을 고르면?

AI, 로봇, 자율주행 시스템 등 4차 산업혁명 기술이 전쟁의 패러다임을 바꾸고 있어 국방과 학기술 혁신은 현대 안보 환경에서 국가 생존 전략이 되었다. 특히, 미·중 무역·기술 패권 전쟁, 러·우 전쟁, 북한의 핵미사일 위협, 대한민국의 병역 자원 감소 등으로 인한 안보 불확실성 증가는 지정학적 리스크가 있는 주변국에게 국제적 군사 협력과 군사 기술 고도화를 빠르게 요구하고 있다.

더욱이 인구감소로 인한 과학기술 장교의 숫자는 줄고 있으며 내년부터는 군 상비병력 수를 유지하기 힘들다는 분석 또한 나오고 있다. 따라서 고급 국방 인재 양성은 기술투자와 함께 병행되어져야 한다. 올해 7월 과학기술정보통신부와 국방부는 미래전 환경을 대비하기 위해 R&D, AI, 우주 분야에 대한 중점 과제를 공동 추진하겠다고 발표했다. 무엇보다 국방 분야에서 요구되는 디지털 엔지니어링은 진화가 거듭되는 분야로, 데이터와 프로세스가 최적화되어야 하므로 다양한 분야의 전문가와 기업의 전략적 투자가 필요하다.

현재 전 세계 정부는 육·해·공·우주 그리고 사이버 공간까지 모든 영역을 포함하는 통합된 국방 체계와 고도화된 디지털 엔지니어링 시스템을 구축하고 있다. 이처럼 복잡한 시스템을 원활하게 구현하기 위해서는 업계, 학계, 국제 파트너 간의 협력이 필수적이다. 특히 데이터와 AI의 운영화는 적시 결정과 정보 우위를 위한 핵심 요소이며 이를 위해 개방형 표준과 상호 운용성이 중요하다. 디지털 인프라, AI·ML, 데이터 관리 등의 요소들이 긴밀하게 결합되어야 한다.

---

① 군 전문 인력의 역량 강화를 위해 군 장병들에게 전문적인 소프트웨어 교육을 지원해야한다.

② 고도화된 디지털 엔지니어링은 이상을 감지하고 상황을 판단하여 신속하게 대처할 수 있게 한다.

③ 미래전에 대비하기 위해서 국방 과학기술을 혁신할 수 있는 기술투자와 함께 고급 국방 인재 양성을 병행해야 한다.

④ 국방, 항공, 우주분야의 디지털 엔지니어링을 고도화하기 위해 다양한 분야의 전문가와 기업의 투자와 협력이 필요하다.

⑤ 정부는 병역 자원이 감소하는 상황에서 국방 분야에서 요구되는 디지털 엔지니어링을 발전시키기 위한 방안을 모색해야 할 시점이다.

다음 글의 문단 [가]~[라]를 논리적인 순서에 맞게 배열한 것을 고르면?

[가] 20세기에 안토니오 그람시는 사회 지배계층이 자신들이 장악하고 있는 사회적·정치적·경제적 현상을 유지하기 위하여 자신들의 세계관을 다른 계층에도 전파시키려 '문화적 헤게모니'라는 개념을 주창하였다. 이 개념을 통해 헤게모니가 사회 규범의 세계에서도 존재한다는 것을 보이려고 하였다.

[나] 사회를 이루고 있는 여러 집단들이 갖는 세계관 가운데에서 힘이 있고 잘사는 사람들의 것에 끌리고 그것을 따라하고 싶은 인간의 본능이 잘못된 것은 아니지만, 그 '우월한' 세계관을 믿게 되는 사람들이 많아지면 많아질수록 그 세계관은 고착화되고 그것을 받아들이는 사람들이 더욱 더 빠른 속력으로 증가하고, 그에 대한 대안이나 새로운 규범의 출현이 요원한 일이 된다.

[다] 국제 질서를 논할 때 '헤게모니'라는 말을 자주 쓴다. 특정 국가가 갖고 있는 선도적·우세적 지위를 뜻하는 이 단어는 '우두머리'라는 희랍어 '헤게몬'에서 나왔으며, 헤게몬은 고대 그리스 시기에 다른 도시국가를 압도하는 강력한 도시국가를 일컬었다. 고대 그리스의 스파르타 왕국부터 통일신라, 고려, 조선 등이 차지했던 한반도의 헤게모니 등 그것은 인간 집단이 사는 곳이라면 거의 어디든 존재한다.

[라] 우리는 다른 사람의 행동과 선택을 끊임없이 모방하고 그것들을 매우 규칙적으로 따르면서 살아간다. 실제 우리 일상의 상당 부분은 '남 따라하기', '갔던 데 또 가기' 등 문화적 헤게모니를 추종하고 그에 순응하여 사는 모습으로 가득 차 있다.

① [가]-[다]-[나]-[라]
② [가]-[라]-[다]-[나]
③ [나]-[다]-[가]-[라]
④ [다]-[가]-[라]-[나]
⑤ [라]-[나]-[가]-[다]

08 다음 글의 B의 입장에서 A를 반박한다고 할 때, 가장 적절한 것을 고르면?

> • A: 과기정통부가 개정안을 통해 IPTV가 PP 채널을 과도하게 소유하거나 영향력을 갖지 못하도록 규제하던 PP 경영 제한을 풀고, PP 사업 진입규제를 완화하여 미디어 산업을 발전을 도모한다. 또 텔레비전 부문을 제외한 라디오·데이터·주문형비디오(VOD) PP에 대한 진입규제가 현행 등록제에서 신고제로 완화된다. 개정안은 지난달 26일 국회 본회의를 통과한 후 국무회의 의결을 거쳤다. 과기정통부는 구체적인 내용과 절차를 담은 시행령을 조만간 입법 예고할 계획이다. 과기정통부는 방송 미디어 산업이 글로벌 경쟁 구도로 재편되고 있음에 따라 방송 산업의 경쟁력 강화와 혁신을 촉진하기 위해 규제 개혁을 추진했다고 설명했다.
>
> • B: 과기정통부 방송채널사용사업 승인등록 현황에 따르면, 7월 기준 과기정통부에 승인 등록된 PP 채널 수는 385개다. 이 가운데 IPTV 사업자가 소유한 채널은 단 세 곳으로 SK브로드밴드가 미디어에스(B tv Today, B tv Today2)를 자회사로 두고 있고, KT가 kt알파를 운영 중이다. 실제로 2022년 케이블TV와 위성방송에 대해 채널을 과도하게 소유하거나 영향력을 갖지 못하도록 하는 규제가 폐지됐지만, 혜택을 본 사업자도 시청자도 없다. 또한 최근에는 스튜디오드래곤, SLL, KT스튜디오지니 등 플랫폼에 얽매이지 않고 온라인동영상서비스(OTT) TV 등을 통해 작품을 유통하는 IP 스튜디오 시스템 중심으로 지형 판도가 바뀌고 있다.

① 사업자보다 시청자 입장에서 이번 규제 완화로 얻을 수 있는 이점을 고려해야 한다.
② 시장의 활성화를 위해서 규제 완화는 방송 산업의 경쟁력을 강화하는 선행조건이다.
③ 시장의 상황을 고려할 때, IPTV 사업자가 소유한 채널의 수를 고려하여 규제를 강화했어야 했다.
④ 규제는 실질적으로 방송사업자의 경쟁력을 제약하여 다양한 콘텐츠를 생산하기 어렵다.
⑤ 콘텐츠 유통구조가 변화 중인 상황에서 IPTV 사업자가 PP 채널에 투자하기는 어렵다.

09 다음 글을 읽고 이해한 내용으로 가장 적절한 것을 고르면?

> 뉴턴은 사과가 나무에서 떨어지는 모습을 보고 중력에 대한 생각을 떠올렸다고 전해진다. 하지만 실제로 뉴턴은 단순히 사과가 떨어지는 장면만으로 중력의 법칙을 떠올린 것은 아니었다. 뉴턴은 이미 천체의 움직임과 물체의 운동에 대한 수많은 연구를 진행하고 있었으며, 다양한 실험과 이론적 계산을 통해 중력의 개념을 정립해 나갔다. 사과가 떨어진 순간은 이 연구 과정에서 한 가지 실마리를 제공한 사건에 불과했다. 사과가 떨어지는 현상을 목격하면서 뉴턴은 물체가 지구로 떨어지는 원리가 우주에서도 동일하게 적용된다고 생각하게 되었다. 이는 지구에 있는 모든 물체뿐만 아니라 달, 태양 그리고 행성들까지도 같은 중력의 법칙을 따른다는 것을 시사한다. 이로 인해 그는 만유인력의 법칙을 확립하게 되었고 이를 통해 천체 운동을 설명할 수 있었다. 뉴턴은 장기적인 연구를 통해 이미 중력의 개념을 발전시키고 있었다.

① 뉴턴은 사과가 떨어지는 장면을 보고 즉시 중력의 법칙을 발견했다.
② 사과가 떨어진 모습은 뉴턴의 연구 전체를 이끈 핵심적 사건이었다.
③ 뉴턴의 연구는 순간이 아닌 오랜 시간 축적된 연구와 실험에 의해 이루어졌다.
④ 뉴턴은 사과가 떨어지는 것을 보고 천체 운동과는 무관한 새로운 법칙을 발견했다.
⑤ 뉴턴은 우연적인 사고를 통해 갑작스럽게 만유인력의 법칙을 정립했다.

10 다음 글을 읽고 답할 수 있는 궁극적인 질문으로 가장 적절한 것을 고르면?

종이를 한 방향으로 접을 경우 한 번, 두 번, 세 번 접으면 종이의 넓이는 계속해서 반으로 줄어들게 되고, 두께는 각각 2겹, 4겹, 8겹으로 늘어나 두꺼워진다. 이런 식으로 두께 0.1mm의 종이를 10번 접으면 1,024겹이 되어 그 두께는 약 10cm나 되고, 42번을 접는다면 그 두께는 439,805km가 된다. 물론 이때 종이를 접으면서 생기는 종이의 두께는 종이의 길이를 초과할 수 없다.

다음으로, 종이를 접는 횟수에 따라 종이의 길이와 종이가 접힌 모서리 부분에서 만들어지는 반원의 호 길이에 대해서 생각해 보자. 종이의 두께가 t이고 길이가 L인 종이를 한 번 접으면, 접힌 모서리 부분이 반원을 이루게 된다. 이때 이 반원의 반지름 길이가 t이면 반원의 호 길이는 πt가 된다. 결국 두께가 t인 종이를 한 번 접기 위해서는 종이의 길이가 최소한 πt보다는 길어야 한다. 그런데 종이를 한 방향으로 두 번 접는 경우에는 접힌 모서리 부분에 반원이 3개 나타난다. 그래서 모서리에 생기는 반원의 호 길이를 모두 합하면, 가장 큰 반원의 호 길이인 $2\pi t$와 그 반원 속의 작은 반원의 호 길이인 πt, 그리고 처음 접힌 반원의 호 길이인 πt의 합, 즉 $4\pi t$가 된다. 그러므로 종이를 한 방향으로 두 번 접으려면 종이는 최소한 $4\pi t$보다는 길어야 한다. 종이를 한 번 더 접었을 뿐이지만 모서리에 생기는 반원의 호 길이 합은 이전보다 훨씬 커진다.

① 종이를 무한으로 접을 수 없는 이유는 무엇인가?
② 종이를 접는 데 어려움이 있는 이유는 무엇인가?
③ 종이접기에 숨겨져 있는 과학적 원리는 무엇인가?
④ 종이를 무한으로 접는 방법에는 어떤 것이 있는가?
⑤ 종이를 접을 때 생기는 모서리의 반원은 어떻게 생기는 것인가?

11 다음 글의 밑줄 친 ㉠에 대한 설명으로 적절하지 <u>않은</u> 것을 고르면?

> 바이러스는 독립적으로 생존할 수 없고 다른 생명체의 세포에 침입해 기생하는 특성을 가진다. 바이러스는 세포 밖에서는 비활성 상태로 존재하며 세포 안으로 들어가야만 활발히 활동할 수 있다. 이는 바이러스가 스스로 에너지를 생산하거나 세포 분열과 같은 기본적인 생명 활동을 할 수 없기 때문이다. 바이러스는 단백질 껍질 속에 유전 물질을 담고 있으며 세포에 들어가 자신의 유전 물질을 복제하는 과정을 통해 증식한다.
>
> 일부 바이러스는 인체의 면역 체계를 교묘히 피할 수 있는 능력을 지니고 있다. 이런 바이러스는 자주 변이를 일으켜 면역 체계가 이를 인식하지 못하게 한다. 예를 들어 독감 바이러스는 매년 조금씩 변이를 일으켜 백신을 맞더라도 매년 새로운 백신이 필요하게 만든다. 바이러스의 변이 능력은 ㉠면역 체계와의 끊임없는 경쟁에서 비롯되었다. 인체의 면역 체계는 바이러스를 제거하려는 방식으로 발전했지만, 바이러스 역시 생존을 위해 끊임없이 진화해 왔다.

① 바이러스가 면역 체계에 맞서기 위해 변이를 일으키는 과정을 의미한다.
② 바이러스의 독립적 변이가 아니라 면역 체계와의 상호작용에서 발생한다는 것을 의미한다.
③ 면역 체계와 바이러스 사이의 변이와 진화가 일어나는 상호 경쟁 관계를 의미한다.
④ 바이러스가 면역 체계의 진화에 따른 소멸을 피하기 위해 멸종을 반복하는 과정을 의미한다.
⑤ 바이러스와 면역 체계는 서로 진화하며 계속해서 적응하고 있다는 것을 의미한다.

12 다음 글의 [가]~[마]를 논리적인 순서에 맞게 배열한 것을 고르면?

> [가] 그러나 사람들은 소유에서 오는 행복은 소중히 여기면서 정신적 창조와 인격적 성장에서 오는 행복은 모르고 사는 경우가 많다.
> [나] 소유에서 오는 행복은 낮은 차원의 것이지만 성장과 창조적 활동에서 얻는 행복은 비교할 수 없이 고상한 것이다.
> [다] 부자가 되어야 행복해진다고 생각하는 사람은 스스로 부자라고 만족할 때까지는 행복해지지 못한다.
> [라] 하지만 최소한의 경제적 여건에 자족하면서 정신적 창조와 인격적 성장을 꾀하는 사람은 얼마든지 차원 높은 행복을 누릴 수 있다.
> [마] 자기보다 더 큰 부자가 있다고 생각될 때는 여전히 불만과 불행에 사로잡히기 때문이다.

① [나]−[가]−[마]−[라]−[다]
② [나]−[라]−[가]−[다]−[마]
③ [다]−[가]−[라]−[마]−[나]
④ [다]−[라]−[마]−[가]−[나]
⑤ [다]−[마]−[라]−[나]−[가]

13 다음 글의 주제로 가장 적절한 것을 고르면?

> 기업 내 스타 플레이어, 즉 핵심 인재는 기업 및 조직의 생존과 지속적인 성장을 위해 반드시 필요하다. 창의적인 핵심 인재가 팀 네트워크의 중심에 있을 때, 팀의 창의성에 직접적으로 도움이 된다. 팀 네트워크의 중심에 있는 개인은 성공적으로 업무를 수행하기 위해 다른 팀원들과 매우 활발하게 교류하기 때문이다. 창의적인 스타 플레이어가 다른 팀원들과 적극적으로 상호작용하면 다른 팀원들의 아이디어를 조율하고 통합하거나 자신의 아이디어를 더 촉진하게 된다. 그러나 이와 반대로 다른 일반 팀원들이 창의적인 핵심 인재에게 지나치게 의존하게 될 경우 팀 창의성에 부정적인 영향을 미칠 수 있다는 의견도 있다. 핵심 인재에게 부여된 자원과 관심 혹은 핵심 인재의 존재 자체가 다른 일반 팀원들의 학습 동기와 발전 기회를 제한한다는 것이다.

① 기업 내 스타 플레이어인 핵심 인재는 필요악이다.
② 기업 내 스타 플레이어인 핵심 인재의 존재는 양면성이 있다.
③ 기업 내 스타 플레이어인 핵심 인재 없이는 조직 구성이 어렵다.
④ 기업 내 스타 플레이어인 핵심 인재가 외부에 유출되지 않도록 해야 한다.
⑤ 기업 내 스타 플레이어인 핵심 인재와 그렇지 않은 팀원 사이의 위화감을 줄여야 한다.

14 다음 글의 제목으로 가장 적절한 것을 고르면?

> 공기 부양정은 공기의 힘으로 선체를 지면 또는 수면에서 약간 띄운 후 고속으로 이동하는 교통수단이다. 항공기 프로펠러를 연상케 하는 대형 프로펠러, 그리고 방수 재질의 천으로 이뤄진 스커트가 주요 구성체이다. 지면이나 수면과 마찰 없이 달릴 수 있어 일종의 비행 물체로 볼 수 있다. 지면에서 달리다가 곧장 수면으로 갈 수 있고 그 반대의 경우도 가능하다. 일반 선박이 운행할 수 없는 지형, 즉 수초나 해초가 있는 늪과 해안에서도 운행할 수 있다. 다만 지면 위를 주행할 때는 스커트 속에서 고압 공기가 뿜어져 나와 주변에 엄청난 양의 먼지를 날려 보낸다. 이에 따라 속도만큼이나 쾌적함이 중시되는 여객 운송용으로는 인기가 없다. 하지만 해안 지대나 늪지대 등 물과 땅이 엉켜 있는 곳에서는 빨리 움직일 수 있다는 장점이 있다. 공기 부양정은 경비용·구조용 등 특수한 분야에 다양하게 활용할 수 있을 뿐만 아니라 특수 부대의 기습 상륙과 같은 군사적인 목적으로도 주목받고 있다.

① 공기 부양정의 구성
② 공기 부양정의 특징
③ 공기 부양정의 장점
④ 공기 부양정의 미래
⑤ 공기 부양정의 문제점

15 다음 글을 바탕으로 '인간관계'에 대한 글을 쓰고자 할 때, 계획할 수 있는 내용으로 적절하지 <u>않은</u> 것을 고르면?

> 공자는 인생을 여러 단계로 나누어 설명하였다. 그는 15세에 학문에 뜻을 두었다는 '지우학(志于學)'을 시작으로 20세에는 사회에서 자립할 준비를 한다는 '약관(弱冠)'을 강조했다. 이어서 30세에는 스스로 확립하였다는 '이립(而立)'을 통해 자신의 인생의 기초를 세운 시기라고 설명하였다. 공자는 40세에 이르러서는 세상일에 흔들리지 않고 확고한 신념을 가지는 '불혹(不惑)'의 상태에 도달했다고 말한다. 50세가 되면 하늘의 뜻을 깨달았다는 '지천명(知天命)'을 이루고, 60세에는 타인의 말과 행동에 흔들리지 않고 평온하게 받아들이는 '이순(耳順)'의 경지에 다다른다. 그리고 70세에는 도덕적 기준과 자신의 소망이 일치해도 욕심을 부리지 않는 '종심소욕불유구(從心所欲不踰矩)'에 이르게 된다고 설명한다. 이처럼 공자는 각 나이에 맞는 인생의 중요한 의미와 목표를 제시하였다.

① "20대는 약관(弱冠)의 시기로, 타인과의 소통을 통해 사회적 적응력을 키우고, 새로운 인간관계를 확장하는 과정을 다룰 수 있겠군."

② "30대는 이립(而立)의 시기인 만큼 자신의 정체성과 목표를 확립하는 과정에서 인간관계에서도 독립성과 주체성을 강조하는 내용을 중심으로 서술하면 적합하겠군."

③ "40대는 불혹(不惑)의 시기로, 인간관계에서 흔들리지 않는 자신감과 타인의 의견에 쉽게 휘둘리지 않는 모습을 중점적으로 다루면 되겠군."

④ "50대는 지천명(知天命)의 시기로, 기존 관계에서 벗어나 새로운 인간관계를 넓히고 개인의 사회적 성공을 위해 적극적인 네트워킹을 강조하는 것이 적절하겠군."

⑤ "60대는 이순(耳順)의 시기로, 타인의 말과 행동을 조화롭게 받아들이고, 충돌보다는 이해와 협력을 중심으로 한 인간관계를 중점적으로 풀어나가야겠군."

16 다음 글에서 밑줄 친 'A 가설'을 추론할 때 가장 적절한 것을 고르면?

> A 가설을 시험해 보는 방법은 대중매체와의 접속 차단이 가져오는 효과를 살펴보는 것이다. 이런 실험을 시행하는 것은 어렵지만 신문사 파업 상황이 이와 상당히 유사하다고 할 수 있을 것이다. 1959년에 사무엘슨은 신문사들이 파업하는 지역과 일간지가 예전같이 계속 발간되고 있는 인근 지역에서, 현재 일어나고 있는 공공 사건들에 관한 주민들의 지식 습득 정도를 연구했다. 이 연구는 파업하는 지역의 시민들이 미디어를 대체하는 행위를 본격적으로 하기 전인 파업 첫 주말에 시행되었다. 이 가설대로 하면 신문이 없다는 것은 교육을 더 받은 사람들이 당시의 뉴스를 덜 접한다는 것을 의미하기 때문에 그들은 신문사 파업으로 인해 비례적으로 더 많은 '손해'를 보게 될 것이다.
>
> 파업하지 않는 지역에 고등학교 미만의 학력을 가진 사람이 9명밖에 없었기 때문에 여기서 하는 분석은 각 지역의 고졸 집단과 대졸 집단만을 대상으로 했다.

① 대중매체가 지역의 지식 지도 형성에 크게 기여한다는 가설
② 대중매체가 사라지면 사람들은 지식적인 갈급함을 느낀다는 가설
③ 대중매체가 제공하는 정보에 따라 사람들의 일상생활이 영향을 받는다는 가설
④ 선호하는 대중매체의 종류에 따라 사람들은 자신들의 진보나 보수 성향을 드러내게 된다는 가설
⑤ 대중매체가 제공하는 정보가 증가할 경우 사회경제적 지위에 따라 집단 간의 지식격차가 심화된다는 가설

17 다음 글에 대한 비판으로 적절하지 <u>않은</u> 것을 고르면?

> 최근 기업들이 잇따라 사원−대리−차장−부장으로 이어지는 직급 체계 파괴에 나섰다. 이렇게 직급 파괴에 나서는 이유는 직급을 단순화해 구성원들이 느끼는 심리적 위계를 줄이고 자유로운 토론과 의견 제시가 가능한 수평적 조직 문화를 조성하고자 하는 것이다. 또 기존의 직급이 조직의 현실을 반영하지 못한다는 점도 그 이유 중 하나이다. 팀제가 일반화되면서 이른바 부과제를 운영하는 조직은 이제 찾아보기 힘들기 때문이다. 아울러 고직급화의 역효과를 완화하려는 목적도 있다. 고직급화는 많은 사람들이 스스로 실무자가 아닌 관리자라고 생각하도록 하여 막상 실무적인 일을 수행하는 사람은 줄어들어 조직의 실행력 저하를 가져온다.

① 직급과 호칭이 파괴되면 인건비 부담을 줄이기 힘들다.
② 직급과 호칭의 파괴가 책임 회피의 수단이 될 수 있다.
③ 직급과 호칭이 지닌 승진의 동기부여 효과가 사라질 수 있다.
④ 아직까지 직급과 호칭의 파괴로 획기적인 효과를 거두었다는 기업이나 조직이 없다.
⑤ 조직 문화와 연계되지 않은 직급 및 호칭만의 변화는 구성원들의 냉소와 반발로 이어질 수 있다.

18 다음 글의 내용과 일치하는 것을 고르면?

1967년에 세슘 원자의 고유진동수에 따라 정의된 초는 현재 국제단위계(SI)에서 가장 높은 정확도를 지니는 단위이다. 이후에는 여러 기술적 한계로 현재까지 재정의가 진행되지 않은 상태다. 초의 재정의를 위해서는 세슘 원자시계보다 정밀도가 높은 광시계 제작 기술, 대륙 간 멀리 떨어져 있는 광시계 간 성능 비교 검증 기술, 광시계가 생성한 시각 정보를 높은 안정도로 전송할 수 있는 정보통신 인프라 기술 등이 필요하다.

국제도량형총회는 '1초'를 세슘─113 원자에서 나오는 복사선이 91억 9,263만 1,770번 진동하는 데 걸리는 시간으로 정의한다. 세슘 원자의 정밀도를 뛰어넘기 위해 광시계의 개발이 이루어지고 있다. 광시계는 이터븀, 스트론튬, 알루미늄 이온과 같은 원자들을 활용해 가시광선 대역인 광주파수(수백조 헤르츠(Hz))를 사용한다. 광시계에 사용되는 원자들은 현재 마이크로파 대역인 세슘 원자보다 주파수가 10,000배 이상 높기 때문에 훨씬 정밀한 측정이 가능하다. 이렇게 초를 정밀하게 측정할 수 있다는 것은 곧 '초'라는 시간 단위를 더 정밀하게 정의할 수 있음을 의미한다. 다만, 이렇게 높은 주파수를 이용할 경우, 주파수 발생기, 주파수 계수기, 원자를 이용한 주파수 측정을 위해 새로운 기술이 추가로 요구된다. 최근에는 가장 정확한 세슘 시계보다 100배 높은 정확도를 갖는 광시계들이 보고되고 있다.

---

① 세슘 원자의 고유진동수는 초당 1회이다.
② 광시계 역시 세슘 원자가 활용된다.
③ 이터븀, 스트론튬, 알루미늄 이온 등은 초당 주파수가 모두 동일하다.
④ 주파수가 더 높은 원자를 활용하면 정확도가 더 높은 시계를 만들 수 있다.
⑤ 최근 세슘 원자를 이용한 시계는 점차 사용량이 감소하고 있다.

19 다음 글의 내용과 일치하지 <u>않는</u> 것을 고르면?

> 산호 화석에 나타난 미세한 성장선을 세면 산호가 살던 시기의 1년의 날수를 알 수 있다. 산호는 낮과 밤의 생장 속도가 다르기 때문에 하루의 변화가 성장선에 나타나고, 이를 세면 1년의 날수를 알 수 있는 것이다. 이런 방법으로 웰스는 약 4억 년 전인 중기 데본기의 1년이 지금의 365일보다 더 많은 400일 정도임을 알게 되었다. 1년의 날수가 줄어들었다는 것은 지구의 하루가 길어졌다는 말이 된다. 그렇다면 지구의 하루는 왜 길어지는 것일까? 그것은 바로 지구의 자전이 느려지기 때문이다.

① 산호는 낮과 밤의 생장 속도가 다르다.
② 4억 년 전의 지구의 1년은 지금의 1년보다 길다.
③ 4억 년 전의 지구의 하루보다 지금의 하루가 더 짧다.
④ 지구의 하루 시간이 달라지는 것은 지구의 자전 속도 때문이다.
⑤ 산호의 특성을 바탕으로 산호가 살던 시기의 1년의 날수를 알 수 있다.

20 글의 통일성을 고려할 때, (가)에 들어갈 말로 가장 적절한 것을 고르면?

> 혼정신성(昏定晨省)이란 저녁에는 부모님의 잠자리를 봐 드리고 아침에는 문안을 드린다는 뜻으로 자식이 아침저녁으로 부모의 안부를 물어 살핌을 뜻하는 말로 '예기(禮記)'의 '곡례편(曲禮篇)'에 나오는 말이다. 아랫목 요에 손을 넣어 방 안 온도를 살피면서 부모님께 문안을 드리던 우리의 옛 전통은 온돌을 통한 난방 방식과 관련 깊다. 온돌을 통한 난방 방식은 방바닥에 깔려 있는 돌이 열기로 인해 뜨거워지고, 뜨거워진 돌의 열기로 방바닥이 뜨거워지면 방 전체에 복사열이 전달되는 방법이다. 방바닥 쪽의 차가운 공기는 온돌에 의해 따뜻하게 데워지므로 위로 올라가고, 위로 올라간 공기가 다시 식으면 아래로 내려와 다시 데워져 위로 올라가는 대류 현상으로 인해 결국 방 전체가 따뜻해진다. 벽난로를 통한 서양식의 난방 방식은 복사열을 이용하여 상체와 위쪽 공기를 데우는 방식인데, 대류 현상으로 바닥 바로 위 공기까지는 따뜻해지지 않는다. 그 이유는 [(가)   ]

① 상체와 위쪽의 따뜻한 공기는 차가운 바닥으로 내려오지 않기 때문이다.
② 서양과 동양의 기후가 서로 달라 공기의 순환이 잘 이루어지지 않기 때문이다.
③ 대류 현상을 통한 난방 방식은 상체와 위쪽의 공기만 따뜻하게 하기 때문이다.
④ 벽난로에 의한 난방이 복사열에 의한 난방에서 대류 현상으로 인한 난방이라는 순서로 이루어졌기 때문이다.
⑤ 벽난로에 의한 난방은 방바닥의 따뜻한 공기가 위로 올라가 식으면 복사열로 위쪽의 공기만을 따뜻하게 하기 때문이다.

01　주어진 명제가 모두 참일 때, 반드시 참이라고 할 수 <u>없는</u> 명제를 고르면?

> • 액션 영화를 좋아하면 로맨스 영화도 좋아한다.
> • 공포 영화를 좋아하면 코미디 영화를 좋아하지 않는다.
> • 코미디 영화를 좋아하면 액션 영화를 좋아하지 않는다.
> • 로맨스 영화를 좋아하지 않으면 공포 영화를 좋아한다.

① 공포 영화를 좋아하지 않으면 코미디 영화를 좋아한다.
② 액션 영화를 좋아하면 코미디 영화를 좋아하지 않는다.
③ 코미디 영화를 좋아하면 공포 영화를 좋아하지 않는다.
④ 로맨스 영화를 좋아하지 않으면 액션 영화를 좋아하지 않는다.
⑤ 공포영화를 좋아하지 않으면 로맨스 영화를 좋아한다.

02　다음 명제를 참고하여 도출한 [보기]의 결론 A, B 중 옳은 것을 고르면?

> • 이탈리안 레스토랑에서는 신용카드를 사용할 수 있다.
> • 이탈리안 레스토랑에서는 현금을 사용할 수 있다.
> • 체크카드를 사용할 수 없는 이탈리아 레스토랑에서는 신용카드를 사용할 수 없다.

보기
> • A: 신용카드를 사용할 수 있는 이탈리아 레스토랑에서는 체크카드를 사용할 수 있다.
> • B: 현금을 사용할 수 있는 이탈리아 레스토랑에서는 체크카드를 사용할 수 없다.

① A만 옳다.　　　　② B만 옳다.　　　　③ A, B 모두 옳다.
④ A, B 모두 옳지 않다.　　　⑤ A, B 모두 옳은지 옳지 않은지 알 수 없다.

03 다음 명제가 모두 참일 때, 항상 참인 것을 고르면?

> • A가 냉면을 먹지 않았다면 B도 불고기를 먹지 않았다.
> • A와 B 둘 중 한 명이라도 피자를 먹었다면 A는 낮잠을 잤다.
> • A가 냉면을 먹었다면 그날 A는 낮잠을 자지 않았을 것이다.

① A가 낮잠을 잤다면 B는 불고기를 먹었다.
② B가 불고기를 먹었다면 A는 낮잠을 잤을 것이다.
③ A와 B 둘 다 피자를 먹었다면 A는 냉면을 먹었다.
④ A가 냉면을 먹었다면 그날 A는 낮잠을 잤을 것이다.
⑤ B가 불고기를 먹었다면 A와 B 둘 다 피자를 먹지 않았다.

04 다음 결론이 반드시 참이 되게 하는 전제2를 고르면?

전제1	영어 교육을 듣는 어떤 사람은 반도체 교육을 듣는다.
전제2	
결론	중국어 교육을 듣는 어떤 사람은 반도체 교육을 듣는다.

① 중국어 교육을 듣는 사람은 영어 교육을 듣는다.
② 영어 교육을 듣는 사람은 중국어 교육을 듣는다.
③ 중국어 교육을 듣는 사람은 영어 교육을 듣지 않는다.
④ 영어 교육을 듣는 사람은 중국어 교육을 듣지 않는다.
⑤ 영어 교육을 듣지 않는 사람은 중국어 교육을 듣지 않는다.

05 다음 명제를 참고할 때, 반드시 참이라고 할 수 <u>없는</u> 명제를 고르면?

> - A지역을 가봤으면 B지역도 가봤다.
> - A지역을 가봤으면 C지역도 가봤다.
> - D지역을 가봤으면 C지역도 가봤다.
> - E지역을 가봤으면 B지역도 가봤다.
> - D지역을 가보지 않았으면 B지역도 가보지 않았다.

① A지역을 가봤으면 D지역도 가봤다.
② A지역을 가봤으면 E지역도 가봤다.
③ D지역을 가보지 않았으면 E지역도 가보지 않았다.
④ C지역을 가보지 않았으면 B지역도 가보지 않았다.
⑤ C지역을 가보지 않았으면 D지역도 가보지 않았다.

06 다음 전제를 보고 항상 참인 결론을 고르면?

전제1	만화를 자주 보는 사람은 책을 자주 보지 않는다.
전제2	만화를 자주 보지 않는 사람은 호떡도 자주 먹지 않는다.
결론	

① 만화를 자주 보는 사람은 호떡을 자주 먹는다.
② 책을 자주 보지 않는 사람은 호떡을 자주 먹는다.
③ 책을 자주 보는 사람은 만화를 자주 본다.
④ 책을 자주 보는 사람은 호떡을 자주 먹지 않는다.
⑤ 호떡을 자주 먹지 않는 사람은 책을 자주 본다.

07 H회사에서는 직원들의 교통수단 선호도를 조사하고 있다. 다음 명제가 모두 참일 때, 옳지 <u>않은</u> 것을 고르면?

> • 오토바이를 좋아하지 않는 사람은 버스를 좋아하지 않는다.
> • 지하철을 좋아하는 사람은 버스를 좋아한다.
> • 자전거를 좋아하지 않는 사람은 기차를 좋아하지 않는다.
> • 지하철을 좋아하지 않는 사람은 기차를 좋아한다.

① 지하철을 좋아하는 사람은 오토바이를 좋아한다.
② 버스를 좋아하지 않는 사람은 기차를 좋아한다.
③ 자전거를 좋아하지 않는 사람은 오토바이를 좋아한다.
④ 자전거를 좋아하지 않는 사람은 버스를 좋아한다.
⑤ 오토바이를 좋아하지 않는 사람은 기차를 좋아하지 않는다.

08 경영기획팀에서는 갑~무 5명 중 출장자 3명을 선정해야 한다. 5명의 팀원들은 맡은 업무에 따라 출장 가능 여부가 다음 [조건]과 같다. 이를 참고할 때, 출장이 가능한 팀원 3명을 바르게 짝지은 것을 고르면?

> 조건
> • 갑과 을 중 적어도 한 사람은 반드시 출장을 가야 한다.
> • 병이 출장을 간다면 을은 출장을 갈 수 없다.
> • 병이 출장을 간다면 정도 출장을 가야 한다.
> • 갑이 출장을 간다면 정은 출장을 갈 수 없다.
> • 을과 무는 동시에 출장을 갈 수 있다.
> • 무가 출장을 간다면 갑도 출장을 가야 한다.

① 갑, 을, 무　　　　　② 갑, 병, 정　　　　　③ 갑, 정, 무
④ 을, 병, 정　　　　　⑤ 을, 정, 무

09 A~E 5명 중 범죄자는 항상 거짓을 말하고 나머지는 참을 말한다. A가 탐정이라고 할 때, 범죄자로 바르게 짝지은 것을 고르면?

- A: "C는 범죄자가 아니다."
- B: "범죄자는 1명이다."
- C: "E는 탐정이다."
- D: "B와 E는 둘 다 범죄자이다."
- E: "B는 범죄자이다."

---

① B, C   ② B, D   ③ C, D
④ C, E   ⑤ D, E

10 1~9까지의 숫자를 사용하여 네 자리 비밀번호를 설정하려고 한다. 다음 [조건]을 바탕으로 비밀번호를 설정할 때, 가능한 비밀번호의 개수를 고르면?

조건
- 동일한 숫자는 반복되지 않으며, 네 자리수의 합은 18을 넘지 않는다.
- 2개의 짝수와 2개의 홀수로 구성되며, 가장 큰 홀수는 7이다.
- 비밀번호의 첫 번째 숫자는 가장 큰 수가 위치한다.
- 짝수는 반드시 4와 6을 포함한다.

① 2개   ② 3개   ③ 4개
④ 5개   ⑤ 6개

11 다음의 내용이 모두 참일 때, 항상 거짓인 것을 고르면?

> • U, V, W, X, Y, Z는 원탁에 앉아 회의를 하고 있다.
> • X는 Z의 바로 옆에 앉아 있지 않다.
> • W와 Z는 서로 마주 보고 있다.
> • Y는 V와 W 사이에 앉아 있다.

① X는 V와 마주 보고 있다.

② U와 Z는 연달아 앉아 있다.

③ W는 X와 Y 사이에 앉아 있다.

④ Y와 Z는 연달아 앉아 있다.

⑤ V는 Z의 바로 왼쪽에 앉아 있다.

12 P~T 5명 중 연구원은 항상 참을 말하고 피실험자는 항상 거짓을 말한다. P가 연구원이라고 할 때, 피실험자가 총 몇 명인지 고르면?

> • P: "R은 피실험자가 아니다."
> • Q: "피실험자는 3명이다."
> • R: "T는 Q와 같다."
> • S: "Q와 T는 둘 다 피실험자다."
> • T: "P는 피실험자다."

① 1명   ② 2명   ③ 3명

④ 4명   ⑤ 5명

13 갑, 을, 병, 정 4명 중 1명은 이번에 프로젝트 리더가 된다. 이들의 주장은 다음과 같으며, 이 중 1명만이 진실을 말하고 있고, 나머지 3명은 거짓을 말하고 있다. 진실을 말한 사람과 프로젝트 리더가 될 사람을 순서대로 바르게 나열한 것을 고르면?

- 갑: "정이 리더가 될 것이다."
- 을: "병은 리더가 되지 않는다."
- 병: "나는 리더가 된다."
- 정: "을이 리더가 된다."

---

① 갑, 을
② 을, 을
③ 을, 병
④ 을, 정
⑤ 병, 병

14 A~F 6명은 복도를 사이로 양쪽에 3개씩 방에 각각 1명씩 거주하고 있다. 다음 [조건]을 고려할 때, 옳지 않은 것을 고르면?

조건

- A의 옆방에는 B가 거주한다.
- D 옆방의 맞은편에는 E가 거주한다.
- B는 A와 D 사이에 있으며, 1~3번방중 하나이다.
- C와 A는 서로 가장 먼 곳에 거주한다.

1번 방	2번 방	3번 방
복도		
4번 방	5번 방	6번 방

① B는 2번 방에 위치한다.
② D와 F는 서로 가장 먼 곳에 거주한다.
③ C가 4번 방에 있을 경우 E는 6번 방에 위치한다.
④ C와 F 사이에 E가 거주한다.
⑤ A와 F는 맞은편에 거주한다.

15 다음의 [조건]이 모두 참일 때, 마지막 발표자가 누구인지 고르면?

> **조건**
> - 발표자는 F, G, H, I, J 5명이다.
> - H는 I보다 늦게 발표하지만, J보다 먼저 발표한다.
> - F는 J보다 먼저 발표하지만, H보다 늦게 발표한다.
> - F와 J는 연달아 발표하지 않는다.

① F   ② G   ③ H
④ I   ⑤ J

16 직원으로부터 꽃을 선물 받은 민정 씨는 A, B, C 세 명의 사원에게 누가 꽃을 사 온 것이냐고 물었다. A사원은 정 과장이, B사원은 정 과장과 A사원이, C사원은 B사원과 태호 씨가 사 온 것이라고 대답하였다. 다음 [보기]와 같이 각자의 대답에 대한 힌트를 참고로 할 때, 민정 씨에게 꽃다발을 선물해 준 사람이 누구인지 고르면?(단, 세 명 중 1명은 정직하고 2명은 거짓말을 한다.)

> **보기**
> - A사원: "B사원은 거짓말을 하고 있다."
> - B사원: "A사원이야말로 거짓말을 하고 있어."
> - C사원: "B사원은 거짓말을 하지 않는 사람이야."

① 정 과장   ② A사원   ③ 정 과장과 A사원
④ B사원   ⑤ B사원과 태호 씨

17 가은, 나영, 다정, 라희, 미현은 수학 시험을 보았다. 다섯 학생의 점수는 모두 다르고, 다섯 학생 중 2등인 학생이 거짓을 말하고 있다. 다음 중 4등인 학생을 고르면?(단, 나머지는 모두 진실을 말한다.)

- 가은: "나는 나영이보다 시험을 잘봤어."
- 나영: "다정이는 미현이보다 시험을 잘봤지만, 라희보다는 못 봤어."
- 다정: "라희보다 시험을 잘 본 학생과, 못 본 학생의 수는 같아."
- 라희: "가은이는 나보다 시험을 잘 봤어."
- 미현: "시험을 가장 잘 본 학생은 나영이야."

---

① 가은　　　　　　② 나영　　　　　　③ 다정
④ 라희　　　　　　⑤ 미현

18 A~F의 6명이 미국, 독일, 베트남, 헝가리의 4개국 중 한 국가로 출장을 가게 되었다. 다음 내용을 바탕으로 할 때, 베트남으로 출장을 가는 사람을 고르면?

- 2개국은 2명씩 출장을 가고, 나머지 2개국은 1명씩 출장을 간다.
- C는 헝가리로 출장을 간다.
- E는 A 또는 B와 함께 출장을 간다.
- 베트남으로 출장을 가는 사람은 2명이다.
- A는 혼자 출장을 가고, 미국으로 출장을 가지 않는다.
- F는 D와 다른 국가로 출장을 가고, 함께 출장을 가는 사람이 있다.

---

① A, E　　　　　　② B, D　　　　　　③ B, E
④ B, F　　　　　　⑤ C, F

19 7칸짜리 수납장에 서류를 A~F 6개로 분류하여 정리하면서 수납장 한 칸에 한 종류의 서류만 넣었다. 다음 [조건]을 모두 만족할 때, 항상 옳은 것을 고르면?

> **조건**
> - 맨 아래인 1번째 칸에는 아무것도 넣지 않았다.
> - 서류 C는 3번째 칸에 넣었다.
> - 서류 A와 서류 B는 서로 인접하는 칸에 넣었다.
> - 서류 C와 서류 D는 서로 인접하는 칸에 넣지 않았다.
> - 서류 D는 6번째 칸보다 낮은 칸에 넣었다.

① 서류 A는 7번째 칸에 넣었다.
② 서류 A는 서류 D보다 위 칸에 넣었다.
③ 5번째 칸에 서류 E를 넣었다.
④ 서류 F는 4번째 칸에 넣지 않았다.
⑤ 서류 C는 서류 D보다 위 칸에 넣었다.

20 민수, 현영, 호민, 영호, 수현 5명 중 2명은 대학원에 진학했고 3명은 취업을 하였다. 대학원에 진학한 사람은 진실, 취업을 한 사람은 거짓을 말한다고 할 때, 대학원에 진학한 두 사람을 고르면?

> - 민수: "영호는 대학원에 진학했어."
> - 현영: "호민이와 민수는 취업을 했어."
> - 호민: "나와 수현이는 같은 길을 가게 되었어."
> - 영호: "수현이는 취업을 했어."
> - 수현: "현영이와 민수는 취업을 했어."

① 민수, 현영　　　　② 민수, 영호　　　　③ 현영, 호민
④ 호민, 수현　　　　⑤ 영호, 수현

01 다음 [그래프]는 2020~2023년 두 지역 A, B의 선풍기 판매량을 나타낸 자료이다. 이에 대한 설명으로 옳지 <u>않은</u> 것을 고르면?

[그래프] 2020~2023년 두 지역 A, B의 선풍기 판매량   (단위: 대)

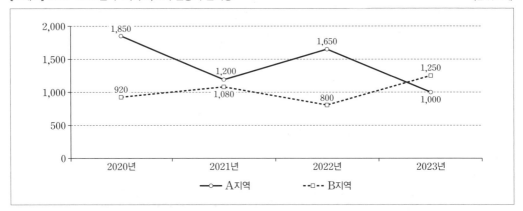

① 두 지역의 선풍기 총판매량이 가장 큰 해는 2020년이다.

② 4년간 두 지역의 선풍기 판매량의 차는 1,800대 미만이다.

③ 2023년 B지역의 선풍기 판매량은 전년 대비 50% 이상 증가하였다.

④ 2022년 A지역의 선풍기 판매량은 2년 전 대비 10% 이상 감소하였다.

⑤ 4년간 B지역의 선풍기 판매량 중 2021년이 차지하는 비중은 30% 이상이다.

02 다음 [표]는 2021~2023년 △△지역의 전동킥보드 관련 교통사고 발생 현황 자료이다. 이에 대한 설명으로 옳은 것을 [보기]에서 모두 고르면?

[표] 2021~2023년 전동킥보드 관련 교통사고 발생 현황   (단위: 건, 명)

구분	2021년	2022년	2023년	계
사고 건수	225	( )	897	1,569
사망자 수	4	8	10	22
부상자 수	238	473	( )	1,696

보기

㉠ 3년간 사상자 중 부상자 비율은 약 98.7%이다.

㉡ 2022년 사고 1건당 부상자 수는 약 1.06명이다.

㉢ 2023년 사망자 수는 2년 전 대비 250% 증가하였다.

㉣ 2023년 부상자 수는 2022년 대비 120% 이상 증가하였다.

① ㉠, ㉡
② ㉢, ㉣
③ ㉠, ㉡, ㉢
④ ㉠, ㉢, ㉣
⑤ ㉡, ㉢, ㉣

03 다음 [그래프]는 다섯 개의 제품 A~E의 판매액 비중을 나타낸 자료이다. 이에 대한 설명으로 옳은 것을 [보기]에서 모두 고르면?

[그래프1] 2017년 판매액 비중   (단위: %)

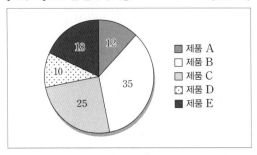

[그래프2] 2022년 판매액 비중   (단위: %)

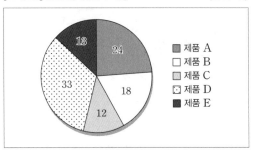

※ 2017년 총판매액: 150억 원, 2022년 총판매액: 120억 원

> **보기**
>
> ㉠ 2022년 제품 D의 판매액 변화율은 164%이다.
> ㉡ 2017년과 2022년 제품 C의 총판매액은 50억 원 이상이다.
> ㉢ 2022년 제품 A의 판매액은 5년 전 대비 10억 원 이상 증가하였다.
> ㉣ 제품 B의 판매액 감소량은 제품 E의 판매액 감소량의 3배 이상이다.

① ㉠, ㉡, ㉢
② ㉠, ㉡, ㉣
③ ㉠, ㉢, ㉣
④ ㉡, ㉢, ㉣
⑤ ㉠, ㉡, ㉢, ㉣

04 다음 [표]는 2022년 지역별 및 계열별 대학의 중도 탈락률과 탈락자 수에 대한 자료이다. 이에 대한 설명으로 옳은 것을 고르면?

[표] 2022년 지역별 및 계열별 대학의 중도 탈락률과 탈락자 수(학년도 기준)   (단위: %, 명)

구분		인문	사회	교육	공학	자연	의약	예체능	전체
수도권	탈락률	4	3.6	3	3.8	5.2	2.4	4.1	3.9
	탈락자 수	4,299	7,694	654	8,597	4,148	737	3,633	29,762
비수도권	탈락률	6.9	6.7	4	6.1	6.2	3.3	7.1	6.1
	탈락자 수	6,985	18,518	2,084	20,377	8,291	3,536	8,120	67,911
전체	탈락률	5.4	5.3	3.7	5.2	5.8	3.1	5.8	5.2
	탈락자 수	11,284	26,212	2,738	28,974	12,439	4,273	11,753	97,673

※ 중도 탈락률=(중도 탈락자 수÷전년도 재적학생 수)×100
※ 재적학생 수: 재적학생 수에는 재학생, 휴학생, 학사학위 취득 유예생 포함됨
※ 중도 탈락자: 제적 학생(미등록, 미복학, 자퇴, 학사경고, 유급 등에 의해 학적에서 제외된 학생)

① 중도 탈락률이 가장 낮은 계열의 탈락자 수도 가장 적다.
② 중도 탈락률이 가장 높은 계열의 중도 탈락자 수도 가장 많다.
③ 의약계열의 수도권 탈락자 수는 의약계열 전체 탈락자 수의 0.17%이다.
④ 2022년 재적학생 수는 180만 명 이상이다.
⑤ 수도권 인문계열의 2021년 재적학생 수는 비수도권 교육계열보다 많다.

05 다음 [표]는 2018~2023년 어느 국가의 1인당 및 GDP 대비 전력 소비량을 조사한 자료이다. 이를 바탕으로 할 때, 5년간 1인당 전력 소비량의 평균 증가량과 GDP 대비 전력 소비량의 평균 증가량을 바르게 나타낸 것을 고르면?

[표] 2018~2023년 1인당 및 GDP 대비 전력 소비량   (단위: kWh, GWh/십억 원)

구분	2018년	2019년	2020년	2021년	2022년	2023년
1인당 전력 소비량	9,305	9,555	9,699	9,869	10,195	10,039
GDP 대비 전력 소비량	0.306	0.292	0.286	0.277	0.277	0.270

	1인당 전력 소비량의 평균 증가량	GDP 대비 전력 소비량의 평균 증가량
①	146.8kWh	−0.0072GWh/십억 원
②	146.8kWh	−0.0096GWh/십억 원
③	146.8kWh	−0.0102GWh/십억 원
④	151.2kWh	−0.0072GWh/십억 원
⑤	151.2kWh	−0.0096GWh/십억 원

06 다음 [표]는 온라인과 모바일쇼핑 거래액에 대한 자료이다. 이에 대한 설명으로 옳은 것을 [보기]에서 모두 고르면?

[표] 온라인과 모바일쇼핑 거래액 (단위: 조 원)

구분	2018년		...	2023년		2024년	
	연간	8월		연간	8월	연간	8월
온라인쇼핑 거래액	113	9	...	229	19	238	20
모바일쇼핑 거래액	69	5	...	169	14	180	15

보기

㉠ 2018년 월평균 온라인쇼핑 거래액은 8월 온라인쇼핑 거래액보다 많다.

㉡ 2018년 대비 2023년 연간 온라인쇼핑 거래액의 연평균 증가액보다 연간 모바일쇼핑 거래액의 연평균 증가액이 더 적다.

㉢ 2024년 8월 전년 동월 대비 모바일쇼핑 거래액의 증가율은 온라인쇼핑 거래액의 증가율과 같다.

㉣ 2018년 대비 2023년 연간 온라인쇼핑 거래액의 증가율은 2024년 연간 온라인쇼핑 거래액의 전년 대비 증가율의 25배 이상이다.

① ㉠, ㉢   ② ㉠, ㉣   ③ ㉡, ㉢
④ ㉠, ㉡, ㉣   ⑤ ㉠, ㉢, ㉣

07 다음 [그래프]는 2022년 연령대별 비만율을 나타낸 자료이다. 이에 대한 설명으로 옳지 <u>않은</u> 것을 고르면?

[그래프] 2022년 연령대별 비만율 (단위: %)

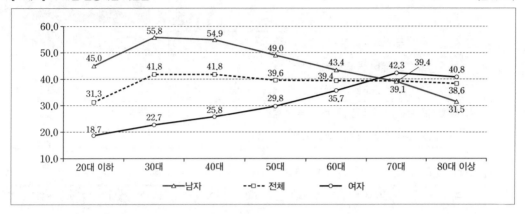

① 남녀 모두 30대의 비만율은 20대보다 높다.

② 남자는 30대 이후 비만율이 꾸준히 감소한다.

③ 여자는 70대까지 비만율이 꾸준히 증가한다.

④ 남녀 모두 비만율이 이전 연령대 대비 가장 크게 변하는 연령대는 30대이다.

⑤ 전체 비만율이 두 번째로 낮은 연령대는 80대 이상이다.

08 다음 [표]는 과학기술의 발전을 위해 일반인과 전문가를 대상으로 설문조사한 결과에 대한 자료이다. 이를 바탕으로 작성한 [보고서]의 내용 중 옳지 <u>않은</u> 것을 모두 고르면?

[표1] 과학기술 선진국이 갖추어야 할 가장 중요한 요소 (단위: %)

구분	일반인	전문가
고급 과학기술 인력 보유	34	38
첨단 연구장비 등 연구개발 환경	24	5
높은 연구윤리 의식	16	12
세계 최초 논문 특허 제품 등 과학기술적 성과	14	23
과학문화 확산 및 대중의 과학화	12	22

[표2] 현 상황을 극복하고 재도약으로 이끌 미래성장동력 (단위: %)

구분	정보통신	바이오	나노	환경 및 에너지	항공우주
2020년	37	36	15	11	1
2021년	38	29	16	15	2

[보고서]

과학기술 선진국이 갖추어야 할 가장 중요한 요소로 일반인과 전문가 모두 고급 과학기술 인력 보유를 뽑았지만, 일반인은 첨단 연구장비 등 연구개발 환경과 높은 연구윤리 의식의 순서로 중요한 요소를 응답한 반면, ㉠전문가는 세계 최초 논문 특허 제품 등 과학기술적 성과와 과학문화 확산 및 대중의 과학화의 순서로 중요한 요소를 응답했다. 특히, 첨단 연구장비 등 연구개발 환경이 중요하다고 응답한 비중은 일반인이 전문가의 약 5배로 큰 차이를 보였고, ㉡높은 연구윤리 의식이라고 응답한 일반인은 전문가의 약 1.3배 많은 사람이 중요한 요소라고 응답했다.

㉢2021년 현 상황을 극복하고 재도약으로 이끌 미래성장동력은 정보통신(AI, 빅데이터 등) 분야라고 응답한 응답자 수는 전년 대비 증가했으며 2년 연속 전체 응답자의 $\frac{1}{3}$ 이상을 차지했다. 또한, 현 상황을 극복하고 재도약으로 이끌 미래성장동력에서 ㉣전년 대비 2021년 응답자 비중이 가장 크게 바뀐 것은 환경 및 에너지 분야로 4%p 증가하였다.

① ㉠, ㉡
② ㉠, ㉣
③ ㉡, ㉢
④ ㉠, ㉢, ㉣
⑤ ㉡, ㉢, ㉣

09 다음 [그래프]는 2023년 옥외광고 대분류별 매출액 변화 추이에 대한 자료이다. 이를 바탕으로 작성한 [보고서]의 내용 중 옳은 것을 [보기]에서 고르면?

[그래프] 2023년 옥외광고 대분류별 매출액 변화 추이   (단위: 억 원)

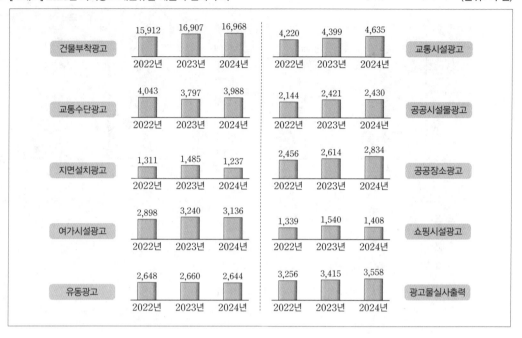

[보고서]

  ㉠옥외광고 대분류 중 3년간 매출액이 꾸준히 증가한 것은 5개이고, ㉡옥외광고 대분류 중 2024년 전년 대비 매출액이 증가한 것도 5개이다. ㉢옥외광고 대분류 중 2024년 매출액이 2022년 대비 증가한 것은 7개이고, ㉣그 중 2024년 매출액이 2022년 대비 10% 이상 증가한 것은 2개뿐이다.

① ㉠, ㉡   ② ㉡, ㉢   ③ ㉠, ㉡, ㉣
④ ㉠, ㉢, ㉣   ⑤ ㉡, ㉢, ㉣

10 다음 [그래프]는 어느 지역의 2024년 1월부터 5월까지 경제활동 인구수를 조사하여 나타낸 자료이다. 이에 대한 설명으로 옳은 것을 [보기]에서 모두 고르면?

[그래프] 2024년 1~5월 경제활동 인구 현황 (단위: 명)

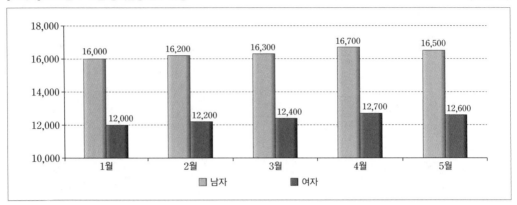

보기

㉠ 남자와 여자의 경제활동 인구수 증감은 일치한다.

㉡ 1월 대비 4월의 경제활동 인구수 증가율은 5%이다.

㉢ 2월 경제활동 인구수에서 여자가 차지하는 비중은 45% 미만이다.

① ㉠   ② ㉡   ③ ㉠, ㉢

④ ㉡, ㉢   ⑤ ㉠, ㉡, ㉢

11 다음 [표]는 2018~2022년 L기업의 신입사원 전공 계열을 조사하여 나타낸 자료이다. 이를 바탕으로 한 [보고서]의 내용 중 옳지 <u>않은</u> 것을 모두 고르면?

[표] 2018~2022년 신입사원 전공 계열 현황 (단위: 명, %)

구분	어문계열		자연계열		공학계열		예체능계열	
	인원	비율	인원	비율	인원	비율	인원	비율
2018년	5	25	2	( )	10	( )	( )	15
2019년	4	( )	8	( )	9	( )	4	( )
2020년	10	( )	12	( )	7	( )	1	( )
2021년	( )	30	4	20	5	( )	5	( )
2022년	3	( )	8	40	6	( )	3	( )

[보고서]

 L기업은 해마다 신입사원을 꾸준히 채용 중이다. ㉠2019년 신입사원 수의 전년 대비 증가율은 25%였고, 2020년에도 전년 대비 5명 증가하였는데, 회사의 상황에 따라 ㉡2022년 신입사원 수는 전년과 같았다. 전공에 대하여 확인했을 때, ㉢2020년 자연계열을 전공한 신입사원은 전체의 45%를 차지하였는데, 2022년에는 40%로 감소하였다. 그리고 ㉣2021년 공학계열을 전공한 신입사원의 비중 또한 2년 전 대비 5%p 감소하여 자연 및 공학계열 신입사원이 줄어들고 있음을 나타낸다.

① ㉠, ㉡   ② ㉠, ㉣   ③ ㉢, ㉣
④ ㉠, ㉡, ㉢   ⑤ ㉡, ㉢, ㉣

12 다음 [표]는 A~D기업의 재무 상황에 관한 자료이다. 이에 대한 설명으로 옳지 <u>않은</u> 것을 [보기]에서 모두 고르면?

[표] A~D기업의 재무 상황 (단위: 억 원, %)

구분	A기업	B기업	C기업	D기업
자기자본	2.5	3	1.5	2
매출액	10	24	30	15
부채비율	120	80	80	250
영업이익률	−50	75	20	300

※ 부채비율(%)=$\frac{부채}{자기자본}$×100

※ 영업이익률(%)=$\frac{영업이익}{매출액}$×100

보기

㉠ A기업의 영업이익은 0보다 작다.

㉡ B기업의 부채는 2억 5천만 원이다.

㉢ C기업의 영업이익이 현재 재무 상황에서 2배로 증가한다면 영업이익률은 40%이다.

㉣ D기업의 부채가 2.5억 원이라면 부채비율은 100%이다.

---

① ㉠, ㉡   ② ㉠, ㉢   ③ ㉡, ㉢

④ ㉡, ㉣   ⑤ ㉢, ㉣

13 다음 [표]는 2018~2022년 주택보급률 및 주택 마련 소요 연수별 구성비를 나타낸 자료이다. 이에 대한 설명으로 옳지 <u>않은</u> 것을 [보기]에서 모두 고르면?

[표] 2018~2022년 주택보급률 및 주택 마련 소요 연수별 구성비   (단위: %)

연도	주택보급률	주택 마련 소요 연수별 구성비					
		3년 미만	3년 이상 5년 미만	5년 이상 10년 미만	10년 이상 15년 미만	15년 이상 20년 미만	20년 이상
2018년	100.7	34.1	9.9	20.8	15.5	7.7	12.0
2019년	100.5	29.8	10.4	22.2	17.5	9.3	10.8
2020년	101.1	30.8	9.5	23.0	17.8	9.5	9.4
2021년	101.9	42.8	8.6	18.9	13.6	6.8	9.3
2022년	102.6	43.0	9.4	19.6	13.1	6.4	8.5

※ 주택보급률(%)=$\dfrac{주택 수}{일반가구 수}$×100

보기

㉠ 일반가구 수는 주택 수보다 매년 많다.

㉡ 매년 가장 비율이 낮은 소요 연수 기간은 3~5년 미만이다.

㉢ 주택을 마련하는 데에 5년 미만이 걸리는 가구의 비중은 매년 증가하고 있다.

㉣ 다른 모든 조건이 동일할 때 2022년 일반가구 수가 1% 증가하면 주택보급률은 100% 밑으로 떨어진다.

① ㉠, ㉡   ② ㉠, ㉣   ③ ㉡, ㉢

④ ㉢, ㉣   ⑤ ㉠, ㉡, ㉢, ㉣

14 다음 [그래프]와 [표]는 2016~2018년 A~C국의 GDP 및 조세부담률을 나타낸 자료이다. 이에 대한 설명으로 옳지 <u>않은</u> 것을 고르면?

[그래프] 2016~2018년 A~C국의 GDP (단위: 억 달러)

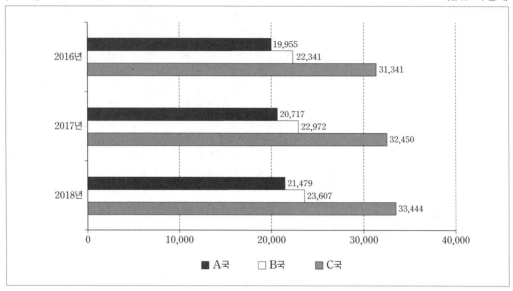

[표] 2016~2018년 A~C국의 조세부담률 (단위: %)

연도 구분 국가		A국	B국	C국
2016년	국세부담률	24.8	15.1	11.2
	지방세부담률	1.6	6.1	12.1
2017년	국세부담률	25.0	15.9	11.1
	지방세부담률	1.6	6.2	12.0
2018년	국세부담률	25.0	15.6	11.4
	지방세부담률	1.6	6.2	12.5

※ 조세부담률=국세부담률+지방세부담률

※ 국세(지방세)부담률(%)= $\dfrac{\text{국세(지방세) 납부액}}{\text{GDP}} \times 100$

① A국, B국, C국 모두 GDP는 매년 증가하고 있다.

② 전년 대비 2017년에 B국 국세 납부액은 감소하였다.

③ 조사 기간 동안 국세부담률이 매년 증가한 국가는 없다.

④ A국은 2017년과 2018년에 전년 대비 GDP 증가량이 동일하다.

⑤ 2016~2018년 중 B국의 조세부담률은 2017년에 가장 높다.

15 다음 [표]는 어느 LG 계열사의 부서별 남녀 직원 수에 관한 자료이다. 이를 바탕으로 나타낸 그래프 중 옳지 <u>않은</u> 것을 고르면?(단, 증가율과 증가량은 2010년 대비 2020년으로 한다.)

[표] 부서별 남녀 직원 수 (단위: 명)

구분	2010년			2020년		
	여자	남자	합계	여자	남자	합계
총무부	18	12	30	20	15	35
영업부	5	20	25	10	25	35
기획부	15	5	20	18	12	30
제품개발부	20	25	45	35	25	60
마케팅부	15	10	25	25	15	40
신사업부	10	5	15	35	15	50

① 2010년 전체 직원의 남녀 비율 (단위: %)

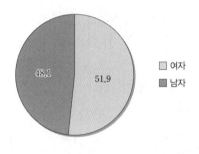

② 총무부·기획부 남녀 직원 증가율 (단위: %)

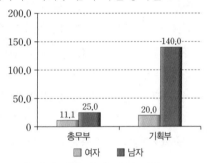

③ 신사업부의 증가한 직원 수 (단위: 명)

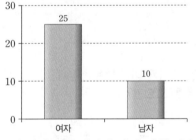

④ 2020년 마케팅부 남녀 직원 비율 (단위: %)

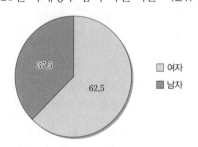

⑤ 2010년 영업·제품개발부 남녀 직원 비율 (단위: %)

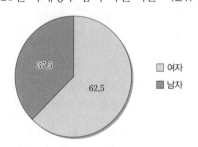

16 다음 [그래프]는 2014~2023년 초고층 건축물 및 지하연계 복합건축물 현황에 대한 자료이다. 이에 대한 설명으로 옳은 것을 고르면?

[그래프] 2014~2023년 초고층 건축물 및 지하연계 복합건축물 현황   (단위: 개동)

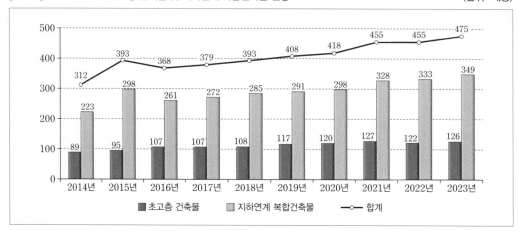

① 초고층 건축물과 지하연계 복합건축물 수는 각각 꾸준히 증가했다.

② 전년 대비 전체 건축물 수가 감소한 해의 전체 건축물 수는 감소한 전체 건축물 수의 14.7배이다.

③ 초고층 건축물 수가 전년 대비 가장 많이 증가한 해는 2019년이다.

④ 지하연계 복합건축물의 전년 대비 증가율이 10% 이상인 해는 2015년뿐이다.

⑤ 2023년 전체 건축물 수는 2014년 대비 48% 증가했다.

17 다음 [표]는 2021년 수검인원 중 대사증후군 위험요인 1개 이상 보유 현황에 대한 자료이다. 대사증후군 위험요인을 1개 이상 보유하고 있는 여성의 수를 고르면?

[표] 2021년 대사증후군 위험요인 1개 이상 보유 현황

구분	수검인원	보유율		
	전체	전체	남성	여성
보유 현황	16,954,000명	70%	80%	60%

① 5,086,200명   ② 5,913,200명   ③ 6,708,400명

④ 7,853,000명   ⑤ 8,477,000명

18 다음 [표]는 갑~무 지역에서 5개의 제품 A~E의 판매량을 나타낸 자료이다. 이를 바탕으로 할 때, 판매 비중이 세 번째로 높은 것을 고르면?

[표] 갑~무 지역에서의 제품 판매량 (단위: 개)

구분	제품 A	제품 B	제품 C	제품 D	제품 E	계
갑 지역	1,200	1,500	2,400	800	1,000	6,900
을 지역	600	800	400	500	900	3,200
병 지역	2,000	1,500	1,000	1,800	1,200	7,500
정 지역	2,500	3,000	2,400	3,200	2,800	13,900
무 지역	600	400	300	800	1,000	3,100
계	6,900	7,200	6,500	7,100	6,900	34,600

① 병 지역에서 5개 제품 중 제품 B의 판매 비중
② 을 지역에서 5개 제품 중 제품 C의 판매 비중
③ 전체 제품 중 제품 C의 판매 비중
④ 제품 B에 대하여 5개 지역 중 무 지역에서의 판매 비중
⑤ 제품 D에 대하여 5개 지역 중 정 지역에서의 판매 비중

19 다음 [그래프]는 2018~2023년 A지역의 흡연율 및 음주율을 나타낸 자료이다. 이를 바탕으로 작성한 [보고서]의 ㉠~㉣ 중 옳은 것의 개수를 고르면?

[그래프1] 2018~2023년 청소년 흡연율 및 음주율　　　　　　　　　　　　　　　　　(단위: %)

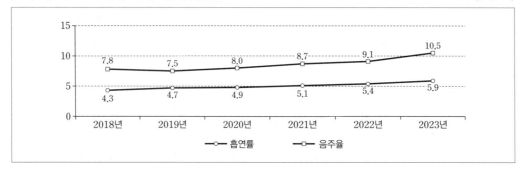

[그래프2] 2018~2023년 성인 흡연율 및 음주율　　　　　　　　　　　　　　　　　(단위: %)

[보고서]

　A지역은 전반적으로 청소년 흡연율 및 음주율이 꾸준히 증가하는 반면, 성인의 경우 점차 감소하는 추세를 나타낸다. ㉠청소년의 경우 2023년 음주하는 학생 수는 5년 전인 2018년 대비 1.3배 이상 증가하였고, ㉡흡연율 또한 지속적으로 증가하고 있다. 성인은 이와 반대의 경향을 나타낸다. 흡연율과 음주율 모두 전반적으로 감소하는데, 특히 ㉢2023년 성인의 음주율은 5년 전 대비 10%p 이상 낮아진 수치를 나타낸다. 그리고 ㉣성인 흡연율 또한 2023년 수치는 3년 전 대비 4%p 이상 낮아졌음을 나타내고 있다.

---

① 0개　　　　　　　　② 1개　　　　　　　　③ 2개

④ 3개　　　　　　　　⑤ 4개

20 다음 [표]는 2022년 장애인과 비장애인의 가구원 수별 가구와 연령별 고용률에 대한 자료이다. 이에 대한 설명으로 옳지 <u>않은</u> 것을 고르면?

[표1] 2022년 가구원 수별 장애인과 비장애인 가구 (단위: %)

구분	장애인 가구	비장애인 가구
1인	19.8	30.1
2인	34.0	26.1
3인	22.9	22.5
4인	14.8	16.3
5인 이상	8.5	5.0
합계	100	100

[표2] 2022년 연령별 장애인과 비장애인 고용률 (단위: %)

구분	장애인 고용률	비장애인 고용률
20대	30.6	43.5
30대	53.4	76.0
40대	58.4	73.4
50대	53.2	75.4
60세 이상	23.9	41.5
전체 평균	33.9	65.9

① 장애인은 2인 가구 비율이 가장 높고, 비장애인은 1인 가구 비율이 가장 높다.

② 2인 장애인 가구 수는 5인 이상인 장애인 가구 수보다 4배 많다.

③ 5인 비장애인 가구 수는 4인 장애인 가구 수보다 1.5배 많다.

④ 장애인은 3명 중 1명꼴로 고용된 반면 비장애인은 3명 중 2명꼴로 고용되었다.

⑤ 40대 비장애인 고용률은 40대 장애인 고용률보다 15%p 높다.

01 다음은 일정한 규칙으로 수를 나열한 것이다. 빈칸에 들어갈 수로 알맞은 것을 고르면?

14	18	21	22	19	8	( )

① −19　　　　　　　② −16　　　　　　　③ −13

④ −10　　　　　　　⑤ −7

02 다음은 일정한 규칙으로 수를 나열한 것이다. 빈칸에 들어갈 수로 알맞은 것을 고르면?

2.23	−1.77	1.09	−0.63	−0.33	0.79	( )	11.58

① −11.12　　　　　　② −12.78　　　　　　③ −13.14

④ −13.56　　　　　　⑤ −14.23

03 A~E의 5명을 두 그룹으로 나누는 방법의 수를 a가지, 세 그룹으로 나누는 방법의 수를 b가지라고 할 때, $a+b$의 값을 고르면?

① 30　　　　　　　　② 40　　　　　　　　③ 50

④ 60　　　　　　　　⑤ 70

04 P제품과 Q제품을 합쳐 연간 100개 생산을 목표로 하는데, 전체 생산량의 60%를 상반기에 생산하고, 나머지 40%를 하반기에 생산할 계획이다. 하지만 상반기 생산량의 30%가 불량 제품으로 판별되어 폐기하였고, 폐기된 양만큼 하반기에 추가 생산했더니 상반기에 생산된 P제품은 40개, 하반기에 생산된 Q제품은 25개였다. 이때, 하반기에 생산된 P제품의 개수를 고르면?

① 25개　　　　　　　　② 27개　　　　　　　　③ 29개
④ 31개　　　　　　　　⑤ 33개

05 A에서 B로 이동할 때는 시속 6km로 이동하고, 동일한 루트를 통해 B에서 A로 돌아올 때는 시속 8km로 이동하였다. A와 B를 왕복하는 데 걸린 시간이 3시간 30분일 때, A에서 B까지의 편도 거리를 고르면?

① 12km　　　　　　　　② 13km　　　　　　　　③ 14km
④ 15km　　　　　　　　⑤ 16km

06 다음은 일정한 규칙으로 수를 나열한 것이다. 빈칸에 들어갈 수로 알맞은 것을 고르면?

52	56	62	65	70	72	76	( )

① 77　　　　　　　　② 79　　　　　　　　③ 80
④ 81　　　　　　　　⑤ 82

07 A컵에는 농도 9%인 소금물 300g, B컵에는 소금물 200g이 들어있다. A, B 두 컵의 소금물의 양을 서로 같게 맞추기 위해 A컵의 소금물 50g을 B컵에 부어야 했으나 실수로 소금물 100g을 부었다. 이에 다시 B컵의 소금물 50g을 A컵에 부었더니 A컵의 소금물의 농도는 8%가 되었다. 이때, 처음 B컵에 들어있던 소금물 200g의 농도를 고르면?

① 1%   ② 1.5%   ③ 2%
④ 2.5%   ⑤ 3%

08 다음 그림의 숫자들은 일정한 규칙을 가지고 있다. 이때, A+B+C의 값을 고르면?

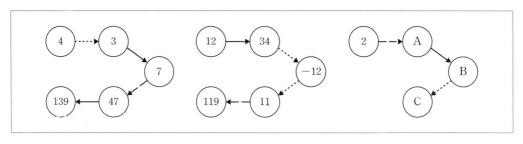

① 5   ② 7   ③ 9
④ 11   ⑤ 15

09 다음은 일정한 규칙으로 수를 나열한 것이다. 빈칸에 들어갈 수로 알맞은 것을 고르면?

5	8	7	10	( )	12	11	14

① 8   ② 9   ③ 11
④ 13   ⑤ 15

10 어떤 일을 A사원이 혼자 한다면 10시간이 걸리고 B대리가 혼자 한다면 6시간이 걸린다고 한다. A사원이 먼저 일을 시작하고서 4시간 뒤에 B대리가 합류했을 때, 일을 끝내기 위해 추가로 걸리는 시간을 고르면?

① 1시간 30분   ② 1시간 45분   ③ 2시간
④ 2시간 15분   ⑤ 2시간 30분

11 1부터 11까지의 자연수 중에서 임의로 서로 다른 2개의 수를 선택할 때, 선택한 두 수 중 적어도 하나가 7 이상의 홀수일 확률을 고르면?

① $\dfrac{4}{9}$ ② $\dfrac{13}{27}$ ③ $\dfrac{27}{55}$
④ $\dfrac{29}{58}$ ⑤ $\dfrac{41}{83}$

다음은 일정한 규칙으로 수를 나열한 것이다. 빈칸에 들어갈 수로 알맞은 것을 고르면?

7	3	9	5	15	11	( )	29

① 14   ② 17   ③ 24

④ 31   ⑤ 33

13 가로의 길이가 117m, 세로의 길이가 91m인 직사각형 모양 땅의 둘레를 따라 일정한 간격으로 나무를 심으려고 한다. 땅의 네 모퉁이에 반드시 나무를 한 그루씩 심고, 나무를 최소한으로 심으려고 할 때, 필요한 나무의 수를 고르면?

① 26그루   ② 28그루   ③ 30그루

④ 32그루   ⑤ 34그루

14 김 차장은 100원짜리 동전 3개와 500원짜리 동전 2개를 한꺼번에 던져서 앞면이 나온 동전을 상금으로 주는 이벤트에 참여하였다. 김 차장이 300원 이상을 상금으로 받게 되는 경우의 수를 고르면?

① 16가지   ② 24가지   ③ 25가지

④ 32가지   ⑤ 40가지

15 다음 그림의 숫자들은 일정한 규칙을 가지고 있다. 이때, 빈칸에 들어갈 수로 알맞은 것을 고르면?

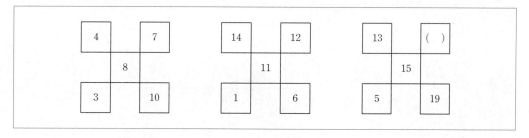

① 6
② 7
③ 8
④ 9
⑤ 10

16 다음은 일정한 규칙으로 수를 나열한 것이다. 빈칸에 들어갈 수로 알맞은 것을 고르면?

| 8 | 30 | 15 | ( ) | 150 | 6 |

① 100
② 120
③ 140
④ 160
⑤ 180

17 다음 그림에서 세 점을 선택하여 삼각형을 만들 수 있는 경우의 수를 고르면?

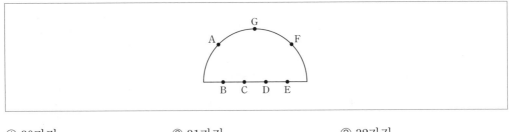

① 30가지   ② 31가지   ③ 32가지

④ 34가지   ⑤ 35가지

18 다음은 일정한 규칙으로 수를 나열한 것이다. 빈칸에 들어갈 수로 알맞은 것을 고르면?

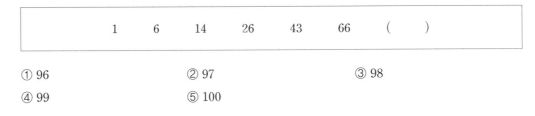

	1	6	14	26	43	66	( )

① 96   ② 97   ③ 98

④ 99   ⑤ 100

19 다음은 일정한 규칙으로 수를 나열한 것이다. 빈칸에 들어갈 수로 알맞은 것을 고르면?

① 45 ② 54 ③ 63

④ 72 ⑤ 81

20 A팀과 B팀이 서로 경기를 하는데 총 5번의 경기 중 3번을 먼저 승리하는 팀이 최종으로 승리하게 된다. A팀과 B팀의 현재 스코어가 1:1이고, A팀이 각 경기마다 승리할 확률을 $\frac{4}{7}$라고 할 때, A팀이 최종으로 승리할 확률을 고르면?

① $\frac{208}{343}$ ② $\frac{213}{343}$ ③ $\frac{218}{343}$

④ $\frac{223}{343}$ ⑤ $\frac{228}{343}$

언어이해 (20문항 / 20분)   정답과 해설 P.49

01 다음 글의 제목으로 가장 적절한 것을 고르면?

전 세계적으로 영유아기의 미디어 이용 시간이 크게 증가하면서 미디어 이용 시간 연령 또한 앞당겨지고 있다. 한국언론진흥재단의 '2020 어린이 미디어 이용 조사'에 따르면 유아의 하루 평균 미디어 이용 시간은 4시간 45분으로 나타났으며, 가장 많은 이용을 하는 미디어로는 유튜브를 꼽았다. 미국 비영리 교육단체가 발표한 Common Sense Media 2020 자료에 따르면, 하루 평균 미디어 이용 시간은 만 2세 미만이 49분이며, 만 2~4세는 2시간 30분, 만 5~8세는 3시간 이상으로 조사됐다.

이처럼 미디어 이용 시작의 연령이 낮아지고 있는 상황에 해결책은 영유아 미디어리터러시 교육이다. 미디어를 이해하고 활용해 사회와 소통할 수 있는 미디어리터러시 역량은 현대사회를 살아가기 위한 필수 역량으로, 청소년과 일반 국민을 중심으로 시행되던 교육이 영유아로 확대되는 추세이다. 방송통신위원회와 시청자미디어재단은 지난해 유아 미디어교육을 중점사업으로 추진했다. 유아의 건강한 미디어 이용습관 형성과 미디어 소통 능력 함양을 위해서이다. 대표 유아 미디어교육 프로그램인 C 프로젝트는 한국형 뉴딜사업의 일환으로 영유아 발달 단계에 따른 누리과정과 연계한 놀이형 미디어교육 프로그램이다. 유튜브와 미디어를 건강하게 소통할 수 있도록 유아기 때부터 미디어리터러시 교육이 시작된다면 건강한 미디어 습관은 물론 자기표현의 방법으로써 미디어를 활용할 수 있는 소통 능력도 키워질 것이다.

① 전세계 영유아 미디어 이용실태
② 영유아 미디어 이용의 유해성
③ 미디어리터러시 교육의 정의와 현황
④ 놀이형 미디어 교육 프로그램의 장점
⑤ 유아 미디어리터러시 교육이 필요한 이유

02 다음 글을 읽고 이해한 내용으로 가장 적절하지 <u>않은</u> 것을 고르면?

> 심장이 피를 보내기 위해 뛸 때 혈관을 따라 미세한 변화가 생기는 것을 맥파라 부른다. 심장에서 나온 혈액이 손가락 끝에 닿기까지는 약 1~2초가 걸리지만, 맥파는 약 0.16초가 걸린다. 맥파가 움직이는 속도는 동맥의 두께, 혈액의 밀도 같은 혈관 상태에 영향을 받기 때문에 계속 측정하면 심박수를 알 수 있어 한 사람의 순환계─심장 및 혈관 상태를 알 수 있는 자료가 된다.
>
> PPG의 원리는 간단한데, PPG 센서에서 피부로 빛을 쏠 때, 혈류량에 따라 흡수되는 빛의 양이 달라진다. 이때 빛이 얼마나 흡수됐는지를 측정하면, 혈액량의 변화를 알 수 있다. PPG는 혈중 산소포화도나 혈압을 측정하는 데에도 쓰인다. 적외선 및 적색광을 이용해 혈류량 변화를 계속 지켜보면서 혈중 산소포화도를 측정할 수 있다. 이때는 적혈구에 결합된 산소화 헤모글로빈과 비산소화 헤모글로빈의 광 흡수도 차이를 검출해서 측정하게 된다. 맥파 측정에는 적색광 대신 녹색광을 주로 쓴다. 적색광과 적외선은 야외에서 태양광에 포함된 적외선 등의 영향을 받아 안정적인 맥파 측정이 어렵기 때문이다. 녹색광은 적혈구에 적당히 흡수가 잘 되기 때문이기도 하다. 반사된 빛에는 꼭 필요한 정보만 있는 게 아니라 다양한 노이즈가 함께 들어온다. 당장 손목에 착용하는 스마트 워치에 들어 있는 PPG 센서만 해도 피부색, 몸동작, 밴드에 닿는 압력, 외부 광원 등 다양한 이유로 측정값이 계속 바뀐다. 결국, PPG 기술은 21세기에 들어와 광전자 소자와 디지털 신호 처리 기술이 발전하고 나서야 적극적으로 응용되어 활용처를 넓힐 수 있었다.

① PPG를 이용하면 바늘을 꽂지 않아도 혈중 산소포화도를 측정할 수 있다.
② 심박수만 잘 측정해도 전반적인 심장 건강 상태나 체력 수준을 짐작할 수 있다.
③ 적색광은 외부의 영향을 받기 때문에 PPG에는 녹색광만 쓰인다.
④ PPG의 원리가 간단하기는 하지만 응용하기 쉬웠던 기술은 아니다.
⑤ 맥파가 움직이는 속도는 피가 흐르는 속도보다 빠르다.

05

실전모의고사

03 다음 글에 대한 비판으로 적절하지 <u>않은</u> 것을 고르면?

야구공의 실밥은 단순한 디자인이 아닌 공의 비행 궤적에 중요한 역할을 한다. 실밥은 공기의 저항을 증가시켜 투수가 던진 공의 회전에 영향을 미치고 그로 인해 다양한 변화구를 던질 수 있게 한다. 실밥을 잡는 방향에 따라 투수는 공의 회전을 강화시켜 빠른 공과 변화구의 차이를 극대화할 수 있다. 특히 실밥의 상태는 투수의 능력과 경기 결과에까지 큰 영향을 미친다.

실밥은 타자에게도 중요한 역할을 한다. 타자는 투수가 실밥을 어떻게 잡는지를 데이터화하여 회전과 궤적을 예측할 수 있기 때문이다. 실밥을 잡는 그립에 대한 연구가 없거나 실밥의 상태가 고르지 않다면 타자가 공의 움직임을 예측하는 데 큰 어려움을 겪는다. 따라서 실밥은 투수와 타자 모두에게 매우 중요한 요소로 경기 결과에 직접적인 영향을 미친다고 할 수 있다.

① 실밥이 중요한 요소이지만 투수의 심리적 안정감이 투구에 더 큰 영향을 준다.
② 타자는 실밥의 상태보다는 투수의 투구 순간을 더 주의해야 한다.
③ 실밥보다 공의 속도와 회전력이 경기 결과에 더 큰 영향을 미친다.
④ 경기 전체로 보면 실밥이 미치는 영향은 날씨나 경기 환경 조건에 비해 미미하다.
⑤ 실밥을 제대로 파악하지 못한 타자는 변화구에 속을 가능성이 크다.

04 다음 글의 빈칸에 들어갈 말로 가장 적절한 것을 고르면?

힐링(Healing)은 사회적 압박과 스트레스 등으로 손상된 몸과 마음을 치유하는 방법을 포괄적으로 일컫는 말이다. 우리보다 먼저 힐링이 정착된 서구에서는 질병 치유의 대체 요법 또는 영적·심리적 치료 요법 등을 지칭하고 있다.

국내에서도 최근 힐링과 관련된 갖가지 상품이 유행하고 있다. 간단한 인터넷 검색을 통해 수천 가지의 상품을 확인할 수 있을 정도다. 종교적 명상, 자연 요법, 운동 요법 등 다양한 형태의 힐링 상품이 존재한다. 심지어 고가의 힐링여행이나 힐링 주택 등의 상품들도 나오고 있다. 그러나 (   ) 우선 명상이나 기도 등을 통해 내면에 눈뜨고, 필라테스나 요가를 통해 육체적 건강을 회복하여 자신감을 얻는 것부터 힐링을 시작할 수 있다.

① 힐링이 먼저 정착된 서구의 힐링 상품들을 참고해야 할 것이다.
② 많은 돈을 들이지 않고서도 쉽게 할 수 있는 일부터 찾는 것이 좋을 것이다.
③ 이러한 상품들의 값이 터무니없이 비싸다고 느껴지지는 않을 것이다.
④ 자신을 진정으로 사랑하는 법을 알아야 할 것이다.
⑤ 진정한 힐링을 위해서는 전문적인 도움을 받아야 한다.

LG CNS가 아시아 최초로 구글 클라우드의 '생성형 인공지능(AI) 전문기업' 인증을 획득했다. 이 인증은 각 기술 분야 적용 사례, 임직원 기술 역량 등을 검증해서 부여한다. 구글 클라우드 전문기업 인증은 20여개 분야가 있고, 생성형 AI 영역은 지난 7월 신규 추가됐다. 생성형 AI 전문기업 인증을 받기 위해서는 생성형 AI 기술을 활용한 서비스 개발·구현 역량 기준을 충족해야 한다.

구글 클라우드는 기업 프로필, 고객 확보 사례, 전문역량 등을 종합 평가한다. 심사 대상 기업은 구글의 생성형 AI 서비스를 기업 고객에 성공적으로 제공한 사례를 입증해야 한다. 또한 머신러닝 엔지니어, 데이터 엔지니어, 클라우드 개발 등 구글 클라우드가 인정하는 자격증을 보유한 직원 수가 일정 수준 이상이어야 한다.

LG CNS는 앞서 구글 클라우드로부터 클라우드 전환, 인프라, 데이터 분석, 머신러닝 등 4개 영역에서 전문기업 인증을 획득하였고, 구글의 생성형 AI 서비스에 파인튜닝, 검색증강생성(RAG), 프롬프트 엔지니어링 등 전문화된 기술을 결합해서 기업 고객의 사업 혁신을 이끌고 있다.

지난 4월에는 '구글 클라우드 파트너 어워즈 2024'에서 한국의 '서비스 파트너'로 2년 연속 선정되기도 했으며, 지난해에는 LG CNS 대표가 구글 클라우드 최고경영자(CEO)를 만나 생성형 AI와 구글 클라우드 확산 협력 방안을 논의하기도 했다. LG CNS 클라우드사업부장 전무는 "기업 고객 사업에 최적화된 클라우드 기반의 생성형 AI 서비스로 차별화된 고객 가치를 제공할 것"이라고 밝혔다.

① LG CNS는 향후 구글의 생성형 AI 서비스를 개인 고객에게 제공할 계획을 가지고 있다.
② LG CNS 대표는 생성형 AI와 구글 클라우드 확산 협력 방안을 논의할 예정이다.
③ 구글 클라우드 전문기업 인증을 받기 위해서는 2년 연속 구글 파트너로 선정되어야 한다.
④ LG CNS는 세계 최초로 구글 클라우드의 '생성형 인공지능(AI) 전문기업' 인증을 받았다.
⑤ LG CNS는 구글 클라우드로부터 획득한 인증을 다섯 개까지 확대하게 되었다.

전기요금 청구서를 보면 우리 집뿐만 아니라 같은 평형의 이웃 세대들의 전기세 평균 요금도 함께 기재되어 나온다. 이를 통해 우리 집의 전기 사용량을 인식하고 다른 집보다 많이 사용하고 있다면 조금 더 아껴 쓰도록 유도하면서 자연스럽게 에너지 절약을 실천하게 하는 것이다. 이는 단순한 비교 정보 제공으로 행동 변화가 유도되는, 간단하면서도 효과적인 넛지라고 할 수 있다. '넛지'는 '팔꿈치로 슬쩍 옆구리 찌르기'라는 뜻으로 타인에게 부드러운 개입을 통해 개인의 자유를 침해하지 않으면서 선택을 유도하는 마케팅 방법이다. 마트 계산대 주변에는 껌이나 화장지, 초콜릿 등 비교적 가격 부담이 덜한 상품들이 진열되어 있는 것을 볼 수 있는데, 이는 계산을 하는 동안 고객의 시선이 잘 닿는 곳에 이러한 상품들을 진열해 틈새 매출을 올리기 위한 넛지 전략이라고 할 수 있다.

그런데 요즘 이러한 넛지를 역이용하는 '다크넛지' 또한 고도화되고 있다. 이는 온라인 사용 인터페이스에서 화면 구성을 이용하는 상업적 관행으로 소비자의 자율성과 의사결정을 제대로 할 수 없게 만들며 다양한 방식으로 직·간접적인 피해를 발생시키기도 한다. 한 달 동안 무료로 서비스를 제공한 뒤 소비자가 따로 구독을 해지하지 않으면 자동으로 유료로 전환해 결제가 이뤄지도록 하는 것이 대표적인 사례이다. 이러한 다크넛지 마케팅이 성행하는 이유 중 하나는 비교적 쉽고 빠르게 실적을 낼 수 있기 때문이다. 그러나 어떤 거래든지 간에 서로 '신뢰'가 바탕이 되지 않는다면 이는 소탐대실이 될 수밖에 없다.

① 온라인을 통한 전자상거래 규모가 증가하면서 비합리적 구매를 유도하는 행태가 나타나고 있다.
② 고도화된 다크넛지는 사람들의 감성을 이해하고 기업의 이익과 사회의 공익을 높일 수 있다.
③ 넛지는 강제나 압박이 아닌 자연스러운 이끌림을 통해 행동을 촉진하는 방법의 하나이다.
④ 다크넛지를 활용하면 장기적으로 봤을 때 브랜드 평판은 떨어지고 고객들은 떠나게 될 것이다.
⑤ 가입절차는 간단하지만 해지절차가 복잡하다면, 이것은 다크넛지를 활용한 사례로 볼 수 있다.

07 다음 글의 [가]~[라]를 논리적인 순서에 맞게 배열한 것을 고르면?

[가] 문서 해독능력은 글씨 해독 여부만 보여주는 단순 문맹률보다 훨씬 더 실질적인 문맹률로 간주한다는 점에서 보통 심각한 일이 아니다. 거의 100%에 육박하는 문자 해독률과 80%가 넘는 대학 진학률 등 우리가 자랑해 온 교육통계가 실상은 일상생활과 유리된 허구임을 보여준다.

[나] 그 이유를 설명해 주는 자료가 공개됐다. 한국교육개발원이 OECD 사무국에서 1994년 실시해 온 성인 인구의 문서 해독능력 측정 도구를 우리 국민에게 적용한 결과, 일상 문서 해독능력이 최하위권인 것으로 드러났다. 봉급 명세서, 영수증, 구직원서, 열차 시간표, 지도, 약품 설명서 등 일상생활에서 문서를 보고 이해하는 능력이 OECD 국가 중에서 크게 떨어진다는 것이다.

[다] 버스나 지하철로 초행길을 갈 때면 고등교육을 받은 사람도 노선도를 한참 동안 쳐다봐야 겨우 이해가 간다. 의약품 설명서를 읽고도 부작용이 뭔지, 얼마나 투약해야 하는지 모르는 경우가 비일비재하다.

[라] 이러한 실상의 원인은 국민 개개인이 글을 이해하고 활용하는 능력을 키우는 데 소홀히 했기 때문이기도 하다. 이는 책 읽기를 피하는 요즘의 세태와 무관하지 않다. 풍부한 독서는 상식을 키워줄 뿐 아니라 분석력과 판단력을 높이는 데 도움을 준다. 문서 해독능력이 어려운 배경에는 난해한 글도 한몫하고 있다. 올바른 글쓰기 교육과 훈련을 받지 못했기 때문이다. 기본적인 문서 해독도 하지 못하는 나라가 어떻게 미래의 경쟁력을 갖출 수 있겠는가.

① [가]—[나]—[다]—[라]
② [나]—[가]—[다]—[라]
③ [다]—[가]—[나]—[라]
④ [다]—[나]—[가]—[라]
⑤ [라]—[다]—[나]—[가]

08 다음 글에서 밑줄 친 ㉠과 ㉡에 대한 설명으로 적절하지 <u>않은</u> 것을 고르면?

첫째, ㉠<u>'감각적 향유로서의 에우다이모니아'</u>는 먹고 마시는 행위와 같은 신체적 감각을 통한 향유가 이성의 테두리 안에서 이루어질 때 얻게 되는 것이다. 인간은 정신과 신체의 통일체로서 존재하기 때문에 감각을 통한 향유도 무시할 수 없다. 다만 감각적 향유가 이성을 벗어나 타인을 배려하지 않고 극단적 탐닉에 빠질 때에는 부정적인 것으로 인식된다. 그런데 감각적 향유 자체는 찰나적인 것이므로 감각적 향유의 과정에서 실현할 수 있는 에우다이모니아는 순간적인 것으로 규정된다.

둘째, ㉡<u>'관조(觀照)의 삶을 통해 실현할 수 있는 에우다이모니아'</u>는 인간이 세계의 영원한 질서를 인식하게 됨으로써 얻을 수 있는 것이다. 여기서 '관조'란 쾌락을 목적으로 하는 향락적 활동이나 부를 목적으로 하는 영리적 활동이 아니라, 감각적으로 포착할 수 없는 영원불변한 진리를 학문을 통해 바라보는 영혼의 활동을 말한다. 이는 이성을 통해 이루어지며 인간에게 가장 궁극적인 에우다이모니아를 가져다준다. 이러한 에우다이모니아는 시간적 한계를 뛰어넘는 영원성을 갖는다.

① ㉠은 감각적 향유의 과정에서 극단적 탐닉에 빠지지 않음으로써 실현된다.
② ㉡은 감각적 차원을 넘어선 질서에 대한 인식을 통해서 실현된다.
③ ㉠은 ㉡과 달리 정신을 배제한 신체적 감각을 중시하는 가치 판단을 전제한다.
④ ㉡은 ㉠과 달리 시간적 속성에 있어서 순간성이 아니라 영원성에 의해서 규정된다.
⑤ ㉠과 ㉡을 비교하였을 때, ㉠보다 ㉡이 더 우월한 것임을 알 수 있다.

09 다음 글을 통해 추론한 내용으로 적절하지 <u>않은</u> 것을 고르면?

초고강도 콘크리트는 고층 구조물 건설에서 매우 유용하게 사용되는 재료이다. 강도가 증가할수록 높은 하중을 견디고 단면이 축소되는 장점을 바탕으로 빌딩의 고도를 높이는 것은 물론, 건물 기둥과 외벽의 두께를 획기적으로 줄여 공간 활용도를 극대화하는 등의 이점이 있다. 일반적으로 강도 40MPa(메가파스칼) 이상을 고강도 콘크리트, 120MPa 이상을 초고강도 콘크리트라고 부르며, 현재 국내 아파트 건설에 사용되는 일반 콘크리트는 18~27MPa 정도이다.

1MPa는 $1cm^2$ 면적당 10kg의 하중을 견뎌 내는 강도로서, 120MPa면 $1cm^2$ 면적의 콘크리트가 1.2톤의 무게를 감당할 수 있다는 의미이다. 한편 콘크리트는 강도가 높을수록 물 배합량이 적어지기 때문에 초고강도 콘크리트의 경우, 물 배합량이 일반 콘크리트와 비교해 훨씬 적어진다. 그렇게 되면 점성이 증가하게 되고 건설 현장에서 타설을 위해 초고강도 콘크리트를 고층으로 압송할 때 압송관 내에서 점성으로 인한 마찰이 증가한다. 따라서 일반 콘크리트를 사용할 때보다 압송을 위한 펌프의 압력 조절이나 압송관의 설치 등에 있어 더욱 세밀하고 특수한 기술이 필요하다. 최근 국내에서는 초고강도 콘크리트의 장거리 압송을 위해 점성을 낮춘 시멘트를 개발한 후, 여기에 특수 분말을 혼합하는 등 여러 방법을 사용하고 있다.

① 콘크리트는 시멘트를 원료로 하는 건축 자재이다.
② 콘크리트의 마찰력이 증가할수록 압송하는 데 어려움을 겪는다.
③ 100MPa의 콘크리트보다 150MPa의 콘크리트가 점성이 더 약하다.
④ 1,000MPa의 콘크리트라면 $1cm^2$당 10톤의 무게를 지탱할 수 있을 것이다.
⑤ 콘크리트는 강도가 높을수록 공간의 효율성이 높다.

실전모의고사

CHAPTER 03 실전모의고사 3회 **239**

10 다음 글의 내용과 부합하지 <u>않는</u> 것을 고르면?

> 과학 혁명 이전 아리스토텔레스 철학은 로마 가톨릭교의 정통 교리와 결합되어 있었기 때문에 오랜 시간 동안 지배적인 영향력을 발휘하였다. 천문 분야 또한 예외는 아니었다. 아리스토텔레스의 세계관을 따라 우주의 중심은 지구이며, 모든 천체는 원운동을 하면서 지구의 주위를 공전한다는 천동설이 정설로 자리 잡고 있었다. 프톨레마이오스가 천체들의 공전 궤도를 관찰하던 도중, 행성들이 주기적으로 종전의 운동과는 반대 방향으로 움직인다는 관찰 결과를 얻었을 때도 그는 이를 행성의 역행 운동을 허용하지 않는 천동설로 설명하고자 하였다. 그래서 지구를 중심으로 공전하는 원 궤도에 중심을 두고 있는 원, 즉 주전원(周轉圓)을 따라 공전 궤도를 그리면서 행성들이 운동한다고 주장하였다.
>
> 과학과 아리스토텔레스 철학의 결별은 서서히 일어났다. 그 과정에서 일어난 가장 중요한 사건은 1543년 코페르니쿠스가 행성들의 운동 이론에 관한 책을 발간한 일이다. 코페르니쿠스는 천체의 중심에 지구 대신 태양을 놓고 지구가 태양의 주위를 공전한다고 주장하였다. 태양을 우주의 중심에 둔 코페르니쿠스의 지동설은 행성들의 운동에 대해 프톨레마이오스보다 수학적으로 단순하게 설명하였다.

① 과학 혁명 이전 시기에는 천동설이 정설로 받아들여졌다.
② 프톨레마이오스의 주전원은 지동설을 지지하고자 만든 개념이다.
③ 천동설과 지동설은 우주의 중심을 어디에 두느냐에 따라 구분된다.
④ 행성의 공전에 대한 프톨레마이오스의 설명은 코페르니쿠스의 설명보다 수학적으로 복잡하였다.
⑤ 지동설이 알려지기 전에는 철학과 종교가 과학적 사실에도 큰 영향을 끼치고 있었다.

11 다음 글을 읽고 난 후의 반응으로 적절하지 <u>않은</u> 것을 고르면?

> 피부나 신체의 아픔을 느끼는 감각인 통증은 인간이 생존하기 위해 필요한 감각 중 하나다. 촉각, 압각, 시각, 미각 등 시간이 지나면 자극에 적응하여 무뎌지는 다른 감각들과 달리 통각은 아무리 시간이 지나도 동일한 통증에 대해 같은 세기의 통증을 느낀다. 통증은 몸에 이상이 생겼다는 것을 나타내는 신호로, 이를 느끼는 통각은 복잡한 유기체에게 중요한 생존 도구이다. 따라서 인간과 매우 밀접한 관계가 있는 고등 생물종들은 통증을 처리하는 신경계를 가지고 있는데, 즉 조류와 포유류도 인간과 마찬가지로 고통을 느끼며 위험한 자극에 노출되면 혈압 상승, 동공 확장, 땀 분비, 심장 박동 수 증가 등을 경험한다. 이와 같은 통증은 두뇌 작용에 의한 것이다. 뇌의 여러 영역이 서로 네트워크로 연결되어 있어 어떤 영역은 통증의 강도를, 어떤 영역은 통증의 발생 위치, 통증 지속 시간, 통증의 종류를 담당한다. 통각은 뇌 영역 중 전방 대상피질을 활성화하여 고통의 느낌을 유발하는데, 흥미롭게도 이때 육체적 통증과 감정적 통증의 차이를 구별하지 않는다.

① 새는 고통을 느낄 때 혈압이 변화할 수 있다.
② 동일한 맛의 음식을 반복해서 먹으면 점차 맛이 약하게 느껴질 것이다.
③ 전방대상피질이 활성화되지 않는 자극은 통증으로 느끼지 않을 것이다.
④ 넘어졌을 때 상처의 위치와 아픈 정도를 인식하는 뇌의 영역은 각각 다를 것이다.
⑤ 팔이 부러졌을 때와 마음의 고통을 느낄 때 전방대상피질은 다른 양상으로 반응할 것이다.

12 다음 글을 읽고 추론한 내용으로 적절하지 <u>않은</u> 것을 고르면?

언어학에서는 지리학의 방법을 활용하여 언어 현상을 설명하기도 하는데, 그 예로 언어 지도가 있다. 언어 지도는 일정 지역의 언어적인 차이를 한눈에 알아보도록 지도 형식을 빌려 표시한 것으로, 시간의 흐름에 따라 변화하는 언어를 공간적으로 투영한 것이다. 이것은 동일한 의미를 지닌 단어가 지역에 따라 형태가 어떻게 달리 나타나는가, 동일한 형태의 한 단어가 지역에 따라 의미가 어떻게 분화되는가 등을 시각적으로 일목요연하게 보여 준다.

언어 지도는 현재 언어 상태의 생생한 모습을 보여 주고, 국어의 역사적인 변화에 관한 정보를 드러내 주며, 해당 지역의 역사나 문화를 반영하여 민속학적, 문화사적 연구에 도움을 준다. 또 지도에 담긴 방언형을 통해 이전 시기의 언어를 재구성하거나, 문학 작품에 나타난 방언 어휘를 이해하는 데에도 도움을 준다.

언어 지도는 자료를 기입해 넣는 방식에 따라 몇 가지로 나누는데, 그중 한 분류법이 진열 지도와 해석 지도로 나누는 방식이다. 전자가 원자료를 해당 지점에 직접 기록하는 기초 지도라면, 후자는 원자료를 언어학적 관점에 따라 분석, 가공하여 지역적인 분포 상태를 제시하고 설명하는 지도를 말한다.

진열 지도는 각 지점에 해당하는 방언형을 지도에 직접 표시하거나 적절한 부호로 표시하는데, 언어학적으로 비슷한 어형은 비슷한 모양의 부호를 사용한다. 가령 '누룽지'의 방언형으로 '누렁기, 누룽지, 소데끼, 소디끼' 등이 있다면, '누렁기, 누룽지'와 '소데끼, 소디끼'를 각각 비슷한 부호로 사용하는 것이다. 한편 해석 지도는 방언형이 많지 않을 때 주로 이용하며, 연속된 지점에 동일한 방언형이 계속 나타나면 등어선(等語線)을 그어 표시한다. 등어선은 언어의 어떤 특징과 관련되느냐에 따라 그 굵기에 차이를 두어 표시하기도 한다. 이때 지역적으로 드물게 나타나는 이질적인 방언형은 종종 무시되기도 한다.

① 진열 지도와 해석 지도 모두 등어선이 나타나지 않을 수도 있다.
② 방언형이 많은 경우에는 진열 지도 방식이 해석 지도에 비해 적합하다.
③ 언어 지도를 통해 시기와 성별에 따라 나타나는 방언형을 분류하여 이해할 수 있다.
④ 언어 지도를 활용하여 문학 작품 속 토속적 어휘를 이해하는 데 도움을 받을 수 있다.
⑤ 등어선을 그릴 때 지역적으로 드물게 나타나는 이질적인 방언형의 경우 모두 언어 지도에 표시되는 것은 아니다.

13 다음 글의 A의 입장에서 B를 반박한다고 할 때, 가장 적절한 것을 고르면?

> A: 현대 사회에 접어들어 구성원들의 이해관계는 더욱 복잡해졌으며, 그 이해관계 사이의 충돌은 심각해졌다. 그리고 현대 사회에서 발생하는 다양한 범죄는 바로 이런 문제에서 비롯되었다고 말할 수 있다. 이에 범죄자에 대한 처벌 여부와 처벌 방식의 정당성은 그의 범죄 행위뿐만 아니라 현대 사회의 문제점도 함께 고려하여 확립되어야 한다. 처벌은 사회 전체의 이득을 생각하여, 다른 사회 구성원들을 교육하고 범죄자를 교화하는 기능을 수행해야 한다.
>
> B: 범죄자에 대한 처벌의 교화 효과에 대해서는 의문의 여지가 있다. 처벌의 종류에 따라 교화 효과는 다른 양상을 보인다. 가령 벌금형이나 단기 징역형의 경우 충분한 교화 효과가 있는 것처럼 보이기도 하지만, 장기 징역형의 경우 그 효과는 불분명하고 복잡하다. 특히, 범죄 사회학의 연구 결과는 장기 징역형을 받은 죄수들이 처벌을 받은 이후에 보다 더 고도화된 범죄를 저지르며 사회에 대한 강한 적개심을 가지게 된다는 것을 보여준다.

① 단기 징역형과 장기 징역형의 차이점을 우선적으로 고려했어야 한다.
② 처벌 제도를 사회적 이익 측면에서 고려해서는 안 된다.
③ 처벌 제도의 교화 효과를 개인적 측면에서 고려해야 한다.
④ 다양한 범죄자에 적용할 수 있는 교화 방안을 모색해야 한다.
⑤ 장기 복역한 죄수들에게 적합한 교화 방안을 모색해야 한다.

14 다음 글의 내용과 일치하지 <u>않는</u> 것을 고르면?

> 알코올성 간 질환은 B형 간염, C형 간염과 함께 우리나라 만성 간 질환의 주요한 원인이다. 알코올성 간 질환은 크게 알코올성 지방간, 알코올성 간염, 알코올성 간경변증으로 분류된다. 알코올성 지방간이란 간 내에 지방이 정상 이상으로 쌓이는 것으로 간 기능에는 큰 이상이 없는 상태를 말한다. 알코올성 간염이란 과도한 음주로 간에 염증성 손상이 진행되는 상태이다. 알코올성 간경변증이란 간의 염증성 손상이 비가역적으로 축적되고 섬유화되는 것으로, 출혈, 혼수, 간암 등의 심각한 합병증을 동반한다. 알코올에 의한 간 손상 초기에는 지방간 소견을 보이며, 음주를 계속하면 알코올성 간염이 유발되고, 알코올성 간염에서 다시 간경변증으로 진행된다. 때로는 알코올성 지방간에서 알코올성 간염을 거치지 않고 바로 간경변증으로 진행하기도 한다. 한 가지 소견이 발견되는 경우는 드물며, 환자에 따라 여러 소견이 겹쳐서 나타난다.

① 알코올성 간염은 심각한 합병증을 동반한다.
② 알코올성 지방간은 간 기능에는 큰 이상이 없다.
③ 알코올성 간 질환은 만성 간 질환의 주요한 원인이다.
④ 알코올성 간 질환은 주로 여러 소견이 겹쳐서 나타난다.
⑤ 알코올성 간 질환은 지방간, 간염, 간경변증 순서로 그 심각성이 크다.

15 다음 글의 [가]~[라]를 논리적인 순서에 맞게 배열한 것을 고르면?

> [가] 브렉시트를 결정한 영국은 리스본 조약에 따라 유럽연합에 탈퇴를 통보하면서 2년간 탈퇴 협상을 벌이게 된다. 그 후 나머지 회원국의 동의 등을 거쳐 탈퇴가 승인된다. 반면 그리스가 그렉시트를 결정하면 탈퇴 규정이 없기 때문에 어떤 일이 벌어질지 예상하기 어렵다.
>
> [나] 두 용어 모두 탈퇴라는 의미가 있지만, 어디서 탈퇴하느냐 하는 내용은 다르다. 유럽연합과 유로존은 포괄 범위가 다른데, 유럽연합은 유럽 28개국으로 구성된 정치, 경제 동맹으로 '단일시장'을 추구함으로써 연합 국가들 사이에서는 노동, 상품, 서비스, 자본의 자유로운 이동을 보장한다. 애초 유럽연합에는 탈퇴 조항이 없었지만, 2007년 리스본 조약을 맺으면서 50조에 탈퇴 조항을 넣었다.
>
> [다] 브렉시트는 영국과 탈출이 합쳐진 단어로, 영국이 유럽연합에서 탈퇴하는 것을 의미한다. 그렉시트는 그리스의 탈출이라는 뜻의 신조어로 그리스가 유로화를 사용하는 유로존에서 탈퇴하는 것을 의미한다.
>
> [라] 유로존은 유럽연합보다 한발 더 나아간 경제 통합체로 유로를 동일한 통화로 사용한다. 1999년 유럽연합 국가 중 11개국이 자국 통화를 버리고 유로를 사용하기로 하면서 출범했다. 유로존 국가들은 독자적인 통화정책이 없고, 유럽중앙은행이 결정하는 기준금리 등 통화정책을 그대로 받아들였는데 유로존은 유럽연합과 달리 탈퇴 규정이 없다.

① [가]-[나]-[다]-[라]
② [나]-[다]-[라]-[가]
③ [다]-[나]-[라]-[가]
④ [다]-[라]-[가]-[나]
⑤ [라]-[나]-[다]-[가]

16 다음 글을 읽고 추론한 내용으로 적절하지 <u>않은</u> 것을 고르면?

> 화려한 고분벽화를 남겼던 고구려가 초기부터 벽화를 제작한 것은 아니었다. 초기의 고구려 무덤 형태는 돌을 정밀하게 다듬어 만든 돌무지무덤(적석총)이 대부분이었다. 그러나 차츰 무덤 내부 공간에 넓은 방을 만들기 시작하면서 돌무지덧널무덤과 다른 모습을 갖추기 시작했다. 이후 고구려의 무덤 양식은 시신을 넣어둘 방을 만들고, 그 위에 흙으로 봉분을 만드는 굴식 돌방무덤(횡혈식 석실묘)으로 바뀌어갔다. 이 양식은 3국에서 기존에 사용하던 돌무지 무덤보다 만들기 쉬워 백제와 신라 등으로 전파되었다. 이러한 전파를 통해 탄생한 백제의 무령왕릉은 28가지의 벽돌이 사용되었으며, 발굴된 설계도를 보면 정확하고 치밀한 제작 과정이 엿보인다. 놀라우리만치 정교한 금속 공예품을 통해 화려한 백제미를 보여주고 있을 뿐 아니라, 섬세하게 오려낸 왕과 왕비의 금관과 유물은 당시 백제에 뛰어난 세공기술이 있었음을 짐작할 수 있게 한다. 또한 방대한 양의 부장품들은 무령왕릉이 도굴되지 않은 채 처녀분으로 발견되었음을 말해 주고 있다.

① 발굴된 고구려 고분벽화는 고구려 초기에 제작된 것들이 아니다.
② 적석총과 횡혈식 석실묘는 내부 공간이 서로 다르다.
③ 백제에서는 왕의 무덤 내부 공간에 부장품들을 함께 넣었다.
④ 무령왕릉의 설계도는 존재하지 않았다.
⑤ 신라의 돌무지무덤은 무령왕릉에 비해 제작 공정이 까다로운 편이었다.

17 다음 [보기] 중 글쓴이의 견해와 부합하지 <u>않는</u> 것을 모두 고르면?

> 자연은 인간을 신체적으로나 정신적인 기능에 있어서 평등하게 만들었다. 이런 능력의 평등으로부터 목적을 이루고자 하는 똑같은 희망이 생기게 된다. 어떤 두 사람이 특정한 재화를 소유하고 싶은 욕구를 동시에 가지고 있을 때, 재화의 양이 충분하지 못하면 둘 다 만족할 수 없는 상황이 초래되어 두 사람은 적이 된다. 적대적인 상황에 놓여 있을 때 인간은 자신에게 상대방을 위협할 수 있는 어떤 힘과 의지도 없다는 것을 인식할 때까지 가능한 한 모든 사람을 지배하려 한다. 그리고 이것은 자기 보호를 위한 자연스러운 행위로 합리화되기도 한다.
> 사람의 본성 가운데에는 분쟁의 주된 원인이 되는 세 가지가 있는데, 첫 번째는 경쟁심이고, 두 번째는 소심함이며, 세 번째는 명예욕이다. 경쟁심은 인간으로 하여금 이득을 보기 위해, 소심함은 안전을 보장받기 위해, 명예욕은 좋은 평판을 듣기 위해 남을 해치도록 유도한다. 경쟁심은 타인과 재물을 자기 것으로 만드는 과정에서, 소심함은 자기 자신을 보호하고 방어하는 과정에서 타인과 적대적인 갈등을 겪게 한다. 그리고 명예욕은 자기 자신을 직접적으로 겨냥하는 경우뿐만 아니라 자신의 가족, 동료, 민족, 직업을 폄하하거나 비웃는 말을 들었을 때에도 인간으로 하여금 폭력을 사용하도록 만든다.

보기

㉠ 특정한 재화의 양이 다수의 욕구를 충족할 때 갈등이 발생한다.
㉡ 인간은 적대적인 상황에서도 타인을 보호하려는 심리가 내재되어 있다.
㉢ 인간은 자기 주변 사람들의 명예와 자신의 명예를 연결 짓는 경향이 있다.
㉣ 경쟁심은 자기 자신을 보호하는 과정에서 타인과 적대적인 갈등을 겪게 한다.

① ㉠, ㉡   ② ㉡, ㉢   ③ ㉢, ㉣
④ ㉠, ㉡, ㉣   ⑤ ㉠, ㉢, ㉣

18 다음 글을 읽고 추론한 내용으로 적절하지 <u>않은</u> 것을 고르면?

> 인공지능(AI)을 이용한 법률서비스에 대해 찬반 논쟁은 물론 적법성 여부까지 여러 논란이 있다. 그러나 현재 생성형 AI의 수준에 비추어 볼 때 법률시장의 대규모 변화는 불가피하다. 모두가 충분한 법률정보를 접하게 될 시장에서 리걸테크 성패를 좌우할 기술적 핵심은 수행능력에 있다. 법률정보를 파악한 소비자는 최종 의사결정과 실제 업무 수행을 위해 결국 변호사를 필요로 할 것이고, 이 때 어떤 기술이 소비자에게 실제로 신속하게 변호사를 구해 줄 수 있는지가 성패를 결정할 것이기 때문이다. 기존의 우려와는 달리 법률시장으로의 진입장벽 자체가 없어짐으로써 변호사에 대한 이러한 수요는 오히려 크게 증가할 것으로 생각된다.
>
> 수행능력은 삼성, 애플, 구글 등 모바일 디바이스 업체들이 자사 스마트폰에 AI 에이전트를 구축하는 것을 최우선 과제로 삼고 있다는 점에서 더욱 중요하다. AI 에이전트의 핵심은 정보 제공에서 더 나아가 임무수행이기 때문이다. 예를 들어 누수로 인해 피해를 입은 사람에게 생성형 AI가 피해 회복 절차에 대한 정보를 제공하는 데 그친다면, AI 에이전트는 정보에 이어, 당장 상담해 줄 변호사로부터 이용자에게 전화가 오게끔 만들어야 한다. 따라서 리걸테크 서비스의 경우 모바일 운용 체계에 탑재될 AI 에이전트가 언제, 어디서든 이용자가 필요할 때 변호사를 제공해 줄 있도록 네트워크를 고도화하고 있어야 할 것이다.

① 리걸테크 서비스는 정확한 법률정보를 제공하는 데에 머물러서는 안 된다.
② 향후 법률 수행능력과 관련된 서비스는 스마트폰을 기반으로 할 가능성이 높다.
③ 모바일 디바이스 업체들은 AI 에이전트를 스마트폰에 탑재하기 위해 연구 중이다.
④ AI를 이용한 법률서비스는 일반인들의 법률정보에 대한 접근성을 높여 줄 것이다.
⑤ 인공지능을 이용한 법률서비스로 인해 변호사라는 직업의 인기는 감소할 것이다.

19 다음 글에서 필자가 말하고자 하는 중심 내용으로 가장 적절한 것을 고르면?

맬서스는 『인구론』에서 제어되지 않을 때 기하급수적으로 증가하는 인구와 달리 식량은 산술급수적으로만 증가하므로 인구 증가율이 0이 되는 균형의 안정성이 확보되지 않으면 생활 수준의 하락을 막을 수 없다고 보았다. 이에 그는 산아 제한 정책, 재난이나 전쟁 등의 필요성을 주장하였고, 인구 과잉을 촉진할 수 있는 사회 복지 정책에 대해서도 부정적인 견해를 보였다. 이러한 맬서스의 견해는 비인간적인 것으로 비쳐져 사회 개혁을 꿈꾸던 사람들에게 거센 비판을 받았다. 맬서스는 이를 의식한 듯 『인구론』 제3판 이후부터는 자신이 인구의 적이 아니며, 식량의 공급과 비례 관계를 유지하는 한도 내에서 지속적인 인구 증가를 옹호하는 사람이라는 점을 명시적으로 강조했다.

결과적으로 볼 때 그의 예측이 현실화되지 않았기 때문에 맬서스를 훌륭한 예언자로 평가하기 어려울 수 있다. 그러나 수확 체감에 관한 그의 가정은 영국 고전학파 경제학자들에게 널리 수용되었으며, 1인당 식량이 점차 생존 수준에 수렴하리라는 명제는 임금이 장기적인 관점에서 최저 생계비 수준으로 결정된다는 고전학파의 임금 이론에 적지 않은 영향을 주었다. 무엇보다 그는 인구가 생활 수준에 미치는 필연적 효과를 역동적으로 설명했으며, 그의 이론은 당대의 경제학이 역사의 무대 뒤로 퇴장한 오늘날까지도 경제학자들의 사유 훈련에서부터 정책 결정을 둘러싼 여론 형성에 이르기까지 강력한 영향력을 발휘하고 있다.

① 맬서스는 사회 개혁을 꿈꾸던 사람들과 견해 차이가 있었다.
② 맬서스는 사회 복지 정책의 문제점을 지적하였다.
③ 맬서스의 이론은 오늘날까지도 여러 측면에서 강력한 영향력을 발휘하고 있다.
④ 맬서스의 『인구론』의 제3판에는 초판과 다른 내용이 실려 있다.
⑤ 맬서스는 재난이나 전쟁 등을 통해 인구 증가가 억제되어야 한다고 주장하였다.

20 다음 글을 통해 알 수 <u>없는</u> 것을 고르면?

정전기란 전하가 정지 상태로 있어 그 분포가 시간적으로 변화하지 않는 전기 및 그로 인한 전기 현상을 말한다. 쉽게 설명하면 흐르지 않고 그냥 머물러 있는 전기라고 해서 "움직이지 아니하여 조용하다."는 뜻을 가진 한자 '정(靜)'을 써 정전기라고 부르는 것이다. 우리가 실생활에서 쓰는 전기가 흐르는 물이라면, 정전기는 높은 곳에 고여 있는 물이다. 정전기의 전압은 수만 볼트(V)에 달하지만, 우리가 실생활에서 쓰는 전기와는 다르게 전류가 거의 없어 위험하지는 않다. 어마어마하게 높은 곳에 고여 있는 물이지만 떨어지는 것은 한두 방울뿐이라 별 피해가 없다고나 할까.

정전기가 생기는 것은 마찰 때문이다. 물질의 기본적 구성단위인 원자는 원자핵과 전자로 이루어져 있다. 전자는 작고 가벼워서 마찰을 통해 다른 물체로 쉽게 이동하기도 한다. 생활하면서 주변의 물체와 접촉하면 마찰이 일어나기 마련인데, 그때마다 우리 몸과 물체가 전자를 주고받으며 몸과 물체에 조금씩 전기가 저장된다. 한도 이상의 전기가 쌓였을 때 전기가 잘 통하는 물체에 닿으면 그동안 쌓였던 전기가 순식간에 불꽃을 튀기며 이동하면서 정전기가 발생하는 것이다.

① 정전기는 마찰로 인해 발생한다.
② 사람은 정전기를 유발하기도 한다.
③ 정전기의 전압은 매우 높아 위험하다.
④ 인간의 신체는 전기를 저장할 수 있다.
⑤ 정전기는 일종의 전기 현상에 해당한다.

01 다음 명제를 참고하여 도출한 [보기]의 A, B에 대한 설명으로 옳은 것을 고르면?

> • 주택을 잘 고를 줄 아는 사람은 상가도 잘 고른다.
> • 주택을 잘 고르지 못하는 사람은 임야도 잘 고르지 못한다.

> **보기**
> • A: 임야를 잘 고르지 못하는 사람은 주택도 잘 고르지 못한다.
> • B: 임야를 잘 고르는 사람은 상가를 잘 고른다.

① A만 옳다.   ② B만 옳다.   ③ A, B 모두 옳다.
④ A, B 모두 옳지 않다.   ⑤ A, B 모두 옳은지 옳지 않은지 알 수 없다.

02 주어진 명제가 모두 참일 때, 항상 옳지 <u>않은</u> 명제를 고르면?

> • 수영을 좋아하면 골프도 좋아한다.
> • 승마를 좋아하면 발레를 좋아하지 않는다.
> • 골프를 좋아하면 체조를 좋아하지 않는다.
> • 승마를 좋아하지 않으면 수영을 좋아한다.

① 체조를 좋아하면 골프를 좋아하지 않는다.
② 발레를 좋아하면 승마를 좋아하지 않는다.
③ 수영을 좋아하면 체조를 좋아하지 않는다.
④ 골프를 좋아하지 않으면 수영도 좋아하지 않는다.
⑤ 수영을 좋아하지 않으면 발레를 좋아한다.

03 다음 명제를 참고하여 도출한 [보기]의 A, B에 대한 설명으로 옳은 것을 고르면?

- 중앙 도서관에서는 대출 카드가 필요하다.
- 중앙 도서관에서는 도서 대출이 가능하다.
- 대출 카드가 없는 경우에는 도서 대출이 불가능하다.

보기
- A: 도서 대출이 가능한 경우에는 대출 카드가 필요하지 않다.
- B: 도서 대출이 가능하다면 반드시 대출 카드를 가지고 있어야 한다.

① A만 옳다.　　　　　② B만 옳다.　　　　　③ A, B 모두 옳다.
④ A, B 모두 옳지 않다.　　⑤ A, B 모두 옳은지 옳지 않은지 알 수 없다.

04 주어진 명제가 모두 참일 때, 항상 옳지 <u>않은</u> 명제를 고르면?

- 강 대리가 범인이면 한 부장도 범인이다.
- 민 과장이 범인이면 최 주임도 범인이다.
- 최 주임이 범인이면 한 부장은 범인이 아니다.
- 강 대리가 범인이 아니면 윤 차장도 범인이 아니다.

① 최 주임이 범인이면 강 대리도 범인이다.
② 민 과장이 범인이면 강 대리는 범인이 아니다.
③ 강 대리가 범인이면 최 주임은 범인이 아니다.
④ 윤 차장이 범인이면 민 과장은 범인이 아니다.
⑤ 한 부장이 범인이 아니면 윤 차장도 범인이 아니다.

05 주어진 명제가 모두 참일 때, 항상 옳은 명제를 고르면?

> • 합리적인 사람은 여행을 좋아하지 않는다.
> • 마음이 따뜻하지 않은 사람은 여행을 좋아한다.
> • 스포츠를 좋아하는 사람은 마음이 따뜻하다.
> • 영수는 합리적인 사람이다.

① 여행을 좋아하면 마음이 따뜻하지 않다.
② 스포츠를 좋아하는 사람은 합리적인 사람이다.
③ 마음이 따뜻한 사람은 여행을 좋아하지 않는다.
④ 영수는 마음이 따뜻하다.
⑤ 합리적이지 않은 사람은 스포츠를 좋아하지 않는다.

06 L회사의 영업부서는 1팀부터 5팀까지 5개의 팀으로 구성되어 있다. 2025년 4월에 팀별 워크숍을 부산, 인천, 대구, 광주, 세종 중에서 서로 다른 지역으로 가기로 하였고, 다음은 그에 관한 정보이다. 이 정보의 내용을 바탕으로 할 때, 항상 옳은 것을 고르면?

> • 영업 1팀은 인천 또는 광주로 워크숍을 가기로 하였다.
> • 영업 2팀은 대구 또는 부산으로 워크숍을 가기로 하였다.
> • 영업 3팀은 인천 또는 세종으로 워크숍을 가기로 하였다.
> • 영업 4팀은 대구와 광주로 워크숍을 가지 않기로 하였다.
> • 영업 5팀은 인천과 부산으로 워크숍을 가지 않기로 하였다.

① 영업 1팀이 인천으로 워크숍을 간다면 영업 4팀은 부산으로 워크숍을 간다.
② 영업 2팀이 대구로 워크숍을 간다면 영업 1팀은 인천으로 워크숍을 간다.
③ 영업 3팀이 인천으로 워크숍을 간다면 영업 2팀은 대구로 워크숍을 간다.
④ 영업 4팀이 세종으로 워크숍을 간다면 영업 5팀은 광주로 워크숍을 간다.
⑤ 영업 5팀이 대구로 워크숍을 간다면 영업 3팀은 세종으로 워크숍을 간다.

07 가호, 나호, 다호 3명의 남자와 가희, 나희, 다희 3명의 여자로 총 6명이 토론을 위해서 6개의 좌석이 있는 원형 테이블에 앉으려 한다. 다음 [조건]을 바탕으로 자리에 앉으려고 할 경우, 가희 양 옆에 앉는 사람을 모두 고르면?

조건

- 한 좌석에는 반드시 한 사람만 앉는다.
- 가희는 나호 맞은편에 앉고, 다호는 가희 옆에 앉는다.
- 나호의 왼쪽 옆에 나희가 앉는다.
- 다희의 양 옆에는 모두 남자가 앉는다.

① 가호, 다호   ② 나호, 다호   ③ 나희, 다호
④ 나희, 나호   ⑤ 다희, 가호

08 A~E 5명의 학생이 발표를 했다. 다음 [조건]을 바탕으로 마지막에 발표한 학생을 고르면?

조건

- D는 C보다 늦게 발표했다.
- B는 E보다 늦게 발표했지만, A보다 빨리 발표했다.
- C는 A보다 먼저 발표했지만, 연달아 발표하지 않았다.
- E는 D보다 늦게 발표했다.

① A   ② B   ③ C
④ D   ⑤ E

09 5층 건물에서 G~L 6명이 각 층에 적어도 1명씩 일하고 있다. 다음 [조건]을 바탕으로 할 때, 짝수 층에서 일하는 사람을 모두 고르면?

- G는 L의 바로 아래층에서 일한다.
- I는 G와 같은 층에서 일하며, K는 H의 바로 위층에서 일한다.
- J는 3층에서 일하고, K의 바로 위층에서 일한다.

① H, L   ② K, L   ③ G, I, K
④ H, L, K   ⑤ G, I, H, L, K

10 다음은 A, B, C 3개 팀의 야구 경기 결과를 연도별로 나타낸 것이다. 2018년 A팀이 C팀으로부터 거둔 승수가 6승일 경우, C팀이 2015년부터 B팀에게 당한 패수가 매년 2번씩 증가하였다면 B팀의 A팀에 대한 연도별 패수는 2015년부터 순서대로 몇 번씩인지 고르면?

[표] A, B, C 팀의 게임 전적

연도	A팀 전적	B팀 전적	C팀 전적
2015년	19승 13패	14승 18패	15승 17패
2016년	10승 22패	20승 12패	18승 14패
2017년	9승 23패	23승 9패	16승 16패
2018년	16승 16패	21승 11패	11승 21패

※ 한 팀이 나머지 두 팀과 매년 각각 16경기씩 경기를 진행하였다.
※ 무승부는 한 차례도 없었다.
※ 리그 내 3개 팀 이외의 팀과의 경기 결과는 고려하지 않는다.

	2015년	2016년	2017년	2018년
①	11패	7패	6패	10패
②	11패	6패	7패	11패
③	10패	8패	6패	9패
④	10패	10패	7패	9패
⑤	10패	10패	6패	10패

11 LG전자에 근무 중인 김 대리는 도보, 자전거, 지하철, 버스, 자가용, 택시, 전동 킥보드 7가지 방식으로 출근할 수 있다. 다음 내용을 바탕으로 할 때, 전동 킥보드는 몇 번째로 빠른지 고르면?

- 자전거는 5번째로 빠르다.
- 자가용은 버스보다 빠르다.
- 도보로 출근하는 것이 가장 느리다.
- 버스는 택시 바로 다음으로 빠르다.
- 자가용으로 이동하는 것은 지하철보다 느리다.

---

① 1번째   ② 2번째   ③ 3번째
④ 4번째   ⑤ 6번째

12 LG 계열사인 어느 회사의 통근 버스가 A, B, C, D, E, F 지점에서 직원을 태우고 회사에 도착했다. 각 지점에서 탑승한 직원은 2명 또는 3명 또는 4명 또는 5명이었고, 모두 회사에서 하차했으며 하차한 직원은 모두 20명이었다. 다음 내용을 바탕으로 할 때, C 지점에서 탑승한 직원과 E 지점에서 탑승한 직원 수의 합으로 알맞은 것을 고르면?

- A 지점에서 탄 직원은 2명이다.
- 5명이 탄 지점은 한 곳이다.
- B 지점에서 탄 직원과 C 지점에서 탄 직원 수의 합은 6명이다.
- B 지점에서 탄 직원과 D 지점에서 탄 직원의 수는 동일하다.
- D 지점에서 탄 직원은 F 지점에서 탄 직원보다 1명 더 많다.

---

① 4명   ② 5명   ③ 6명
④ 7명   ⑤ 8명

13 M사의 정문 앞에는 길게 쭉 뻗은 도로가 나 있다. 정문 앞에서부터 한쪽으로 가다 보면 사거리가 나오기까지의 거리가 500m이며, 이 500m 안에 다음 [조건]과 같이 5개의 건물이 세워져 있다. 이를 만족할 때, 회사에서 가까운 건물의 순서가 좌측부터 올바르게 나열된 것을 고르면?(단, 언급된 건물 이외에는 고려하지 않는다.)

> **조건**
> - 회사 정문과 사거리 사이에는 당구장 건물, 은행 건물, 미용실 건물, 편의점 건물, 빵집 건물이 늘어서 있다.
> - 회사로부터 세 번째 건물은 편의점 건물이며, 은행과 미용실 건물 사이에는 다른 건물 2개가 있다.
> - 회사로부터 첫 번째 건물과 마지막 다섯 번째 건물과의 거리는 440m이며, 회사와 미용실과의 거리는 70m이다.
> - 회사로부터 편의점보다 더 멀리 있는 건물은 은행과 당구장 건물이다.

① 빵집 – 미용실 – 편의점 – 당구장 – 은행
② 빵집 – 미용실 – 편의점 – 은행 – 당구장
③ 미용실 – 빵집 – 편의점 – 당구장 – 은행
④ 미용실 – 빵집 – 편의점 – 은행 – 당구장
⑤ 은행 – 당구장 – 편의점 – 빵집 – 미용실

14 A~E 5명의 학생 중 1명이 지각을 하였다. 이들의 진술이 다음과 같고 이 중 1명만 거짓말을 하고 있을 때, 지각을 한 학생이 누구인지 고르면?

> - A: "내가 지각을 하였다."
> - B: "지각을 한 학생은 D이다."
> - C: "B는 지각을 하지 않았다."
> - D: "B의 말은 거짓이다."
> - E: "나는 지각을 하지 않았다."

① A   ② B   ③ C
④ D   ⑤ E

15 다음 [보기]에서 갑, 을, 병, 정 네 명 진술 중 한 명의 진술만이 참이며 아메리카노를 마신 사람이 한 명뿐일 경우 아메리카노를 마신 사람을 고르면?

> **보기**
>
> • 갑: "병은 아메리카노를 마셨다."
> • 을: "나는 아메리카노를 마시지 않았다."
> • 병: "정은 아메리카노를 마셨다."
> • 정: "병이 한 말은 거짓이다."

① 갑　　　　　　　　② 을　　　　　　　　③ 병
④ 정　　　　　　　　⑤ 알 수 없음

16 갑, 을, 병, 정, 무가 시험 결과에 대해 다음 [보기]와 같이 말하였다. 5명 중 거짓을 말하는 사람이 총 3명이라고 할 때, 거짓을 말한 사람을 모두 고르면?

> **보기**
>
> • 갑: "정이 1등입니다."
> • 을: "갑은 거짓을 말하고 있습니다."
> • 병: "내가 1등입니다."
> • 정: "갑의 말이 맞습니다."
> • 무: "병이 1등입니다."

① 갑, 을, 병　　　　　② 갑, 병, 정　　　　　③ 을, 병, 정
④ 을, 병, 무　　　　　⑤ 병, 정, 무

17 P~T 5마리 동물 중 고양이는 항상 거짓을 말하고, 개는 항상 참을 말한다. R이 고양이라고 할 때, 고양이가 총 몇 마리인지 고르면?

- P: "T는 개야."
- Q: "고양이는 2마리야."
- R: "S는 고양이가 아니야."
- S: "P는 고양이이고, R은 개야."
- T: "Q는 고양이야."

① 1마리　　　　　② 2마리　　　　　③ 3마리
④ 4마리　　　　　⑤ 5마리

18 A~E 5명 중 4명이 각각 등산, 자전거 타기, 독서, 수영을 했다. 5명 중 1명이 거짓을 말하고 나머지 4명이 참을 말할 때, 어떠한 활동도 하지 <u>않은</u> 사람을 고르면?

- A: "나는 등산을 했다."
- B: "C는 자전거 타기를 했다."
- C: "D는 독서를 했다."
- D: "E는 수영을 했다."
- E: "A는 자전거 타기를 했다."

① A　　　　　② B　　　　　③ C
④ D　　　　　⑤ E

19 다음 4명(갑~정)의 진술 중 1명만 거짓을 말하고 있을 경우의 설명으로 옳은 것을 고르면?(단, 4명은 모두 대학생, 회사원, 교수, 화가 중 어느 한 명이다.)

- 갑: "난 회사원이 아니야."
- 을: "난 교수가 아니야."
- 병: "난 대학생과 교수가 아니야."
- 정: "난 회사원과 화가가 아니야."

① 갑의 말이 거짓일 경우 2명의 직업만 알 수 있다.
② 정의 말이 거짓일 경우 2명의 직업을 알 수 없다.
③ 병의 말이 거짓일 경우 4명의 직업을 모두 알 수 있다.
④ 을의 말이 거짓일 경우 을의 직업만 알 수 있다.
⑤ 누가 거짓이든 정은 회사원이 될 수 없다.

20 경수, 영태, 민지, 동수, 태정 5명 중 2명은 수업 시간에 졸았다. 이들의 진술이 [보기]와 같을 때, 수업 시간에 졸았던 사람을 바르게 짝지은 것을 고르면?(단, 수업 시간에 졸았던 사람은 거짓을, 졸지 않았던 사람은 진실을 말하였다.)

보기
- 경수: "영태와 민지 중 1명만 졸았다."
- 영태: "민지가 졸았다."
- 민지: "영태가 졸았다."
- 동수: "경수가 졸았다."
- 태정: "경수와 영태는 졸지 않았다."

① 경수, 태정   ② 영태, 민지   ③ 영태, 동수
④ 민지, 동수   ⑤ 동수, 태정

05

실전모의고사

01 다음 [그래프]는 2020~2024년 어느 회사의 부채 현황을 나타낸 자료이다. 이에 대한 설명으로 옳지 <u>않은</u> 것을 고르면?

[그래프] 2020~2024년 부채 현황   (단위: 억 원)

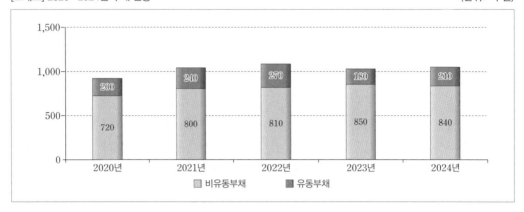

① 2023년 유동부채는 전년 대비 30% 이상 감소하였다.

② 2022년 부채 총액은 2년 전 대비 20% 이상 증가하였다.

③ 연도별 부채 총액의 증감은 유동부채의 증감과 일치한다.

④ 2024년 부채 총액에서 유동부채가 차지하는 비중은 20%이다.

⑤ 2020년과 2021년 중 부채 총액에서 비유동부채가 차지하는 비중이 더 큰 해는 2020년이다.

02 다음 [표]는 2012~2021년 업종별 사고 사망자 추이에 대한 자료이다. 이에 대한 설명으로 옳은 것을 [보기]에서 모두 고르면?

[표] 2012~2021년 업종별 사고 사망자 추이 (단위: 명)

구분	건설업	제조업	서비스업	운수창고통신업
2012년	455	336	180	109
2013년	516	284	168	86
2014년	434	259	160	75
2015년	437	251	149	88
2016년	499	232	127	82
2017년	506	209	144	71
2018년	485	217	154	80
2019년	428	206	118	59
2020년	458	201	122	67
2021년	420	184	123	72

보기

㉠ 2012년 이후 2021년까지 사고 사망자가 꾸준히 감소한 것은 제조업, 운수창고통신업이다.

㉡ 2021년 제조업 사고 사망자는 운수창고통신업의 $\frac{9}{23}$배이다.

㉢ 2012년 건설업 사고 사망자는 2021년의 $\frac{13}{12}$배이다.

㉣ 2013년 서비스업 사고 사망자는 전년 대비 $\frac{1}{15}$배 감소했다.

① ㉠, ㉢ ② ㉡, ㉣ ③ ㉢, ㉣
④ ㉠, ㉡, ㉢ ⑤ ㉡, ㉢, ㉣

03 다음 [그래프]와 [표]는 2023년 어느 지역에서 운영 중인 △△업종의 평균 이익과 관련된 자료이다. 이를 바탕으로 할 때, 해당 지역의 △△업종에 대한 2023년 평균 이익을 고르면?(단, 분기별 총매출액은 항상 일정하다.)

[그래프] 2023년 △△업종 평균 이익률   (단위: %)

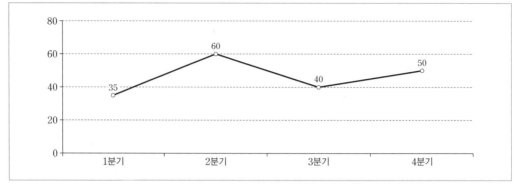

※ 평균 이익률(%)=(평균 이익÷총매출액)×100

[표] 2023년 △△업종 평균 이익   (단위: 백만 원)

구분	1분기	2분기	3분기	4분기
평균 이익	( )	( )	1,480	( )

① 17억 1,125만 원   ② 17억 1,240만 원   ③ 17억 1,894만 원
④ 17억 2,055만 원   ⑤ 17억 3,418만 원

04 다음 [표]는 2010~2017년 육아휴직 현황을 조사한 자료이다. 이에 대한 설명으로 옳은 것을 [보기]에서 모두 고르면?

[표] 2010~2017년 육아휴직 현황 (단위: 명, 백만 원)

구분		2010년	2011년	2012년	2013년	2014년	2015년	2016년	2017년
육아 휴직자	여성	40,914	56,735	62,279	67,323	73,412	82,467	82,179	78,080
	남성	819	1,402	1,790	2,293	3,421	4,872	7,616	12,043
육아휴직 지원 금액	여성	175,582	270,500	348,644	408,557	482,743	592,238	585,186	625,270
	남성	2,539	5,761	9,153	11,691	17,920	27,425	40,057	55,160

보기

㉠ 전체 육아휴직 지원 금액은 매년 증가하고 있다.

㉡ 2017년 전체 육아휴직자 수는 전년 대비 감소하였다.

㉢ 2017년 남성 육아휴직자 수는 4년 전보다 5배 이상 증가하였다.

㉣ 2017년 남성 육아휴직자 1인당 육아휴직 지원 금액은 여성 육아휴직자 1인당 육아휴직 지원 금액보다 많다.

① ㉠, ㉢   ② ㉠, ㉣   ③ ㉡, ㉢

④ ㉠, ㉡, ㉣   ⑤ ㉡, ㉢, ㉣

05 다음 [표]는 2019~2023년 OECD 주요국의 GDP 대비 공공복지예산 비율을 나타낸 자료이다. 이를 바탕으로 할 때, 알 수 <u>없는</u> 것을 고르면?

[표] 2019~2023년 OECD 주요국의 GDP 대비 공공복지예산 비율 (단위: %)

구분	2019년	2020년	2021년	2022년	2023년
한국	7.7	8.7	8.7	8.4	9.1
호주	17.8	17.8	17.9	18.2	18.8
미국	17.0	19.2	19.8	19.6	19.7
체코	18.1	20.7	20.8	20.8	21.0
영국	21.8	24.1	23.8	23.6	23.9
독일	25.2	27.8	27.1	25.9	25.9
핀란드	25.3	29.4	29.6	29.2	30.0
스웨덴	27.5	29.8	28.3	27.6	28.1
프랑스	29.8	32.1	32.4	32.0	32.5

① 해마다 꾸준히 공공복지예산이 증가하는 국가는 없다.
② 독일은 항상 GDP 대비 공공복지예산 비율이 25% 이상이다.
③ 프랑스는 제시된 국가 중 항상 GDP 대비 공공복지예산 비율이 가장 높다.
④ 영국의 GDP 대비 공공복지예산 비율은 2019년 대비 2020년에 2%p 이상 증가하였다.
⑤ 한국의 2019년 대비 2021년 GDP 대비 공공복지예산 비율은 10% 이상 증가하였다.

06 다음 [그래프]는 2018~2023년 두 회사 A, B의 매출액 및 2023년 제품 구성 현황을 나타낸 자료이다. 이를 바탕으로 할 때, 다음 [보기]의 내용 중 옳지 <u>않은</u> 것의 개수를 고르면?

[그래프1] 2018~2023년 매출액 현황 (단위: 억 원)

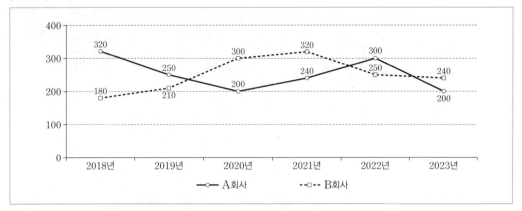

[그래프2] 2023년 A회사 제품 구성 현황 (단위: %)

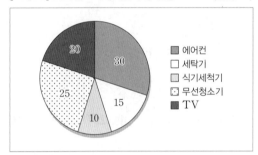

[그래프3] 2023년 B회사 제품 구성 현황 (단위: %)

보기

㉠ 2023년 두 회사의 에어컨 매출액은 서로 같다.

㉡ 2023년 A회사의 무선 청소기 매출액은 2020년 B회사 매출액의 $\frac{1}{4}$에 해당한다.

㉢ 2023년 B회사의 무선 청소기 매출액은 A회사의 식기 세척기 매출액의 3.6배이다.

㉣ 2022년 A회사의 매출액은 2년 전 대비 50% 증가하였고, 2021년 B회사의 매출액은 3년 전 대비 75% 이상 증가하였다.

① 0개 　　　　② 1개 　　　　③ 2개

④ 3개 　　　　⑤ 4개

다음 [표]는 L회사의 사내 행사 진행을 위한 기념품 주문 수량 및 구매 가격을 나타낸 자료이다. 이에 대한 설명으로 옳은 것을 고르면?

[표] 기념품 주문 수량 및 구매 가격 (단위: 개, 원)

구분		2020년	2024년
기념품A	주문 수량	34	40
	구매 가격	74,800	98,560
기념품B	주문 수량	57	62
	구매 가격	68,400	81,840
기념품C	주문 수량	76	81
	구매 가격	57,000	64,395

① 기념품A는 개당 가격이 이전 대비 300원 이상 인상되었다.
② 기념품B는 개당 가격이 이전 대비 12% 인상되었다.
③ 기념품C는 개당 가격이 이전 대비 5% 인상되었다.
④ 기념품 전체 구매 가격은 이전 대비 44,605원 증가하였다.
⑤ 세 기념품 중 구매 가격의 인상률이 가장 낮은 것은 기념품C이다.

08

다음 [표]는 2020년과 2021년 가구당 경제 상황을 나타낸 자료이다. 이에 대한 설명으로 옳은 것을 [보기]에서 모두 고르면?

[표] 2020년과 2021년 가구당 경제 상황 (단위: 만 원, %)

구분	순자산 (A–B)	자산 (A)	부채 (B)	처분가능소득 (C–D)	소득 (C)	비소비지출 (D)
2020년	36,287	44,543	8,256	4,818	5,924	( )
2021년	( )	50,253	8,801	5,003	6,125	1,122
증가 폭	5,165	5,710	545	185	201	16
증가율	14.2	12.8	6.6	( )	3.4	1.4

보기

㉠ 2021년 가구당 순자산은 4억 원 이상이다.
㉡ 2020년 가구당 비소비지출은 1,100만 원 미만이다.
㉢ 2021년 처분가능소득은 전년 대비 3.4% 이상 증가하였다.

① ㉠   ② ㉡   ③ ㉢
④ ㉠, ㉡   ⑤ ㉠, ㉢

09 다음 [그래프]는 운송 관련 업종별 매출액과 영업비용에 관한 자료이다. 이에 대한 설명으로 옳지 <u>않은</u> 것을 고르면?

[그래프1] 업종별 매출액 (단위: 조 원)

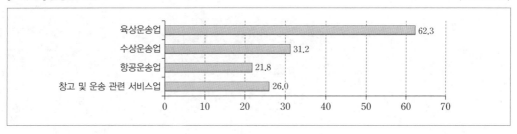

[그래프2] 업종별 영업비용 (단위: 조 원)

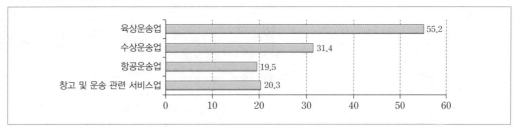

※ 영업이익률(%)=$\dfrac{\text{영업이익}}{\text{매출액}}\times100$

※ 영업이익=매출액-영업비용

① 매출액이 두 번째로 큰 업종은 수상운송업이다.

② 영업비용이 30조 원 미만인 업종은 항공운송업과 창고 및 운송 관련 서비스업이다.

③ 육상운송업의 영업이익은 7조 원을 넘는다.

④ 모든 업종에서 영업이익은 0보다 크다.

⑤ 창고 및 운송 관련 서비스업의 영업이익률은 25% 미만이다.

10 다음 [표1]은 L기업에서 공사에 관하여 도급업체를 선정하기 위해 A~E의 5개 업체에 대하여 네 가지 항목에 대하여 내부 평가를 진행한 결과이다. [표2]를 바탕으로 종합점수가 가장 높은 업체를 선정한다고 할 때, [보기]의 설명 중 옳은 것을 모두 고르면?

[표1] 업체별 평가 점수 (단위: 점)

구분	업체 A	업체 B	업체 C	업체 D	업체 E
성능	60	80	60	70	50
내구성	30	50	70	90	80
불량률	70	50	80	60	90
가격	60	50	20	40	30

[표2] 가중치 (단위: %)

구분	성능	내구성	불량률	가격
가중치	40	20	30	10

※ 종합점수=(항목별 평가 점수×항목별 가중치)의 합

보기

㉠ 도급업체로 선정되는 업체는 D이다.
㉡ 업체 A의 종합 점수는 60점 미만이다.
㉢ 만약 가중치를 적용하지 않고 항목별 점수의 합을 계산한다면 업체 E의 점수가 두 번째로 높다.

① ㉠
② ㉢
③ ㉠, ㉡
④ ㉡, ㉢
⑤ ㉠, ㉡, ㉢

11 다음 [표]는 2019~2020년 업종별 노사분규 건수를 나타낸 자료이다. 이에 대한 설명으로 옳은 것을 [보기]에서 모두 고르면?

[표] 2019~2020년 업종별 노사분규 건수 (단위: 건)

구분		2019년			2020년		
		계	상반기	하반기	계	상반기	하반기
총계		141	51	90	105	24	81
제조업	소계	52	14	38	40	9	31
	화학공업	1	1	0	4	0	4
	기계·금속	32	5	27	28	3	25
	전기·전자	2	1	1	3	3	0
	섬유	0	0	0	1	0	1
	기타제조	17	7	10	4	3	1
운수·창고·통신업	소계	22	4	18	14	6	8
	택시	1	0	1	0	0	0
	기타운수	12	3	9	10	4	6
	창고·통신·기타	9	1	8	4	2	2
전기·수도·가스		1	1	0	0	0	0
광업		0	0	0	0	0	0
기타	소계	66	32	34	51	9	42
	금융·보험·부동산·사업서비스	4	3	1	0	0	0
	사회·개인서비스	48	22	26	39	7	32
	기타사업	14	7	7	12	2	10

보기

㉠ 노사분규가 0건인 업종은 2019년에 1개, 2020년에 4개이다.
㉡ 2020년 하반기 노사분규 건수가 전년 동기 대비 늘어난 업종은 4개이다.
㉢ 2019년과 2020년 하반기 노사분규 건수가 가장 많은 업종은 동일하다.

① ㉠   ② ㉡   ③ ㉢
④ ㉠, ㉡   ⑤ ㉡, ㉢

12 다음 [그래프]는 연령 계층별 인구구성비를 나타낸 자료이고, [표]는 2020년 인구구조를 나타낸 자료이다. 이를 바탕으로 할 때, [보기]의 내용 중 알 수 <u>없는</u> 것을 모두 고르면?

[그래프] 연령 계층별 인구구성비　　　　　　　　　　　　　　　　　　(단위: %)

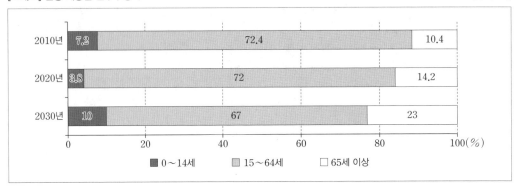

[표] 2020년 인구구조　　　　　　　　　　　　　　　　　　　　　　(단위: 천 명, %)

구분	생산가능인구	실업자 수	경제활동참가율	실업률	고용률
계	44,785	1,108	( )	4.0	( )
남자	22,035	624	72.6	( )	69.8
여자	22,750	484	52.8	( )	50.7

※ 경제활동참가율(%)=$\dfrac{경제활동인구}{생산가능인구}$×100

※ 실업률(%)=$\dfrac{실업자\ 수}{경제활동인구}$×100

※ 고용률(%)=$\dfrac{취업자\ 수}{생산가능인구}$×100

※ 생산가능인구는 15세 이상 인구를 의미함

> **보기**
>
> ㉠ 2020년 경제활동인구수는 3,000만 명 이상이다.
> ㉡ 2030년 생산가능인구는 2020년 경제활동인구의 약 1.7배이다.
> ㉢ 2020년 15~64세 취업자 수가 2,000만 명이라면 15~64세 인구에 대한 고용률은 40% 이상
>   이다.
> ㉣ 2010년 전체 인구 중 65세 이상 인구가 차지하는 비율과 15세 미만 인구가 차지하는 비율의
>   차는 3%p 이하이다.

① ㉠, ㉢　　　　　　　　　　② ㉠, ㉣　　　　　　　　　　③ ㉡, ㉢

④ ㉠, ㉡, ㉣　　　　　　　　⑤ ㉡, ㉢, ㉣

13 다음 [그래프]는 총 범죄 발생건수 및 검거건수에 대한 자료이다. 이에 대한 설명으로 옳은 것을 고르면?

[그래프] 총 범죄 발생건수 및 검거건수

(단위: 천 건)

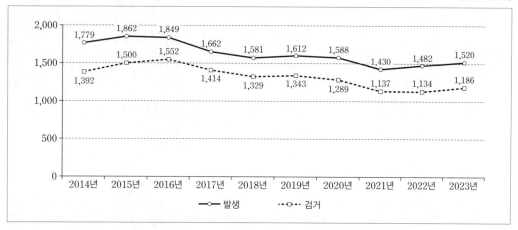

① 범죄 발생건수와 검거건수는 감소 추세이다.
② 범죄 발생건수 대비 검거율은 2017년에 가장 높다.
③ 2022년 범죄 발생건수 대비 검거율은 전년 대비 증가했다.
④ 전년 대비 범죄 발생건수가 가장 크게 감소한 해는 2021년이다.
⑤ 범죄 발생건수는 감소하고 검거건수는 증가한 해는 없다.

14 다음 [표]는 행정부 국가공무원 및 여성·여성 비율에 대한 자료이다. 이를 바탕으로 작성한 [보고서]의 내용 중 옳지 <u>않은</u> 것을 모두 고르면?

[표1] 2023년 행정부 국가공무원 및 여성·여성 비율

구분		전체(명)	여성(명)	여성 비율
정무직		125	16	13%
일반직		181,420	72,141	40%
특정직	외무	2,199	958	44%
	경찰	146,044	21,949	15%
	소방	66,216	6,974	11%
	검사	2,116	731	35%
	교육	369,504	270,888	73%
별정직		443	170	38%

[표2] 2019~2023년 행정부 국가공무원 및 여성 비율

구분	2019년	2020년	2021년	2022년	2023년
전체(명)	681,049	746,267	756,519	765,090	768,067
여성(명)	345,773	357,170	364,927	370,758	373,827

[보고서]

㉠2023년 행정부 국가공무원은 768,067명이고, 그 중 여성은 373,827명(50% 이하)이다. ㉡2023년 특정직 행정공무원은 586,079명이고, 그 중 여성은 301,500명(51.4%)을 차지하며, 특정직 교육 공무원에서 여성 비율이 가장 높다.
㉢2023년 행정부 국가공무원 여성 비율은 2019년보다 증가했고, 전년 여성 비율보다도 증가했다. ㉣2023년 여성인 행정부 국가공무원은 전년 대비 8% 증가했다.

---

① ㉠, ㉡
② ㉡, ㉣
③ ㉢, ㉣
④ ㉠, ㉡, ㉢
⑤ ㉡, ㉢, ㉣

15 다음 [그래프]는 A~E의 5개 지역에 대하여 남녀 음주 실태를 조사한 자료이다. 이를 바탕으로 할 때, 남자 음주자 전체에서 지역별 비중을 그래프로 바르게 나타낸 것을 고르면?

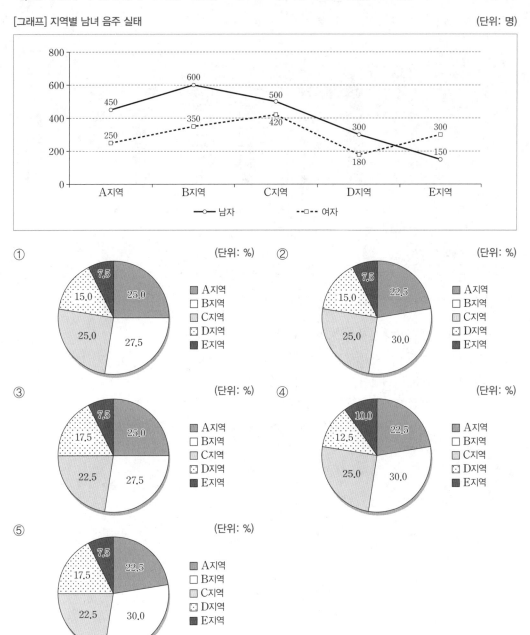

16 다음 [그래프]와 [표]는 2020~2023년 5개의 제품 A~E의 판매량 및 제품별 단가를 나타낸 자료이다. 이에 대한 설명으로 옳지 <u>않은</u> 것을 고르면?

[그래프] 2020~2023년 제품별 판매량 추이 (단위: 천 개)

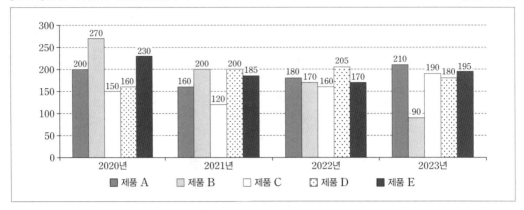

■ 제품 A ■ 제품 B □ 제품 C ▣ 제품 D ■ 제품 E

[표] 제품별 단가 (단위: 원)

구분	제품 A	제품 B	제품 C	제품 D	제품 E
가격	12,000	14,500	20,000	18,000	16,500

① 2021년 매출액이 가장 큰 제품은 D이다.

② 2022년 제품 B의 판매량은 전년 대비 15% 감소하였다.

③ 2021년부터 2023년까지 제품 C의 총매출액은 94억 원이다.

④ 2020년 제품 C의 매출액은 제품 D의 매출액보다 1억 2천만 원 더 높다.

⑤ 2023년 5개 제품의 총판매량에서 제품 A가 차지하는 비중은 25% 이상이다.

17 다음 [표]는 글로벌 자동차 회사의 전기차 판매 추이를 나타낸 자료이다. 이에 대한 설명으로 옳지 않은 것을 [보기]에서 모두 고르면?

[표] 글로벌 자동차 회사의 전기차 판매 추이   (단위: 만 대, %)

순위	회사명	2020년 판매량	2021년 판매량 (11월까지)	판매량 성장률	2021년 점유율	순위 변동
1위	테슬라	49.9	76.4	53.1	13.7	−
2위	BYD	17.9	50.0	179.3	9.0	+1
3위	SGMW	17.0	39.4	131.8	7.1	+1
4위	폭스바겐	22.0	31.9	45.0	5.7	−2
5위	BMW	16.3	24.5	50.3	4.4	−
6위	SAIC	10.1	20.7	105.0	3.7	+4
7위	메르세데스벤츠	14.5	20.2	39.3	3.6	−1
8위	볼보	11.2	17.0	51.8	3.1	−
9위	아우디	10.8	15.3	41.7	2.7	−
10위	기아	9.6	14.2	47.9	2.6	+2

※ +: 순위 상승, −: 순위 하락

보기

㉠ 2021년 1~11월 판매량 1위 회사의 점유율은 6~10위 회사의 점유율 합계보다 더 높다.
㉡ 순위권 회사 중 2020년 대비 2021년에 판매량이 감소한 회사는 1개이다.
㉢ 2021년 1~11월 판매량 10위권 내 회사 중 판매량 성장률이 가장 높은 회사의 2021년 1~11월 판매량은 전년 전체의 2배 이상이다.

① ㉠   ② ㉡   ③ ㉢
④ ㉠, ㉡   ⑤ ㉡, ㉢

18 다음 [표]는 연도별 4월과 10월의 국적별 입국 외래객 수에 관한 자료이다. 이를 바탕으로 작성한 [보고서]의 내용 중 옳지 <u>않은</u> 것을 모두 고르면?

[표] 연도별 4월과 10월의 입국 외래객 수 (단위: 명)

구분	2019년 4월	2019년 10월	2020년 4월	2020년 10월	2021년 4월	2021년 10월
아시아주	1,339,202	1,365,292	17,116	36,198	43,874	46,769
미주	133,817	131,722	7,029	14,148	14,852	26,776
구주	112,581	114,725	4,135	9,158	9,356	15,553
대양주	24,211	20,375	235	301	377	498
아프리카	5,017	6,102	199	755	704	1,086
기타	64	40	3	1	2	6
교포	20,174	17,939	698	1,024	947	1,728
총계	1,635,066	1,656,195	29,415	61,585	70,112	92,416

[보고서]

 2010년 이후 외래객 수는 정치, 외교적인 사안이 있을 때를 제외하고 꾸준히 증가해왔는데 특정 바이러스 감염증의 여파로 크게 급감하였다. 전 세계적으로 바이러스가 확산되기 시작하던 ㉠2020년 4월에는 전월 대비 외래객 수가 160만 명 이상 감소하였다. 특히 아시아주 외래객 수는 크게 감소하여 ㉡2019년 10월 대비 2020년 4월 외래객 수 감소율은 전체 외래객 수 감소율보다 크다. ㉢2020년 10월부터는 기타와 교포를 제외하고, 6개월마다 외래객 수가 증가하였다.

① ㉠ ② ㉡ ③ ㉠, ㉢
④ ㉡, ㉢ ⑤ ㉠, ㉡, ㉢

19 다음 [그래프]는 만 30세 이상의 만성질환 유병률을 나타낸 자료이다. 이에 대한 설명으로 옳은 것을 고르면?

[그래프] 만 30세 이상의 만성질환 유병률 (단위: %)

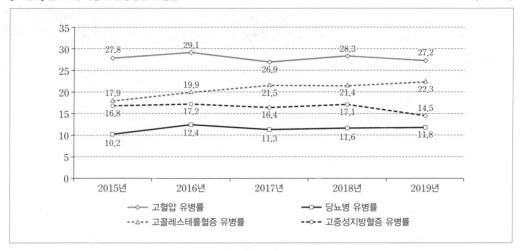

① 유병률은 매년 고혈압, 당뇨병, 고중성지방혈증, 고콜레스테롤혈증 순으로 높다.

② 고혈압 유병률이 가장 높은 해에 고중성지방혈증 유병률이 가장 높았다.

③ 매년 4대 만성질환 유병률은 70% 이상이다.

④ 매년 고콜레스테롤혈증 유병률은 증가하였다.

⑤ 2015년 대비 2019년 만성질환의 유병률은 고중성지방혈증을 제외하고 모두 증가하였다.

20 다음 [표]는 산업대분류별 임금수준 TOP5에 대한 자료이다. 이를 바탕으로 나타낸 그래프 중 옳지 않은 것을 고르면?

[표] 산업대분류별 임금수준 TOP5 (단위: 천 명)

구분		전체	100만 원 미만	100만 원 이상 200만 원 미만	200만 원 이상 300만 원 미만	300만 원 이상 400만 원 미만	400만 원 이상
제조업	2023년 상반기	3,999	46	212	1,325	1,102	1,315
	2024년 상반기	4,084	47	172	1,237	1,134	1,494
보건업 및 사회복지 서비스업	2023년 상반기	2,771	708	404	1,051	348	261
	2024년 상반기	2,865	804	374	( )	380	273
도매 및 소매업	2023년 상반기	2,126	174	309	813	431	399
	2024년 상반기	2,146	172	280	807	453	434
건설업	2023년 상반기	1,679	21	150	511	506	490
	2024년 상반기	1,649	17	118	466	501	547
교육 서비스업	2023년 상반기	1,616	177	219	478	306	436
	2024년 상반기	( )	158	237	474	316	395

① 2024년 상반기 산업대분류별 근로자 수

(단위: 천 명)

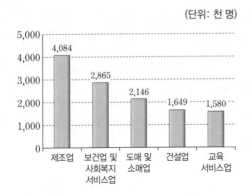

② 2024년 상반기 전년 동기 대비 산업대분류별 근로자 수 증감

(단위: 천 명)

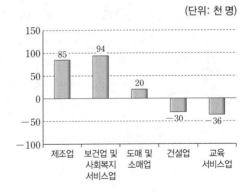

③ 2024년 상반기 전년 동기 대비 제조업 근로자 수 증감

(단위: 천 명)

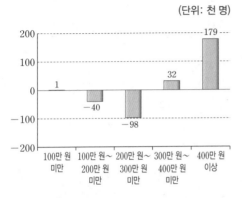

④ 2024년 상반기 200만 원 이상 300만 원 미만 임금근로자 수

(단위: 천 명)

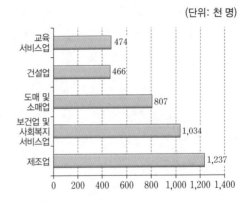

⑤ 2024년 상반기 교육서비스업 임금별 구성비

(단위: %)

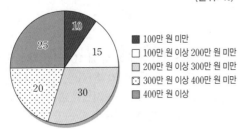

- 100만 원 미만
- 100만 원 이상 200만 원 미만
- 200만 원 이상 300만 원 미만
- 300만 원 이상 400만 원 미만
- 400만 원 이상

01 다음은 일정한 규칙으로 수를 나열한 것이다. 빈칸에 들어갈 수로 알맞은 것을 고르면?

| 3 | 2 | −4 | −5 | 10 | 9 | ( ) | −19 |

① −6   ② 9   ③ −12
④ 15   ⑤ −18

02 다음은 일정한 규칙으로 수를 나열한 것이다. 빈칸에 들어갈 수로 알맞은 것을 고르면?

| 14 | ( ) | 46 | 7 | 125 | 18 | 69 | 425 | 16 |

① 150   ② 200   ③ 250
④ 300   ⑤ 350

03 한 업체에서는 A사의 입사시험 과목인 언어, 수리, 도표해석의 난도에 대해 100명을 대상으로 설문 조사를 실시했다. 언어, 수리, 도표해석이 어려웠다고 답한 응시생은 각각 63명, 61명, 62명이었고, 세 과목 중 두 과목만 어려웠다고 답한 응시생은 60명, 세 과목 모두 어려웠다고 답한 응시생은 13명이었다. 도표해석만 어려웠다고 답한 응시생이 6명이었을 때, 언어 또는 수리만 어려웠다고 답한 응시생은 몇 명인지 고르면?

① 19명   ② 20명   ③ 21명
④ 22명   ⑤ 23명

04 알코올 농도가 14%인 와인 750g에 알코올 농도가 40%인 브랜디 x g을 첨가하여 알코올 농도가 20%인 와인을 만들고자 한다. 이때, x의 값을 고르면?

① 175   ② 200   ③ 225

④ 250   ⑤ 275

05 A, B 두 사람이 근무 중인 L회사에는 직장인 동호회가 4개 있다. 두 사람이 동호회 중에서 각각 두 군데씩 가입하려고 하는데, 공통으로 가입하는 동아리가 1개 이하인 경우의 수를 고르면?(단, 가입 순서는 고려하지 않는다.)

① 12가지   ② 20가지   ③ 24가지

④ 30가지   ⑤ 36가지

06 다음 그림의 숫자들은 일정한 규칙을 가지고 있다. 이때, A−B의 값을 고르면?

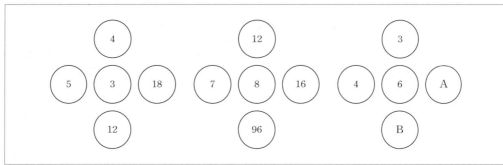

① 9   ② 10   ③ 11

④ 12   ⑤ 13

07 어느 정육점에서 600g을 한 팩으로 하여 삼겹살과 목살을 각각 15,000원, 12,000원에 판매하는데, 두 고기를 1팩씩 묶어서 판매하는 묶음 판매로 구매할 경우 일정 금액을 할인해 준다. 어제 판매한 삼겹살은 12kg, 목살은 9kg인데, 이 중 묶음으로 판매한 두 고기의 양이 6kg이다. 어제 두 고기의 매출액이 453,000원일 때, 묶음 당 할인되는 금액을 고르면?

① 1,350원   ② 2,700원   ③ 3,400원
④ 4,250원   ⑤ 5,400원

08 다음 그림은 정사각형의 각 변을 4등분하여 얻은 도형이다. 해당 도형의 선들로 이루어진 정사각형의 개수를 고르면?

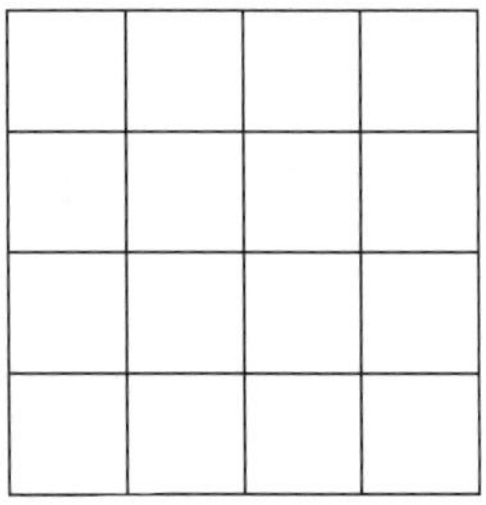

① 25개   ② 29개   ③ 30개
④ 32개   ⑤ 34개

09 다음은 일정한 규칙으로 수를 나열한 것이다. 빈칸에 들어갈 수로 알맞은 것을 고르면?

3	5	9	17	33	65	( )	257	513

① 127   ② 129   ③ 131

④ 133   ⑤ 135

10 다음은 일정한 규칙으로 수를 나열한 것이다. 빈칸에 들어갈 수로 알맞은 것을 고르면?

0.03	0.23	−0.17	0.03	−0.37	( )

① −0.37   ② −0.33   ③ −0.17

④ 0.17   ⑤ 0.23

11 달리기 속도가 각각 6km/h, 9km/h로 일정한 두 선수가 있다. 호숫가의 동일한 지점에서 서로 반대 방향으로 달리기 시작한 후 10분 뒤에 두 선수가 다시 만났다고 할 때, 호수의 둘레의 길이를 고르면?

① 1,860m   ② 1,920m   ③ 2,080m

④ 2,160m   ⑤ 2,500m

12 중학생 P는 국어 강좌를 수강하고 있다. 이 강좌는 매회 강의마다 2개의 ○, X퀴즈와 2개의 사지선
    다 퀴즈를 제공한다. P가 ○, X퀴즈를 풀 때 ○, X를 선택할 확률이 동일하고, 사지선다 퀴즈를 풀
    때 4개의 선택지를 선택할 확률이 동일하다. 이때, P가 3회 차 강의 수강 후 퀴즈를 푸는 경우 3개를
    맞힐 확률을 고르면?

    ① $\frac{1}{64}$ ② $\frac{3}{64}$ ③ $\frac{7}{64}$

    ④ $\frac{1}{8}$ ⑤ $\frac{5}{32}$

13 다음 시계 모양 안의 숫자들은 일정한 규칙을 가지고 있다. 세 번째 시계의 가운데 숫자를 A라고 하
    고, 다섯 번째 시계의 분침을 새로 추가할 때 가리키는 숫자를 B라고 할 때, A−B의 값을 고르면?(단,
    시계들의 가운데 숫자들끼리의 규칙이 존재하고, 각 시계의 시침이 가리키는 숫자, 분침이 가리키는 숫자, 가운
    데 숫자끼리의 규칙이 존재한다.)

    ① 10   ② 13   ③ 16

    ④ 19   ⑤ 22

14 다음은 일정한 규칙으로 수를 나열한 것이다. 빈칸에 들어갈 수로 알맞은 것을 고르면?

	3	2	4	3	6	( )	10	9

① 4   ② 5   ③ 6

④ 7   ⑤ 8

15 1, 2, 3, 4, 5가 적힌 카드가 한 장씩 있다. 이 중 네 장의 카드를 뽑아 만들 수 있는 네 자리 수 중 3의 배수의 개수를 고르면?

① 16개   ② 20개   ③ 24개

④ 28개   ⑤ 32개

16 15명이 100개의 물건을 포장하는 데 10시간 걸렸다. 250개의 물건 포장을 20시간 안에 완료하기 위해서는 최소 몇 명을 고용해야 하는지 고르면?(단, 모든 사람은 동일한 속도로 일을 한다.)

① 17명   ② 19명   ③ 21명

④ 23명   ⑤ 25명

17 다음 그림의 숫자들은 일정한 규칙을 가지고 있다. 이때, A+B의 값을 고르면?

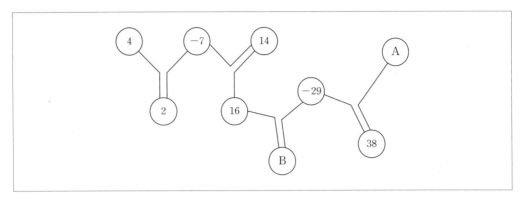

① 50   ② 54   ③ 58

④ 62   ⑤ 66

18 1~6까지 번호가 적힌 주사위를 1번 던져서 짝수의 눈이 나오면 동전을 2번 던지고, 홀수의 눈이 나오면 동전을 3번 던진다고 할 때, 동전의 뒷면이 2번 나올 확률을 고르면?

① $\dfrac{1}{4}$ ② $\dfrac{5}{16}$ ③ $\dfrac{3}{8}$

④ $\dfrac{7}{16}$ ⑤ $\dfrac{1}{2}$

19 원가에 20%의 이익을 붙여 정가를 정한 상품이 팔리지 않아 정가에서 300원을 할인하여 팔았더니 한 개를 팔 때마다 700원의 이익을 얻었다. 이때 상품의 판매 가격을 고르면?

① 4,900원 ② 5,000원 ③ 5,300원

④ 5,500원 ⑤ 5,700원

20 다음 그림에서 A에서 D까지 최단경로로 이동한다고 할 때, B는 반드시 거치고, C는 거치지 <u>않는</u> 경우의 수를 고르면?

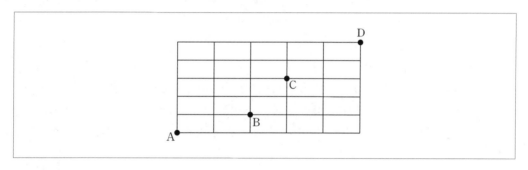

① 49가지 ② 50가지 ③ 51가지

④ 52가지 ⑤ 53가지

언어이해 (20문항 / 20분)   정답과 해설 P.66

01 다음 글을 이해한 내용으로 적절하지 <u>않은</u> 것을 고르면?

> 엣지 AI(Edge AI)는 데이터 처리를 클라우드 서버가 아닌 기기에서 수행하는 AI 기술로, 기기 자체에서 데이터를 분석하고 작업을 수행하는 개념이다. 데이터 처리가 사물인터넷(IoT) 장치와 스마트폰 등 기기 자체에서 이뤄지는 만큼, 빠른 응답속도와 높은 보안성이 강점이다. 또 클라우드 AI처럼 대규모 서버 인프라 구축이 필요 없고 저전력 구동이 가능해 자원 효율성도 좋다.
>
> 특히 기존의 AI와 달리 인터넷 연결이 안 되는 상황 속에서도 AI 기능을 구현할 수 있어 사용성이 무궁무진하다는 평가를 받는다. 대표적인 사용처는 자동화 시스템이 구축된 공장, 로봇, 고객 응대 챗봇 서비스, 스마트 홈 기기, 자율 주행 자동차, 헬스케어 등이 꼽힌다.
>
> 삼성전자는 기존 갤럭시 모바일 제품군에 적용하던 엣지 AI를 TV, 가전 등에도 추가 접목해 제품 특성에 맞는 AI 기능을 구현하고 기기 간 연결을 통해 개인화된 AI 경험을 제공한다는 방침을 세웠다. 애플은 아이폰16시리즈를 온디바이스 AI 기기로 구현했다. 테슬라, 지멘스, 인텔 등 글로벌 대기업들도 자사 서비스나 공장에 엣지 AI를 도입했다.
>
> SK텔레콤은 미국 AI 솔루션 기업 스마트글로벌홀딩스에 2억 달러(약 2700억 원)을 투자하고 '텔코 엣지 AI 솔루션'을 개발 중이다. KT 또한 온디바이스 AI 사업을 준비하고 있다. LG유플러스는 경량화 언어모델(sLLM) '익시젠'을 활용한 온디바이스 AI 전용 반도칩을 준비 중이다.

① 엣지 AI는 기존 AI보다 빠른 응답속도와 높은 보안성을 발휘한다.
② 클라우드 AI는 대규모 서버 인프라를 구축해야하는 단점이 있다.
③ 엣지 AI는 클라우드 AI에 비해 다양한 작업을 수행하는 데 한계가 있다.
④ 국내외 기업들은 엣지 AI를 사업에 녹이기 위한 작업에 나서고 있다.
⑤ 국내 이동통신 사업자들은 엣지 AI를 주목하고 있다.

02 다음 글의 제목으로 가장 적절한 것을 고르면?

> 산업재해사고 사망자가 가장 많은 곳은 한국 경제에서 중요한 비중을 차지하는 건설업과 제조업이다. 중대재해처벌법이 한국 사회에서 특히 뜨거운 감자가 될 수밖에 없었던 이유다.
>
> 중대재해처벌법은 그 목적을 "중대재해를 예방하고 시민과 종사자의 생명과 신체를 보호함"이라고 적시하고 있다. 기업들로서는 법이 규정한 사업주와 경영책임자 등의 안전 및 보건 확보 의무, 그중에서도 특히 안전보건관리체계의 구축 및 이행에 관한 조치가 매우 중요해졌다. 안전보건관리체계의 구축 및 이행이란 일하는 사람의 안전과 건강을 보호하기 위해, 기업 스스로 위험요인을 파악하여 제거·대체 및 통제 방안을 마련·이행하며, 이를 지속적으로 개선하는 일련의 활동을 말한다. 결국, 기술·제도 등을 통해 위험요소 예방 및 대응을 위한 다양한 안전 솔루션 적용이 필수적인 사항이 된 것이다. 이제는 기업 스스로 사전 예방, 신속 대응, 사후 이력 관리를 챙기지 않으면 안 된다.
>
> 중대재해처벌법이 그동안 비용 최소화 관점으로 접근하던 안전을 위해 기업이 적정한 투자를 하지 않으면 안되는 효과를 가져온 점은 부인하기 어렵다. 그러나 처벌만으로 안전의 관점을 비용에서 투자로 바꾸고, 나아가 안전 투자를 경영의 높은 우선순위로 끌어올리기는 어렵다. 더구나 기업이 안전 투자를 통해 그 전보다 생산성을 올려 투자 비용을 상쇄하고도 남을 효과를 기대한다는 것은 처벌법의 차원을 훨씬 넘어서는 과제다.

① 중대재해처벌법이 중요한 이유
② 중대재해처벌법의 목적
③ 중대재해처벌법의 효과
④ 중대재해처벌법의 한계
⑤ 중대재해처벌법에 대한 기업의 자세

암의 70~80%를 차지하는 고형암은 단단한 형태의 악성 종양으로 폐, 간, 대장 등 여러 신체 장기에서 발병한다. 고형암이 성장하는 과정에서 암의 중심부에 혈관이 제대로 형성되지 않아 산소 공급이 부족해지며, 이로 인해 저산소증이 발생한다. 이 때 일반 세포의 상당수가 이에 적응하지 못하고 사멸하는 데 반해, 종양 세포는 저산소 상태에서도 성장하는데, 이를 가능하게 하는 것이 HIF-1α 단백질이다. HIF 단백질은 산소가 충분할 때는 체내에서 분해되지만, 저산소 환경에서는 분해되지 못하고 농도가 높아진다. 고형암에 산소 공급이 부족해지면 HIF-1α 단백질이 과다 발현하며 사멸을 막아준다는 사실이 밝혀지면서 항암 표적 단백질로서 HIF-1α에 대한 관심이 높아지고 있다.

K연구팀은 뽕나무 뿌리 추출물 모라신$-$오(Moracin$-$O)에서 HIF-1α 단백질의 발현을 조절하는 효과를 확인하고 이를 활용한 신규 항암물질 'MO-2097'을 발굴했다. 연구팀은 이전의 연구에서 HIF-1α의 발현을 조절하는 인자로 hnRNPA2B1 단백질을 발견하였다. 이후 다양한 천연물에서 HIF-1α의 억제 가능성을 살펴 모라신$-$오 구조를 기반으로 새롭게 개발한 물질 MO-2097이 hnRNPA2B1과 결합해 HIF-1α를 감소시킨다는 사실을 확인하였다. 이번에 개발한 MO-2097은 3D 스페로이드 모델 및 대장암 환자 유래 오가노이드 모델에서 항암 효과를 나타냈을 뿐만 아니라 제브라피쉬, 마우스 등의 동물모델에서는 낮은 독성을 나타내며 새로운 치료물질로서의 적용 가능성을 높였다.

① 저산소증은 신체 장기에 단단한 형태의 악성 종양을 발병시킨다.
② HIF-1α 단백질은 암의 치료제로서 큰 관심을 받고 있다.
③ 연구팀은 이번 연구에서 hnRNPA2B1 단백질을 발견하였다.
④ MO-2097은 hnRNPA2B1과 다양한 천연물을 결합한 항암물질이다.
⑤ 고형암환자에게 산소를 충분히 공급해 주는 것은 치료에 도움이 된다.

다음 글을 통해 추론한 내용으로 가장 적절한 것을 고르면?

'바넘효과(Barnum effect)'는 보편적인 성격 특성을 자신만의 특성으로 여기는 심리적 경향이다. 19세기에 곡예단에서 활동한 바넘이 상대방의 성격에 대해 모호하게 이야기하여 사람들을 맞장구치게 만드는 것에서 유래하였다. 1948년 심리학 교수 버트넘 포러가 성격 진단 실험을 통해 이러한 심리적 경향을 처음으로 증명하여 '포러 효과'라고도 한다. 포러는 대학생들을 대상으로 성격검사를 했고, 검사 후 결과에 대해 자신의 성격과 일치하는 정도를 5점 만점으로 평가하도록 했다. 그리고 그 평가 점수의 평균과 성격검사의 일치도는 4점이 넘었다. 그러나 사실 심리검사 후 학생들이 받은 성격검사 결과지는 모두 동일했다. 즉 실험에 참여한 학생들은 자신이 받은 검사 결과지의 내용을 개인에게만 해당되는 성격 특성으로 인식한 것이다.

이와 같은 바넘효과는 광고업계와 정치계 등에서 자주 이용된다. 이와 관련한 대표적인 예로 종종 혈액형으로 성격 유형을 분류하여 마케팅에 활용하는 것을 볼 수 있다. 그러나 사실 혈액형별 성격 유형을 믿는 나라는 우리나라와 일본밖에 없으며, 혈액형과 성격의 상관관계에 대한 과학적 근거는 없다.

① 바넘효과는 나이가 어릴수록 강하게 나타날 수 있다.
② 포러 실험의 결과지 내용은 보편적인 성격 특성으로 구성되었을 것이다.
③ 같은 혈액형으로만 구성된 집단의 사람들은 모두 성격이 비슷할 것이다.
④ 혈액형과 성격의 연관성에 관한 연구는 한국에서 처음으로 시도되었을 것이다.
⑤ 바넘효과를 노린 광고에서는 특정 대상만 알아들을 수 있는 문구를 사용할 것이다.

05 다음 글의 중심 내용으로 가장 적절한 것을 고르면?

소음은 특정 음높이를 유지하는 '컬러 소음'과 비교적 넓은 음폭을 갖는 '백색 소음'으로 나뉜다. 백색 소음이란 백색광에서 유래됐다. 백색광을 프리즘에 통과시키면 일곱 가지 무지개 빛깔로 나뉘듯, 다양한 음높이의 소리를 합하면 넓은 음폭을 갖는 백색 소음이 된다. 백색 소음은 우리 주변에서 쉽게 만날 수 있다. 우리 생활 주변에서 들리는 백색 소음에는 비 오는 소리, 폭포수 소리, 파도 소리, 시냇물 소리, 나뭇가지가 바람에 스치는 소리 등이 있다. 또한, 텔레비전이나 라디오 등 가전제품에서 나오는 소음 중에도 백색 소음에 해당하는 소리가 있다.

그럼 백색 소음은 우리에게 어떤 영향을 미칠까? 일반적인 소음과 마찬가지로 우리에게 나쁜 영향을 미치지는 않을까? 결과부터 말하면 백색 소음은 집중도를 높이고 심신을 안정시켜 업무 효율을 높여 준다. 이런 결과는 다양한 실험을 통해 밝혀졌다.

사무실에서 아무도 모르게 백색 소음을 평소 주변 소음보다 약 10데시벨 높게 들려주고 일주일을 지냈더니, 근무할 때 직원들의 잡담이나 불필요한 신체의 움직임이 크게 줄어들었다. 집중도가 높아진 것이다. 한 달 후 백색 소음을 껐더니 서로 심심해하면서 업무 집중도가 크게 떨어졌다. 즉, 백색 소음이 없는 것보다 어느 정도 있는 것이 집중도를 높여 업무의 효율성을 높인 것이다. 또 남녀 중학생에게 자연의 백색 소음을 들려주면서 고등학생 수준의 영어 단어를 5분간 암기하게 하였더니, 평소보다 학업 성취도가 30% 이상 높게 나타났다.

백색 소음을 들려주었을 때의 뇌파 반응 검사는 이들 실험 결과를 좀 더 과학적으로 설명할 수 있게 한다. 한 의과 대학의 도움을 받아 피실험자에게 백색 소음을 들려주고 뇌파를 측정했더니 베타파가 줄어들면서 집중력의 정도를 나타내는 알파파가 많이 증가했다. 이는 뇌파의 활동성이 감소하고 심리적인 안정도가 많이 높아졌다는 의미다.

① 백색 소음의 뜻과 기준
② 소음에 관한 연구 현황
③ 일상생활 속 백색 소음 활용법
④ 백색 소음이 미치는 긍정적인 영향
⑤ 컬러 소음과 백색 소음의 차이

06 다음 글의 A의 입장에서 B를 반박한다고 할 때, 가장 적절한 것을 고르면?

> • A: PaaS(파스)는 Platform as a Service의 약자로 개발자가 애플리케이션을 개발, 배포
> 관리할 수 있도록 지원하는 서비스이다. 대표적인 PaaS로는 Heroku가 있다. 인스타그램은
> 2010년 서비스를 시작했을 때, 제한된 자원과 빠른 시장 출시를 위해 초기 플랫폼으로
> Heroku를 선택했다. Heroku의 빠른 배포와 관리기능을 통해 개발자들은 인프라 구축과
> 유지보수보다 제품 개발에 더 많은 시간을 할애할 수 있었고, 사용자 수가 급격히 증가할 때
> 필요한 서버 용량을 빠르게 늘리며, 서비스 중단이나 성능 저하 없이 수백만의 사용자를 감
> 당할 수 있었다. 인스타그램은 이후 자체 인프라로 전환했지만, 초기 성장에 있어서 Heroku
> 는 중요한 역할을 담당했다.
>
> • B: 내년 1월 말 PaaS-TA(파스-타) 기술 지원이 종료될 예정이다. PaaS-TA는 특정
> 기업에 종속되지 않고 누구나 자유롭게 활용 가능한 플랫폼을 만들자는 취지로 선보인 국산
> PaaS다. 과학기술정보통신부와 한국지능정보사회진흥원 지원 아래 한글과컴퓨터, 크로센트
> 비디, 클라우드포유, 소프트웨어인라이프 등 5개 클라우드 전문기업이 공동 개발했다. 2016
> 년 첫 공개 후 6년간 130억원 가량 예산을 투입해 개발·유지관리를 지속했다. 그러나 지난
> 2022년 PaaS-TA 추가 개발 사업을 종료한데 이어 내년 초에는 기술 지원까지 최종 종료
> 하면서 사실상 프로젝트가 중단될 전망이다. 이에 따라 기존 PaaS-TA를 사용하던 기업이
> 나 개인은 다른 PaaS를 도입하거나 대안을 마련해야 한다.

① 인공지능 시대에는 민간 협의체가 주축이 돼 운영되는 PaaS의 중요성은 더 커지고 있다.

② 자동화된 환경 설정과 확장성을 갖춘 플랫폼은 개발자와 스타트업 회사들에게 인기가 높다.

③ 기업이 개발한 PaaS가 국내 확산뿐만 아니라 글로벌 진출까지 독려하는 체계적 지원이 필요
하다.

④ 세계적인 애플리케이션은 개발자가 소프트웨어를 만드는 데 집중할 수 있는 지원이 있을 때
가능하다.

⑤ 정부 주도 사업에서 벗어나 민간 주도의 PaaS 생태계가 갖춰질 때 완성도 높은 애플리케이
션이 개발된다.

07 다음 글을 읽고 이해한 내용으로 적절하지 <u>않은</u> 것을 고르면?

> 1995년에 개봉한 토이스토리는 최초의 풀 3D 애니메이션으로, 애니메이션 산업에 큰 변화를 불러일으켰다. 당시 대부분의 애니메이션은 2D로 제작되었으며 컴퓨터 그래픽스(CGI)를 활용한 3D 애니메이션은 그 자체로 혁신적이었다. '픽사(Pixar)'는 토이스토리를 통해 기술적 진보와 감동적인 스토리를 결합해 어린이와 성인 모두에게 사랑받는 작품을 만들어냈다. 특히 우디와 버즈의 관계와 성장 과정은 관객들에게 깊은 인상을 남겼고, 그들이 맞닥뜨리는 모험은 성숙한 주제를 다루며 애니메이션 이상의 가치를 지녔다.
>
> 기술적으로도 토이스토리는 캐릭터들의 자연스러운 움직임, 정교한 텍스처, 현실적인 조명과 그림자 표현을 통해 애니메이션의 새로운 기준을 세웠다. 이로 인해 토이스토리는 이후 많은 3D 애니메이션에 영향을 주었으며 지금까지도 높은 평가를 받고 있다. 토이스토리의 성공 요인은 단지 기술적 혁신에만 있지 않았다. 영화의 스토리와 캐릭터의 매력이 없었다면 기술적으로만 뛰어난 작품에 그쳤을 것이다. 픽사는 감동적인 스토리텔링과 기술을 결합하여 단순한 애니메이션 이상의 작품으로 만들어냈다.

① 토이스토리는 최초의 풀 3D 애니메이션 작품이다.
② 픽사는 기술적 혁신과 함께 예술적 가치를 중요하게 여겼다.
③ 토이스토리는 이후 3D 애니메이션 제작에 큰 영향을 미쳤다.
④ 토이스토리의 성공은 스토리보다는 기술적 혁신에 기반을 두었기 때문이다.
⑤ 토이스토리는 어린이뿐만 아니라 성인 관객에게도 깊은 인상을 주는 애니메이션이다.

08 다음 글을 읽고 추론한 내용으로 적절하지 <u>않은</u> 것을 고르면?

> 바이러스는 어떠한 방법으로 숙주에게 피해를 입히는 것일까? 바이러스는 먼저 자신의 숙주가 되는 미생물, 식물, 동물 등의 세포 표면에 달라붙어 유전 물질을 세포 내로 들여보낸다. 이렇게 세포 내로 들어간 유전 물질은 숙주 세포의 단백질 합성 기구를 이용하여 바이러스 복제에 필요한 효소들을 만들어낸다. 바이러스는 이 효소들을 이용하여 유전 물질을 대량 복제하며, 복제된 유전 물질로부터 바이러스의 단백질 껍질을 합성한다. 이런 방식으로 복제된 바이러스 유전 물질이 단백질 껍질 속으로 들어가는 조립 과정을 거치면 새로운 바이러스가 완성된다. 만일 숙주가 사람이라면, 이런 일련의 과정을 여러 번 거치면서 많은 수의 숙주 세포가 파괴되어 수두, 유행성 눈병, 독감, 에이즈 등 다양한 바이러스성 질병에 걸리게 된다. 바이러스에 의한 질병은 세균에 의한 질병과 달리 치료약이 별로 없다. 바이러스로 인한 질병을 치료하려면 체내에 침투한 바이러스를 제거해야 하는데 숙주 세포를 그대로 둔 채 바이러스만 죽이는 것이 어렵기 때문이다.

① 세균에 의한 질병은 특정 세균을 치료하는 치료약이 존재한다.
② 바이러스를 제거하기 위해서는 숙주 세포도 함께 제거해야 한다.
③ 바이러스는 숙주가 될 세포 표면에 달라붙어야만 자신을 복제할 수 있다.
④ 숙주 세포 내로 들어간 바이러스 유전 물질은 자신의 단백질 껍질을 깨면서 복제를 완성한다.
⑤ 미생물, 식물, 동물뿐만 아니라 사람도 바이러스 숙주의 대상에 포함된다.

09 다음 글의 제목으로 가장 적절한 것을 고르면?

> 원주율(π)은 원의 둘레와 지름의 비율을 나타내는 중요한 수학적 상수이다. 원주율의 값은 약 3.14159로 시작하며 끝이 없는 무한소수이다. 기원전 고대부터 사람들은 원주율의 값을 구하려고 노력해 왔으며 그 정확성은 시대가 지날수록 높아졌다. 고대 그리스의 수학자 아르키메데스는 원주율을 22÷7로 근사치 계산하였고, 이후 수학자들은 더 정밀한 값을 구하기 위해 계산을 발전시켰다.
>
> 원주율은 수학뿐만 아니라 과학, 공학 등 다양한 분야에서 중요한 역할을 한다. 예를 들어 건축에서는 원형 구조물의 계산에 원주율이 필수적이며 천문학에서도 행성 궤도의 계산에 원주율이 사용된다. 또한 전자기파나 물리학에서 주파수와 진동수 계산에도 원주율이 활용된다. 원주율은 그 끝을 알 수 없는 무한한 수이기 때문에 이를 모두 계산하는 것은 불가능하다. 하지만 현대 컴퓨터의 발달로 인해 수백억 자리 이상의 원주율 값이 계산되었다. 이는 순수한 호기심과 수학적 탐구의 일환으로 이루어진 연구이며, 그 과정에서 컴퓨터 연산 능력도 크게 발전했다.

① 원주율과 건축, 천문학에서의 활용
② 원주율의 역사와 과학적 중요성
③ 원주율의 수학적 의미와 발전 과정
④ 원주율이 컴퓨터 연산에 미친 영향
⑤ 원주율 계산의 한계와 컴퓨터의 역할

10 다음 중 ㉠에 들어갈 말로 가장 적절한 것을 고르면?

아리랑이라는 민요는 지방에 따라 여러 가지가 있는데, 지금까지 발굴된 것은 약 30종 가까이 된다. 그중 대표적인 것으로는 서울의 본조 아리랑을 비롯하여 강원도 아리랑, 정선 아리랑, 밀양 아리랑, 진도 아리랑, 해주 아리랑, 원산 아리랑 등을 들 수 있다. 거의 각 도마다 대표적인 아리랑이 있으나 평안도와 제주도가 없을 뿐인데, 그것은 발굴하지 못했기 때문이고, 최근에는 울릉도 아리랑까지 발견하였을 정도이니 실제로 더 있었던 것으로 보인다.

그런데 이들 민요는 가락과 가사의 차이는 물론 후렴의 차이까지 있는데, 그중 정선 아리랑이 느리고 구성진 데 비해, 밀양 아리랑은 흥겹고 힘차며, 진도 아리랑은 서글프면서도 해학적인 멋이 있다. 서울 아리랑은 이들의 공통점이 응집되어 구성지거나 서글프지 않으며, 또한 흥겹지도 않은 중간적인 은근한 느낌을 주는 것이 특징이다. 그러므로 서울 아리랑은 그 형성 시기도 (㉠   )으로 짐작된다.

① 지방의 어느 것보다도 늦게 이루어진 것
② 지방의 어느 것보다도 빨리 이루어진 것
③ 지방의 것과 동시적으로 이루어진 것
④ 정선 아리랑과 같은 시기에 이루어진 것
⑤ 지방의 어느 것과도 비교할 수 없을 것

실전모의고사

11 다음 글의 내용과 일치하는 것을 고르면?

우리나라의 학제는 6—3—3—4 체제로 운영된다. 이는 초등학교 6년, 중학교 3년, 고등학교 3년, 대학 4년의 교육 과정을 의미한다. 초등학교는 의무교육으로, 모든 아동이 6세가 되는 해의 다음 해에 입학해 6년간의 초등 교육을 받는다. 중학교 역시 의무교육에 포함되며 초등학교를 졸업한 학생들은 별도의 시험 없이 중학교에 진학한다. 고등학교는 선택적이지만 대부분의 학생들이 진학하며 일반고, 특성화고, 자율형 사립고 등 다양한 형태의 학교가 존재한다. 대학은 일반적으로 4년제 대학과 2년제 전문 대학으로 나뉘며 학생들은 자신의 진로에 맞는 학교를 선택해 진학한다. 대학 입학은 주로 대학수학능력시험을 기반으로 이루어지나 일부 대학은 면접이나 자기소개서 등의 입학 전형을 통해 학생을 선발한다. 또한 우리나라는 교육열이 높아 학부모와 학생들이 학업에 많은 시간과 노력을 투자한다. 학제 외에도 다양한 사교육 기관이 존재해 학생들이 학교 밖에서도 학업을 이어갈 수 있는 환경이 마련되어 있다.

① 우리나라 학제는 6—3—3—4 체제로 운영되며 중학교까지가 의무교육이다.
② 고등학교는 의무교육에 포함되며 모든 학생들이 고등학교에 진학해야 한다.
③ 대학은 4년제, 2년제로 나뉘며 대학수학능력시험을 통해야 입학을 할 수 있다.
④ 초등학교 졸업 후 국가가 정한 자격고사를 통해 중학교에 입학한다.
⑤ 우리나라는 학제 외의 사교육을 접하기에는 여러 가지 제약이 따른다.

12 다음 글의 [가]~[라]를 논리적인 순서에 맞게 배열한 것을 고르면?

> [가] 일례로 우리는 인공지능인 알파고와 이세돌 프로기사 간의 '세기의 대결'을 통해 엄청난 속도로 진전되고 있는 제4차 산업혁명의 일면을 실감했다. 거의 모든 전문가가 인공지능이 이렇게 빨리 세계 최고의 프로기사를 이기리라고 내다보지 못했던 것 아닌가.
>
> [나] 따라서 우리는 제4차 산업혁명이 몰고 올 무한한 기회와 도전을 남보다 먼저 내다보고 지혜롭게 대응해 나갈 준비를 서둘러야 한다. 기업과 노동자, 그리고 정부뿐 아니라 우리 사회 구성원 모두가 함께 이 과정에 동참해야 한다.
>
> [다] 현재 인류는 지금까지 아무도 예측하지 못할 정도로 빠른 기술혁신에 따른 '제4차 산업혁명' 시대를 맞고 있다. 기존의 일하는 방식이나 소비 형태뿐 아니라 생활방식 전반에 걸쳐 혁명적으로 변화하는 시대에 들어서 있는 것이다. 인공지능과 로봇, 빅데이터와 클라우딩, 3D 프린팅과 퀀텀 컴퓨팅, 나노, 바이오기술 등 거의 모든 지식정보 분야에 걸친 눈부신 발전이 제4차 산업혁명을 이끌고 있다.
>
> [라] 제4차 산업혁명의 큰 특징은 과거에 인류가 경험했던 어느 산업혁명에 비해 더욱 광범위한 분야에 걸쳐 눈부시게 빠른 속도로 진전될 것이라는 점이다.

① [가]-[나]-[다]-[라]
② [가]-[다]-[라]-[나]
③ [다]-[나]-[가]-[라]
④ [다]-[라]-[가]-[나]
⑤ [라]-[나]-[다]-[가]

13 다음 글을 읽고 알 수 <u>없는</u> 것을 고르면?

최근 새로운 축산업으로서 배양육의 연구와 시장 출시가 활발하다. 2016년 미국의 스타트업 기업이 배양육 미트볼을 선보인 것에 이어 치킨, 오리고기, 새우 등 다양한 상품이 개발되고 있다. 배양육은 근세포를 배양액에서 증식시키면 고기를 만들 수 있을 것이라는 기본적인 아이디어에서 시작되었다. 문제는 근세포를 만드는 근육줄기세포는 분화가 끝난 상태라 활발하게 증식하지 않는다는 것이다. 그래서 배양육을 만들 때는 동물의 피부에서 추출한 근육줄기세포를 성장촉진인자가 포함된 배양액에 담가서 성장시킨다. 이렇게 성장한 근세포는 끝없이 증식하지는 않기 때문에 일정한 크기에서 성장이 멈춘다. 따라서 근육줄기세포에서 분열된 세포 중 일부를 다시 새로운 배양액에서 분열하도록 유도하는 계대배양을 해야 한다. 이렇게 만들어진 근세포는 순수한 단백질 덩어리라고 볼 수 있는데, 이를 시장에 그대로 내놓을 수는 없다. 기름기가 전혀 없는 고기를 먹으면 마치 종이를 씹는 것 같은 느낌이 드는데, 증식을 마친 배양육 역시 마찬가지이기 때문이다. 그래서 아직까지 배양육으로는 육질을 완벽하게 재현하기 어렵다.

① 배양육을 바로 시장에 내놓을 수 있는가?
② 배양육이 육질을 재현하는 데 어려운 이유는 무엇인가?
③ 배양육으로 완벽한 육질을 재현하기 위해 필요한 공정은 무엇인가?
④ 배양육은 바다생물에도 적용할 수 있는가?
⑤ 배양육은 어떻게 만드는 것인가?

14 다음 글에 대한 비판으로 적절하지 <u>않은</u> 것을 고르면?

> 우리는 TV나 신문 등을 통해 인간의 공격 행동과 관련된 사건들을 흔하게 접할 수 있다. 공격 행동이란 타인에게 손상이나 고통을 주려는 의도와 목적을 가진 모든 행동을 의미하는데, 인간의 공격 행동에 대해 심리학자들은 여러 가지 견해를 제시하였다.
>
> 프로이트(Freud)는 '인간은 생존 본능을 지니고 있어서 자신의 생명을 위협받으면 본능적으로 공격 행동을 드러낸다.'고 설명했다. 그리고 달라드(Dollard)는 '인간은 자신이 추구하는 목표를 획득하는 데에 간섭이나 방해를 받을 때 욕구좌절을 느끼게 되고, 그로 인해 공격 행동을 드러낸다.'고 보았다.

① 생존과 상관없이 공격 행동을 드러내는 경우가 종종 있다.

② 욕구좌절을 경험하지 않더라도 공격 행동을 드러내는 경우가 있다.

③ 욕구좌절을 경험한 사람이라고 해서 모두 공격 행동을 보이는 것은 아니다.

④ 인간의 공격 행동이 드러나는 데 인간의 내부 인지적 요인이 작용할 수도 있다.

⑤ TV나 신문을 통해 접하는 공격 행동은 일반적인 일이 아니므로 모든 사람에게 일반화를 할 수 없다.

15 다음 글의 주제로 가장 적절한 것을 고르면?

조선백자의 아름다움은 단순·소박함이나 질박함, 생략미, 그리고 문양에서 나타나는 여유와 해학에 있다. 조선 초기의 청화백자들은 중국의 것을 그대로 따르면서 문양에 여유가 없었으나, 15세기 후반이 되자 문양들이 점차 단순해지기 시작한다. 도자기를 답답하게 만드는 아래위의 연판 문양이 사라지고, 그림들도 빽빽하게 그리지 않으며 여백을 많이 두어 여유로운 느낌이 난다. 중국 것과는 완연히 구별되는 모습을 볼 수 있다. 외국에서 어떤 예술 양식이 들어오든 과감히 생략해 버리고 활달하게 표현해내는 한국인의 성정이 유감없이 발휘된 것이다. 18세기 중반 이후가 되면 문양에도 변화가 생긴다. 문양에 민화적인 요소가 더해지고 전체적인 분위기도 서민적으로 변한다. 호랑이를 마치 고양이처럼 그렸듯이 용도 지네처럼, 심지어는 돼지처럼 아주 익살맞게 그린다. 그 외에도 학이나 봉황 혹은 까치 등의 문양도 있었는데, 어떤 동물을 그리든 우리 서민층의 익살과 여유, 천진난만함이 항상 발휘된다.

① 조선백자와 고려청자의 차이
② 15세기와 18세기의 조선백자의 균형미
③ 15세기와 18세기의 조선백자 문양의 특징
④ 15세기와 18세기의 조선백자에 반영된 사회 문화
⑤ 15세기와 18세기의 조선백자가 외국의 도자기에 비해 가지는 특징

16 다음 글의 내용과 일치하지 <u>않는</u> 것을 고르면?

우리는 읽기를 통해 지식과 정보를 얻기도 하고, 다른 사람의 생각이나 다른 사회의 문화(文化)를 이해하기도 하며, 삶의 지혜를 배우기도 한다. 읽기 능력이 뛰어나면 뛰어날수록 이런 일을 더욱 효율적으로 수행할 수 있을 것이다. 높은 수준의 읽기 능력을 갖추려면 글을 읽는 동안 자신의 읽기 과정을 점검하고 조정할 수 있어야 한다. 지금부터 읽기 과정이 무엇인지, 이를 점검하고 조정하는 방법이 무엇인지 알아보자.

글의 내용을 잘 이해하려면 읽기의 과정에 따라 읽는 것이 좋다. 읽기 과정은 대체로 '읽기 전', '읽기 중', '읽기 후'의 세 단계로 나뉜다. 다음에서, 읽기 과정의 각 단계에서 주로 수행하는 활동에 무엇이 있는지 살펴보자.

'읽기 전' 단계에서는 먼저 읽기 목적을 정하는 것이 좋다. 예를 들어 시험공부를 위해 읽는 것인지, 교양을 쌓으려고 읽는 것인지, 여가를 보내려고 읽는 것인지 등을 정하는 것이다. 그리고 글의 제목이나 차례를 훑어보면서 글의 내용을 예측해 본다. 또 그것들과 관련된 자신의 경험을 떠올리면서 배경지식을 활성화한다. 그리고 궁금한 점, 알고 싶은 점 등을 중심으로 하여 질문을 만들어 볼 수도 있다.

'읽기 중' 단계에서는 글을 읽기 전에 예측한 내용이 맞는지 확인하고, 자신이 미리 만들어 놓은 질문의 답을 찾는다. 또한 글을 읽어 나가면서 각 부분의 중심 내용을 파악한다. 나아가 글쓴이의 의도를 추론하고, 글쓴이의 주장에 공감하기도 하고 그것을 비판하기도 하면서 글의 의미를 이해해 나간다.

'읽기 후' 단계에서는 글 전체의 내용을 요약하여 정리한다. 또 새롭게 알게 된 내용을 정리해 보고 더 알고 싶은 내용은 없는지 생각해본다. 그리고 자신이 글을 잘 읽었는지, 부족한 부분은 없는지 평가한다. 글을 통해 새롭게 알게 된 내용을 자신의 상황에 적용해 볼 수도 있고, 필요한 글을 더 찾아 읽을 수도 있다.

지금까지 살펴본 읽기의 과정별 활동이 반드시 그 과정에서만 이루어져야 하는 것은 아니다. 예를 들어 예측하거나 질문 만들기는 읽기 중에도 얼마든지 할 수 있는 활동이다. 독자는 자신의 읽기 상황에 따라 적절한 활동을 하면 된다.

① 읽기 과정은 대체로 '읽기 전', '읽기 중', '읽기 후'로 나뉜다.
② 글의 내용을 잘 이해하려면 읽기의 과정에 따라 읽는 것이 좋다.
③ 읽기의 과정별 활동은 반드시 그 단계에서만 이루어져야 한다.
④ 독자는 자신의 경험을 떠올리거나 배경지식을 활용하여 글을 읽을 수 있다.
⑤ 제목이나 차례만을 보고 글의 내용을 예측할 수도 있다.

17 다음 글을 통해 유추할 수 있는 것을 고르면?

원소는 화학적인 방법으로 더는 다른 물질로 변화할 수 없는 물질의 기본 성분이다. 모든 원소는 원자로 구성되어 있고, 원자에는 원소마다 고유한 수의 양성자가 포함되어 있다. 원소는 기본적으로 금속성, 비금속성, 그리고 반금속성 세 가지로 분류된다. 금, 철 등의 금속성 원소는 음의 전하를 띤 소립자인 전자를 쉽게 공유하거나 잃는 성질을 가지며, 전자를 잃으면 양의 전하를 띤 양이온으로 변한다. 비금속 원소는 대부분 전자를 얻어 음이온이 되기 쉬운 성질이 있고 강한 화학적 결합을 형성하며, 원소들이 불안정하고 깨지기 쉽다. 거의 모든 생명체는 수소, 탄소, 질소, 산소, 인, 황의 여섯 개의 비금속 원소로 만들어진다. 또한, 금속성 원소와 달리 광택이 없고 전기나 열을 잘 전도하지 않는다. 마지막으로 반금속 원소는 금속성과 비금속성을 모두 띠는 원소를 말한다. 예를 들어 실리콘은 특정한 조건에서만 전류를 전달하는 성질이 있어, 반도체 소재로서 컴퓨터 등에 활용된다.

① 황 원소는 철 원소보다 열을 잘 전달할 것이다.
② 산소 원소는 서로 다른 종류의 물질로 분리할 수 있다.
③ 금속성보다 비금속성을 띠는 원소의 수가 많을 것이다.
④ 모든 탄소 원자에 포함된 양성자 수는 동일할 것이다.
⑤ 질소는 음이온보다 양이온이 되기 쉬울 것이다.

18 다음 글을 이해한 내용으로 적절하지 <u>않은</u> 것을 고르면?

오늘날 색은 소비자를 끌어당기는 중요한 수단이 되고 있다. 이는 기업의 마케팅 활동, 즉 상품이나 서비스를 소비자에게 전달하는 과정에 필요한 모든 활동에서 색이 매우 중요한 수단으로 활용되고 있다는 의미이다. 이처럼 마케팅 활동의 효과를 높이기 위해 색을 이용하는 일을 '색채 마케팅'이라고 한다.

과학적 분석을 바탕으로 특정 색채가 지닌 이미지를 제품의 기능이나 특성 등과 적절하게 결합하여 소비자의 마음을 사로잡는 일이 색채 마케팅의 핵심이 된다. 또한 과학적 분석을 거쳐 완성한 색채 디자인은 디자이너의 개인적 직감, 특히 개인의 잘못된 '감'에 의존하여 발생할 수 있는 위험 부담을 줄이고 광고주가 안정적으로 이윤을 얻는 데 커다란 역할을 한다. 따라서 광고계에 종사하는 많은 사람들이 색이 지닌 이미지에 주목하여 광고를 제작하고 있는 것이다.

색채 마케팅의 중요성은 인간의 오감 중 시각이 차지하는 비중을 통해 확인할 수 있다. 전문가들은 대체로 사람들이 제품을 살 때 시각을 통해 얻는 정보의 비율이 다른 감각을 통해 얻는 것보다 크게 앞선다고 분석한다. 또 시각 이미지 중에서는 색채가 사물의 첫인상을 결정하는 데 가장 큰 역할을 하며, 제품 이미지를 만드는 요소 가운데 절반 이상을 차지한다고 설명한다. 기업들이 색의 중요성을 인식하고 고객 맞춤형 광고를 만들기 위해서 더 많이 노력해야 하는 이유가 여기에 있다.

① 소비자의 마음을 움직이는 데 제품의 색이 결정적인 영향을 미친다.
② 색이 인간에게 미치는 심리 현상을 활용하면 기업의 매출을 높일 수 있다.
③ 광고는 디자이너의 직감과 과학적 분석이 일치했을 때 소비자들의 호응을 얻는다.
④ 같은 종류의 제품을 광고할 때에도 제품에서 강조하고자 하는 기능에 따라 색을 다르게 쓸 수 있다.
⑤ 색채 마케팅을 통해 제품의 광고 효과를 극대화하기 위해서는 과학적인 분석이 필요하며, 이를 바탕으로 하여 소비자들의 마음을 움직일 수 있다.

19 다음 글의 주제로 가장 적절한 것을 고르면?

비교 우위 이론에 따르면 자유 무역을 통해 모든 국가가 이익을 볼 수 있다. 그러나 이론과 현실은 다르다. 현실에서 자유 무역이 많은 문제점을 안고 있다는 것은 누구나 아는 사실이다. 또한 설사 모든 나라가 자유 무역에서 이득을 얻을 수 있다 하더라도, 그것이 그 나라 국민 개개인의 경제적 복지 향상으로 이어질지는 별개의 문제이다.

자유 무역의 이론적 토대가 되고 있는 비교 우위 이론은 두 가지 중요한 조건이 충족되어 있는 상황에서만 설득력이 있다. 하나는 어떤 나라가 비교 우위를 갖고 있는 산업으로 특화하는 과정에서 생산 자원의 이동이 순조롭게 이루어져야 한다는 것이다. 또 다른 중요한 조건은 자유 무역에서 발생하는 분배 상의 문제를 적절하게 처리할 수 있어야 한다는 것이다. 전체적인 관점에서 보면 자유 무역에서 이득을 얻는다 해도 개인적으로는 손해를 보는 사람이 반드시 생기기 마련이다. 따라서 자유 무역은 필연적으로 분배 상의 문제를 일으킨다.

이 두 가지 조건이 모두 충족되는 것은 그리 쉽지 않기 때문에 현실은 비교 우위 이론이 그리고 있는 장밋빛 구도와 크게 다를 가능성이 있다. 정말로 중요한 것은 무역 자유화 그 자체보다 자유화를 한 이후의 상황에 어떻게 대처해 나가느냐이다.

① 교환의 경제적 기능
② 성장과 분배 사이의 균형
③ 자유 무역이 가지는 문제점
④ 비교 우위 이론의 변화 과정
⑤ 비교 우위 이론의 성립 조건

20 다음 글의 A의 입장에서 B를 반박한다고 할 때, 가장 적절한 것을 고르면?

> • A: "우리는 고령화 사회에 대비해야 한다. 노인 인구가 빠르게 증가하고 있는 만큼 이들의 복지와 생활환경을 개선하는 것이 필수적이다. 의료, 주거, 사회 안전망을 강화해 노인들이 안전하고 건강한 삶을 유지할 수 있도록 준비해야 한다. 고령화는 피할 수 없는 현실이므로 이를 제대로 준비하지 않으면 큰 사회적 부담이 될 것이다."
>
> • B: "고령 운전자는 신체적 능력이 떨어지면서 사고의 위험이 높아진다. 많은 고령 운전자가 자신감을 가지고 운전하지만 반응 속도가 느려지고 시력과 청력이 약화되면 사고를 피할 수 없다. 따라서 일정 나이가 넘으면 운전면허를 제한하는 것이 안전을 위해 필요하다고 생각한다."

① 고령 운전자의 사고율보다 고령층의 복지와 의료 지원을 강화하는 것이 더 시급하다.

② 고령 운전자 모두가 사고 위험이 높은 것은 아니며 개인의 건강 상태에 따라 다르게 접근해야 한다.

③ 고령 운전자 제한보다는 교통 인프라를 개선해 더 안전한 운전 환경을 조성하는 것이 중요하다.

④ 고령 운전자들을 대상으로 정기적인 건강 검진과 면허 갱신을 유도한다면 운전 능력을 유지할 수 있다.

⑤ 고령화 사회의 문제는 운전보다 노인들이 안전하고 독립적으로 살 수 있는 생활환경을 구축하는 데 있다.

01 다음 명제가 모두 참일 때, 항상 참이 <u>아닌</u> 것을 고르면?

> • 고양이를 좋아하면 개도 좋아한다.
> • 새를 좋아하면 물고기를 좋아하지 않는다.
> • 물고기를 좋아하면 고양이를 좋아하지 않는다.
> • 개를 좋아하지 않으면 새를 좋아한다.

① 개를 좋아하지 않으면 고양이도 좋아하지 않는다.
② 새를 좋아하지 않으면 물고기를 좋아한다.
③ 고양이를 좋아하면 물고기를 좋아하지 않는다.
④ 물고기를 좋아하면 새를 좋아하지 않는다.
⑤ 새를 좋아하지 않으면 개를 좋아한다.

02 S기관의 심리학과 전공 교수는 인간의 심리와 행동에 대해 조사하였다. 다음 명제가 모두 참일 때,
항상 옳은 것을 고르면?

> • 배려심이 높은 사람은 포용력이 높고, 배려심이 낮은 사람은 남을 존중하지 않는다.
> • 책임감이 높은 사람이 덕망이 높고, 배려심이 낮은 사람은 덕망이 낮다.
> • 자아 존중감이 높은 사람은 남을 존중한다.

① 남을 존중하는 사람은 덕망이 높다.
② 책임감이 낮으면 포용력이 낮다.
③ 배려심이 높은 사람은 책임감이 높다.
④ 덕망이 높은 사람은 자아 존중감이 높다.
⑤ 포용력이 낮은 사람은 자아 존중감이 낮다.

03 다음 명제를 참고하여 도출한 [보기]의 A, B에 대한 설명으로 옳은 것을 고르면?

- 헬스클럽에서는 회원 카드가 필요하다.
- 헬스클럽 회원은 수영장을 이용할 수 있다.
- 회원 카드가 없는 경우에는 헬스클럽을 이용할 수 없다.

보기
- A: 헬스클럽을 이용할 수 있는 경우에는 회원 카드를 가지고 있다.
- B: 수영장을 이용할 수 있는 경우에는 헬스클럽 회원이다.

① A만 옳다.　　　　　② B만 옳다.　　　　　③ A, B 모두 옳다.
④ A, B 모두 옳지 않다.　　⑤ A, B 모두 옳은지 옳지 않은지 알 수 없다.

04 다음 명제를 참고하여 도출한 [보기]의 A, B에 대한 설명으로 옳은 것을 고르면?

- 건강한 식단은 충분한 비타민을 포함해야 한다.
- 비타민이 충분하지 않으면 건강한 식단이 아니다.
- 충분한 비타민이 있는 식단은 건강한 식단일 수 있다.

보기
- A: 충분한 비타민이 없는 식단은 건강한 식단이다.
- B: 충분한 비타민이 있는 식단은 반드시 건강한 식단이다.

① A만 옳다.　　　　　② B만 옳다.　　　　　③ A, B 모두 옳다.
④ A, B 모두 옳지 않다.　　⑤ A, B 모두 옳은지 옳지 않은지 알 수 없다.

05 다음 결론이 반드시 참이 되게 하는 전제를 고르면?

전제1	어떤 자동차는 이산화탄소를 배출하지 않는다.
전제2	
결론	어떤 오토바이는 이산화탄소를 배출하지 않는다.

① 모든 오토바이는 자동차다.
② 어떤 오토바이는 자동차다.
③ 모든 자동차는 오토바이다.
④ 어떤 자동차는 오토바이다.
⑤ 어떤 자동차는 오토바이가 아니다.

06 다음 명제가 모두 참일 때, 옳은 것을 고르면?

- 베트남을 좋아하면 태국을 좋아하지 않는다.
- 방글라데시를 좋아하면 네팔을 좋아한다.
- 라오스를 좋아하면 태국을 좋아한다.
- 방글라데시를 좋아하지 않으면 라오스를 좋아한다.

① 베트남을 좋아하면 방글라데시를 좋아하지 않는다.
② 태국을 좋아하지 않으면 네팔을 좋아하지 않는다.
③ 라오스를 좋아하면 베트남을 좋아한다.
④ 네팔을 좋아하지 않으면 태국을 좋아한다.
⑤ 방글라데시를 좋아하면 베트남을 좋아한다.

07 다음 명제를 참고하여 도출한 [보기]의 A, B에 대한 설명으로 옳은 것을 고르면?

> • 이 쇼핑몰에서는 반품이 가능하다.
> • 이 쇼핑몰에서는 구매 후 7일 이내에 반품해야 한다.
> • 반품 요청을 하지 않은 경우에는 반품이 불가능하다.

보기

> • A: 구매 후 7일 이내에 반품 요청을 한 경우에는 반품이 가능하다.
> • B: 반품 요청을 한 경우에는 7일 이내가 아니어도 반품이 가능하다.

① A만 옳다.　　　　② B만 옳다.　　　　③ A, B 모두 옳다.
④ A, B 모두 옳지 않다.　　⑤ A, B 모두 옳은지 옳지 않은지 알 수 없다.

08 마라톤에 참가한 선수 P, Q, R, S, T가 있다. 다음 [조건]을 바탕으로 마지막에 결승선을 통과한 선수를 고르면?

조건

> • R은 S보다 먼저 결승선을 통과했지만, T보다는 늦게 통과했다.
> • P는 Q보다 늦게 통과했지만, R보다는 먼저 통과했다
> • S는 Q보다 늦게 결승선을 통과했다.
> • T는 P보다 먼저 결승선을 통과했다.

① P　　　　　　　② Q　　　　　　　③ R
④ S　　　　　　　⑤ T

05

실전모의고사

09 갑, 을, 병, 정 4명 중 1명은 회사 사정으로 인해 오늘 당직을 서야 한다. 이들의 주장은 다음 [보기] 와 같으며 이 중 1명만이 진실을 말하고, 3명은 거짓을 말하였다. 진실을 말한 사람과 당직을 서게 될 사람을 순서대로 바르게 나열한 것을 고르면?

보기

- 갑: "을이 당직을 서겠다고 했어."
- 을: "갑은 지금 거짓을 말하고 있어."
- 병: "저는 오늘 당직을 서지 않습니다."
- 정: "당직을 서게 될 사람은 을입니다."

① 갑, 병   ② 갑, 정   ③ 을, 병
④ 을, 정   ⑤ 병, 정

10 신입사원 A~D의 전공은 컴퓨터공학, 경영학, 물리학 중 하나이고, 각각 재무부, 영업부, 기획부 중 한 곳에 배정되었다. 각 신입사원의 부서가 다음 [조건]에 따라 배정되었다고 할 때, 옳은 것을 고르면?

조건

- 각 전공은 1명 이상이고, 부서별로 1명 이상이 배정되었다.
- 기획부에는 C만 배정되었다.
- 영업부에는 물리학과가 배정되지 않았다.
- 컴퓨터공학과 출신 신입사원은 2명이다.
- A는 경영학과이고, 물리학과와 같은 부서에 배정받았다.
- D는 컴퓨터공학과가 아니다.

① 영업부에는 2명이 배정되었다.
② A는 D와 다른 부서에 배정되었다.
③ 컴퓨터공학과는 같은 부서에 배정되었다.
④ 물리학과는 기획부에 배정되었다.
⑤ B는 영업부에 배정되었다.

11 다음 [조건]을 근거로 판단할 때, 현재 어머니의 나이를 고르면?

조건
- 아버지, 어머니, 아들 중, 아들의 나이는 22살이다.
- 아버지는 아들을 낳았을 때 지금 아들의 나이에 절반을 더한 값이었다.
- 아버지와 어머니는 한때는 아버지가 어머니보다 나이가 4배 많았으며, 2년이 지나자 아버지는 어머니 나이의 2배가 되었고, 또 다시 3년이 지났을 때 어머니의 나이는 아버지 나이의 3분의 2가 되었다.

① 54세   ② 53세   ③ 52세
④ 51세   ⑤ 50세

12 다음 [조건]을 만족할 때 총무팀장의 좌우 옆자리에 함께 앉아 있을 수 있는 두 사람을 바르게 짝지은 것을 고르면?

조건
- 기획팀장, 인사팀장, 영업팀장, 생산팀장, 홍보팀장, 총무팀장 6명은 원형 테이블에 앉아 회의를 진행하고 있다.
- 기획팀장의 옆에는 인사팀장이 앉아 있다.
- 영업팀장은 기획팀장과 마주 보는 자리에 앉아 있다.
- 영업팀장의 한 칸 건너 자리에는 생산팀장이 앉아 있다.

① 영업팀장, 생산팀장
② 영업팀장, 기획팀장
③ 생산팀장, 인사팀장
④ 생산팀장, 기획팀장
⑤ 인사팀장, 홍보팀장

13 다섯 명의 직원이 4개의 층에서 근무 중이다. 서로 같은 층에 근무하는 직원을 고르면?

> • A는 B, C보다 높은 층에서 근무한다.
> • D는 E보다 높은 층에서 근무하지만, C보다 낮은 층에서 근무한다.
> • B는 3층에서 근무한다.
> • E는 1층에서 근무한다.

① A, B 　　　　② A, D 　　　　③ B, C
④ C, D 　　　　⑤ C, E

14 S사는 행사 참여 인원으로 인솔자, 진행자, 안내자, 관리자를 1명씩 선정하였다. 각 직원(A~E)들의 진술이 다음과 같다. 이 중 1명만 거짓을 말하였다면, 반드시 참인 설명을 고르면?

> • A: "D는 진행자로 선정되었다."
> • B: "A는 선정되었지만, 진행자는 아니다."
> • C: "B는 관리자로 선정되었고, A의 말은 참이다."
> • D: "C의 말은 참이 아니다."
> • E: "C가 안내자로 선정되었고, B는 선정되지 않았다."

① A는 진행자로 선정되었다.
② B는 선정되지 않았다.
③ C는 인솔자로 선정되었다.
④ D는 관리자로 선정되었다.
⑤ E는 안내자로 선정되었다.

15 A~E 5명이 다음 [보기]와 같이 진술하였다. 야근을 한 사람은 1명이고, 2명은 거짓을 말하고 있다고 할 때, 야근을 한 사람을 고르면?

> **보기**
>
> • A: "E는 항상 진실만을 말해."
> • B: "C가 야근을 했어."
> • C: "나는 야근을 하지 않았어."
> • D: "B의 말이 맞아."
> • E: "A가 야근을 했어."

① A   ② B   ③ C
④ D   ⑤ E

16 다섯 명의 선수 A~E가 서로 다른 순서로 결승선을 통과했다. 다음 [조건]을 바탕으로 첫 번째로 결승선을 통과한 선수를 고르면?

> **조건**
>
> • A선수는 E선수, B선수보다 늦게 결승선을 통과했다.
> • C선수보다 늦게 결승선을 통과한 선수는 B를 포함한 2명이다.
> • D선수는 두 번째로 결승선을 통과했다.
> • C선수는 D선수보다 늦게 결승선을 통과했다.

① A선수   ② B선수   ③ C선수
④ D선수   ⑤ E선수

17 A~E 5명 중 2명이 숙제를 해오지 않았다. 이들 중 1명이 거짓을 말하고 있다고 할 때, 다음 중 항상 옳지 <u>않은</u> 것을 고르면?

> • A: "나와 D는 모두 숙제를 해왔어."
> • B: "C는 숙제를 해오지 않았어."
> • C: "거짓을 말하고 있는 학생은 숙제를 해왔어."
> • D: "C는 숙제를 해왔어."
> • E: "D는 숙제를 해왔어."

① A는 숙제를 해왔다.
② B는 진실을 말하고 있다.
③ C는 숙제를 해왔다.
④ D는 거짓을 말하고 있다.
⑤ E는 숙제를 해오지 않았다.

18 다섯 마리의 동물, 고양이, 개, 토끼, 원숭이, 호랑이가 있다. 한 마리만 거짓말을 하고, 나머지 동물들은 진실을 말한다. 거짓말을 하는 동물이 누구인지 고르면?

> • 고양이: "개는 거짓말을 하지 않아."
> • 개: "거짓말을 하는 동물은 1마리야."
> • 토끼: "원숭이는 거짓말을 하지 않아."
> • 원숭이: "호랑이는 거짓말을 해."
> • 호랑이: "나는 거짓말을 하지 않아."

① 고양이　　　　　② 개　　　　　③ 토끼
④ 원숭이　　　　　⑤ 호랑이

19 형진, 석재, 혁준, 형은, 상현은 함께 교내 수학경시대회에 참가했는데, 이들의 점수가 모두 달랐다. 이들은 수상 결과에 대해 다음과 같이 말하였는데, 2명이 거짓을 말하였다. 이때, 교내 수학경시대회에서 1등을 한 사람을 고르면?

- 형진: "나는 1등을 했어."
- 상현: "나는 1등을 했어."
- 형은: "형진이는 1등을 했어."
- 혁준: "석재는 3등 안에 들었어."
- 석재: "나는 3등 안에 들지 못했어."

① 형진　　　　　　　　② 석재　　　　　　　　③ 혁준
④ 형은　　　　　　　　⑤ 상현

20 LG전자 총무 1팀에 근무 중인 최선희 주임은 회의 자료 인쇄, 엑셀 작업, 파일 정리, 탕비실 물품 채우기, 거래처 메일 확인, 회의, 외근의 7개 업무를 아래 [조건]에 맞게 처리해야 한다. 이때, 최 주임이 5번째로 처리해야 하는 업무를 고르면?

조건

- 회의는 외근을 가기 전에 한다.
- 파일 정리는 외근을 다녀온 뒤 한다.
- 엑셀 작업을 가장 마지막에 처리한다.
- 회의하기 직전에 회의 자료를 인쇄한다.
- 거래처 메일을 확인한 다음 바로 외근을 간다.
- 가장 먼저 처리할 업무는 탕비실 물품 채우기이다.

① 회의　　　　　　　　② 외근　　　　　　　　③ 파일 정리
④ 회의 자료 인쇄　　　⑤ 거래처 메일 확인

01　다음 [표]는 2018~2023년 5개 질병 A~E를 대상으로 한 수검 자료이다. 이에 대한 설명으로 옳은 것을 [보기]에서 모두 고르면?

[표] 2018~2023년 질병 A~E의 수검 현황　　　　　　　　　　　　　　　　　　　　(단위: 천 명, %)

구분		2018년	2019년	2020년	2021년	2022년	2023년
질병 A	수검자 수	1,200	1,000	950	1,150	1,250	1,500
	수검률	40	45	50	40	60	50
질병 B	수검자 수	1,000	900	950	1,200	850	1,050
	수검률	45	50	55	60	50	65
질병 C	수검자 수	800	900	800	650	850	600
	수검률	30	40	45	35	40	50
질병 D	수검자 수	600	700	850	1,200	1,250	1,500
	수검률	35	45	40	50	55	60
질병 E	수검자 수	100	80	90	120	150	180
	수검률	45	50	40	55	35	30

※ 수검률(%)=(수검자 수÷전체 수검 대상자 수)×100

> **보기**
>
> ㉠ 2020년 전체 수검 대상자 수는 질병 A가 질병 D보다 많다.
> ㉡ 2018년 대비 2023년 수검자 수 증가율이 가장 높은 것은 질병 D이다.
> ㉢ 2023년 전체 수검 대상자 수가 가장 많은 질병의 수검률이 가장 높다.
> ㉣ 질병 B의 전체 수검 대상자 수는 2019년 대비 2021년에 20만 명 증가하였다.

① ㉠, ㉡　　　　　　　② ㉠, ㉢　　　　　　　③ ㉡, ㉢
④ ㉡, ㉣　　　　　　　⑤ ㉢, ㉣

02 다음 [그래프]는 2015~2019년 A국의 사회간접자본(SOC)에 대한 투자 규모 및 총지출 대비 SOC 투자 규모 비중을 나타낸 자료이다. 이를 바탕으로 할 때, 다음 [보기] 중 옳은 것의 개수를 고르면?

[그래프] 2015~2019년 SOC 투자 규모 현황 (단위: 조 원, %)

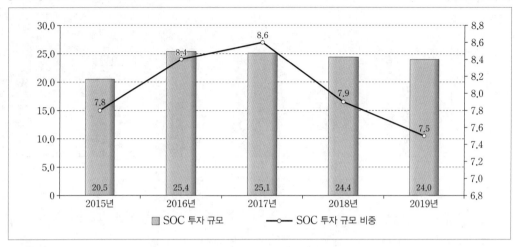

보기

㉠ 2019년 총지출은 300조 원 이상이다.

㉡ 2016~2019년 동안 SOC 투자 규모는 전년 대비 증가와 감소를 반복한다.

㉢ 2016~2019년 동안 SOC 투자 규모와 총지출 대비 SOC 투자 규모 비중이 모두 증가한 해는 2개년이다.

㉣ 2020년은 2019년에 비해 총지출은 동일하고 SOC 투자 규모 비중만 0.5%p 증가한다면 2020년 SOC 투자 규모는 25조 원 이상이다.

① 0개   ② 1개   ③ 2개
④ 3개   ⑤ 4개

03 다음 [그래프]는 2024년 상반기 A~D지역에 대한 월별 출생아 수를 나타낸 자료이다. 이에 대한 설명으로 옳지 <u>않은</u> 것을 [보기]에서 모두 고르면?

[그래프] 2024년 상반기 지역별 출생아 수 　　　　　　　　　　　　　　　　　　　　　　　(단위: 명)

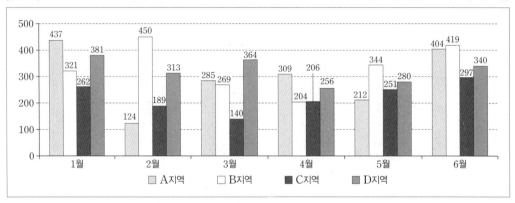

> **보기**
>
> ㉠ 3월부터 6월까지 출생아 수가 두 번째로 많은 지역은 D이다.
> ㉡ 1월부터 5월까지 평균 출생아 수는 D지역이 A지역보다 43.2명 더 많다.
> ㉢ 2월 B지역의 전월 대비 출생아 수 증가율은 6월의 C지역보다 20%p 이상 높다.
> ㉣ 3월 출생아 중 B지역이 차지하는 비중은 5월 출생아 중 C지역이 차지하는 비중보다 2%p 이상 높다.

① ㉠, ㉡　　　　　　　　② ㉠, ㉣　　　　　　　　③ ㉢, ㉣
④ ㉠, ㉡, ㉢　　　　　　⑤ ㉡, ㉢, ㉣

04 다음 [표]는 2013~2019년 우리나라의 에너지원별 발전 비율 현황을 나타낸 자료이다. 이에 대한 설명으로 옳은 것을 고르면?

[표] 2013~2019년 에너지원별 발전 비율 (단위: %)

구분	2013년	2014년	2015년	2016년	2017년	2018년	2019년
석탄	44.7	46.2	48.2	47.5	52.4	52.4	51.0
석유	3.5	1.7	2.1	3.0	1.1	1.3	0.7
LNG	22.3	16.3	11.8	11.8	11.4	14.0	12.7
원자력	29.3	34.1	36.6	36.2	33.5	30.6	34.1
수력	1.8	1.7	1.3	1.5	1.6	1.7	1.5

① 석탄은 발전 비율이 꾸준히 상승하였다.

② 원자력 발전 비율은 해마다 LNG의 2배 이상이다.

③ LNG와 원자력의 발전 비율의 합은 석탄 발전 비율보다 높다.

④ 수력 발전 비율은 2017년 이후 석유 발전 비율보다 항상 높다.

⑤ LNG의 발전 비율이 전년 대비 두 번째로 크게 변화한 시기는 2014년이다.

05 다음 [표]는 2023년 헌혈 통계에 대한 자료이다. 헌혈률과 실제국민헌혈률의 합을 고르면?(단, 계산 시 소수점 둘째 자리에서 반올림한다.)

[표] 2023년 헌혈 통계

총헌혈실적(천 건)	2,800
총인구(천 명)	51,300
헌혈 가능 인구 대비 헌혈률(%)	7.0
헌혈자 1인당 평균 헌혈실적(건)	2.1

- 헌혈률(%)$=\dfrac{총헌혈실적}{총인구}\times100$

- 헌혈 가능 인구 대비 헌혈률(%)$=\dfrac{총헌혈실적}{헌혈\ 가능\ 인구}\times100$

- 헌혈자 1인당 평균 헌혈실적$=\dfrac{총헌혈실적}{헌혈자\ 실인원\ 수}$

- 실제 국민 헌혈률(%)$=\dfrac{헌혈자\ 실인원\ 수}{헌혈\ 가능\ 인구}\times100$

① 10.6% ② 10.0% ③ 9.4%

④ 8.8% ⑤ 8.2%

06 다음 [표]는 2020~2022년 A~D기업의 무역액 현황을 나타낸 자료이다. 이에 대한 설명으로 옳은 것을 [보기]에서 모두 고르면?

[표] 2020~2022년 A~D기업의 무역액 현황

(단위: 억 달러)

구분	수출액				수입액			
	2020년	2021년	2022년	합계	2020년	2021년	2022년	합계
A기업	179	191	184	554	123	208	178	509
B기업	45	44	61	( )	51	48	47	( )
C기업	1,209	( )	1,498	4,011	870	934	1,012	2,816
D기업	480	391	( )	1,303	501	499	( )	1,420

※ 무역수지는 (수출액) – (수입액)이며, 양수이면 흑자이고 음수이면 적자를 의미함

보기

㉠ 3년간 B기업의 무역수지는 흑자를 나타낸다.
㉡ C기업의 무역수지는 연도별로 항상 흑자이다.
㉢ 2021년 C기업의 수출액은 1,300억 달러 미만이다.
㉣ 2022년 A기업의 무역수지는 D기업의 무역수지보다 높다.

① ㉠, ㉡   ② ㉠, ㉢   ③ ㉡, ㉢
④ ㉡, ㉣   ⑤ ㉢, ㉣

07 다음 [그래프]는 한국 패션 소비시장에 대한 자료이다. 이에 대한 설명으로 옳지 <u>않은</u> 것을 고르면?

[그래프1] 2021~2024년 한국 패션 시장 규모 　　　　　　　　　　　　　　　　(단위: 조 원)

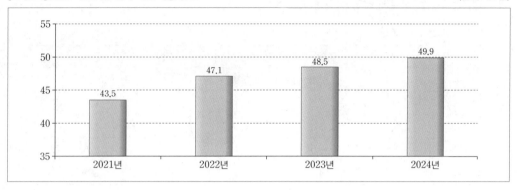

[그래프2] 2023년 의류 구매 시 고려 요소

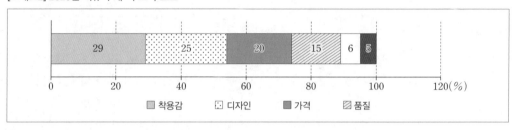

[그래프3] 2023년 구매 1회당 지출금액

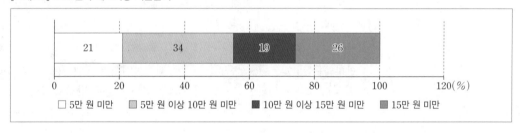

① 한국패션시장 규모의 전년 대비 증가액의 크기는 2022년이 가장 크다.
② 한국패션시장 규모의 전년 대비 증가율의 크기는 2022년이 가장 크고 2024년, 2023년 순이다.
③ 소비자는 의류 구매 시 착용감을 가장 중요한 고려 요소로 뽑았다.
④ 구매 1회당 지출금액이 10만 원 이상인 응답자는 10만 원 미만인 응답자보다 10% 적었다.
⑤ 구매 1회당 지출금액이 5만 원 이상 10만 원 미만이라는 응답자는 의류 구매 시 착용감을 최
우선으로 고려한다는 응답률보다 5% 많다.

다음 [표]는 △△프랜차이즈 식당의 5개 지점에 대하여 6개 항목으로 소비자 만족도 조사를 하여 그 결과를 나타낸 자료이고, [보고서]는 [표]의 내용을 토대로 하여 작성된 것이다. 이를 바탕으로 할 때, 각 지점을 바르게 나타낸 것을 고르면?

[표] △△프랜차이즈 지점별 소비자 만족도 조사

지점	맛	메뉴	접근성	친절	위생	가격
A	8.4	6.5	5.9	7.7	7.4	4.9
B	6.8	7.0	9.1	8.5	6.1	5.5
C	6.5	5.9	8.5	9.1	8.4	7.1
D	7.8	9.1	6.4	8.7	7.5	5.4
E	5.1	4.2	5.8	8.4	9.1	8.5

※ 종합 점수는 항목별 점수의 합으로 계산함

[보고서]

5개 지점 중 철산 지점은 독자적인 메뉴 개발에 성공하여 메뉴 평가에서 좋은 점수를 얻었지만, 종합 점수는 세 번째로 낮다. 반면 신메뉴 개발에 성공하지 못한 홍대 지점의 경우에는 상대적으로 낮은 점수에도 불구하고 종합 점수가 45점을 넘기며 메뉴 외에 전반적으로 좋은 평가를 받았다. 인하대 지점은 친절도 점수가 높은 편이며 전반적으로 괜찮은 점수를 받았으나, 가격을 적정하게 책정하지 못해 다른 지점에 비해 가격이 높은 점이 드러나 해당 항목에서 가장 낮은 점수를 기록했다. 수원역 지점은 가격 항목에서 좋은 점수를 받았지만 접근성이 좋지 못하고 음식의 맛이 없었다는 평을 얻으며 좋지 못한 종합 점수 결과를 보였다. 하지만 전반적으로 접근성이 좋지 못하다고 회자되었던 의정부 지점은 맛과 친절함에서 준수한 만족도 점수를 획득하였고, 이에 따라 가격 항목을 제외하면 항목별 점수 합계가 가장 높은 것으로 나타났다.

	A	B	C	D	E
①	수원역	홍대	의정부	철산	인하대
②	인하대	의정부	철산	홍대	수원역
③	의정부	철산	인하대	수원역	홍대
④	인하대	철산	홍대	수원역	의정부
⑤	인하대	철산	홍대	의정부	수원역

09 다음 [표]는 2018~2022년 5개 제품 A~E의 매출액을 조사하여 나타낸 자료이다. 이를 바탕으로 연도별 매출액 비중을 그래프로 나타내었을 때, 다음 중 옳지 <u>않은</u> 것을 고르면?

[표] 2018~2022년 제품별 매출액 (단위: 억 원)

구분	2018년	2019년	2020년	2021년	2022년
제품 A	1,200	1,500	1,800	2,400	2,000
제품 B	2,000	2,500	2,400	1,700	1,500
제품 C	500	800	1,000	600	800
제품 D	100	200	100	300	700
제품 E	700	1,000	1,200	1,000	1,500

① 2018년
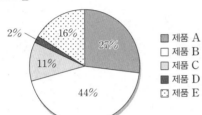

② 2019년
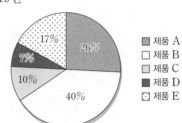

③ 2020년
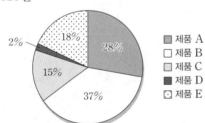

④ 2021년
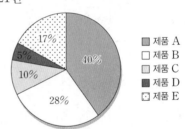

⑤ 2022년
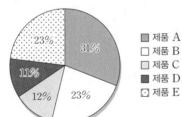

10 다음 [표]는 연도별 인구 추이에 대한 자료이다. 이에 대한 설명으로 옳은 것을 고르면?

[표] 연도별 인구 추이 (단위: 천 명, %)

구분	65세 이상	노년부양비	노령화지수
2020년	8,152	21.8	129.3
2025년	10,514	29.3	199.9
2030년	12,980	38	312
2035년	15,208	47.7	406.7
2040년	17,151	59.1	442.2
2050년	18,908	77.3	504
2060년	18,682	90.3	636.9
2072년	17,271	104.2	726.8

※ 노년부양비={고령인구(65세 이상)÷생산연령인구(15~64세)}×100
※ 노령화지수={고령인구(65세 이상)÷유소년인구(0~14세)}×100

① 65세 이상 인구는 증가한다.
② 노년부양비가 가장 높은 해에 생산연령인구는 가장 많다.
③ 유소년인구가 가장 많은 해에 노령화지수가 가장 크다.
④ 2072년 총인구는 4천만 명 이하이다.
⑤ 2060년 생산연령인구는 2천만 명 이하이다.

11 다음 [표]는 2018~2021년 어느 지역에서 발생한 교통사고 현황에 관한 자료이다. 이에 대한 설명으로 옳지 <u>않은</u> 것을 고르면?

[표] 2018~2021년 교통사고 현황
(단위: 건, 명)

구분	2018년	2019년	2020년	2021년	합계
차대차 사고 건수	500	700	800	600	2,600
차대사람 사고 건수	100	150	200	120	570
부상자 수	240	300	320	250	1,110
사망자 수	50	30	60	40	180

※ 사상자 수=부상자 수+사망자 수

① 2020년 교통사고 부상자 수는 2018년 대비 30% 이상 증가하였다.
② 조사 기간 동안 부상자 수와 사망자 수의 증감 추이가 다르다.
③ 2020년에는 사고 건수 및 사상자 수가 전년 대비 증가하였다.
④ 차대차 사고 건수 대비 차대사람 사고 건수는 2018년보다 2020년에 더 많다.
⑤ 사망자 수가 가장 많은 해의 차대차 사고 건수는 전체 차대차 사고 건수의 35% 이상이다.

12 다음 [표]는 5개 기업 A~E의 2020년부터 3년간 매출액을 조사하여 나타낸 자료이다. 이에 대한 설명으로 옳지 <u>않은</u> 것을 고르면?

[표] 기업별 3년간 매출액
(단위: 억 원)

구분	2020년	2021년	2022년	3년 평균 매출액
기업 A	120	105	( )	112
기업 B	210	198	204	( )
기업 C	150	( )	205	179
기업 D	( )	207	108	185
기업 E	172	197	261	( )

① 기업 C의 2021년 매출액은 183억 원이다.
② 기업 A의 2022년 매출액은 110억 원 이상이다.
③ 2022년 다섯 기업의 매출액 평균은 180억 미만이다.
④ 기업 E의 3년 평균 매출액은 기업 A의 2배 미만이다.
⑤ 기업 D의 2020년 매출액은 기업 B의 3년 평균 매출액보다 30억 원 이상 많다.

13 다음 [그래프]는 2013~2019년 수도권 전출입에 대한 자료이다. 이에 대한 설명으로 옳은 것을 고르면?

[그래프] 2013~2019년 수도권 이동 현황   (단위: 천 명)

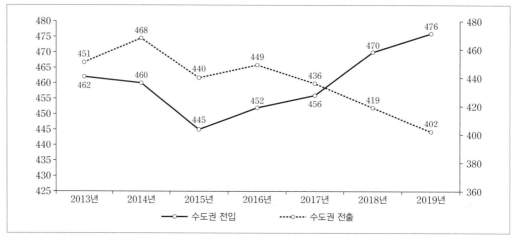

※ 수도권 전입은 '비수도권 → 수도권', 수도권 전출은 '수도권 → 비수도권'을 의미함

① 수도권 전출자 수는 해마다 꾸준히 감소한다.

② 수도권 인구는 2017년까지 꾸준히 감소하였다.

③ 수도권에서 전입자 수가 가장 많았던 해는 2014년이다.

④ 수도권 전입자 수는 2013년 대비 2019년에 15,000명 더 많다.

⑤ 수도권에서 전입자와 전출자 수의 격차는 최대 7만 명 이상이다.

 14 다음 [그래프]는 어느 기업에서 납품 업체를 선정하기 위하여 직원들에게 세 업체 중 가장 선호하는 업체를 조사한 자료이다. 설문조사 결과를 바탕으로 작성한 [보고서]의 내용 중 옳은 것을 모두 고르면?

[그래프] 부서별 설문조사 결과 (단위: 명)

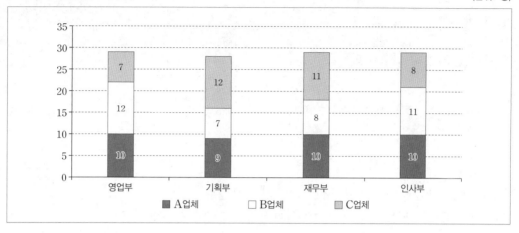

[보고서]

　　ⓘ영업부와 인사부에는 B업체를 선호하는 사람이 가장 많고, ⓛ기획부와 재무부에는 C업체를 선호하는 사람이 가장 많다. ⓒA업체는 모든 부서에서 선호도가 두 번째로 높으며 전 부서에서 A업체를 선호하는 사람 수의 합이 가장 높다.

① ㉠

② ㉠, ㉡

③ ㉠, ㉢

④ ㉡, ㉢

⑤ ㉠, ㉡, ㉢

15 다음 [표]는 2006~2010년 정부 지원 직업훈련 현황을 나타낸 자료이다. 이에 대한 설명으로 옳지 않은 것을 고르면?

[표] 2006~2010년 정부 지원 직업훈련 현황 (단위: 천 명, 억 원)

구분	연도	2006년	2007년	2008년	2009년	2010년
훈련 인원	실업자	102	117	113	153	304
	재직자	2,914	3,576	4,007	4,949	4,243
	합계	3,016	3,693	4,120	5,102	4,547
훈련 지원금	실업자	3,236	3,638	3,402	4,659	4,362
	재직자	3,361	4,075	4,741	5,597	4,669
	합계	6,597	7,713	8,143	10,256	9,031

① 2010년 훈련 인원 중 재직자는 4,200만 명이 넘는다.

② 재직자를 대상으로 한 훈련 지원금이 두 번째로 많은 해는 2008년이다.

③ 훈련 인원 중 실업자 수는 2006년 대비 2010년에 202천 명 증가하였다.

④ 2007년 훈련 지원금 중 재직자를 대상으로 한 금액이 차지하는 비중은 절반이 넘는다.

⑤ 전체 훈련 인원이 가장 많은 해와 전체 훈련 지원금이 가장 많은 해는 동일하다.

16 다음 [표]는 국내 건설 수주액에 관한 자료이다. 이에 대한 설명으로 옳은 것을 [보기]에서 모두 고르면?

[표] 분야별 및 공종별 국내 건설업 수주액 (단위: 천억 원)

구분		2017년	2018년	2019년	2020년	2021년
공공	토목	275	250	280	292	356
	건축	174	190	200	228	244
민간	토목	145	214	215	153	179
	건축	987	907	965	1,265	1,379

> **보기**
>
> ㉠ 조사 기간 동안 공공 분야의 건축 공종의 수주액만 유일하게 매년 증가했다.
>
> ㉡ 민간 분야의 수주액 총합은 2020년에 가장 높다.
>
> ㉢ 공공 분야에서 두 공종의 수주액 차이는 2018년보다 2020년에 더 크다.
>
> ㉣ 2021년 전체 토목 공종 수주액에서 민간 분야가 차지하는 비율은 35%가 넘는다.

① ㉠, ㉡   ② ㉠, ㉢   ③ ㉡, ㉢

④ ㉡, ㉣   ⑤ ㉢, ㉣

17 다음 [표]는 A사의 2021년 분기별 경영 실적을 나타낸 자료이다. 이에 대한 설명으로 옳은 것을 [보기]에서 모두 고르면?

[표] A사의 2021년 분기별 경영 실적 (단위: 천만 원)

구분	1분기	2분기	3분기	4분기
매출액	320	280	350	270
변동비	80	60	100	50
고정비	40	40	40	40

※ 공헌 이익=매출액−변동비
※ 순이익=공헌 이익−고정비

보기

㉠ 분기별로 보면, 매출액이 클수록 공헌 이익이 크다.
㉡ 매출액이 가장 큰 분기의 공헌 이익은 250억 원이다.
㉢ 매출액이 가장 작은 분기의 순이익과 매출액이 두 번째로 작은 분기의 순이익은 동일하다.
㉣ 매 분기 순이익과 공헌 이익의 차이는 동일하다.

① ㉠, ㉡   ② ㉠, ㉢   ③ ㉡, ㉢
④ ㉡, ㉣   ⑤ ㉢, ㉣

18 다음 [표]는 2012년과 2022년 연령대별 음주 및 흡연율을 조사한 자료이다. 이에 대한 설명으로 옳지 <u>않은</u> 것을 고르면?

[표1] 2012년과 2022년 연령대별 음주율 (단위: %)

구분	10대 이하	20대	30대	40대	50대	60대 이상
2012년	7.8	52.2	64.8	57.4	61.4	62.0
2022년	9.6	45.4	61.2	63.8	64.0	59.8

※ 연도별 조사 인원수: 연령대별 500명씩

[표2] 2012년과 2022년 연령대별 흡연율 (단위: %)

구분	10대 이하	20대	30대	40대	50대	60대 이상
2012년	3.6	29.0	35.4	41.2	40.8	43.8
2022년	4.8	25.2	32.4	38.8	39.2	40.6

※ 연도별 조사 인원수: 연령대별 1,500명씩

① 조사 대상 중 2012년 20~30대 흡연율은 32.2%이다.

② 조사 대상 중 2012년 40대 음주자 수는 300명 미만이다.

③ 조사 대상 중 2022년 60대 이상 흡연자 수는 600명 이상이다.

④ 2022년 10대 이하의 조사 대상 중 흡연자 수는 음주자 수의 1.6배이다.

⑤ 조사 대상 중 2012년 30대 음주자 수는 2022년 20대 흡연자 수보다 적다.

19 다음 [그래프]와 [표]는 2018~2021년 제품 A~E의 판매에 관한 자료이다. 이에 대한 설명으로 옳은 것을 고르면?

[그래프] 2018~2021년 제품 A~E의 판매량 (단위: 천 개)

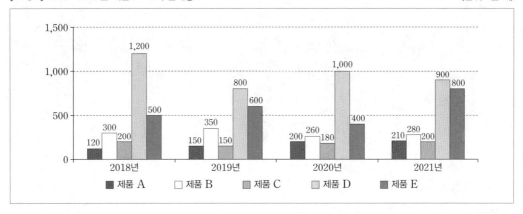

[표] 제품 A~E의 개당 판매 가격 (단위: 원)

구분	제품 A	제품 B	제품 C	제품 D	제품 E
가격	2,000	1,500	1,800	300	500

※ 매출액=판매량×개당 제품 가격

① 2021년 매출액이 가장 높은 제품은 E이다.

② 2020년 제품 C의 매출액은 제품 D의 매출액보다 높다.

③ 2019년 제품 B와 제품 C의 매출액 차이는 255,000원이다.

④ 조사 기간 동안 판매량이 가장 적은 제품은 C이다.

⑤ 2019년 제품 D의 판매량은 2018년 대비 30% 감소하였다.

20 다음 [표]는 2019~2021년 산업별 기업 수 및 무역액에 관한 자료이다. 이를 바탕으로 나타낸 그래프 중 옳지 <u>않은</u> 것을 고르면?

[표] 2019~2021년 산업별 기업 수 및 무역액 (단위: 개, 천 달러)

구분		수출			수입		
		2019년	2020년	2021년	2019년	2020년	2021년
기업 수		1,200	1,300	1,700	1,950	1,750	2,100
	제조업	400	450	600	600	450	500
	건설업	300	250	350	900	800	1,000
	IT산업	500	600	750	450	500	600
무역액		11,800	11,600	12,900	17,000	13,200	20,000
	제조업	2,400	2,000	2,500	3,000	2,000	2,500
	건설업	3,600	3,500	4,000	9,000	6,000	12,000
	IT산업	5,800	6,100	6,400	5,000	5,200	5,500

※ 무역수지=수출액-수입액

① 2021년 산업별 수입액 비중 (단위: %)

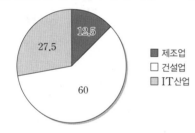

② 2019~2021년 산업별 수출 기업 수 현황 (단위: 개)

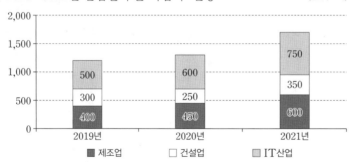

③ 2019~2021년 산업별 수출액 현황 　　　　　(단위: 만 달러)

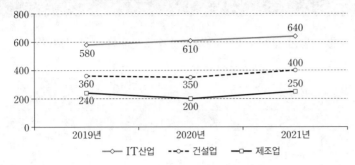

④ 2020~2021년 산업별 전년 대비 수입 기업 수 증감 　　　(단위: 개)

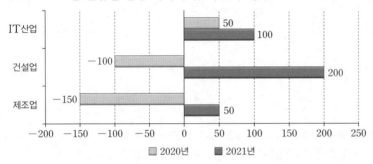

⑤ 2019~2021년 산업별 무역수지 현황 　　　　(단위: 천 달러)

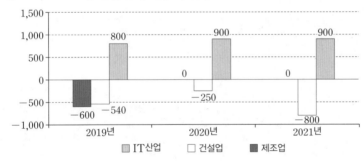

01 다음은 일정한 규칙으로 수를 나열한 것이다. 빈칸에 들어갈 수로 알맞은 것을 고르면?

		6	10	7	9	13	10	12	( )	

① 12   ② 13   ③ 14
④ 15   ⑤ 16

02 T부서에서는 체육대회를 실시하는데 직원들을 5개의 조로 나누어 편성하려고 한다. 이때, 직원 A~D 4명 중 2명은 같은 조, 남은 2명은 각각 다른 조로 배정될 확률을 고르면?

① $\dfrac{12}{25}$ ② $\dfrac{64}{125}$ ③ $\dfrac{72}{125}$

④ $\dfrac{76}{125}$ ⑤ $\dfrac{16}{25}$

03 M부서의 총원은 15명으로 A, B, C 세 팀으로 구성되어 있다. 최근 인사평가를 실시했는데, A팀 총원 4명의 평균점수는 88점, B팀 총원의 평균점수는 73점, A팀과 B팀 총원의 평균점수는 79점이었다. M부서 총원의 평균점수가 80점이었을 때, C팀 총원의 평균점수를 고르면?

① 81점   ② 82점   ③ 83점
④ 84점   ⑤ 85점

04 다음 정사각형의 숫자들은 일정한 규칙을 가지고 있다. 빈칸에 들어갈 수로 알맞은 것을 고르면?

3	−7	2
2	4	−3
10	( )	−6

① 2 ② 5 ③ 8
④ 10 ⑤ 12

05

05 작년에 L공장에서는 새로 출시한 K제품을 1만 개 판매했다. 이 제품은 정가 10,000원에 판매되었으며, 제품 1개를 생산하는 데는 원가 1,000원인 A부품 3개와 원가 500원인 B부품 2개가 사용되었다. 그런데 올해 A부품의 가격은 20%, B부품의 가격은 40% 증가했다. 올해 K제품의 매출총이익이 작년보다 10% 이상 증가하려면 K제품을 몇 개 이상 판매해야 하는지 고르면?(단, '매출총이익=(정가−원가)×판매량'이고, 원가는 A, B부품의 가격뿐이다.)

① 12,200개 ② 12,500개 ③ 12,800개
④ 13,200개 ⑤ 13,500개

06 P사 전직원 수는 100명이며, 모두 자기계발을 위한 수업으로 A교육, B교육, C교육 중 1과목 이상을 수강해야 한다. 최대 2개까지 수강할 수 있는데, A교육, B교육, C교육을 수강하는 직원 수는 40명, 50명, 75명이고, A교육과 B교육을 동시에 수강하는 직원 수는 20명, B교육과 C교육을 동시에 수강하는 직원 수는 15명이라고 한다. 이때, A교육과 C교육을 동시에 수강하는 직원 수를 고르면?

① 25명   ② 30명   ③ 35명
④ 40명   ⑤ 45명

07 다음 톱니바퀴의 숫자들은 내톱니와 외톱니 각각 또는 맞물리는 부분에 규칙을 가지고 있다. 이때, A+B의 값을 고르면?

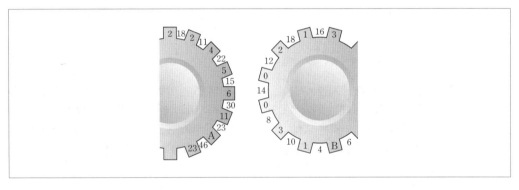

① 10   ② 12   ③ 14
④ 16   ⑤ 20

08 다음은 일정한 규칙으로 수를 나열한 것이다. 빈칸에 들어갈 알맞은 수를 고르면?

14	9	11	8	7	3	−2	( )

① −3   ② −5   ③ −7
④ −9   ⑤ −11

09 등산하는데 평지에서 시속 8km의 속력으로, 오르막에서 시속 4km의 속력으로 일정하게 갔더니 1시간 30분이 걸렸고, 같은 길로 내려오는 데에는 내리막에서 시속 12km, 평지에서 시속 9km의 속력으로 일정하게 갔더니 55분이 걸렸다. 이 등산로의 길이를 고르면?

① 5.5km   ② 7km   ③ 8.5km
④ 9km   ⑤ 9.5km

10 저수지에 물을 빼낼 수 있는 펌프 A, B가 있다. 펌프 A만 8일 동안 작동시키고 나서 펌프 B만을 18일 동안 작동시켜야 물이 다 빠지고, 펌프 A만을 4일 동안 작동시키고 나서 펌프 B만을 21일 동안 작동시키면 물이 다 빠진다고 할 때, 펌프 A만을 작동시킬 경우 며칠이 걸리는지 고르면?

① 20일   ② 23일   ③ 26일
④ 29일   ⑤ 32일

11 다음은 일정한 규칙으로 수를 나열한 것이다. 빈칸에 들어갈 수로 알맞은 것을 고르면?

$$1\frac{2}{3} \qquad 2\frac{2}{3} \qquad 4\frac{1}{3} \qquad 6\frac{2}{3} \qquad (\quad)$$

① $7\frac{2}{3}$　　　　　　② $8\frac{1}{3}$　　　　　　③ $8\frac{3}{5}$

④ 9　　　　　　⑤ $9\frac{2}{3}$

12 다음은 일정한 규칙으로 수를 나열한 것이다. 빈칸에 들어갈 수로 알맞은 것을 고르면?

8	24	32	36	38	36	32	( )

① 22　　　　　　② 24　　　　　　③ 26
④ 28　　　　　　⑤ 30

13 A% 농도의 소금물 500g에 증류수 200g과 7% 농도의 소금물 300g을 추가하였더니 6.6% 농도의 소금물 1,000g이 되었다. A의 값을 고르면?

① 6　　　　　　② 7　　　　　　③ 8
④ 9　　　　　　⑤ 10

14 어느 식당에서 보라색 컵과 주황색 컵이 7 : 8 비율로 총 150개가 있으며, 컵의 무늬는 곰돌이와 꽃으로 7 : 23 비율이다. 꽃무늬 컵에서 보라색과 주황색의 개수 비율이 11 : 12일 때, 곰돌이 무늬 컵의 보라색과 주황색의 비율을 고르면?(단, 보라색과 주황색의 비율은 '보라색 : 주황색'을 뜻한다.)

① 3 : 4　　　　　　　② 4 : 3　　　　　　　③ 5 : 3
④ 3 : 5　　　　　　　⑤ 2 : 3

15 다음 그림과 같은 8개 영역에 서로 다른 8가지 색으로 칠하는 경우의 수를 고르면?(단, A~H 8개 영역은 모두 정사각형으로서 중심점을 기준으로 상하좌우 대칭 구조이다.)

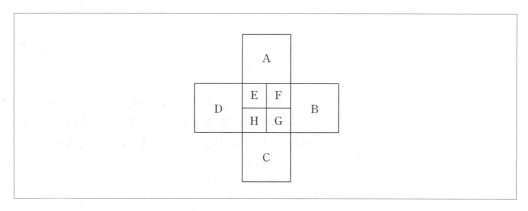

① 2,016가지　　　　　② 2,360가지　　　　　③ 2,520가지
④ 5,040가지　　　　　⑤ 10,080가지

16 다음은 일정한 규칙으로 도형에 수를 써넣은 것이다. 빈칸에 들어갈 수로 알맞은 것을 고르면?

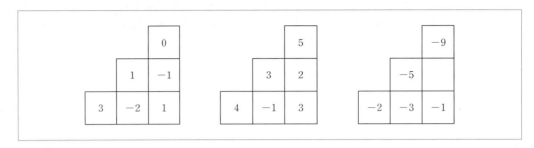

① -4 ② 0 ③ 5

④ 7 ⑤ 9

17 상자에는 1부터 5까지 적혀 있는 공이 들어 있고, 그 중에서 2개의 공을 차례대로 1개씩 뽑을 예정이다. 뽑은 공은 상자에 다시 넣지 않으며, 첫 번째로 뽑은 공의 숫자를 십의 자리 수, 두 번째로 뽑은 공의 숫자를 일의 자리 수로 쓰려고 한다. 이때, 뽑은 공으로 만든 숫자가 43 이상이 될 확률을 고르면?

① $\dfrac{1}{10}$ ② $\dfrac{1}{5}$ ③ $\dfrac{3}{10}$

④ $\dfrac{2}{5}$ ⑤ $\dfrac{4}{5}$

18 어느 회의에 5명의 사람이 참석하였는데, 회의장에 마련된 5개의 자리에 5명의 이름이 각각 붙어 있었다. 그러나 5명의 참석자가 자리에 적힌 이름을 보지 않고 무작위로 착석하였을 때, 단 2명만이 자신의 이름이 적힌 의자에 앉는 경우의 수를 고르면?

① 10가지 ② 20가지 ③ 30가지
④ 40가지 ⑤ 50가지

19 L사 신입사원들은 워크숍에 참여하게 됐는데, 숙소를 배정하는 과정에서 방 하나에 3명씩 배정했더니 5명이 배정받지 못했다. 방 하나에 4명씩 배정했더니 마지막 방에는 1명이 배정되었고, 2개의 빈 방이 생겼다고 한다. 이때, L사 신입사원 수를 고르면?

① 51명 ② 52명 ③ 53명
④ 54명 ⑤ 55명

20 다음은 일정한 규칙으로 수를 나열한 것이다. 빈칸에 들어갈 수로 알맞은 것을 고르면?

4	7	19	( )	259

① 67 ② 69 ③ 71
④ 73 ⑤ 75

인성검사

인성검사 소개

▍LG그룹 인성검사의 특징

LG그룹의 LG Way Fit Test는 LG그룹의 인성검사이다. 3개의 선택지로 한 문항이 구성되고 그 문항에 대해 자기 성향의 정도를 1(전혀 아님)에서 7(매우 그러함) 사이에서 선택한 후, 그중 가장 나의 성향과 가까운 것과 가장 먼 것을 각각 선택한다. 인성검사는 정답이 없으므로 본인이 지원한 분야와 인재상을 고려하여 솔직하고 일관성 있게 답변하는 것이 좋다. 다음에 이어지는 인성검사 예제는 실제 출제되는 문항 수와 유형이 같은 183문항으로 구성되었다. 반드시 실제 시험처럼 시간을 재고 주어진 시간(20분) 안에 문제를 풀 수 있도록 하며, 인성검사 답변 요령을 익히도록 한다.

▍인성검사의 답변 요령

01 솔직성

사람의 성격은 제각기 다르기 때문에 인성검사에 정답이 있을 수는 없다. 출제자가 의도한 바를 미리 짐작하여 그 입맛에 맞추려고 인위적으로 응답해서는 안 된다. 다양한 특성을 갖고 있는 인재들을 그 특성에 맞게 활용하고자 하는 데 인성검사의 목적이 있으므로 솔직하게 답할 필요가 있다. 비슷한 내용의 문항이 반복되어 나오기 때문에 인위적인 응답은 일관성이 결여된 사람으로 보일 수 있다. 솔직하게 문항에 응답하고, 면접 시 적절한 답변으로 대응하는 것이 좋다.

02 일관성

인성검사의 문항을 풀다 보면 일정한 간격으로 유사한 내용의 문항이 반복된다는 것을 알 수 있다. 무심코 문제를 풀다 보면 유사한 내용의 문항에 다른 답을 체크하는 결과가 종종 생기기도 한다. 유사한 내용에 다른 답을 체크하는 것은 일관성이 없어 보일 수 있으며 이는 결코 좋은 인상을 심어 줄 수가 없다. 많은 문항을 풀다 보면 지루함에 빠지기 쉽지만, 긴장을 늦추지 말고 문항의 내용을 기억해 가며 차분히 풀어야 한다.

03 인재상 및 직무연관성

지원한 직무에서 요구하는 성향이 무엇인지 파악해 두는 것도 도움이 된다. 인성검사를 통해 드러나는 성격과 지원한 직무와의 연계성이 높다면 같은 조건의 타 지원자보다 유리한 위치에 설 수 있다. 따라서 자신이 지원한 직무에 대해서 미리 생각해 보는 것도 필요하다.

유의사항 ┃ LG 인성검사는 두 가지 유형이 복합된 다소 복잡한 형태를 하고 있다. 문항 1개당 마킹 1번이 아니라 문제 3개당 마킹 5번이 필요하므로 그만큼 시간이 더 소비된다. 또한 문항 수가 많기 때문에 자칫 잘못하다간 시간이 부족해질 수 있다. 인성검사는 모두 마킹을 하지 못했을 경우 치명적일 수 있기 때문에 방심하지 말고 시간 관리를 철저히 해야 한다. 효과적인 시간 관리를 위해선 먼저 시험 응시일 며칠 전부터 자신의 특성을 정리해서 나의 특성에 대한 우선순위를 미리 정해가는 것이 좋다.
예를 들어 자신의 특성을 책임감〉적극성〉창의성 순으로 정하는 것이다. 그래야 자신의 성향과 가까운 것과 먼 것을 나름 일관되게 해결할 수가 있다. 또 하나는 자신의 특성을 LG 인재상과도 맞춰볼 필요가 있다. 인성검사는 인재상과 부합하는 인재를 찾기 위한 검사이기 때문이다.

인성검사 예제 1

[001~061] 다음 문항을 읽고 자신과 맞는 성향에 따라 '전혀 아님'인 1점부터 '매우 그러함'인 7점까지의 점수를 표시한 후 세 문항 중 가장 가까운 문항에는 '가깝다'를, 가장 거리가 먼 문항에는 '멀다'를 고르시오.

번호		문항 예시	응답1 전혀 아님 《 보통 》 매우 그러함							응답2 멀다	가깝다
001	A	같이 일하는 것을 좋아한다.	①	②	③	④	⑤	⑥	⑦	○	○
	B	새로운 모험을 하는 것을 좋아한다.	①	②	③	④	⑤	⑥	⑦	○	○
	C	문화생활을 즐기는 편이다.	①	②	③	④	⑤	⑥	⑦	○	○
002	A	창의적이다.	①	②	③	④	⑤	⑥	⑦	○	○
	B	개인보다 집단의 이익을 우선시한다.	①	②	③	④	⑤	⑥	⑦	○	○
	C	지루한 것은 참지 못한다.	①	②	③	④	⑤	⑥	⑦	○	○
003	A	주도적이다.	①	②	③	④	⑤	⑥	⑦	○	○
	B	리더십이 강하다.	①	②	③	④	⑤	⑥	⑦	○	○
	C	나에 대해 엄격한 편이다.	①	②	③	④	⑤	⑥	⑦	○	○
004	A	항상 새로운 것에 도전한다.	①	②	③	④	⑤	⑥	⑦	○	○
	B	어려워 보이는 목표부터 달성한다.	①	②	③	④	⑤	⑥	⑦	○	○
	C	동시에 여러 일을 하는 것을 좋아한다.	①	②	③	④	⑤	⑥	⑦	○	○
005	A	팀워크가 필요한 일을 잘한다.	①	②	③	④	⑤	⑥	⑦	○	○
	B	모임에서 항상 리더를 맡는다.	①	②	③	④	⑤	⑥	⑦	○	○
	C	혼자만의 힘으로 최고의 성과를 낼 수 있다.	①	②	③	④	⑤	⑥	⑦	○	○
006	A	기계의 부품을 분리하는 것을 좋아한다.	①	②	③	④	⑤	⑥	⑦	○	○
	B	물건 구매 시 제품을 꼼꼼하게 비교하고 분석한다.	①	②	③	④	⑤	⑥	⑦	○	○
	C	신기한 물건을 자주 구매한다.	①	②	③	④	⑤	⑥	⑦	○	○
007	A	혼자만의 생각에 빠질 때가 많다.	①	②	③	④	⑤	⑥	⑦	○	○
	B	다른 사람들의 시선을 많이 신경 쓴다.	①	②	③	④	⑤	⑥	⑦	○	○
	C	하고 싶은 일은 무리를 해서라도 한다.	①	②	③	④	⑤	⑥	⑦	○	○
008	A	어떤 일을 하기 전에 미리 계획을 세운다.	①	②	③	④	⑤	⑥	⑦	○	○
	B	새해 다짐과 목표를 꼭 챙겨 적는다.	①	②	③	④	⑤	⑥	⑦	○	○
	C	벼락치기를 하는 경우가 많다.	①	②	③	④	⑤	⑥	⑦	○	○
009	A	처음 보는 사람과 쉽게 친해진다.	①	②	③	④	⑤	⑥	⑦	○	○
	B	친구가 많다.	①	②	③	④	⑤	⑥	⑦	○	○
	C	학창 시절 특별활동에 적극적이었다.	①	②	③	④	⑤	⑥	⑦	○	○

번호		문항 예시	응답1							응답2	
			전혀 아님 《		보통		》 매우 그러함			멀다	가깝다
010	A	긍정적인 말을 많이 듣는다.	①	②	③	④	⑤	⑥	⑦	○	○
	B	당황스러운 질문에도 재치 있게 대답할 수 있다.	①	②	③	④	⑤	⑥	⑦	○	○
	C	융통성이 부족한 편이다.	①	②	③	④	⑤	⑥	⑦	○	○
011	A	도전적인 사람을 좋아한다.	①	②	③	④	⑤	⑥	⑦	○	○
	B	즉흥적으로 행동하는 일이 거의 없다.	①	②	③	④	⑤	⑥	⑦	○	○
	C	예측되지 않는 일은 실행하지 않는다.	①	②	③	④	⑤	⑥	⑦	○	○
012	A	중요한 가족 모임이 있으면 회식에 빠질 수 있다.	①	②	③	④	⑤	⑥	⑦	○	○
	B	정해진 방식을 따르는 것이 좋다.	①	②	③	④	⑤	⑥	⑦	○	○
	C	남에게 피해를 입힌 적이 없다.	①	②	③	④	⑤	⑥	⑦	○	○
013	A	혼자 여행 다니는 것을 좋아한다.	①	②	③	④	⑤	⑥	⑦	○	○
	B	해외에 나가서 살고 싶다.	①	②	③	④	⑤	⑥	⑦	○	○
	C	어떤 분야의 개척자가 되는 것을 좋아한다.	①	②	③	④	⑤	⑥	⑦	○	○
014	A	어릴 적 추억을 자주 떠올린다.	①	②	③	④	⑤	⑥	⑦	○	○
	B	편지를 자주 쓰는 편이다.	①	②	③	④	⑤	⑥	⑦	○	○
	C	기회는 능력과 상관없이 주어져야 한다고 생각한다.	①	②	③	④	⑤	⑥	⑦	○	○
015	A	전공이 아닌 일을 배우는 것이 즐겁다.	①	②	③	④	⑤	⑥	⑦	○	○
	B	한 번 여행했던 곳에는 다시 가지 않는다.	①	②	③	④	⑤	⑥	⑦	○	○
	C	나의 생활에 만족한다.	①	②	③	④	⑤	⑥	⑦	○	○
016	A	이루고자 하는 목표가 명확하다.	①	②	③	④	⑤	⑥	⑦	○	○
	B	해야 하는 일을 미루지 않는다.	①	②	③	④	⑤	⑥	⑦	○	○
	C	여유를 가지고 생활한다.	①	②	③	④	⑤	⑥	⑦	○	○
017	A	자기가 맡은 일은 끝까지 해야 한다.	①	②	③	④	⑤	⑥	⑦	○	○
	B	내가 시작한 일은 남에게 맡기기 불안하다.	①	②	③	④	⑤	⑥	⑦	○	○
	C	남들과 경쟁하는 것이 불편하다.	①	②	③	④	⑤	⑥	⑦	○	○
018	A	봉사 활동하는 것을 좋아한다.	①	②	③	④	⑤	⑥	⑦	○	○
	B	어떤 상황에서도 먼저 상대방의 입장에서 생각한다.	①	②	③	④	⑤	⑥	⑦	○	○
	C	항상 친구들에게 먼저 연락한다.	①	②	③	④	⑤	⑥	⑦	○	○
019	A	일을 시작할 때 항상 실패할 가능성을 염두에 둔다.	①	②	③	④	⑤	⑥	⑦	○	○
	B	새로운 사람과의 만남이 부담스럽다.	①	②	③	④	⑤	⑥	⑦	○	○
	C	좋아하는 일보다 잘할 수 있는 일을 선택한다.	①	②	③	④	⑤	⑥	⑦	○	○
020	A	주어진 일을 하는 것이 좋다.	①	②	③	④	⑤	⑥	⑦	○	○
	B	전통에 얽매일 필요는 없다고 생각한다.	①	②	③	④	⑤	⑥	⑦	○	○
	C	많은 사람 앞에 나서는 것을 꺼린다.	①	②	③	④	⑤	⑥	⑦	○	○

번호		문항 예시	응답1							응답2	
			전혀 아님 《		보통		》 매우 그러함			멀다	가깝다
021	A	몸을 움직이는 활동을 좋아한다.	①	②	③	④	⑤	⑥	⑦	○	○
	B	생각보다 행동이 앞선다.	①	②	③	④	⑤	⑥	⑦	○	○
	C	하루하루 계획을 세워 생활한다.	①	②	③	④	⑤	⑥	⑦	○	○
022	A	나의 의견을 잘 개진한다.	①	②	③	④	⑤	⑥	⑦	○	○
	B	아는 것에 대해 설명하는 것을 좋아한다.	①	②	③	④	⑤	⑥	⑦	○	○
	C	전공이 아닌 일을 배우는 것이 즐겁다.	①	②	③	④	⑤	⑥	⑦	○	○
023	A	명소보다 남들이 잘 모르는 곳에 여행 가는 것이 좋다.	①	②	③	④	⑤	⑥	⑦	○	○
	B	나와 다른 생각을 지닌 사람의 이야기를 듣는 것이 즐겁다.	①	②	③	④	⑤	⑥	⑦	○	○
	C	넓은 교제보다 좁은 교제를 한다.	①	②	③	④	⑤	⑥	⑦	○	○
024	A	의견이 대립되었을 때 조정을 잘한다.	①	②	③	④	⑤	⑥	⑦	○	○
	B	쉽게 설득을 당하는 편이다.	①	②	③	④	⑤	⑥	⑦	○	○
	C	다른 사람으로부터 이해를 받지 못해도 상관없다.	①	②	③	④	⑤	⑥	⑦	○	○
025	A	감정을 잘 드러낸다.	①	②	③	④	⑤	⑥	⑦	○	○
	B	다른 사람을 쉽게 믿지 않는 편이다.	①	②	③	④	⑤	⑥	⑦	○	○
	C	신중한 편이어서 어떤 일을 시작할 때 준비 기간이 길다.	①	②	③	④	⑤	⑥	⑦	○	○
026	A	우울할 때 밖에 나가면 기분이 좋아진다.	①	②	③	④	⑤	⑥	⑦	○	○
	B	느긋하게 차분히 일을 진행한다.	①	②	③	④	⑤	⑥	⑦	○	○
	C	진행할 일을 정리해두지 않으면 불안하다.	①	②	③	④	⑤	⑥	⑦	○	○
027	A	어려워도 새로운 일에 도전하는 것을 좋아한다.	①	②	③	④	⑤	⑥	⑦	○	○
	B	가끔 걱정 때문에 잠을 이루지 못할 때가 있다.	①	②	③	④	⑤	⑥	⑦	○	○
	C	스스로 질책하며 무기력함에 빠져들곤 한다.	①	②	③	④	⑤	⑥	⑦	○	○
028	A	지인을 우연히 만나도 먼저 인사하는 것이 어렵다.	①	②	③	④	⑤	⑥	⑦	○	○
	B	몇몇이 반대를 해도 내 생각대로 하는 편이다.	①	②	③	④	⑤	⑥	⑦	○	○
	C	작은 일에도 쉽게 우쭐해져서 기분이 좋아진다.	①	②	③	④	⑤	⑥	⑦	○	○
029	A	먼저 다가가서 친구를 사귀는 것이 힘들다.	①	②	③	④	⑤	⑥	⑦	○	○
	B	무슨 일이든 하기 전에 곰곰이 생각하는 것을 좋아한다.	①	②	③	④	⑤	⑥	⑦	○	○
	C	어떠한 운동이든 매우 좋아한다.	①	②	③	④	⑤	⑥	⑦	○	○
030	A	일을 시작하기 전에 다시 한번 확인해 보고 시작한다.	①	②	③	④	⑤	⑥	⑦	○	○
	B	모든 업무 시스템은 나를 중심으로 흘러가야 한다.	①	②	③	④	⑤	⑥	⑦	○	○
	C	잘하지 못하는 일이라고 해도 자원해서 하는 편이다.	①	②	③	④	⑤	⑥	⑦	○	○
031	A	갑자기 식은땀이 날 때가 있다.	①	②	③	④	⑤	⑥	⑦	○	○
	B	때때로 욕설을 퍼붓고 싶을 때가 있다.	①	②	③	④	⑤	⑥	⑦	○	○
	C	스스로를 생각할 때 나는 개성적인 편이다.	①	②	③	④	⑤	⑥	⑦	○	○

06

인성검사

번호		문항 예시	응답1							응답2	
			전혀 아님 《		보통	》 매우 그러함				멀다	가깝다
032	A	주위로부터 에너지가 넘친다는 얘기를 종종 듣는다.	①	②	③	④	⑤	⑥	⑦	○	○
	B	약간의 위법도 해서는 안 된다고 생각한다.	①	②	③	④	⑤	⑥	⑦	○	○
	C	사람과 첫 대면을 한다는 것이 경쾌한 일은 아니다.	①	②	③	④	⑤	⑥	⑦	○	○
033	A	사람이 많은 곳에 가서 활동하는 것이 좋다.	①	②	③	④	⑤	⑥	⑦	○	○
	B	일단 시작하면 끝장을 봐야 후련하다.	①	②	③	④	⑤	⑥	⑦	○	○
	C	어떠한 일에 대한 비전을 세우고 시작한다.	①	②	③	④	⑤	⑥	⑦	○	○
034	A	운동 경기를 좋아한다.	①	②	③	④	⑤	⑥	⑦	○	○
	B	배탈이 자주 난다.	①	②	③	④	⑤	⑥	⑦	○	○
	C	누군가와 다툰 것이 모두 내 잘못 때문인 것 같다.	①	②	③	④	⑤	⑥	⑦	○	○
035	A	마음을 터놓고 진정으로 대할 수 있는 사람이 주위에 없다.	①	②	③	④	⑤	⑥	⑦	○	○
	B	내 의견을 확실하게 말하는 편이다.	①	②	③	④	⑤	⑥	⑦	○	○
	C	조용하고 차분한 모임보다는 떠들썩한 모임을 더 좋아한다.	①	②	③	④	⑤	⑥	⑦	○	○
036	A	파티에 가는 것을 싫어한다.	①	②	③	④	⑤	⑥	⑦	○	○
	B	생각을 먼저 하고 나중에 행동하는 편이다.	①	②	③	④	⑤	⑥	⑦	○	○
	C	무엇을 하든 몸을 움직이는 것을 좋아한다.	①	②	③	④	⑤	⑥	⑦	○	○
037	A	항상 준비하고 철저히 계획한다.	①	②	③	④	⑤	⑥	⑦	○	○
	B	좀 피곤하더라도 동시에 많은 일을 진행할 수 있다.	①	②	③	④	⑤	⑥	⑦	○	○
	C	다른 사람의 감정에 종종 이입되기도 한다.	①	②	③	④	⑤	⑥	⑦	○	○
038	A	타인의 충고를 듣고 나면, 모두가 내 탓인 것 같다.	①	②	③	④	⑤	⑥	⑦	○	○
	B	가끔 울음이나 웃음을 참지 못할 때가 있다.	①	②	③	④	⑤	⑥	⑦	○	○
	C	무엇인가를 생각한다는 것은 즐거운 일이다.	①	②	③	④	⑤	⑥	⑦	○	○
039	A	다른 사람들이 무엇을 하든 그 일에 관심이 없다.	①	②	③	④	⑤	⑥	⑦	○	○
	B	새로운 일에 대한 도전을 즐기는 편이다.	①	②	③	④	⑤	⑥	⑦	○	○
	C	모르는 사람을 만나는 일은 피곤하다.	①	②	③	④	⑤	⑥	⑦	○	○
040	A	취미가 하나 생기면 오랜 시간 즐기는 편이다.	①	②	③	④	⑤	⑥	⑦	○	○
	B	쉽게 포기하지 않는다.	①	②	③	④	⑤	⑥	⑦	○	○
	C	신중하게 계획적으로 하는 것이 중요하다고 생각한다.	①	②	③	④	⑤	⑥	⑦	○	○
041	A	사소한 일이더라도 열심히 하려고 한다.	①	②	③	④	⑤	⑥	⑦	○	○
	B	이유 없이 불안하다.	①	②	③	④	⑤	⑥	⑦	○	○
	C	지난 일에 대하여 후회할 때가 있다.	①	②	③	④	⑤	⑥	⑦	○	○
042	A	우연히 아는 사람을 만나면 나도 모르게 피하게 된다.	①	②	③	④	⑤	⑥	⑦	○	○
	B	무슨 일이든 잘할 수 있다는 자신감이 있다.	①	②	③	④	⑤	⑥	⑦	○	○
	C	한껏 들뜬 기분에 가만히 있지 못하고 설치는 경우가 있다.	①	②	③	④	⑤	⑥	⑦	○	○

번호		문항 예시	응답1							응답2	
			전혀 아님 《		보통	》 매우 그러함				멀다	가깝다
043	A	낯가림을 하는 편이다.	①	②	③	④	⑤	⑥	⑦	○	○
	B	무엇인가를 생각한다는 것은 즐거운 일이다.	①	②	③	④	⑤	⑥	⑦	○	○
	C	몸을 움직이는 것을 좋아한다.	①	②	③	④	⑤	⑥	⑦	○	○
044	A	새로운 길로 가는 것이 즐겁다.	①	②	③	④	⑤	⑥	⑦	○	○
	B	인생에서 목표를 갖는다는 것은 중요하다.	①	②	③	④	⑤	⑥	⑦	○	○
	C	적극적이고 의욕적으로 활동하는 편이다.	①	②	③	④	⑤	⑥	⑦	○	○
045	A	일이 잘 풀리지 않으면 비관적으로 생각하는 편이다.	①	②	③	④	⑤	⑥	⑦	○	○
	B	남의 의견을 들으면 나의 의견을 많이 바꾼다.	①	②	③	④	⑤	⑥	⑦	○	○
	C	한 번 내린 결정은 바꾸지 않는다.	①	②	③	④	⑤	⑥	⑦	○	○
046	A	다른 사람들의 얘기를 하는 것을 좋아하는 편이다.	①	②	③	④	⑤	⑥	⑦	○	○
	B	누군가를 의심해 본 적이 한 번도 없다.	①	②	③	④	⑤	⑥	⑦	○	○
	C	조심스러운 성격이다.	①	②	③	④	⑤	⑥	⑦	○	○
047	A	학창 시절 체육 수업을 매우 좋아했다.	①	②	③	④	⑤	⑥	⑦	○	○
	B	단기적인 일보다는 꾸준히 하는 일이 적성에 맞는다.	①	②	③	④	⑤	⑥	⑦	○	○
	C	휴가는 세부적인 일정까지 세우고 움직인다.	①	②	③	④	⑤	⑥	⑦	○	○
048	A	지시를 내리기보다는 받는 편이다.	①	②	③	④	⑤	⑥	⑦	○	○
	B	신중히 생각하고 행동한다.	①	②	③	④	⑤	⑥	⑦	○	○
	C	많이 움직인다는 소리를 많이 듣는 편이다.	①	②	③	④	⑤	⑥	⑦	○	○
049	A	인간관계를 중요하게 생각하여 일을 선택한다.	①	②	③	④	⑤	⑥	⑦	○	○
	B	어려움에 부딪혀도 좀처럼 포기하지 않는다.	①	②	③	④	⑤	⑥	⑦	○	○
	C	알려지지 않은 새로운 방법으로 일하는 편이다.	①	②	③	④	⑤	⑥	⑦	○	○
050	A	이것저것 걱정을 많이 한다.	①	②	③	④	⑤	⑥	⑦	○	○
	B	일에 대한 욕심이 많은 편이다.	①	②	③	④	⑤	⑥	⑦	○	○
	C	휴식을 할 때는 혼자 편안히 쉬고 싶다.	①	②	③	④	⑤	⑥	⑦	○	○
051	A	조용하거나 너무 지루하면 떠들고 싶다.	①	②	③	④	⑤	⑥	⑦	○	○
	B	한 번도 다른 사람들의 욕을 해 본 적이 없다.	①	②	③	④	⑤	⑥	⑦	○	○
	C	동호회 등 모임에 나가는 것을 좋아하지 않는다.	①	②	③	④	⑤	⑥	⑦	○	○
052	A	정정당당하고 생각이 열린 사람이다.	①	②	③	④	⑤	⑥	⑦	○	○
	B	쉽게 타협하지 않고 내 방식대로 끝까지 한다.	①	②	③	④	⑤	⑥	⑦	○	○
	C	한 달간의 계획을 수립하여 생활하는 편이다.	①	②	③	④	⑤	⑥	⑦	○	○
053	A	어떠한 일을 주면 빨리 실행에 옮기는 편이다.	①	②	③	④	⑤	⑥	⑦	○	○
	B	주변의 말에 비교적 상처를 잘 받는다.	①	②	③	④	⑤	⑥	⑦	○	○
	C	자신을 생각할 때 낙천적인 편은 아닌 것 같다.	①	②	③	④	⑤	⑥	⑦	○	○

번호		문항 예시	응답1							응답2	
			전혀 아님 《		보통	》매우 그러함				멀다	가깝다
054	A	독특하다는 말을 많이 듣는다.	①	②	③	④	⑤	⑥	⑦	○	○
	B	상대방한테 지적을 받는다는 것을 참을 수 없다.	①	②	③	④	⑤	⑥	⑦	○	○
	C	신중한 사람이라는 평가를 받는 편이다.	①	②	③	④	⑤	⑥	⑦	○	○
055	A	내 의견을 상대방에게 주장하는 편은 아니다.	①	②	③	④	⑤	⑥	⑦	○	○
	B	일의 성취도보다 문화생활이 중요하다.	①	②	③	④	⑤	⑥	⑦	○	○
	C	능력을 최대치로 발휘할 수 있는 곳에서 일하고 싶다.	①	②	③	④	⑤	⑥	⑦	○	○
056	A	일이 제대로 되지 않을 때가 자주 있다.	①	②	③	④	⑤	⑥	⑦	○	○
	B	자신을 생각할 때 의지가 약한 편에 속한다.	①	②	③	④	⑤	⑥	⑦	○	○
	C	공동 프로젝트보다 혼자 진행하는 것이 좋다.	①	②	③	④	⑤	⑥	⑦	○	○
057	A	TV 드라마를 보면서 쉽게 흥분한다.	①	②	③	④	⑤	⑥	⑦	○	○
	B	무슨 주제로 어떤 대화를 하든 지지 않는 편이다.	①	②	③	④	⑤	⑥	⑦	○	○
	C	학창 시절, 학급에서 눈에 띄는 편은 아니었다.	①	②	③	④	⑤	⑥	⑦	○	○
058	A	어떠한 결정이 나면 즉각 행동으로 옮기는 편이다.	①	②	③	④	⑤	⑥	⑦	○	○
	B	스스로 인내력이 강하다고 생각한다.	①	②	③	④	⑤	⑥	⑦	○	○
	C	항상 시작 전에는 세부적인 계획을 먼저 세운다.	①	②	③	④	⑤	⑥	⑦	○	○
059	A	주위로부터 활력이 넘친다는 말을 자주 듣는다.	①	②	③	④	⑤	⑥	⑦	○	○
	B	나에 관한 다른 사람들의 생각이 궁금하다.	①	②	③	④	⑤	⑥	⑦	○	○
	C	나를 싫어하는 사람이 있다.	①	②	③	④	⑤	⑥	⑦	○	○
060	A	내가 나를 생각해도 융통성이 없다고 생각한다.	①	②	③	④	⑤	⑥	⑦	○	○
	B	누군가를 설득한다는 것은 어려운 일이 아니다.	①	②	③	④	⑤	⑥	⑦	○	○
	C	기분이 고무되는 일을 하는 것이 좋다.	①	②	③	④	⑤	⑥	⑦	○	○
061	A	인간관계가 편협하다는 말을 듣는 편이다.	①	②	③	④	⑤	⑥	⑦	○	○
	B	생각하고 나서 행동한다.	①	②	③	④	⑤	⑥	⑦	○	○
	C	아침에 일어나는 것이 그렇게 어렵지 않다.	①	②	③	④	⑤	⑥	⑦	○	○

인성검사 예제 2

[001~061] 다음 문항을 읽고 자신과 맞는 성향에 따라 '전혀 아님'인 1점부터 '매우 그러함'인 7점까지의 점수를 표시한 후 세 문항 중 가장 가까운 문항에는 '가깝다'를, 가장 거리가 먼 문항에는 '멀다'를 고르시오.

번호		문항 예시	응답1 전혀 아님 《 보통 》 매우 그러함							응답2 멀다	가깝다
001	A	사람들을 잘 배려한다.	①	②	③	④	⑤	⑥	⑦	○	○
	B	어떠한 일이든 꼼꼼히 생각하는 경우가 많다.	①	②	③	④	⑤	⑥	⑦	○	○
	C	시간만 있으면 집에서 공상을 즐기고 싶다.	①	②	③	④	⑤	⑥	⑦	○	○
002	A	조그마한 일이라도 계획을 세운다.	①	②	③	④	⑤	⑥	⑦	○	○
	B	역사에 남을 만한 중요한 일을 해 보고 싶다.	①	②	③	④	⑤	⑥	⑦	○	○
	C	도전하기를 좋아하여 직접 부딪히는 편이다.	①	②	③	④	⑤	⑥	⑦	○	○
003	A	말로 표현할 수 없는 나쁜 일을 상상한다.	①	②	③	④	⑤	⑥	⑦	○	○
	B	마음이 상해도 참고 티내지 않는 편이다.	①	②	③	④	⑤	⑥	⑦	○	○
	C	가끔 집을 떠나서 여행을 가고 싶다.	①	②	③	④	⑤	⑥	⑦	○	○
004	A	자살하고 싶은 충동을 가끔 느낀다.	①	②	③	④	⑤	⑥	⑦	○	○
	B	어렸을 때에도 도둑질한 적이 없다.	①	②	③	④	⑤	⑥	⑦	○	○
	C	새로운 사람들과 관계를 만들어 가고 싶지 않다.	①	②	③	④	⑤	⑥	⑦	○	○
005	A	친구들 사이에 활발한 사람으로 인정받는다.	①	②	③	④	⑤	⑥	⑦	○	○
	B	등산을 할 때는 정상까지 올라가는 편이다.	①	②	③	④	⑤	⑥	⑦	○	○
	C	주위에서 좋다고 하더라도 검토 후 실행한다.	①	②	③	④	⑤	⑥	⑦	○	○
006	A	시원시원한 성격이라는 말을 자주 듣는다.	①	②	③	④	⑤	⑥	⑦	○	○
	B	인재상에 부합한다고 생각한다.	①	②	③	④	⑤	⑥	⑦	○	○
	C	공동 업무의 실패는 모두 내 탓이다.	①	②	③	④	⑤	⑥	⑦	○	○
007	A	누가 나한테 충고하는 것이 싫다.	①	②	③	④	⑤	⑥	⑦	○	○
	B	자존감이 높다.	①	②	③	④	⑤	⑥	⑦	○	○
	C	사람들과 이야기하는 것을 좋아한다.	①	②	③	④	⑤	⑥	⑦	○	○
008	A	남과 대화하는 것은 많은 용기가 필요하다.	①	②	③	④	⑤	⑥	⑦	○	○
	B	항상 무슨 말을 하기 전에 생각하는 습관이 있다.	①	②	③	④	⑤	⑥	⑦	○	○
	C	무리해서 운동한다고 해도 별로 피로하지 않다.	①	②	③	④	⑤	⑥	⑦	○	○
009	A	종종 심장이 두근거린다.	①	②	③	④	⑤	⑥	⑦	○	○
	B	감정 기복이 심하다고 생각한다.	①	②	③	④	⑤	⑥	⑦	○	○
	C	말을 할 때 제스처가 큰 편이다.	①	②	③	④	⑤	⑥	⑦	○	○

번호		문항 예시	응답1							응답2	
			전혀 아님 《		보통		》 매우 그러함			멀다	가깝다
010	A	어느 장소든 예전 그대로의 모습을 좋아한다.	①	②	③	④	⑤	⑥	⑦	○	○
	B	호의에는 대가가 항상 필요하다.	①	②	③	④	⑤	⑥	⑦	○	○
	C	기억력이 좋다.	①	②	③	④	⑤	⑥	⑦	○	○
011	A	인간관계가 넓은 편이다.	①	②	③	④	⑤	⑥	⑦	○	○
	B	활동적인 취미를 즐긴다.	①	②	③	④	⑤	⑥	⑦	○	○
	C	임원이 될 자질이 있다고 생각한다.	①	②	③	④	⑤	⑥	⑦	○	○
012	A	남들보다 감정이입을 잘한다.	①	②	③	④	⑤	⑥	⑦	○	○
	B	한 달에 한두 번 스트레스를 해소한다.	①	②	③	④	⑤	⑥	⑦	○	○
	C	잘 안 풀리면 자책하는 편이다.	①	②	③	④	⑤	⑥	⑦	○	○
013	A	진정한 친구가 주위에 없다.	①	②	③	④	⑤	⑥	⑦	○	○
	B	가능하면 새로운 사람들과 관계를 만들어 가고 싶다.	①	②	③	④	⑤	⑥	⑦	○	○
	C	차분한 모임보다는 활동적인 모임을 좋아한다.	①	②	③	④	⑤	⑥	⑦	○	○
014	A	새로운 것을 고민하는 것은 비효율적이다.	①	②	③	④	⑤	⑥	⑦	○	○
	B	생각을 하기 전에 앞서 행동하는 편이다.	①	②	③	④	⑤	⑥	⑦	○	○
	C	융통성 있게 잘 대처하는 사람을 보면 믿음이 간다.	①	②	③	④	⑤	⑥	⑦	○	○
015	A	독립적이라는 소리를 자주 듣는다.	①	②	③	④	⑤	⑥	⑦	○	○
	B	주로 어떤 모임의 장을 맡는다.	①	②	③	④	⑤	⑥	⑦	○	○
	C	친구가 많은 편이다.	①	②	③	④	⑤	⑥	⑦	○	○
016	A	집단보다 개인의 이익을 우선시한다.	①	②	③	④	⑤	⑥	⑦	○	○
	B	정이 많은 동료가 많았으면 좋겠다.	①	②	③	④	⑤	⑥	⑦	○	○
	C	남들 시선이 어떻든 별로 상관하지 않는다.	①	②	③	④	⑤	⑥	⑦	○	○
017	A	작은 일에도 쉽게 우울해진다.	①	②	③	④	⑤	⑥	⑦	○	○
	B	과장하거나 축소해서 말한 적은 없다.	①	②	③	④	⑤	⑥	⑦	○	○
	C	분위기를 주도한다거나 하지 못한다.	①	②	③	④	⑤	⑥	⑦	○	○
018	A	등산을 할 때 정상까지 올라가는 편이다.	①	②	③	④	⑤	⑥	⑦	○	○
	B	전통문화에 관심이 많다.	①	②	③	④	⑤	⑥	⑦	○	○
	C	고집이 세다는 이야기를 자주 듣는다.	①	②	③	④	⑤	⑥	⑦	○	○
019	A	어떤 모임에서도 조용히 먹는 편이다.	①	②	③	④	⑤	⑥	⑦	○	○
	B	내 물건을 남이 만지면 속상하다.	①	②	③	④	⑤	⑥	⑦	○	○
	C	말하고 나서 후회할 때가 있다.	①	②	③	④	⑤	⑥	⑦	○	○
020	A	여러 명이 토의할 때 나의 의견을 먼저 말하는 편이다.	①	②	③	④	⑤	⑥	⑦	○	○
	B	운동하는 것을 좋아한다.	①	②	③	④	⑤	⑥	⑦	○	○
	C	가만히 있지 못하고 설치는 경우가 있다.	①	②	③	④	⑤	⑥	⑦	○	○

번호		문항 예시	응답1							응답2	
			전혀 아님 《		보통		》매우 그러함			멀다	가깝다
021	A	어떤 상황에서도 감정을 완벽히 통제한다.	①	②	③	④	⑤	⑥	⑦	○	○
	B	물질적 여유가 생기면 모두 사람들에게 베푼다.	①	②	③	④	⑤	⑥	⑦	○	○
	C	어떤 사람에게든 똑같이 대한다.	①	②	③	④	⑤	⑥	⑦	○	○
022	A	항상 좋은 인상을 남기고자 노력한다.	①	②	③	④	⑤	⑥	⑦	○	○
	B	상대방의 이해 정도를 확인하면서 대화하는 편이다.	①	②	③	④	⑤	⑥	⑦	○	○
	C	타인의 감정 상태를 잘 알아차리는 편이다.	①	②	③	④	⑤	⑥	⑦	○	○
023	A	타인의 시선을 의식하여 해야 할 말을 못 한 적이 많다.	①	②	③	④	⑤	⑥	⑦	○	○
	B	내가 해낸 일들이 자랑스럽다.	①	②	③	④	⑤	⑥	⑦	○	○
	C	중요한 결정을 혼자 내리는 것이 부담된다.	①	②	③	④	⑤	⑥	⑦	○	○
024	A	팀원들이 문제를 잘 해결할 수 있도록 이끌 수 있다.	①	②	③	④	⑤	⑥	⑦	○	○
	B	팀 활동 시 팀원의 역할을 맡는 것이 편하다.	①	②	③	④	⑤	⑥	⑦	○	○
	C	속한 집단의 일이라면 스스로 나서는 편이다.	①	②	③	④	⑤	⑥	⑦	○	○
025	A	바쁘더라도 할 일이 많은 것을 즐긴다.	①	②	③	④	⑤	⑥	⑦	○	○
	B	능력을 발전시킬 수 있는 기회를 얻는 것이 중요하다.	①	②	③	④	⑤	⑥	⑦	○	○
	C	새로운 역할에 필요한 능력을 빠르게 배운다.	①	②	③	④	⑤	⑥	⑦	○	○
026	A	어떤 상황에서도 약속은 반드시 지킨다.	①	②	③	④	⑤	⑥	⑦	○	○
	B	때로는 편법을 사용할 수도 있다고 생각한다.	①	②	③	④	⑤	⑥	⑦	○	○
	C	타인에게 내 성적을 속여 말한 적이 있다.	①	②	③	④	⑤	⑥	⑦	○	○
027	A	문제해결에 실패하면 다시 시도하고자 노력한다.	①	②	③	④	⑤	⑥	⑦	○	○
	B	도전적인 일을 할 수 있는 기회를 중요하게 생각한다.	①	②	③	④	⑤	⑥	⑦	○	○
	C	성공 가능성이 조금이라도 있다면 결과를 따지지 않고 부딪히는 편이다.	①	②	③	④	⑤	⑥	⑦	○	○
028	A	지식을 얻고 기술을 익히는 데 적극적이다.	①	②	③	④	⑤	⑥	⑦	○	○
	B	효율적인 시간 활용을 위해 항상 계획을 세운다.	①	②	③	④	⑤	⑥	⑦	○	○
	C	궁금증을 해결하기 위해 공부하는 것은 즐겁다.	①	②	③	④	⑤	⑥	⑦	○	○
029	A	비밀을 다른 사람에게 공유하고 싶어진다.	①	②	③	④	⑤	⑥	⑦	○	○
	B	질서와 규칙을 지나치게 강조하는 경향이 있다.	①	②	③	④	⑤	⑥	⑦	○	○
	C	약속을 지키지 못할 때가 있다.	①	②	③	④	⑤	⑥	⑦	○	○
030	A	여러 사람들과 가깝게 지내는 것이 불편하다.	①	②	③	④	⑤	⑥	⑦	○	○
	B	상대방에게 서로를 소개해 주는 역할을 맡곤 한다.	①	②	③	④	⑤	⑥	⑦	○	○
	C	청자가 이해되기 쉽게 설명을 잘 하는 편이다.	①	②	③	④	⑤	⑥	⑦	○	○
031	A	실수가 있을 때 인정이 빠르다.	①	②	③	④	⑤	⑥	⑦	○	○
	B	잠을 못 자더라도 맡은 일은 반드시 끝낸다.	①	②	③	④	⑤	⑥	⑦	○	○
	C	다른 사람의 탓으로 내 잘못을 돌린 적이 있다.	①	②	③	④	⑤	⑥	⑦	○	○

번호		문항 예시	응답1							응답2	
			전혀 아님 《		보통		》 매우 그러함			멀다	가깝다
032	A	나보다 필요로 하는 사람이 있다면 내 것을 양보할 수 있다.	①	②	③	④	⑤	⑥	⑦	○	○
	B	나와 관계없는 사람의 부탁도 잘 들어주는 편이다.	①	②	③	④	⑤	⑥	⑦	○	○
	C	스스로에게 엄격한 편이다.	①	②	③	④	⑤	⑥	⑦	○	○
033	A	한 분야의 지식을 다른 분야에 연결하여 활용할 수 있다.	①	②	③	④	⑤	⑥	⑦	○	○
	B	원칙과 계획을 반드시 따라야지만 실수가 없다.	①	②	③	④	⑤	⑥	⑦	○	○
	C	돌발 상황이 생겨도 대안이 바로 떠오른다.	①	②	③	④	⑤	⑥	⑦	○	○
034	A	선택지가 많으면 결정하기가 어렵다.	①	②	③	④	⑤	⑥	⑦	○	○
	B	어떤 일을 하든 보상은 있어야 한다.	①	②	③	④	⑤	⑥	⑦	○	○
	C	나의 발전을 위해 부정적인 평가도 바로 받아들인다.	①	②	③	④	⑤	⑥	⑦	○	○
035	A	다른 사람들에게서 나쁜 평가를 받지 않도록 행동을 조심한다.	①	②	③	④	⑤	⑥	⑦	○	○
	B	이견에 대해 합의점을 찾고자 노력하는 편이다.	①	②	③	④	⑤	⑥	⑦	○	○
	C	나보다 상대방이 먼저 말을 하고 싶어 하진 않는지 살핀다.	①	②	③	④	⑤	⑥	⑦	○	○
036	A	문제 접근 시 아는 것과 모르는 것을 구분하여 정리한다.	①	②	③	④	⑤	⑥	⑦	○	○
	B	어려운 일을 마주하면 무엇부터 해야 할지 모르겠다.	①	②	③	④	⑤	⑥	⑦	○	○
	C	오류를 최소화하기 위해 일하는 중간에 점검을 한다.	①	②	③	④	⑤	⑥	⑦	○	○
037	A	나보다 급한 사람이 있으면 순서를 양보한다.	①	②	③	④	⑤	⑥	⑦	○	○
	B	모두 꺼려 하는 일을 나서서 맡는 편이다.	①	②	③	④	⑤	⑥	⑦	○	○
	C	다수의 이익을 위해 나의 손해를 감수할 수 있다.	①	②	③	④	⑤	⑥	⑦	○	○
038	A	하기 싫은 일이라도 맡게 되면 노력한다.	①	②	③	④	⑤	⑥	⑦	○	○
	B	모르는 것을 확실히 알 때까지 다음 단계로 넘어가지 않는다.	①	②	③	④	⑤	⑥	⑦	○	○
	C	스스로 해야 할 일을 찾아서 하는 편이다.	①	②	③	④	⑤	⑥	⑦	○	○
039	A	사소한 잘못 정도는 괜찮다.	①	②	③	④	⑤	⑥	⑦	○	○
	B	질타를 받더라도 솔직하게 말하는 것이 낫다.	①	②	③	④	⑤	⑥	⑦	○	○
	C	사회적 관습과 규범을 잘 지키는 편이다.	①	②	③	④	⑤	⑥	⑦	○	○
040	A	공과 사를 구분한다.	①	②	③	④	⑤	⑥	⑦	○	○
	B	화가 나도 침착하게 하던 일을 마무리한다.	①	②	③	④	⑤	⑥	⑦	○	○
	C	어려운 일을 성공시킴으로써 더 큰 목표가 생긴다.	①	②	③	④	⑤	⑥	⑦	○	○
041	A	사소한 내용이어도 상대방의 말에 귀 기울인다.	①	②	③	④	⑤	⑥	⑦	○	○
	B	친구들의 행동을 보고 어떤 감정인지 파악이 된다.	①	②	③	④	⑤	⑥	⑦	○	○
	C	이견이 있다면 마음이 불편하다.	①	②	③	④	⑤	⑥	⑦	○	○
042	A	상황 모면을 위해 몸이 좋지 않은 척한 적이 있다.	①	②	③	④	⑤	⑥	⑦	○	○
	B	부끄러울 만한 일을 한 적이 한 번도 없다.	①	②	③	④	⑤	⑥	⑦	○	○
	C	모든 사람들의 이익을 생각하며 일한다.	①	②	③	④	⑤	⑥	⑦	○	○

번호		문항 예시	응답1							응답2	
			전혀 아님 《		보통		》 매우 그러함			멀다	가깝다
043	A	작은 도움이라도 받으면 절대 잊지 않는다.	①	②	③	④	⑤	⑥	⑦	○	○
	B	새로 알게 된 정보나 노하우를 공유하고 싶지 않다.	①	②	③	④	⑤	⑥	⑦	○	○
	C	부탁을 잘 들어준다.	①	②	③	④	⑤	⑥	⑦	○	○
044	A	막연하게 생각한 아이디어를 실현시킨 적이 있다.	①	②	③	④	⑤	⑥	⑦	○	○
	B	다른 사람들이 생각하지 못한 방법으로 문제를 해결해 본 적이 많다.	①	②	③	④	⑤	⑥	⑦	○	○
	C	예상되는 어려움에 대한 대비책을 마련해 둔다.	①	②	③	④	⑤	⑥	⑦	○	○
045	A	기분이 좋지 않더라도 현재 분위기에 맞춰 행동하는 편이다.	①	②	③	④	⑤	⑥	⑦	○	○
	B	공감 능력이 좋은 편이다.	①	②	③	④	⑤	⑥	⑦	○	○
	C	어떤 대화에서든 나의 말에 상대방 반응을 확인한다.	①	②	③	④	⑤	⑥	⑦	○	○
046	A	스스럼없이 모두와 잘 어울린다.	①	②	③	④	⑤	⑥	⑦	○	○
	B	집단의 규모에 따라 의견을 말하기가 꺼려진다.	①	②	③	④	⑤	⑥	⑦	○	○
	C	나의 부족한 점을 상대방에게 숨기려 하지 않는다.	①	②	③	④	⑤	⑥	⑦	○	○
047	A	팀원들의 사기를 높이는 역할을 할 수 있다.	①	②	③	④	⑤	⑥	⑦	○	○
	B	주변 사람들에게 자주 안부를 묻는 편이다.	①	②	③	④	⑤	⑥	⑦	○	○
	C	혼자보다는 다 같이 있을 때 공동체 의식을 느낀다.	①	②	③	④	⑤	⑥	⑦	○	○
048	A	참여도가 높다.	①	②	③	④	⑤	⑥	⑦	○	○
	B	주어진 역할에만 최선을 다한다.	①	②	③	④	⑤	⑥	⑦	○	○
	C	혼자서도 충분히 여러 명이 한 것과 같은 성과를 낼 수 있다.	①	②	③	④	⑤	⑥	⑦	○	○
049	A	주어진 상황에서 방해가 되는 요인을 먼저 파악하고자 한다.	①	②	③	④	⑤	⑥	⑦	○	○
	B	무에서 유를 창조하는 것은 매우 흥미롭다.	①	②	③	④	⑤	⑥	⑦	○	○
	C	남들보다 눈치가 빠르다.	①	②	③	④	⑤	⑥	⑦	○	○
050	A	개인 프로젝트 수업이 더 편하다.	①	②	③	④	⑤	⑥	⑦	○	○
	B	다른 사람들과 협상하는 것에 능숙하다.	①	②	③	④	⑤	⑥	⑦	○	○
	C	주목받는 것을 싫어한다.	①	②	③	④	⑤	⑥	⑦	○	○
051	A	지나친 고민으로 기회를 놓친 적이 있다.	①	②	③	④	⑤	⑥	⑦	○	○
	B	나는 남에게 엄격한 편이다.	①	②	③	④	⑤	⑥	⑦	○	○
	C	나는 한 가지 일에 열중을 잘한다.	①	②	③	④	⑤	⑥	⑦	○	○
052	A	나는 항상 자기 계발을 추구한다.	①	②	③	④	⑤	⑥	⑦	○	○
	B	계획대로 안 되면 스트레스를 받는다.	①	②	③	④	⑤	⑥	⑦	○	○
	C	불안감에 잠을 못 이룰 때가 많다.	①	②	③	④	⑤	⑥	⑦	○	○

번호		문항 예시	응답1							응답2	
			전혀 아님 《		보통	》 매우 그러함				멀다	가깝다
053	A	다정한 사람이라는 말을 자주 듣는다.	①	②	③	④	⑤	⑥	⑦	○	○
	B	다른 사람들을 쉽게 믿지 않는다.	①	②	③	④	⑤	⑥	⑦	○	○
	C	친구의 말에 따라 나의 견해가 종종 바뀐다.	①	②	③	④	⑤	⑥	⑦	○	○
054	A	조그마한 소리에도 신경이 쓰여 잠이 깨곤 한다.	①	②	③	④	⑤	⑥	⑦	○	○
	B	주위로부터 차분하다는 말을 많이 듣는다.	①	②	③	④	⑤	⑥	⑦	○	○
	C	어떤 실수든 변명을 하며 합리화시켜 본 적이 없다.	①	②	③	④	⑤	⑥	⑦	○	○
055	A	자신을 생각할 때 나는 완고한 편이다.	①	②	③	④	⑤	⑥	⑦	○	○
	B	남들보다 똑똑하다고 생각한다.	①	②	③	④	⑤	⑥	⑦	○	○
	C	뒤에서 서포트해 주는 것이 더 보람차다.	①	②	③	④	⑤	⑥	⑦	○	○
056	A	단거리보다 장거리 선수가 더 어울린다.	①	②	③	④	⑤	⑥	⑦	○	○
	B	몸이 좀 힘들 때는 병에 걸렸다는 생각이 든다.	①	②	③	④	⑤	⑥	⑦	○	○
	C	이웃집의 소리에 신경이 많이 쓰이는 편이다.	①	②	③	④	⑤	⑥	⑦	○	○
057	A	과정보다 성공이 중요하다고 생각한다.	①	②	③	④	⑤	⑥	⑦	○	○
	B	하루 일과가 끝나고 돌아볼 때 반성하는 경우가 많다.	①	②	③	④	⑤	⑥	⑦	○	○
	C	포기하지 않고 노력한다는 사실이 중요하다.	①	②	③	④	⑤	⑥	⑦	○	○
058	A	미래를 생각하면 종종 불안하다.	①	②	③	④	⑤	⑥	⑦	○	○
	B	기분에 따라 즉흥적으로 행동한다.	①	②	③	④	⑤	⑥	⑦	○	○
	C	계획이 틀어지면 스트레스를 받는다.	①	②	③	④	⑤	⑥	⑦	○	○
059	A	진정한 프로라는 말을 들으면 기분이 좋다.	①	②	③	④	⑤	⑥	⑦	○	○
	B	남들이 나의 성과를 알아주면 좋겠다.	①	②	③	④	⑤	⑥	⑦	○	○
	C	종료된 것보다 완성되지 않은 업무에 더 관심이 간다.	①	②	③	④	⑤	⑥	⑦	○	○
060	A	좋은 아이디어가 생각나도 한 번 더 검토해 본다.	①	②	③	④	⑤	⑥	⑦	○	○
	B	모두가 싫증을 내는 상황에서도 잘 참는 편이다.	①	②	③	④	⑤	⑥	⑦	○	○
	C	상대방이 재촉하면 나도 모르게 화가 난다.	①	②	③	④	⑤	⑥	⑦	○	○
061	A	발표하는 것을 좋아한다.	①	②	③	④	⑤	⑥	⑦	○	○
	B	낯을 가리지 않는다.	①	②	③	④	⑤	⑥	⑦	○	○
	C	나는 최고라고 생각한다.	①	②	③	④	⑤	⑥	⑦	○	○

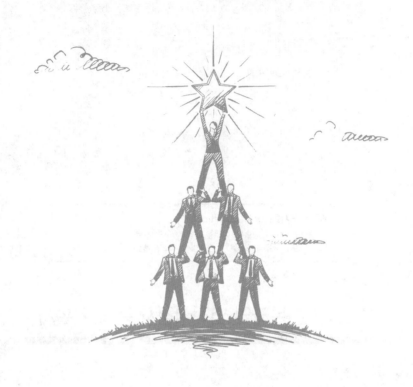

내가 꿈을 이루면
나는 누군가의 꿈이 된다.

– 이도준

여러분의 작은 소리
에듀윌은 크게 듣겠습니다.

본 교재에 대한 여러분의 목소리를 들려주세요.
공부하시면서 어려웠던 점, 궁금한 점,
칭찬하고 싶은 점, 개선할 점, 어떤 것이라도 좋습니다.

에듀윌은 여러분께서 나누어 주신 의견을
통해 끊임없이 발전하고 있습니다.

에듀윌 도서몰 book.eduwill.net
- 부가학습자료 및 정오표: 에듀윌 도서몰 → 도서자료실
- 교재 문의: 에듀윌 도서몰 → 문의하기 → 교재(내용,출간) / 주문 및 배송

LG그룹 온라인 인적성검사 통합 기본서

발 행 일	2025년 1월 5일 초판
편 저 자	에듀윌 취업연구소
펴 낸 이	양형남
개발책임	오용철, 윤은영
개 발 자	이정은, 윤나라
펴 낸 곳	(주)에듀윌
I S B N	979-11-360-3522-6
등록번호	제25100-2002-000052호
주 소	08378 서울특별시 구로구 디지털로34길 55
	코오롱싸이언스밸리 2차 3층

www.eduwill.net
대표전화 1600-6700

IT자격증 단기 합격!
에듀윌 EXIT 시리즈

컴퓨터활용능력

- **필기 초단기끝장(1/2급)**
  문제은행 최적화, 이론은 가볍게 기출은 무한반복!
- **필기 기본서(1/2급)**
  기초부터 제대로, 한권으로 한번에 합격!
- **실기 기본서(1/2급)**
  출제패턴 집중훈련으로 한번에 확실한 합격!

ADsP

- **데이터분석 준전문가 ADsP**
  이론부터 탄탄하게! 한번에 확실한 합격!

ITQ/GTQ

- **ITQ 엑셀/파워포인트/한글 ver.2016**
  독학러도 초단기 A등급 보장!
- **ITQ OA Master ver.2016**
  한번에 확실하게 OA Master 합격!
- **GTQ 포토샵 1급 ver.CC**
  노베이스 포토샵 합격 A to Z

실무 엑셀

- **회사에서 엑셀을 검색하지 마세요**
  자격증은 있지만 실무가 어려운 직장인을 위한 엑셀 꿀기능 모음 zip

한국어 교재 44만 부 판매 돌파
109개월 베스트셀러 1위

에듀윌이 만든 한국어 BEST 교재로
합격의 차이를 직접 경험해 보세요

KBS한국어능력시험

한국실용글쓰기   ToKL국어능력인증시험   TOPIK 한국어능력시험

2025 최신판

에듀윌 취업
LG그룹 온라인 인적성검사
통합 기본서

정답과 해설

eduwill

2025 최신판

에듀윌 취업
LG그룹 온라인 인적성검사
통합 기본서

최신판

에듀윌 취업
LG그룹 온라인 인적성검사
통합 기본서

정답과 해설

eduwill

유형연습 문제								P.29~48	
01	⑤	02	④	03	①	04	⑤	05	⑤
06	⑤	07	②	08	③	09	④	10	④
11	②	12	④	13	⑤	14	④	15	②
16	③	17	④	18	③	19	③	20	②

01 | 정답 | ⑤

주어진 글은 창업지원금이 필요하다는 입장을 취하면서도, 단순 확대보다는 효율적 배분과 관리가 중요하다고 강조하고 있다. 무조건적인 확대가 바람직하다는 ⑤는 주어진 글의 의도와 다르다.

| 오답풀이 |

①, ②, ③, ④ 창업지원금이 스타트업의 자립과 성장을 돕고, 국가 경제에 기여하도록 체계적이고 효율적인 배분이 필요하다는 주어진 글의 의도와 일치한다. 창업지원금이 자금이 절실한 스타트업이나 성장 가능성이 높은 기업에 집중되도록 관리와 평가를 강조하고 있다.

02 | 정답 | ④

서로의 영역을 표시하거나, 구애 행위, 공격적인 상황 등의 본능적인 반응 시 피부색을 변화시킨다.

| 오답풀이 |

① 온도가 낮을 때는 주변과 동기화 되는 색을 띠는 것이 아니라 어두운 색을 띤다.
② 단순히 위장의 목적뿐만 아니라 체온조절과 의사소통의 수단으로도 사용된다.
③ 카멜레온은 위장에 능하지만 특정 환경에서는 완벽한 은폐를 보장하지 못한다고 설명한다.
⑤ 햇빛이 강해지면 밝은 색으로 변하는 특징이 있다고 설명한다.

03 | 정답 | ①

삼강오륜은 유교의 핵심 윤리 규범으로서 인간 사회에서 지켜야 할 도덕적 질서를 강조하는 개념이다. 조선 시대의 사회적 질서와 개인 간의 도덕적 관계를 규정하는 중요한 원리로 ①이 가장 적절하다.

| 오답풀이 |

② 윤리적 규범으로, 법적 근거라는 말은 적절하지 않다.
③ 삼강오륜의 도덕적 가르침은 사회 전체의 도덕적 질서를 다루는 데 초점이 맞춰진다.
④ 삼강오륜은 유교 사상을 바탕으로 구체적으로 정립된 규범이다.
⑤ 성리학을 바탕으로 하지만 개인보다는 사회적 역할과 도리를 강조한다.

04 | 정답 | ⑤

칼로리 제한에 의존하는 다이어트는 배고픔을 유발해 실패 확률이 높으므로 ⑤는 잘못된 추론이다.

| 오답풀이 |

①, ②, ③, ④ 저탄수화물 다이어트는 포만감을 유지하면서 체중을 감량할 수 있는 안정적이고 지속 가능한 다이어트로 자리 잡았으며 저탄수화물 식단은 대사 증후군과 만성 질환 등을 예방할 수 있다고 설명하고 있으므로 모두 옳은 추론이다.

05 | 정답 | ⑤

B는 균형 잡힌 식단을 통해 필요한 영양소를 얻을 수 있다고 주장한다. ⑤는 현대인이 균형 잡힌 식단을 할 가능성이 적으므로 비타민 영양제를 통해 부족한 영양소를 보충해야 한다는 주장이다.

| 오답풀이 |

①, ④ 균형 있는 식단을 통해 비타민을 얻을 수 있다는 주장이다.
② A, B의 주장에 없는 내용이다.
③ B의 주장이다.

06 | 정답 | ⑤

두 번째 문단의 카피레프트는 저작자가 특정 조건하에 자유로운 복제와 배포를 허용한다는 개념이라고 한 것을 통해 동일 조건으로 재배포 가능한 소프트웨어가 이에 해당한다는 것을 알 수 있다.

| 오답풀이 |

①, ②, ③, ④ 모두 카피라이트(저작권, 상표권, 특허권)로 보호되는 자산으로, 창작자나 소유자의 독점적 권리가 보장되어 복제, 수정, 재배포가 제한된다. 자유로운 공유와 개방성을

중시하는 카피레프트와는 반대되는 특성을 가진다.

07 　　　　　　　　　　　　 | 정답 | ②

첫 문단에서 플라스틱 폐기물 문제가 심화되고 있으며 환경 문제를 초래하고 있다고 하였고 두 번째 문단에서는 이를 해결하기 위해 필요한 방법들을 서술하고 있다. 따라서 전체적인 내용을 포함하는 주제로 가장 적절한 것은 ②이다.

| 오답풀이 |

① 재활용 대책과 규제는 문제에 관한 방법론에 대한 설명으로 전체 주제로는 적절하지 않다.
③ 문제 해결을 위한 협력은 필수적인 과제이지만 전체 주제로는 적절하지 않다.
④ 재활용 기술이 가장 중요하다는 단정적인 표현은 적절하지 않을 뿐더러 글의 주제에도 적절하지 않다.
⑤ 기술 혁신 이외에도 다양한 시각과 방법이 필요하다.

08 　　　　　　　　　　　　 | 정답 | ③

유통 채널은 제품과 서비스가 고객에게 전달되는 방식이며, 고객 관계를 유지하는 방법은 고객 관계 요소에 해당한다.

| 오답풀이 |

① 비즈니스 모델의 정의이며 글의 설명과 일치한다.
② 기업들은 고객 세분화를 통해 최적의 가치를 제공하는 전략을 수립한다고 설명하고 있다.
④ 다양한 방법을 통해 수익을 창출하는 방법, 방식에 대한 설명이다.
⑤ 비즈니스 운영에 드는 비용을 최적화하는 방법을 포함하는 것이 비용구조이다.

09 　　　　　　　　　　　　 | 정답 | ④

주어진 글은 최근 트렌드가 되는 디지털동반자협정에 대해서 소개하고, 우리나라의 현주소를 짚어 본 다음 디지털동반자협정의 중요성과 마지막으로 협정을 체결한 뒤에도 디지털 서비스를 세계적으로 활성화하기 위해서 선행되어야 할 조건에 대해서도 당부하는 글이다. 주어진 단락 중에서 디지털동반자협정 트렌드를 소개하는 [라] 디지털동반자협정 체결과 그 의미가 가장 먼저 나오는 것이 적절하다. 그 뒤에는 우리나라에서 디지털동반자협정을 체결한 나라는 어디인지, 또 어느 나라와 체결하려고 노력중인지를 살펴보는 국내현황이 나오는 것이 논리적인 순서에 맞다. 그러므로 [가] 우리나라의 디지털동반자협정 체결 현황이

오는 것이 적절하다. 다음으로 [나]는 '디지털 동반자협정을 체결하더라도'라는 문구로 시작하여, 체결 후에 당부하는 내용이므로 [나]보다는 [다]가 앞서 이어지는 것이 적절하다. [다] 디지털동반자협정이 중요한 이유 — 현지화 없이 디지털 서비스 시장 공유 가능이 [가] 뒤에 오는 것이 맞다. 마지막으로 디지털동반자협정이 체결되더라도 당부하는 단락인 [나] 디지털 서비스 인프라의 글로벌 전환과 국가 간 상호인정 체계 구축 선결이 오는 것이 적절하다. 따라서 글의 문단을 논리적인 순서로 배열하면 [라]−[가]−[다]−[나]이다.

10 　　　　　　　　　　　　 | 정답 | ④

한국 스핀온절연막(SOD) 애플리케이션센터(KSAC)는 독일 머크가 경기도 안성사업장에 개소한 글로벌 SOD R&D연구소이다. 따라서 SOD 소재 측정, 분석 장비를 갖춘 만큼 SOD를 연구하고 생산하는 곳이다. 감광액, 박막필름과 반사방지코팅을 생산하는 곳은 SOD 생산기지가 있는 안성사업장이다.

| 오답풀이 |

① 독일 머크가 경기도 안성사업장에 '한국 스핀온절연막(SOD) 애플리케이션센터(KSAC)'라는 한국에 차세대 반도체 박막 소재 연구 기지를 마련했다.
② 독일 머크는 박막 사업 경우 ㈜엠케미칼 인수를 통해 생산 능력을 확대했다는 내용을 통해서 박막의 생산을 위해서 국내 회사를 인수하기도 했음을 알 수 있다.
③ SOD는 반도체 금속 배선 사이에 들어가는 박막 절연체다. 차세대 D램, 낸드 플래시 메모리, AI 가속기를 위한 고대역폭메모리(HBM), 첨단 로직 칩 개발에 사용된다는 내용을 통해 박막 소재는 인공지능(AI) 등 차세대 반도체를 위한 소재임을 알 수 있다.
⑤ SOD R&D 센터는 한국과 광범위한 아시아 태평양 지역에서 고객사들의 요청에 대한 대응 시간과 납품주기(리드 타임)을 단축하고, 첨단 고순도 SOD 소재 개발과 안정적인 공급에도 기여할 것으로 예상된다는 내용을 통해 머크는 R&D 거점을 현지화해 고객 대응 능력을 강화할 계획이라는 것을 알 수 있다.

11 　　　　　　　　　　　　 | 정답 | ②

A는 온실가스를 줄이기 위한 방법으로 대체육이 있으며 장기적인 관점에서 기후문제의 하나의 해결책이 될 수 있다고 주장한다. 따라서 대체육의 개발, 생산, 소비를 적극 추진한다.
반면, B는 대체육에 대해 부정적인 주장을 가지고 있

다. 따라서 B의 근거가 되는 내용을 반박하는 보기를 답으로 고르면 된다. 세포 배양 과정에서의 전기에너지 소비가 더 많은 가축을 이용한 육류생산보다 온실가스를 배출할 수 있다고 언급했으므로 이에 대해 재생에너지로 대체할 수 있다는 해결책을 제시하는 것이 반박하는 내용으로 적절하다.

| 오답풀이 |

① '기존 축산업에 큰 타격을 줘 관련 종사자들과 가족들의 생계를 위협할 수 있다.'는 내용은 대체육에 대해 부정적인 시각을 드러내는 내용이므로 반박할 내용으로 적절하지 않다.
③ '메탄가스를 배출하는 반추가축에서 생산되는 육류만 있는 것은 아니다.'는 내용은 돼지고기나 닭고기 등 육류로 대체하자는 B의 주장을 강화할 수 있는 내용이다.
④ '국내에서는 한우 출하기간 단축을 통해 온실가스를 저감할 수 있다.'는 내용은 고기의 소비를 줄이자는 내용이므로 직접적으로 대체육을 생산하자는 내용이라고는 볼 수 없다. 그러므로 반박하는 내용으로 적절하지 않다.
⑤ '대체육이 실제 사람의 건강에 어떠한 영향을 미칠지 알 수 없다.'는 내용은 대체육의 생산과 소비에 부정적인 근거이다. 그러므로 이 내용 또한 B주장에 반박하는 내용으로 적절하지 않다.

12
| 정답 | ④

산패 방지에는 서늘한 환경과 밀폐 보관이 중요한데, 상온 보관은 산패를 오히려 촉진시킨다.

| 오답풀이 |

①, ②, ③, ⑤ 모두 지방질의 산패 방지를 위한 방법으로 주어진 글의 예시로 적절하다. 식용유를 어두운 유리병에 보관하면 빛과 산소 노출을 최소화해 산패를 늦출 수 있고, 올리브유에 항산화제를 첨가하면 산화를 억제하여 신선도를 유지한다. 또한, 견과류를 밀폐 용기에 담아 냉장 보관하거나 육류를 진공 포장하여 산소와의 접촉을 차단하는 방법 역시 산패 방지에 효과적이다.

13
| 정답 | ⑤

주어진 글은 교사가 수업 계획과 준비에 집중할 수 있도록 행정업무에 할애하는 시간을 줄여줘야 한다는 내용이다. 특히 방과 후 학교 업무에 대한 교사의 업무 부담을 경감하는 방법이 구체적으로 제시되어 있으므로 '방과 후 학교 교사의 업무 경감의 중요성'이 제목으로 가장 적절하다.

| 오답풀이 |

① 방과 후 학교의 발전 방안은 그 범위가 주어진 글에 비해 지나치게 넓어서 제목으로 적절하지 않다.

② 교육과 돌봄을 위한 방과 후 학교 도입의 필요성은 주어진 글의 내용과 동떨어져 있다.
③ 직접적으로 행정업무를 줄여줘야 한다고 언급했으므로 방과 후 학교 강사의 질적 수준 제고를 위한 방안이라고 하기는 어렵다. 방안이 되기 위해서는 선발 기준이나, 교육방법 등이 포함되어야 한다.
④ 방과 후 학교에 대한 물적 지원 확대 방안은 글의 제목으로 적절하지 않다.

14
| 정답 | ④

주어진 글은 잊힐 권리에 대한 내용이다. 본인이 원할 경우, 온라인상의 모든 개인정보를 삭제할 수 있는 권리인데, 그 기준에 대해서 EU GDPR 제 17조에서 규정하고 있다. 또한 개인정보보호법상 개인정보의 정정 및 삭제 요구권과 처리정지 요구권이 갖는 한계에 대해 방송통신위원회가 가이드라인을 마련하여 권리를 보장받을 수 있게 하였음을 알 수 있다. 그런데 개인정보처리자가 검색서비스 사업자에게 요청하는 것이 아니라 정보주체, 혹은 이용자가 요청한다고 해야 맞다.

| 오답풀이 |

① EU GDPR 제17조는 잊힐 권리에 대해 최초로 구체적인 요건을 명확하게 하여 정리한 법안이다.
② 초연결사회에서는 엄청난 양의 개인정보가 집적, 공유되면서 소위 '제로 프라이버시 사회'의 위험을 만들어 내고 있기 때문에 개인으로서 프라이버시 침해의 위험을 대비하기 위해서 잊힐 권리가 보장되어야 한다.
③ 개인정보보호법은 이용자가 회원을 탈퇴한 경우에는 적용되기 어려운 문제점이 있었으므로 인터넷 자기게시물 접근배제요청권에 비해 그 범위가 한정적이다.
⑤ 예외적으로 공익과 관련성이 높은 경우, 다른 법령에서 위임한 명령에 따라 보존 필요성이 있는 경우에는 인터넷 자기게시물 접근배제 요청이 거부될 수 있다.

15
| 정답 | ②

주어진 글은 베르누이의 원리를 통해 사이펀 원리를 설명하고 있다. 유체의 속력이 증가하면 압력이 감소하며 압력이 높은 곳에서 낮은 곳으로 유체가 흐른다는 내용을 통해 빠르게 이동하는 유체는 압력이 감소함을 알 수 있고, 액체가 빠르게 흐르는 동안 관 안의 압력은 감소할 수밖에 없다. 관 밖의 통 속에 존재하는 액체의 압력은 대기압이므로 상대적으로 높다.

16

| 정답 | ③

주어진 글은 도보 여행에 필요한 준비 사항이나 주의할 점 등을 제시하고 있다. 이 글을 바탕으로 학습에 관한 글을 쓸 때, 다양한 학습 방법으로 변화를 주어 지루하지 않게 한다는 내용은 연상할 수 없다.

| 오답풀이 |

① "먼저 어디로 갈 것인가를 정해 두는 것이 좋다."에서 유추할 수 있다.
② "도보 여행을 떠났을 때는 하루에 얼마를 가겠다 정하면 더 이상은 무리하지 말아야 한다."에서 연상할 수 있다.
④, ⑤ "여행을 떠나기에 앞서 준비 운동 등을 통해 체력을 비축해 두는 것이 좋다."에서 연상할 수 있다.

17

| 정답 | ④

주어진 글은 차량 급발진과 화재 등의 포비아가 형성되어 오해와 편견을 양산하고 있다고 주장하는 글이다. 이 글은 자동차 제조사의 대응을 독려하는 것이 아니라 일반인들이 화재 발생시 대처법이나 향후 대응책에 대한 콘텐츠를 만들어야 한다고 간접적으로 주장하고 있다. 따라서 이 글에 대한 비판으로는 관련 사건에 대해 제조사의 역할을 강조하는 것이 필요하다. '수출용과 내수용 차량의 소재를 달리한다는 루머가 퍼지면서 제조사가 곤혹을 치렀다.'는 것은 확인되지 않은 소문으로 인해 제조사가 곤란을 겪은 사례이므로 글쓴이의 주장과 관련이 깊은 내용이지 주어진 글을 비판하는 내용이라고 볼 수 없다.

| 오답풀이 |

① 사고가 일어난 영상이 있음에도 급발진이나 전기차 화재에 대해서 인정하지 않고 단순한 포비아 콘텐츠 소재로 받아들이는 것은 정확한 진단을 거부하는 것이다. 그러므로 치료는 정확한 진단에서 시작된다는 표현은 글에 대한 비판으로 적절하다.
② 외국의 자동차 제조사인 토요타에서 급발진을 인정한 사례가 있다는 것은 자동차에 급발진이 나타날 수 있다는 것을 인정한 회사가 있다는 것이므로 이러한 사고에 대해서 제조사와 일반인들이 알아야 한다는 것을 뒷받침한다.
③ 새로운 포비아 콘텐츠로 치부하는 영상들이 제조사로 하여금 실제 결함을 인정하고 리콜을 하게 한 사례가 있으므로 그런 콘텐츠도 중요한 의미가 있었음을 증명하는 근거이다. 그러므로 글에 대한 비판으로 적절하다.
⑤ 차량 결함 여부를 소비자가 밝히는 것은 사실상 불가능하므로 입증 주체를 제조사로 바꿔야 한다는 것 또한 차량 결함을 인정하지 않고 관련 사고를 포비아 콘텐츠로 치부하는 주어진 글의 내용을 비판하는 내용이다.

18

| 정답 | ③

주어진 글은 규제 샌드박스에 대해 간단하게 소개하고 우리나라의 금융규제 샌드박스가 금융 산업에 어떤 영향을 끼쳤는지에 대해 구체적으로 설명하는 글이다. 특히 핀테크 스타트업, 기존 금융기관과 새로운 금융서비스 등장 등 금융 산업 전반에 끼친 변화를 모두 언급하고 있으므로 제목으로 가장 적절한 것은 '금융규제 샌드박스의 금융 산업에 대한 영향'이다.

19

| 정답 | ③

G해양보호구역 내 블루카본은 현재 퇴적물에 약 17만 5,000MgC를 보유하고 있다.

| 오답풀이 |

① 해초 및 다시마는 탄소를 포집하고, 이를 해저로 포함시키는 작용을 한다.
② 탄소를 저장할 수 있는 자원인 블루카본은 대기 중 이산화탄소를 포집하여 바다로 흡수되는 것을 촉진한다.
④ 고래의 배설물은 철과 질소가 있어 탄소포집에 효과적인 식물성 플랑크톤 성장을 도우므로 간접적으로 대기 중 이산화탄소를 제거하는데 도움을 준다.
⑤ 죽으면서도 탄소를 제거해주는 고래의 개체 수를 회복하는 것은 기후위기에 대한 해결책이 될 수 있다.

20

| 정답 | ②

첫째 단락의 "지구를 중심으로 공전하는 원 궤도에 중심을 두고 있는 원, 즉 주전원(周轉圓)을 따라"를 통해 '주전원'이 '천동설'과 관련된 개념임을 알 수 있다.

| 오답풀이 |

① 첫째 단락의 "모든 천체는 ~ 천동설이 정설로 자리 잡고 있었다."를 통해 알 수 있다.
③ 첫째 단락의 "우주의 중심은 지구이며, ~ 지구의 주위를 공전한다는 천동설"과 둘째 단락의 "태양을 우주의 중심에 둔 코페르니쿠스의 지동설"을 통해 알 수 있다.
④ 둘째 단락의 "코페르니쿠스의 지동설은 ~ 수학적으로 단순하게 설명하였다."를 통해 확인할 수 있다.
⑤ 첫째 단락에서 "과학 혁명 이전 ~ 지배적인 영향력을 발휘하였다."라고 하였고, 천문 분야에서 대표적으로 천동설에 관한 예를 들고 있다. 그리고 이후에 지동설이 주장되었고, 둘째 단락에서 "과학과 아리스토텔레스 철학의 결별은 서서히 일어났다."라고 하였음을 통해 확인할 수 있다.

유형연습 문제				P.59~69	
01	②	02	②	03	④	04	④	05	②
06	④	07	④	08	③	09	②	10	③
11	②	12	②	13	④	14	⑤	15	④
16	②	17	②	18	②	19	④	20	③

01

| 정답 | ②

두 번째 명제의 '이'에 해당하는 문장으로 논리적으로 참이 될 수 없다. 클래식 음악을 좋아하지 않을 경우 힙합 음악과의 관계는 제시되어 있지 않다.

| 오답풀이 |
① '록 음악을 좋아하면 팝 음악도 좋아한다.'의 대우명제이다.
③ '힙합 음악을 좋아하면 록 음악을 좋아하지 않는다.'의 대우명제이다.
④ '힙합 음악을 좋아하면 클래식 음악을 좋아하지 않는다.', '클래식 음악을 좋아하지 않으면 팝 음악을 좋아한다.'에 따라 옳은 내용이다.
⑤ '팝 음악을 좋아하지 않으면 클래식 음악을 좋아한다.'의 대우명제이다.

02

| 정답 | ②

봄을 좋아하지 않으면 여름을 좋아하고 여름을 좋아하지 않으면 겨울을 좋아하지 않기 때문에 항상 거짓이다.

| 오답풀이 |
① 첫 번째 명제의 대우명제이므로 항상 참이다.
③ 세 번째 명제의 대우명제이므로 항상 참이다.
④ 가을을 좋아하면 봄을 좋아하지 않고, 봄을 좋아하지 않으면 여름을 좋아한다. 따라서 참이다.
⑤ 네 번째 명제의 대우명제이므로 항상 참이다.

03

| 정답 | ④

주어진 명제와 대우명제를 간단히 나타내면 다음과 같다.
• 짜장면 ○ → 짬뽕 ○ / 짬뽕 × → 짜장면 ×
• 떡볶이 ○ → 순대국밥 ○ / 순대국밥 × → 떡볶이 ×
• 뼈해장국 ○ → 라면 ○ / 라면 × → 뼈해장국 ×

• 순대국밥 × → 뼈해장국 ○ / 뼈해장국 × → 순대국밥 ○
• 짬뽕 × → 떡볶이 × / 떡볶이 ○ → 짬뽕 ○
• 뼈해장국 × → 짬뽕 × / 짬뽕 ○ → 뼈해장국 ○
• 떡볶이 × → 짜장면 × / 짜장면 ○ → 떡볶이 ○
따라서 '짜장면 ○ → 짬뽕 ○ → 뼈해장국 ○ → 라면 ○'이므로 항상 옳지 않다.

| 오답풀이 |
① '짬뽕 ○ → 뼈해장국 ○ → 라면 ○'이므로 항상 옳다.
② '짜장면 ○ → 떡볶이 ○ → 순대국밥 ○'이므로 항상 옳다.
③ '순대국밥 × → 뼈해장국 ○ → 라면 ○'이므로 항상 옳다.
⑤ '뼈해장국 × → 짬뽕 × → 떡볶이 ×'이므로 항상 옳다.

04

| 정답 | ④

A는 '음료를 미리 주문하지 않은 경우에는 테이크 아웃이 불가능하다.'의 대우명제와 반대이므로 옳지 않다. B는 '음료를 미리 주문하지 않은 경우에는 테이크 아웃이 불가능하다.'와 일치하지 않으므로 옳지 않다.

05

| 정답 | ②

위와 같은 경우가 가능하므로 파란색을 좋아하는 사람 모두가 빨간색을 좋아할 수도 있다. 그러나 빨간색을 좋아하는 사람 모두가 노란색을 좋아하지는 않으므로 B만 항상 참이다.

06

| 정답 | ④

하나의 명제가 참일 경우, 그 명제의 대우명제도 참이 되는 논리를 적용하여 해결한다. 주어진 명제와 대우명제를 관련 있는 것끼리 연결하여 생각하면 [보기]와 같은 신입 승무원들의 특성은 다음과 같이 파악될 수 있다. 유의할 것은, 신입 승무원들이 모두 두 가지 업

무 중 한 가지를 처음에 반드시 경험하게 된다고 하였으므로 고객응대 업무가 아닌 경우는 배식 업무, 배식 업무가 아닌 경우는 고객응대 업무를 경험한다는 사실이다.

㉠ 네 번째 명제의 대우명제는 '부지런하지 않은 신입 승무원은 고객응대 업무를 경험한다(배식 업무를 경험하지 않는다).'가 된다. 따라서 항상 옳은 판단이 된다.

㉢ 세 번째 명제의 대우명제는 '판단력이 뛰어난 신입 승무원은 배식 업무를 경험한다(고객응대 업무를 경험하지 않는다).'가 되므로 이것을 네 번째 명제와 삼단논법으로 연결하면, '판단력이 뛰어난 신입 승무원은 부지런하다.'는 명제가 도출될 수 있다. 따라서 ㉢는 항상 옳은 판단이 된다.

| 오답풀이 |

㉡ 세 번째 제시된 명제의 대우명제는 '판단력이 뛰어난 신입 승무원은 배식 업무를 경험한다(고객응대 업무를 경험하지 않는다).'가 되며, 이것을 두 번째 명제의 뒤에 삼단논법으로 연결하게 되면, '혼자서 일하는 것을 좋아하는 신입 승무원은 배식 업무를 경험한다.'가 된다. 그런데 이 명제는 제시된 ㉡의 명제와 '역'인 관계에 있는 역명제가 되어 참일 수도 있고, 참이 아닐 수도 있게 된다. 따라서 항상 옳은 판단이라고 볼 수 없다.

07 | 정답 | ④

전제1을 만족하는 벤다이어그램은 [그림1]과 같다.

[그림1]

이 상태에서 '짬뽕'과 '~라면' 사이에 공통영역이 존재한다는 결론을 반드시 만족하기 위해선 [그림2]와 같이 '짬뽕'과 '~떡볶이' 사이에 공통영역이 존재하면 된다.

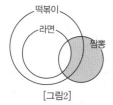

[그림2]

'짬뽕'과 '~떡볶이' 사이에 공통영역이 존재하면 자동으로 [그림2]의 색칠된 부분이 '짬뽕'과 '~라면' 사이의 공통영역이 되어 결론을 만족할 수 있다. 따라서

정답은 ④이다.

08 | 정답 | ③

주어진 명제를 벤다이어그램으로 표시하면 다음과 같다.

따라서 '어떤 사원은 주임이면서 연구디자인을 한다.'가 올바른 결론이 된다.

09 | 정답 | ②

주어진 내용에 따르면 A와 B 사이에 2명이 출근하였고, A는 C보다 나중에 출근하였으므로 B, C, A 또는 C, A, B 또는 C, B, A의 순서로 출근하였다. 이때, A와 B 사이에 C가 출근하지 않았다면 D, E가 A, B 사이에 출근하였고, 이는 D와 E 사이에 1명이 출근하였다는 것과 모순이므로 B, C, A의 순서로 출근하였음을 알 수 있다. 그리고 C와 D가 연달아 출근하지 않았으므로 가능한 경우는 다음과 같다.

첫 번째	두 번째	세 번째	네 번째	다섯 번째
B	C	E	A	D
D	B	E	C	A

이때, 두 가지 경우 모두 A는 E보다 나중에 출근하므로 ②의 내용은 항상 옳지 않다.

| 오답풀이 |

① 두 가지 경우 모두에서 E는 세 번째로 출근하므로 항상 옳다.
③ 첫 번째 경우에서 D는 마지막으로 출근하므로 항상 옳지 않은 것은 아니다.
④ 첫 번째 경우에서 A와 E가 연달아 출근하므로 항상 옳지 않은 것은 아니다.
⑤ 두 가지 경우 모두에서 C와 D 사이에 두 명이 출근하므로 항상 옳다.

10 | 정답 | ③

짝수 3개와 홀수 1개로 구성되어 있는 네 자리 비밀번호이다. 4개의 비밀번호 총합은 22 이상이며, 짝수는 2, 4, 6, 8만 가능하고 2는 무조건 포함된다. 이때 9+2=11이므로 나머지 2개의 숫자 합이 11 이상이어야 한다. 따라서 나머지 숫자는 4, 8 또는 6, 8만 가능하다.

앞자리부터 오름차순으로 비밀번호가 구성되므로 총 가능한 비밀번호는 2489 또는 2689로 2가지이다.

11
| 정답 | ③

A의 말이 거짓말이라고 가정하면 B는 불합격하였고, 나머지 모든 사람이 참말을 한 것이다.
이때, B의 발언에 의해 B, C, D가 불합격하였으므로 A, E가 합격한 것인데, D의 발언에 모순이 생긴다.
즉, A의 말은 참이고, B는 합격하였다.
이에 따라 C의 발언이 거짓말임을 알 수 있다.

12
| 정답 | ②

• 정보 5, 정보 6에 의해 병은 C연구동에 연구실이 있다.
• 정보 6에 의하면, 을은 B연구동에 연구실이 있지 않으며, 병은 C연구동에 연구실이 있으므로, 을은 A연구동에 연구실이 있는 것이 된다.
• 정보 7에 의해 갑은 B연구동에 연구실이 있으며, 강의실은 A연구동이 된다.
• 정보 4에 의해 병의 강의실은 B연구동이 된다.
따라서 을의 강의실은 C연구동에 있는 것이 된다.
결국 을의 연구실과 강의실은 각각 A연구동과 C연구동에 있음을 알 수 있다.

13
| 정답 | ③

3명이 도마뱀을 키우는데, 도마뱀을 키우지 않는 사람들끼리 인접하게 거주하지 않는다고 하였으므로 도마뱀을 키우지 않는 4명이 홀수 층에 거주하고 도마뱀을 키우는 3명이 짝수 층에 거주함을 알 수 있다.
이때, D와 F는 도마뱀을 키우고 C의 바로 아래층에 G가 거주한다고 하였으므로 C 또는 G 중 한 명이 도마뱀을 키운다는 것을 알 수 있다. 즉, A, B, E는 도마뱀을 키우지 않는다.
이를 표로 나타내면 다음과 같다.

1층	2층	3층	4층	5층	6층	7층
B/E		E/B		A		

이때, C의 바로 아래층에 G가 거주한다고 하였으므로 G가 6층에 거주하고 C가 7층에 거주한다. 따라서 다음과 같이 표를 채울 수 있다.

1층	2층	3층	4층	5층	6층	7층
B/E	D/F	E/B	F/D	A	G	C

따라서 G는 항상 6층에 거주한다.

14
| 정답 | ⑤

A~E의 각각이 출장을 다녀온 경우에 대하여 참/거짓 여부를 확인해 보면 다음과 같다.

구분	A	B	C	D	E	거짓말한 사람
A가 출장	F	T	F	T	T	2명
B가 출장	F	T	T	F	T	2명
C가 출장	F	T	F	F	T	3명
D가 출장	F	T	F	F	T	3명
E가 출장	T	F	T	F	F	3명

따라서 C, D, E가 출장가는 경우에 거짓말하는 사람이 3명이다. 그리고 E가 거짓말하는 유일한 경우에 E가 출장을 다녀왔으므로 항상 옳다.

| 오답풀이 |
① A가 거짓말할 때 C 또는 D가 출장을 다녀왔으므로 항상 옳은 것은 아니다.
② B가 거짓말할 때 E가 출장을 다녀왔으므로 항상 옳지 않다.
③ C가 거짓말할 때 C 또는 D가 출장을 다녀왔으므로 항상 옳은 것은 아니다.
④ D가 거짓말할 때 B가 출장을 다녀왔다면 거짓말한 사람이 2명이므로 항상 옳지 않다.

15
| 정답 | ④

A는 5번 자리에 앉는다. B는 1번, F는 3번으로 자리가 정해져 있고, D는 B와 가장 먼 자리인 4번 자리에 앉는다.
A는 C의 옆자리에 앉으므로 A는 5번 또는 6번 자리에 앉는다. 그러나 B와 서로 나란히 앉을 수 없기 때문에 A는 5번 자리에 앉고, C는 6번 자리에 앉는다. 따라서 E는 남은 자리인 2번 자리에 앉는다.

16
| 정답 | ②

조건에 따라 요리사 D는 세 번째, 요리사 C는 네 번째, 요리사 E는 다섯 번째가 된다. 요리사 A보다 늦게 끝낸 요리사는 3명이 있으므로 요리사 A는 두 번째가 되고 자동으로 요리사 B가 첫 번째가 된다. 그러므로 최종순서는 요리사 B－요리사 A－요리사 D－요리사 C－요리사 E가 된다.

17

문제에서 현아의 생일파티에 모두 참석했다고 하였으므로, 수빈이의 "정우는 생일파티에 오지 않았어."라는 말이 거짓이 된다.

18

4명의 말이 각각 거짓이라고 가정하고 각각의 상황을 검토해 볼 수 있다.

- A가 거짓인 경우
  B는 1층 또는 4층, C는 2층 또는 4층에 살 수 있으므로 3층에 살 수 있는 사람은 D밖에 없게 된다. 또한 A가 2층이므로 C는 4층, 나머지 B가 1층이 되어 모든 층에 사는 사람을 알 수 있게 된다.
- B가 거짓인 경우
  B가 3층에 살게 되므로 D는 1층이 된다. 또한 1층과 3층을 제외한 나머지 4층에 A가 살 수밖에 없으며 따라서 C는 2층이 되어 이 경우에도 모든 층에 사는 사람을 알 수 있게 된다.
- C가 거짓인 경우
  1층과 3층은 C와 D가 살게 되므로 나머지 2층과 4층에 A와 B가 살게 되는데 A는 1, 3, 4층 중 한 층에 살아야 하므로 A가 4층, B가 2층이 되어 결국 A와 B가 사는 층만 알 수 있게 된다.
- D가 거짓인 경우
  2층과 4층은 C와 D가 살게 되므로 나머지 1층과 3층에 A와 B가 살게 되는데 B는 1, 2, 4층 중 한 층에 살아야 하므로 B가 1층, A가 3층이 되어 A와 B가 사는 층만 알 수 있게 된다.

따라서 선택지 ②만이 올바른 판단이 되는 것을 알 수 있다.

19

구분	A	B	C	D	E	거짓말한 사람
A 범인	F	F	F	F	T	4명
B 범인	F	T	F	T	T	2명
C 범인	F	F	F	F	F	5명
D 범인	T	F	F	F	T	3명
E 범인	F	F	T	F	F	4명

따라서 D가 범인일 때, 거짓을 말하는 사람이 3명으로 조건에 따라 D가 범인이다.

20

J는 참을 말하고 있으니, F는 반칙을 하지 않았다.

F는 거짓을 말하고 있으니 G는 반칙을 하지 않았다.

G, H, I 중 한명은 참을 말하고 2명은 거짓을 말하고 있으며, 반칙을 한 사람은 1명에 맞춰 모순을 찾아보면 G의 발언이 참일 경우 H와 I가 모두 거짓이며 반칙을 한 사람은 1명이어야 한다.

I의 거짓 발언에 따라 H는 반칙을 한 선수이며 J는 반칙을 하지 않았다. 따라서 모순이 없다.

H의 말이 참인 경우 J가 반칙을 했고 I의 거짓 발언과 모순이 된다.

I의 말이 참인 경우 G의 거짓 발언과 모순이 된다.

01

| 정답 | ④

멸종위기야생생물 중 1급인 야생생물은 전체 멸종위기야생생물의 $\frac{68}{283} \times 100 \fallingdotseq 24(\%)$이다.

| 오답풀이 |

① 멸종위기야생생물에서 종수가 가장 많은 2급 분류군은 육상식물류이고, 1급 종수가 가장 많은 분류군은 조류이다.

② 멸종위기야생생물은 1급 68종, 2급 215종으로 총 283종이다.

③ 멸종위기야생생물로 지정된 비율이 10% 이상인 야생생물은 1급과 2급의 합이 28.3종 이상이면 되므로, 69종인 조류, 29종인 어류, 32종인 무척추동물류, 29종인 곤충류, 92종인 육상식물류의 5종이다.

⑤ 멸종위기야생생물 중 조류의 비율은 어류의 비율보다 $\frac{(69-29)}{283} \times 100 \fallingdotseq 14(\%)$ 높다.

02

| 정답 | ①

㉠ 두 제품 B, D의 5년간 평균 매출액을 비교해 보면 다음과 같다.

- 제품 B: $(240+260+200+180+250) \div 5 = 226$(억 원)
- 제품 D: $(210+200+240+300+270) \div 5 = 244$(억 원)

따라서 제품 B의 5년간 평균 매출액은 제품 D보다 18(억 원) 낮다.

㉢ 총매출액을 연도별로 확인해 보면 다음과 같다.

- 2019년: $430+240+170+210 = 1,050$(억 원)
- 2020년: $400+260+200+200 = 1,060$(억 원)
- 2021년: $350+200+250+240 = 1,040$(억 원)
- 2022년: $420+180+180+300 = 1,080$(억 원)
- 2023년: $380+250+240+270 = 1,140$(억 원)

이에 따라 총매출액에서 제품 C가 차지하는 비중을 연도별로 구하면 다음과 같다.

- 2019년: $\frac{170}{1,050} \times 100 \fallingdotseq 16.2(\%)$
- 2020년: $\frac{200}{1,060} \times 100 \fallingdotseq 18.9(\%)$
- 2021년: $\frac{250}{1,040} \times 100 \fallingdotseq 24.0(\%)$
- 2022년: $\frac{180}{1,080} \times 100 \fallingdotseq 16.7(\%)$
- 2023년: $\frac{240}{1,140} \times 100 \fallingdotseq 21.1(\%)$

따라서 총매출액에서 제품 C가 차지하는 비중이 두 번째로 큰 해는 2023년이다.

| 오답풀이 |

㉢ 2019년과 2023년 총매출액을 구하면 다음과 같다.

- 2019년: $430+240+170+210 = 1,050$(억 원)
- 2023년: $380+250+240+270 = 1,140$(억 원)따라서 4개 제품에 대한 2023년 총매출액은 4년 전 대비 $\frac{(1,140-1,050)}{1,050} \times 100 \fallingdotseq 8.6(\%)$증가하였다.

㉣ 2019~2022년 제품 A의 매출액 합계는 $430+400+350+420 = 1,600$(억 원)이고 2022~2023년 세 제품 B, C, D의 매출액 합계는 $(180+180+300)+(250+240+270) = 660+760 = 1,420$(억 원)이다. 따라서 2019~2022년 제품 A의 매출액 합계는 2022~2023년 세 제품 B, C, D의 매출액 합계보다 $1,600-1,420 = 180$(억 원) 많으므로 175(억 원) 이상 많다.

03

| 정답 | ③

㉡ 400만 원 미만 구간의 비중은 다음과 같다.

- 2022년: $11.6+32.5+32+14.8 = 90.9(\%)$
- 2023년: $11+29.2+33.3+16.3 = 89.8(\%)$

즉, 2023년에 더 낮다.

㉣ 300만 원 이상 구간의 비중은 2022년 $14.8+9.1 = 23.9(\%)$, 2023년 $16.3+10.2 = 26.5(\%)$이다. 따라서 월급을 300만 원 받는다면 2022년에는 상위 23.9%, 2023년에는 상위 26.5% 내에 속한다.

| 오답풀이 |

㉠ 증가 폭이 가장 큰 구간은 $16.3-14.8 = 1.5(\%p)$만큼 증가한 300~400만 원 미만 구간이지만, $29.2-32.5 = -3.3(\%p)$로 감소한 100~200만 원 미만 구간의 변화폭이 더 크다.

㉢ 100~300만 원 미만 구간의 비중은 다음과 같다.

- 2022년: $32.5+32 = 64.5(\%)$
- 2023년: $29.2+33.3 = 62.5(\%)$

즉, 두 해 모두 절반 이상이다.

✒ 문제 해결 TIP

ⓒ 여집합을 이용하여 풀이 시간을 단축할 수 있다. 400만 원 미만의 비중은 100%에서 400만 원 이상인 구간의 비중을 뺀 값과 같으므로 해당 방식으로 접근하면 시간을 대폭 단축할 수 있다.

04
| 정답 | ②

ⓒ B지역에서 교통사고 발생 건수가 가장 많았던 시기는 2016년(164건)이고, 가장 적었던 시기는 2021년(69건)이다. 따라서 교통사고 발생 건수가 가장 많았던 해를 기준으로 할 때 가장 적었던 해에 대한 발생 건수의 변화율은 $\frac{(164-69)}{164} \times 100 \fallingdotseq 57.9(\%)$이므로 60% 미만이다.

| 오답풀이 |

ⓐ 두 지역 A, C의 교통사고 발생량 합계는 다음과 같다.
- A지역: 180+125+161+98+76+102+83+98+87=1,010(건)
- C지역: 204+195+148+155+131+167+170+154+121=1,445(건)따라서 A지역의 평균 교통사고 발생량은 $\frac{1,010}{9} \fallingdotseq 112.2$(건)이고, C지역은 $\frac{1,445}{9} \fallingdotseq 160.6$(건)이므로 A지역의 평균 교통사고 발생량은 C지역보다 160.6-112.2=48.4(건) 낮다.

ⓒ 지역별로 전년 대비 교통사고 발생 건수 변화율이 가장 낮은 해에 대하여 변화율을 확인하면 다음과 같다.
- A지역: 2022년 대비 2023년의 $\frac{(98-87)}{98} \times 100 \fallingdotseq 11.2(\%)$
- B지역: 2021년 대비 2022년의 $\frac{(70-69)}{69} \times 100 \fallingdotseq 1.4(\%)$
- C지역: 2020년 대비 2021년의 $\frac{(170-167)}{167} \times 100 \fallingdotseq 1.8(\%)$

따라서 변화율이 낮은 순서대로 지역을 나열하면 B지역, C지역, A지역이다.

05
| 정답 | ②

2023년 전체 인구수는 $\frac{6,435}{1-0.876} \fallingdotseq 51,895$(만 명)이고, 2019년 전체 인구수는 $\frac{7,029}{1-0.862} \fallingdotseq 50,935$(만 명)이다. 따라서 2023년 전체 인구수가 더 많다.

| 오답풀이 |

① 14세 이하 인구 비율은 100에서 15세 이상 인구 비율을 빼서 구할 수 있다. 15세 이상 인구 비율이 계속해서 증가하고 있으므로, 14세 이하 인구 비율은 계속해서 감소하고 있다.

---

③ 2023년 15세 이상 인구수는 51,895-6,435=45,460(만 명)이고, 2019년 15세 이상 인구수는 50,935-7,029=43,906(만 명)이다. 따라서 2023년 15세 이상 인구수가 더 많다.

④ 2021년 15세 이상 인구 비율은 87%, 14세 이하 인구 비율은 13%이다. 같은 연도이므로 비율 비교로 인구수 비교도 가능하다. 87은 13의 $\frac{87}{13} \fallingdotseq 6.7$(배)이므로 7배 미만이다.

⑤ 전년 대비 14세 이하 인구수 변화는 다음과 같다.

2020년	2021년	2022년	2023년
-164	-141	-135	-154

따라서 2020년에 가장 큰 폭으로 줄어든다.

✒ 문제 해결 TIP

② $\frac{6,435}{0.124}$와 $\frac{7,029}{0.138}$의 대소를 비교해야 하는데, 분모의 0.138은 0.124보다 10% 이상 크지만 분자의 7,029는 6,435보다 10% 미만으로 크다. 따라서 굳이 계산하지 않아도 $\frac{6,435}{0.124}$가 더 크다는 것을 알 수 있다. 그러므로 정답은 ②이다.

③ $\left(\frac{6,435}{0.124} - 6,435\right)$와 $\left(\frac{7,029}{0.138} - 7,029\right)$의 대소를 비교해야 하는데, $\frac{6,435}{0.124}$가 $\frac{7,029}{0.138}$보다 크고, 6,435는 7,029보다 작으므로 굳이 계산하지 않아도 $\left(\frac{6,435}{0.124} - 6,435\right)$가 더 크다는 것을 알 수 있다.

06
| 정답 | ④

설문조사 참여자 수가 가장 많은 연령대는 30대로 양식을 가장 선호한다.

| 오답풀이 |

①, ② 한식은 40대, 50대에서 1위를 차지하였고, 양식은 30대, 일식은 20대에서 1위를 차지하였다. 따라서 연령대별로 1위를 많이 차지한 메뉴를 종합하여 선정한다면 한식을 선정하고, 중식을 가장 선호하는 연령대는 없다.

③ 직원 수가 가장 많은 연령대는 40대로 일식을 가장 선호하지 않는다.

⑤ 연령대별로 중식에 투표한 직원 수를 일식에 투표한 직원 수와 비교하면 다음과 같다. 20대는 10% 즉, 6명 더 적고, 30대는 5% 즉, 6명 더 많고, 40대는 15% 즉, 15명 더 많고, 50대는 10% 즉, 11명 더 적다. 따라서 -6+6+15-11=4이므로 중식에 투표한 직원 수는 일식에 투표한 직원 수보다 4명 더 많다.

07
| 정답 | ④

ⓐ 2022년 항목 G의 수입금액은 231억 달러이고 2023년 수입금액은 702억 달러이다. 따라서 증가

율은 $\frac{(702-231)}{231}\times100\fallingdotseq203.9(\%)$이므로 200% 이상임을 알 수 있다.

ⓛ 항목 A의 2022년 무역수지는 $1,165-197=968$(억 달러)이고 2023년 무역수지는 $935-228=707$(억 달러)이다. 따라서 항목 A의 2023년 무역수지는 2022년 대비 $968-707=261$(억 달러) 감소하였으므로 260(억 달러) 이상 감소하였음을 알 수 있다.

ⓒ 5대 수출입 항목을 기준으로 할 때 2022년 수출액 합계는 $1,165+486+408+246+110=2,415$(억 달러)이고 수입액 합계는 $803+447+231+214+197=1,892$(억 달러)이므로 무역수지는 $2,415-1,892=523$(억 달러)이다. 그리고 2023년 수출액 합계는 $935+430+405+325+254=2,349$(억 달러)이고 수입액 합계는 $702+423+228+186+178=1,717$(억 달러)이므로 무역수지는 $2,349-1,717=632$(억 달러)이다. 따라서 5대 수출입 항목을 기준으로 할 때 2023년 무역수지는 2022년 대비 $632-523=109$(억 달러) 증가하였음을 알 수 있다.

| 오답풀이 |

ⓔ A~F까지의 항목 중 2022년 무역수지가 적자인 항목은 C, D, G의 3개이다. 그런데 2023년 항목 C를 살펴보면 수입액이 186(억 달러)인데, 수출액은 254(억 달러) 미만이라는 것만 알 수 있다. 즉, 항목 C의 경우 무역수지가 흑자인지 적자인지 알 수 없으므로 연도별 무역수지가 적자인 항목의 수를 비교할 수 없다.

🔧 **문제 해결 TIP**
ⓖ 2022년 항목 G의 수입금액은 231(억 달러)이고 2023년 수입금액은 702(억 달러)이다. 이때 증가율을 직접 구하지 않더라도 $231\times3=693<702$이므로 증가율은 200% 이상이라는 것을 눈으로 계산하여 쉽게 알 수 있다.

08 | 정답 | ⑤

2023년 전년 대비 15세 이상, 취업자, 경제활동 인구는 모두 증가했고, 비경제활동 인구는 감소했다.

| 오답풀이 |

② 취업자 인구가 전년 대비 가장 크게 감소한 해는 2020년이고, 비경제활동 인구가 전년 대비 가장 크게 증가한 해도 2020년이다.

③ 2013~2023년 동안 인구의 전년 대비 증감률이 항상 양수인 것은 15세 이상 인구뿐이다.

④ 경제활동 인구가 전년 대비 감소한 해는 2020년이고, 2020년에 비경제활동 인구는 전년 대비 가장 크게 증가했다.

09 | 정답 | ⑤

지방의 2023년 1월 착공 실적의 전년 대비 감소율 $\frac{(0.6-0.9)}{0.9}\times100\fallingdotseq-33.3(\%)$은 수도권의 2020년 1월 인허가 실적의 전년 대비 감소율 $\frac{(1.2-1.8)}{1.8}\times100\fallingdotseq-33.3(\%)$과 같다.

| 오답풀이 |

① 수도권의 2020년 1월 인허가 실적은 전년 대비 $\frac{(1.2-1.8)}{1.8}\times100\fallingdotseq-33.3(\%)$, 즉 약 33.3% 감소했다.

② 지방의 1월 인허가 실적은 감소 → 증가 → 증가 → 감소이고, 착공 실적은 감소 → 증가 → 감소 → 감소로 증감 상태의 변화는 다르다.

③ 수도권의 2022년 1월 인허가 실적은 전년 대비 $\frac{(1.5-1.2)}{1.2}\times100=25(\%)$ 증가했다.

④ 지방의 1월 착공 실적이 전년 대비 증가한 해는 2021년이고, 2021년 수도권의 1월 인허가 실적은 전년과 동일하다.

10 | 정답 | ④

맵고 짠 국물음식을 하루에 1번 이상 섭취한다고 답한 응답자 수는 청년층 $579\times26.7\%$, 중장년층 $2,482\times34.8\%$, 노년층 $533\times39.7\%$으로 중장년층에서 가장 많다.

| 오답풀이 |

① 맵고 짠 국물음식을 하루에 1번 이상 섭취한 비율은 33.6%이고, 섭취 비율은 청년층 26.7%, 중장년층 34.8%, 노년층 39.7%로 연령이 높을수록 높다.

② 하루에 1번 이상 맵고 짠 국물음식 또는 설탕이 많이 들어간 간식을 섭취한 사람의 비율이 각각 33.6%, 31.5%이므로, 응답자의 3명 중 1명이 이러한 것을 섭취한다는 설명은 옳다.

③ 맵고 짠 국물음식과 설탕이 많이 들어간 간식을 하루에 1번 이상 섭취한 비율은 1인 가구(29.2%, 28.8%)가 다인 가구(35.0%, 32.5%)보다 적다.

⑤ 설탕이 많이 들어간 간식을 하루에 1번 이상 섭취한 사람은 소득이 200만 원 미만인 응답자 수는 $161\times30.7\%$이고, 700만 원 이상인 응답자 수는 $731\times20.7\%$이므로 더 많다.

11 | 정답 | ①

ⓖ 2022년 CPI 적용 시 기부 총액은 7.37(백만 명)×1.35(백만 원)=994.95(백억 원)이다.

ⓛ 1인당 평균 기부 금액은 2005년 127(만 원)에서 2022년 145(만 원)으로 $\frac{(145-127)}{127}\times100≒14(\%)$ 증가했다.

| 오답풀이 |

ⓒ 2021년 CPI적용 기부 총액은 6.95(백만 명)×1.45(백만 원)이고, 2022년 CPI미적용 기부 총액은 7.37(백만 명)×1.45(백만 원)으로 같지 않다.

ⓔ 2022년 CPI적용 1인당 평균 기부 금액은 2021년 대비 1.45－1.35=0.1(백만 원), 즉 10(만 원) 감소했다.

12 | 정답 | ③

ⓖ 주어진 [표]에서 1980년 다음에 1990년의 기록이 있지만, 우리나라 총인구가 처음으로 4,000(만 명)을 넘은 해가 1990년인지는 정확히 알 수 없다.

ⓔ 주어진 [표]에서 중위 연령이 꾸준히 상승함을 확인할 수 있지만, 해마다 꾸준히 상승하였는지는 알 수 없다.

| 오답풀이 |

ⓛ 2021년에 인구성장률이 음수를 기록하며 총인구가 감소하였다.

ⓒ 자연증가율은 2020년에 음수를 기록하며 감소세를 나타내기 시작하였다.

13 | 정답 | ①

ⓖ 경영지원부에서 S와 M사이즈를 신청한 인원의 합은 14명으로 총 25명 중 과반수이다.

ⓛ 기획관리부에서는 M사이즈를 신청한 인원이 9명으로 가장 많다.

| 오답풀이 |

ⓒ 영업관리부에서 S사이즈를 신청한 인원은 6명, XL사이즈를 신청한 인원은 5명이므로 S사이즈를 신청한 인원이 더 많다.

ⓔ 4개 부서의 전체 인원은 100명이고, 이 중 8+3+6+2=19(명)이 S사이즈를 신청했으므로 19%이다.

14 | 정답 | ①

• 2019년 도서 인쇄 자료 수:
  1,134×101,477≒115,075(천 권)
• 2021년 관당 도서 인쇄 자료 수:
  $\frac{120,937,000}{1,208}≒100,113(권)$

• 2023년 관당 전자 자료 수:
  $\frac{607,725,000}{1,271}≒478,147(권)$

ⓖ 2023년 기준 공공도서관 수는 1,271개로 전년 대비 1,271－1,236=35(관), $\frac{(1,271-1,236)}{1,236}\times100≒$ 2.8(%) 증가했다.

ⓛ 인구수는 {공공도서관 수×1관당 인구수}이고, 공공도서관 수는 매해 30여개 증가하지만 1관당 인구수는 매해 1천 명 이상 감소하고 있으므로 2019~2023년 인구수는 감소하고 있고, 1관당 인구수도 감소하고 있다. 참고로, 2019년 인구는 1,134×45,723=51,849,882(명)이고, 2023년 인구는 1,271×40,382=51,325,522(명)으로 인구수는 감소하고 있다.

| 오답풀이 |

ⓒ 2019~2023년 도서 인쇄 자료 수는 꾸준히 증가했지만, 1관당 도서 인쇄 자료 수는 감소했다.

ⓔ 2023년 1관당 전자 자료 수는 478,147권으로 전년 대비 $\frac{(478,147-68,195)}{68,195}\times100≒60.1(\%)$ 증가했다.

15 | 정답 | ①

2022년 소비재의 무역특화지수는 $\frac{120-100}{120+100}=\frac{20}{220}=\frac{1}{11}$이고, 2023년 자본재의 무역특화지수는 $\frac{3,450-1,600}{3,450+1,600}=\frac{1,850}{5,050}=\frac{37}{101}$이다.

16 | 정답 | ③

전월 대비 수출액이 크게 증가한 달은 3월, 6월, 9월이므로 세 달에 대하여 수출액 증가율을 확인해 보면 다음과 같다.

• 3월: $\frac{(918-813)}{813}\times100≒12.9(\%)$
• 6월: $\frac{(913-830)}{830}\times100=10(\%)$
• 9월: $\frac{(851-767)}{767}\times100≒11.0(\%)$

이때, 11% 이상을 기록한 달은 3월과 9월인데 3월에는 바로 다음 달에 수출액이 1만 2천 달러 감소하였고, 9월에는 바로 다음 달에 수출액이 1천 달러 감소하였으므로 C월은 3월을 의미한다.

| 오답풀이 |

①, ② 수출액과 수입액의 차이가 적은 달을 위주로 확인해 보면 다음과 같다.

- 1월: 884-770=114(천 달러)
- 5월: 830-706=124(천 달러)
- 7월: 896-758=138(천 달러)
- 8월: 767-682=85(천 달러)
- 10월: 850-721=129(천 달러)

따라서 A월은 5월을 의미하고 B월은 10월을 의미한다.

④ [그래프]에서 수입액이 세 번째로 많은 달이자, 수출액이 가장 많은 달은 3월임을 알 수 있다.

⑤ [그래프]에서 전월 대비 수출액과 수입액이 모두 감소하고 바로 다음 달에 다시 증가한 달을 확인해 보면 2월과 5월이다. 그런데 수출액이 10만 달러 이상 증가한 달은 2월이다. 즉, E월은 2월을 의미한다.

17 | 정답 | ②

2015년 1인 가구 수 비중은 $\frac{3,961}{(19,111+3,961)} \times 100 ≒$ 17.2(%)이고, 2019년 1인 가구 수 비중은 $\frac{7,065}{(20,343+7,065)} \times 100 ≒ 25.8$(%)이다.

따라서 1인 가구 수 비중은 25.8-17.2=8.6(%p) 증가하였다.

18 | 정답 | ④

주어진 [표]에서 두 영역의 점수 차가 20점인 지원자를 표시하면 다음과 같다.

[표] LG Way Fit Test 영역별 점수 분포   (단위: 명)

언어 영역 / 수리 영역	50점	60점	70점	80점	90점	100점	합계
100점						1	1
90점			1		1	2	4
80점		3	3	3	2		11
70점			5	4	2		11
60점		2	2	3			7
50점	1	1					2
합계	1	6	11	10	5	3	36

∴ $A = \frac{9}{36} \times 100 = 25$(%)

그리고 주어진 [표]에서 두 영역의 평균 점수가 80점 이상인 지원자 수를 표시하면 다음과 같다.

[표] LG Way Fit Test 영역별 점수 분포   (단위: 명)

언어 영역 / 수리 영역	50점	60점	70점	80점	90점	100점	합계
100점						1	1
90점			1		1	2	4
80점		3	3	3	2		11
70점			5	4	2		11
60점		2	2	3			7
50점	1	1					2
합계	1	6	11	10	5	3	36

∴ B=1+1+1+2+3+2+2=12(명)

19 | 정답 | ④

㉠ 기업의 R&D 과제 건수 전년 대비 증가량을 연도별로 확인해보면 다음과 같다.
- 2020년: 120-150=-30(건)
- 2021년: 180-120=60(건)
- 2022년: 180-180=0(건)
즉, 옳은 그래프이다.

㉡ 정부의 R&D 과제 건수 비중을 연도별로 확인해보면 다음과 같다.
- 2019년: $\frac{340}{800} \times 100 = 42.5$(%)
- 2020년: $\frac{450}{1,000} \times 100 = 45.0$(%)
- 2021년: $\frac{630}{1,200} \times 100 = 52.5$(%)
- 2022년: $\frac{780}{1,500} \times 100 = 52.0$(%)
즉, 옳은 그래프이다.

㉣ 전체 R&D 과제 건수 전년 대비 증가율을 연도별로 확인해보면 다음과 같다.
- 2020년: $\frac{(1,000-800)}{800} \times 100 = 25$(%)
- 2021년: $\frac{(1,200-1,000)}{1,000} \times 100 = 20$(%)
- 2022년: $\frac{(1,500-1,200)}{1,200} \times 100 = 25$(%)
즉, 옳은 그래프이다.

| 오답풀이 |

㉢ 2021년 기관별 R&D 과제 건수 비중을 확인해보면 다음과 같다.
- 기업: $\frac{180}{1,200} \times 100 = 15.0$(%)
- 대학: $\frac{240}{1,200} \times 100 = 20.0$(%)

- 정부: $\dfrac{630}{1,200} \times 100 = 52.5(\%)$

- 기타: $\dfrac{150}{1,200} \times 100 = 12.5(\%)$

즉, 옳지 않은 그래프이다.

> ⚙ **문제 해결 TIP**
>
> 해설 자체가 길게 서술되어 있지만, 계산 과정 자체가 어려운 수준은 아니므로 암산을 통해 눈으로 빠르게 계산하여 문제를 해결하도록 한다.

20
|정답| ⑤

2018~2020년 전년 대비 태양광 및 폐기물의 생산량 증가량은 다음과 같다.

(단위: MW)

구분	2018년	2019년	2020년
태양광	520	860	1,100
폐기물	−310	−250	730

> ⚙ **문제 해결 TIP**
>
> 수치 계산 필요없이 주어진 자료만으로도 바로 확인 가능한 보기를 먼저 확인하여 제거해 나가면서 계산 과정을 줄이는 것이 핵심이다.

01
| 정답 | ②

세 숫자 간의 규칙은 첫 번째 숫자의 (십의 자릿수)^{일의}^{자릿수}＋세 번째 숫자의 (십의 자릿수)$^{일의\ 자릿수}$＝두 번째 숫자로, (22, 29, 52)의 조합을 위 규칙으로 적용해서 살펴보면, $2^2+5^2=29$, $2^3+6^2=44$가 된다.
따라서 빈칸에 들어갈 수는 $3^2+4^2=25$이다.

02
| 정답 | ③

소수점 첫째 자릿수는 1씩 감소, 소수점 둘째 자릿수는 1씩 증가하는 수의 나열이다. 따라서 0.53 다음에 들어갈 수는 5에서 1 감소한 4, 3에서 1 증가한 4로 0.44이다.

03
| 정답 | ④

주어진 수열의 규칙은 다음과 같다.

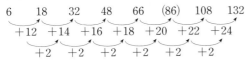

즉, 수열의 계차수열(수열의 인접하는 두 항의 차로 이루어지는 수열)로 빈칸에 들어갈 수는 $66+20=108-22=86$이다.

04
| 정답 | ②

홀수 번째 항만 따로 나열하면 2, 12, 52, 212이고 (앞의 항)에 ×4를 한 다음 ＋4하면 뒤의 항이 나온다는 것을 알 수 있다.
$2×4+4=8+4=12$ / $12×4+4=48+4=52$ / $52×4+4=208+4=212$
짝수 번째 항만 따로 나열하면 2, 5, 26, (   ), 이고 (앞의 항)$^2+1$＝(뒤의 항)이 나온다는 것을 알 수 있다.

$2^2+1=5$ / $5^2+1=26$
따라서 빈칸에 들어갈 수는 $26^2+1=677$이다.

05
| 정답 | ②

주어진 수열은 $(n-1)(n-2)(n-3)+n$에 1, 2, 3, …을 차례로 넣었을 때 나오는 값을 나타낸다.
$n=1$일 때 $(1-1)(1-2)(1-3)+1=1$
$n=2$일 때 $(2-1)(2-2)(2-3)+2=2$
$n=3$일 때 $(3-1)(3-2)(3-3)+3=3$
$n=4$일 때 $(4-1)(4-2)(4-3)+4=3×2×1+4=10$
$n=5$일 때 $(5-1)(5-2)(5-3)+5=4×3×2+5=29$
이므로 빈칸에 들어갈 수는 $n=6$일 때 $(6-1)(6-2)(6-3)+6=5×4×3+6=66$이다.

06
| 정답 | ③

주어진 수열의 규칙은 다음과 같다.

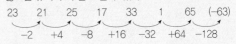

따라서 빈칸에 들어갈 알맞은 수는 -63이다.

> **🔑 문제 해결 TIP**
> 다음과 같이 주어진 수의 차이를 거듭제곱으로 나타내지 않으면 규칙이 더 잘 보일 수 있다.
>
> | 23 | | 21 | | 25 | | 17 | | 33 | | 1 | | 65 | | (-63) |
> |---|---|---|---|---|---|---|---|---|---|---|---|---|---|---|
> | | -2 | | $+4$ | | -8 | | $+16$ | | -32 | | $+64$ | | -128 | |

07
| 정답 | ②

주어진 수열은 -1, $×2$가 반복되는 규칙을 갖고 있다. 따라서 빈칸에 들어갈 수는 $6-1=5$이다.

08
| 정답 | ③

다음 그림의 각 부분을 a, b, c, d라고 할 때, a＋b＝c＋d와 같은 식이 성립한다.

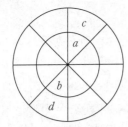

따라서 8+4=5+(　)이므로, 빈칸에 들어갈 수는 8+4−5=7이다.

09
| 정답 | ③

첫 번째 전개도에서 마주보는 면에 적힌 숫자들의 차는 1, 두 번째 전개도에서 마주보는 면에 적힌 숫자들의 차는 2, 세 번째 전개도에서 마주보는 면에 적힌 숫자들의 차는 3이다. 따라서 A와 마주보는 면에 적힌 숫자는 B이므로 $|A-B|=3$이다.

10
| 정답 | ③

다음 그림의 각 부분을 a, b, c, d라고 할 때, $a^2-bc=d$와 같은 식이 성립한다.

따라서 $13^2-15 \times 8=(　)$이므로, 빈칸에 들어갈 수는 49이다.

11
| 정답 | ③

3명을 일직선으로 나열된 의자에 2명 이상이 서로 붙어 앉는 경우 없이 앉히는 경우의 수는 4가지이다.

- ●—○—●—○—●—○
- ○—●—○—●—○—●
- ●—○—●—○—○—●
- ●—○—○—●—○—●

따라서 (6명 중 3명을 뽑는 경우의 수)×(3명을 일렬로 앉히는 경우의 수)×4가지=$_6C_3 \times 3! \times 4=20 \times 6 \times 4=480$(가지)이다.

12
| 정답 | ⑤

A지점과 B지점 사이에 있는 나무 사이의 간격의 수는 22−1=21(개)이고, 20m 간격으로 나무가 세워

져 있기 때문에 A지점과 B지점 사이의 거리는 $21 \times 20=420$(m)이다.

30m 간격으로 조정했을 때 A지점과 B지점을 제외하고 두 지점 사이에 있는 나무 중 이동시킬 필요가 없는 나무(=거리 30m과 20m인 경우의 최소공배수인 60m 간격에 세워진 나무)는 60m, 120m, 180m, 240m, 300m, 360m, 420m에 세워진 7그루이다.

A지점에 세워진 나무 기준으로 420m 떨어진 나무는 B지점(끝)에 세워진 나무이므로 A지점과 B지점을 제외하고 이동시킬 필요가 없는 나무는 7−1=6(그루)이다.

13
| 정답 | ③

받은 이메일이 스팸 메일이면서, 제목에 '이벤트'라는 문구가 들어가는 이메일을 받을 확률은 $0.8 \times 0.6=0.48$이고, 받은 이메일이 일반 메일이면서, 제목에 '이벤트'라는 문구가 들어가는 이메일을 받을 확률은 $0.2 \times 0.3=0.06$이다. 따라서 이메일 제목에 '이벤트'라는 문구가 들어가는 이메일을 받았을 때, 그 메일이 일반 메일일 확률은 $\dfrac{0.06}{0.48+0.06}=\dfrac{1}{9}$이다.

14
| 정답 | ④

- A주머니에서 2개, B와 C주머니에서 각각 1개씩 뽑을 경우
  $_2C_2 \times _3C_1 \times _4C_1=1 \times 3 \times 4=12$(가지)
- B주머니에서 2개, A와 C주머니에서 각각 1개씩 뽑을 경우
  $_2C_1 \times _3C_2 \times _4C_1=2 \times 3 \times 4=24$(가지)
- C주머니에서 2개, A와 B주머니에서 각각 1개씩 뽑을 경우
  $_2C_1 \times _3C_1 \times _4C_2=2 \times 3 \times 6=36$(가지)

따라서 경우의 수는 12+24+36=72(가지)이다.

15
| 정답 | ③

A종목에 배정된 상금이 $1,200 \times 0.25=300$(만 원)이므로 A종목에 참가한 1명이 받는 상금은 $300 \div 12=25$(만 원)이다. 그리고 D종목에 배정된 상금이 $1,200 \times 0.04=48$(만 원)이므로 D종목에 참가한 1명이 받는 상금은 $48 \div 6=8$(만 원)이다. 따라서 A종목에 참가한 1명이 받는 상금은 D종목에 참가한 1명이 받는 상금의 $\dfrac{25}{8}$배이다.

16

| 정답 | ④

등산로의 길이를 $x$km라고 하면 (시간)$=\dfrac{(거리)}{(속력)}$이
므로 다음의 부등식이 성립한다.

$2.5 \leq \dfrac{x}{3} + \dfrac{x}{4} \leq 3.5$

식 전체에 12를 곱하고 정리하면 $30 \leq 7 \leq 42$

$\therefore \dfrac{30}{7} \leq x \leq 6$

따라서 x의 최댓값은 6이므로 왕복 거리의 최댓값은
$6 \times 2 = 12$(km)이다.

17

| 정답 | ③

제품 A는 1개 판매할 때마다 12%의 이익이 남는데,
80개를 판매하였다고 했다. 따라서 제품 A의 이익은
$5,400 \times 0.12 \times 80 = 51,840$(원)이다.

제품 B의 판매가는 제품 A의 판매가보다 1,800원 낮
다고 하였으므로 $5,400 - 1,800 = 3,600$(원)이다. 그
리고 1개 판매할 때마다 20%씩 이익이 남으므로 1개
당 판매이익은 $3,600 \times 0.2 = 720$(원)이다. 이때 제품
B의 원가는 $3,600 - 720 = 2,880$(원)이다. 그런데
10% 할인하여 판매하였으므로 제품 B의 최종 판매
가는 $3,600 \times 0.9 = 3,240$(원)이다.

따라서 제품 B를 1개 판매할 때의 이익은 $3,240 -$
$2,880 = 360$(원)이다. 즉, 30개 판매한 제품 B의 이
익은 $360 \times 30 = 10,800$(원)이다.

따라서 두 제품에 대한 총이익은 $51,840 + 10,800 =$
$62,640$(원)이다.

18

| 정답 | ③

4% 포도당 용액과 물을 1 : 1로 섞었다고 했으므로
4% 포도당 용액과 물의 양은 ag이고, 12% 포도당 용
액의 양은 $(400-2a)$g이다.

10% 포도당 용액 400g에 들어 있는 포도당은 40g이
고, 4% 포도당 용액 ag에 들어 있는 포도당은 $0.04a$g,
12% 포도당 용액 $(400-2a)$g에 들어 있는 포도당은
$0.12(400-2a)$g이다.

식을 세우면, $0.04a + 0.12(400-2a) = 40 \rightarrow 0.2a$
$= 8$

$\therefore a = 40$(g)

따라서 12% 포도당 용액은 $400 - 80 = 320$(g) 섞었다.

19

| 정답 | ③

48명 중 복수전공을 한 학생 수와 복수전공을 하지
않은 학생 수의 비율이 5 : 7이라고 하였으므로 복수
전공을 한 학생 수는 $48 \times \dfrac{5}{(5+7)} = 20$(명)이다. 그
리고 복수전공을 한 학생 중 경제학을 복수전공 하지
않은 학생 수가 경제학을 복수전공을 한 학생 수의 4
배라고 하였으므로 경제학을 복수전공을 한 학생 수
는 $20 \times \dfrac{1}{(1+4)} = 4$(명)이다.

20

| 정답 | ④

C가 하루 동안 할 수 있는 일의 양을 x라고 하면, 다
음과 같은 식이 성립한다.

$\left(\dfrac{1}{6} + \dfrac{1}{15}\right) + \dfrac{1}{15} + \left(\dfrac{1}{15} + x\right) \times 7 = 1$

$\rightarrow \dfrac{23}{30} + 7x = 1$

$\therefore x = \dfrac{1}{30}$

PART 05 | 실전모의고사

CHAPTER 01 | **실전모의고사 1회**

언어이해   P.122~141

01	④	02	④	03	③	04	②	05	④
06	⑤	07	③	08	⑤	09	⑤	10	③
11	③	12	①	13	④	14	③	15	⑤
16	④	17	③	18	②	19	⑤	20	②

01 | 정답 | ④

주어진 글은 노벨상 수상자의 사례를 제시하고, 우리나라의 노벨상 숫자가 더 많아지도록 미국의 교육정책을 본받아야 한다고 주장하는 글이다. 그러므로 글의 주제는 '결과보다는 풀이 과정의 창의성을 중시하는 교육과정을 도입해야 한다.'이다.

02 | 정답 | ④

주어진 글은 우리나라의 계기지진관측이 시작된 1905년부터 현재에 이르기까지 계기지진관측의 변천을 시간의 흐름에 따라 서술하고 있다. 그러므로 제목으로 가장 적절한 것은 '국내 계기지진관측의 역사'이다.

03 | 정답 | ③

주어진 글은 우리나라 회사인 H사가 베트남을 주요 해외 거점으로 두고, 베트남 짜빈성 미롱남 마을의 맹그로브 숲 복원 사업을 진행하고, 동시에 맹그로브 수종의 연구를 지원한다는 내용이다. 베트남 정부가 맹그로브 수종을 멸종위기종으로 지정한 것은 맞지만 연구를 지원하는 것은 H사이다.

| 오답풀이 |

① H사는 이번 행사를 통해 500그루, 향후 4,000그루를 심는 것을 목표로 하고 있으므로 총 4,500그루의 맹그로브 묘목을 심을 계획이다.
② 짜빈성의 맹그로브 숲 복원 사업은 베트남 현지 사회적 기업 '맹그러브'와 H사가 공동으로 진행한다.
④ 베트남에서 새우 양식장과 같은 부분별한 개발이 숲을 파괴하고, 숲이 파괴되면서 환경 문제가 발생하고 있으므로 환경 문제는 새우 양식장의 무분별한 개발에 기인한다.
⑤ 지문을 통해서 H사는 국내 회사인데 베트남을 주요 해외 거점으로 두고 있음을 알 수 있다.

04 | 정답 | ②

주어진 글은 전고체전지를 소개하고 '전해질'의 역할과 '전해질'로 사용되는 물질에 대해 설명하는 글이다. 특히, $FeSn_2$는 기존의 전해질로 쓰이는 리튬금속보다 다양한 장점을 가지고 있음을 구체적인 성능 비교를 통해 자세하게 설명하고 있다. 글에서 리튬금속 외에 실리콘 음극재도 있다고 언급했으므로 현재 전고체 전지의 음극재로는 리튬금속, 실리콘, $FeSn_2$가 연구되고 있다는 사실이 글의 내용과 일치한다.

| 오답풀이 |

① 전고체전지는 '전해질'로 가연성 액체를 사용하지 않고 위험성이 극히 낮은 고체로 대체한 것이다.
③ 리튬금속을 음극재로 활용하는 이유에 대해서는 지문에 언급되어 있지 않다.
④ 대부분의 전지가 반복적으로 충전을 할 때, 재결합 반응이 강하게 나타나는 지는 지문을 통해서 알수 없다.
⑤ $FeSn_2$가 리튬이온전지에 비해 충전 속도가 빠른지, 전기 화학적 안정성이 높은지 알 수 없다.

05 | 정답 | ④

주어진 글에서는 도시 인구로 인한 도시 폐기물의 현황 및 미래에 대한 전망이 나타나 있을 뿐 제로 웨이스트의 현황이나 전망에 대해서는 언급하고 있지 않다.

| 오답풀이 |

① 마지막 문단에서 제로 웨이스트 운동의 창시자인 베아 존슨이 제시한 제로 웨이스트의 실천 방법 다섯 가지를 확인할 수 있다.
②, ③ 첫 번째 문단에서 제로 웨이스트라는 용어의 의미를 설명하며, 쓰레기가 없는 것을 목표로 한다고 하였다.
⑤ 세 번째 문단에서 환경 보호, 비용 절감, 새로운 일자리 창출 등 제로 웨이스트의 긍정적 영향을 제시하였다.

06
| 정답 | ⑤

상담과 같은 심리치료는 트라우마로 억압된 감정을 해소시켜주고 치유해 주기 때문에 전문적인 치료가 없다면 심리적 고립을 경험할 것이라는 적절한 추론이다.

| 오답풀이 |
① 트라우마 경험자들은 비슷한 상황에 처하면 불안감과 두려움을 느끼며 고통을 겪는다.
② 트라우마는 시간과 관계없이 사람들에게 불안과 고통을 준다.
③ 상담과 같은 전문가의 치료가 필요하다.
④ 트라우마를 겪으면 자신의 감정을 타인과 공유하기 어렵고 스스로 고립을 자처하므로 올바른 추론이 아니다.

07
| 정답 | ③

주어진 글은 낸드 플래시의 수요가 증가하여 전 세계적으로 관련 업체들이 가동률을 높였는데, 오히려 그 반작용으로 공급 과잉수준에 임박했다는 내용이다. 첫 번째 단락과 두 번째 단락을 통해 가동률을 급격하게 상승하게 된 이유와 얼마나 가동률을 높였는지를 알 수 있다. 세 번째 단락에서는 공급 과잉 수준에 임박하게 된 이유를 설명하고 있다. 그러므로 빈칸에 들어갈 말로 가장 적절한 것은 ③ '최근 재고 확대는 급격한 가동률 상승의 반작용으로 풀이된다'이다.

| 오답풀이 |
① 만약 낸드 플래시의 꾸준한 수요를 공급이 따르지 못하고 있다면 재고량이 점점 늘어나 공급 과잉 수준에 임박하지 않았을 것이다.
② 괄호 뒤의 내용인 '수요와 가격이 상승하면서 생산량을 크게 늘렸지만, 수요가 장기간 이어지지 않았다는 의미다.'와 괄호 안의 내용이 연결되어야 한다. 그러므로 PC와 모바일용 낸드 수요 회복이라는 특정 부분에 대한 내용이 괄호안에 들어가기 보다는 재고 확대가 나타난 근원적인 이유가 들어가는 것이 적절하다.
④ 재고 일수에 대한 내용은 괄호 앞이나 뒤에 언급되어 있지 않으므로 괄호에 들어갈 내용으로 보기 어렵다.
⑤ 세 번째 단락의 내용은 낸드 플래시의 재고량이 늘어났다는 내용이다. 만약 가격 조정에 대한 내용이 들어간다면 공급과잉에 대처하는 자세로 네 번째 단락으로 추가하는 것이 적절하다.

08
| 정답 | ⑤

기본 개념 → 물질 간 차이 → 일상적 예시 → 기술적 응용으로 자연스럽게 이어지며 표면 장력에 대한 이해를 점차 확장할 수 있도록 구성되어 있다.

09
| 정답 | ⑤

주어진 글은 한국어 어휘의 층위에 대해 설명하고 있다. 한국어 어휘는 세 층으로 이루어져 있는데 그중에 근간을 이루는 것을 고유어와 한자어라고 밝히고 있으며, 이렇게 두 계보를 지니게 된 과정을 설명하고 있다. 따라서 중심 내용으로 가장 적절한 것은 ⑤이다.

| 오답풀이 |
④ 한자어가 한국어 어휘에서 높은 비율을 차지하고 있는 것은 사실이지만, 한자어 수입 이후에 고유어 계통의 유의어에 대한 설명도 나와 있으므로 중심 내용으로 보기엔 어려움이 있다.

10
| 정답 | ③

해달과 수달의 개체 수가 감소하고 있음을 보여 주는 글이므로 핵심 내용으로 가장 적절한 것은 ③이다.

| 오답풀이 |
① 수달과 해달의 총개체 수에 대한 내용은 나와 있지 않다.
② 무분별한 수달 포획의 문제점을 제기하고 있지만 이를 해결할 방안은 제시하지 않았다.
④ 환경오염으로 인한 수달과 해달의 개체 수 감소에 대해 언급하였지만, 어떤 영향을 미쳤는지는 나와 있지 않다.
⑤ 해양 생물이란 바다에 서식하는 생물을 총칭하는 말이다. 주어진 글은 일본이 해달과 수달을 무분별하게 포획하였다는 내용을 주로 다루고 있다.

11
| 정답 | ③

『자산어보』를 쓸 때 정약전은 중국의 문헌을 참고하고 때로 인용하였다고 하였으므로 『자산어보』의 일부 내용은 중국의 문헌 내용과 동일할 것임을 알 수 있다.

| 오답풀이 |
① 『자산어보』에 따르면 거북이는 등껍질이 딱딱한 어류인 개류에 해당하며, 개류는 제2권에서 다루고 있다.
② 주어진 글을 통해 알 수 없는 내용이다.
④ 정약전은 『자산어보』를 쓰면서 실제로 물고기를 해부하고, 흑산도 어부들의 증언을 모아 어류에 대한 정보를 매우 상세히 서술했다고 하였다. 또한 '암상어의 몸 안에는 2개의 태보가 있고, 거기에서 알이 생기는데 부화된 알은 어미의 태보 안에서 새끼 상태로 6개월에서 1년 정도 머문다'라는 기록을 통해 정약전이 해양생물의 외형뿐만 아니라 내부 및 생태에 관한 내용도 기록하였음을 알 수 있다.
⑤ 정약전이 바다생물 총 227종에 대해 기록했다는 내용이 제시되었을 뿐 오늘날과 일치하는지는 주어진 글을 통해 알 수 없다.

12 　　　　　　　　　　　　　|정답| ①

㉠ 가장 기본적이고 핵심적으로 다루어질 내용으로 볼 수 있다.

㉡ 변화된 노인의 역할에 대해 논하였으므로 선진국의 사례가 소개될 것으로 판단하는 것 또한 합리적이다.

㉢ 가구 형태가 변화한 것은 소외되고 고립된 노인의 현실에 대한 원인이 되므로 노인의 소득 구조를 언급함으로써 제시된 문제의 심각성을 강조할 것으로 판단하는 것 역시 본론의 내용으로 타당하다.

| 오답풀이 |

㉣ 출산율 저하가 고령화 사회를 유도한 원인의 하나라고 판단할 수 있으나, 출산율 제고를 위한 정부와 사회의 역할을 제시하는 것은 글의 제목이나 제시된 서론의 내용으로 보아 핵심적인 내용을 다룬다고 보기 어렵다. 본론에서는 그러한 사회적 현상을 구체적으로 파악하여 노인의 사회적 역할과 기능을 어떻게 설정할 것인지를 찾아내는 것이 합리적일 것이다.

13 　　　　　　　　　　　　　|정답| ④

인위적인 지구 냉각은 기후 교란과 같은 더 큰 부작용을 초래할 수 있다고 했으므로, 그것은 지구 온난화를 말끔히 해결하는 방법이라고 볼 수 없다.

| 오답풀이 |

① 글 전반에 걸쳐, 그리고 글의 마지막 문단을 통해 알 수 있다.

② 두 번째 문단에서 지구의 온도 상승을 막기 위한 방법이 소개되었다.

③ 세 번째 문단에서 온실가스 배출을 최소화하는 플랜A를 실천하는 데 최선을 다해야 함을 언급하고 있다.

⑤ 두 번째 문단의 마지막 문장에서 '지구공학적 방법을 시행하면 단지 몇 년 안에 산업혁명 이전 수준으로 지구 온도를 떨어뜨리는 극적인 효과를 발휘할 수 있는 것으로 나타났다'라고 하였다.

14 　　　　　　　　　　　　　|정답| ③

불필요한 고학력 실업자를 증가시키는 현재 사회 구조의 문제를 해결하기 위해서는 정부와 기업, 대학이 협력하여 직업 선택의 다양성을 만들어 주어야 한다.

15 　　　　　　　　　　　　　|정답| ⑤

주어진 글에서는 현대 자본주의 경제 위기의 원인이 일시적인 것이 아닌 구조적 성격 때문이라는 것을 무시하고 있지 않다. 주어진 현대 자본주의 경제 위기의 구조적 문제로 '고비용 저효율'을 지적하고 있으며, 이 중 고임금을 최대 원인으로 뽑고 있다. 이를 해결하기 위한 방안으로는 시장 만능주의를 내세우고 있다. 따라서 이러한 의견에 반론하기 위해서는 고임금이 원인이 아니며, 시장 만능주의가 해결책이 아니라는 점을 들어야 한다.

| 오답풀이 |

① 경제학자들은 경제 위기의 원인에 대해 '고비용 저효율론'을 주장하고 있으면서 고임금을 가장 큰 원인으로 본다고 했다. 그러나 그 전에 왜 저효율이 왔는지 파악하고, 생산 구조에 대한 분석이 먼저 되어야 한다.

② 임금이 높으면 생산성도 올라가게 마련이다. 따라서 주어진 글이 임금과 생산성 사이의 연관 관계를 무시하고 있다는 지적은 적절하다. 또 생산성이 계속 향상될 수 있다면 고임금은 문제가 되지 않는다는 지적도 적절하다.

③ 시장 만능주의에서 주장하는 노동 시장 대책에 대한 반론으로 적절하다.

④ 시장 만능주의가 불러올 수 있는 부작용으로 시장 만능주의에 대한 반론으로 적절하다.

16 　　　　　　　　　　　　　|정답| ④

수리부엉이가 어둠 속에서 생존하기 위해 자신의 신체적 구조를 변화시켰듯이 생명체가 환경에 적응하기 위해 발달시킨 신체상의 특징이 아닌 예를 찾아야 한다. 너구리가 다리가 짧고 몸집이 작으며, 행동이 재빠르지 못해 천적의 공격을 받으면 죽는 시늉을 하는 것은 환경에 적응하기 위한 신체상의 특징이 아니므로 ㉠의 사례로 보기 어렵다.

| 오답풀이 |

①, ②, ③, ⑤ 모두 생명체가 환경에 적응하기 위해 신체를 진화시킨 예이다.

17 　　　　　　　　　　　　　|정답| ③

주어진 글의 내용은 슈링크플레이션 현상에 대해 구체적인 사례를 들어 설명하고, 인플레이션과 달리 경제 문제가 완화되더라도 해결되지 않는 문제임을 강조하고 있다. 특히 기업의 이윤을 추구하는 기업의 특성상 적은 재료로 높은 수익을 벌 수 있다면 앞으로도 계속 그럴 것이기 때문이다. 그러므로 글의 내용과 일치하는 것은 ③ '슈링크플레이션은 지금은 불만 수준이지만 향후에 더 큰 문제를 낳을 수 있다.'이다.

| 오답풀이 |

① 제품의 양을 줄이면서 가격은 그대로 유지하는 것을 슈링크

플레이션이라고 한다.

② 프랑스의 대형 마트인 까르푸가 소비자에게 슈링크플레이션에 대해서 고지한 경우가 있으나 이것이 법적인 의무인지는 알 수 없다.

④ 인플레이션이 완화되어도 슈링크플레이션 문제는 해결되지 않는다고 언급되어 있다.

⑤ 소비자들은 제품의 양보다 가격 인상 대해서 더 크게 느끼는 경향이 있다.

18

| 정답 | ②

주어진 글은 탄성반발설을 설명하는 글이다. 탄성발발설은 지면에 기존의 단층이 존재한다고 가정하고 이 단층에 가해지고 있는 힘(탄성력)에 어느 부분이 견딜 수 없게 되는 순간 급격한 파괴를 일으켜 지진이 발생한다는 것이다. 즉, 지진을 단층운동으로 나타나는 현상으로 설명한 것이다. 만약 지진이 단층운동에 지나지 않는다고 하면 단층을 움직이는 힘은 어디서부터 유래하는가를 설명하기 어렵다. 그러므로 이것을 설명하기 위한 판구조론이 등장했고, 판구조이론은 현재까지 가장 성공적인 지구물리학 이론 가운데 하나로 인정받고 있다. ② '단층을 움직이는 힘은 어디로부터 유래하는가?'가 글에 대한 비판으로 적절하다.

| 오답풀이 |

① 왜 특정 지역에서 지진이 자주 발생하는가? 라는 질문에는 지진이 장기간에 걸쳐 지각의 일부에 변형이 축적되어 암석의 강도한계를 넘게 된 지역이라고 설명할 수 있으므로 비판으로 적절하지 않다.

③ 화산이 발생하는 지역과 지진이 발생하는 지역이 유사한가? 라는 질문은 지문의 내용과 연관성이 없으므로 비판하는 내용으로 적절하지 않다.

④ 대규모 수평면 운동이 지진이나 조산 현상의 원인이 될 수 있는가? 라는 질문은 단층운동이 발생할 때 생길 수 있는 현상들로 설명이 가능하므로 비판으로는 적절하지 않다.

⑤ 지각판들의 운동은 그들의 가장자리 사이의 마찰에 의하여 저항을 받지 않는가?라는 질문은 단층운동에 대한 문제를 제기한 것으로 보기 어렵기 때문에 비판하는 내용으로 적절하지 않다.

19

| 정답 | ⑤

주어진 글에서는 지하철과 승강장에 끼인 사람을 구하기 위해 힘을 합친 사람들의 사례를 제시하여 상황에 굴복하지 않고 적극적으로 대응하면 상황을 변화시킬 수 있음을 강조하고 있다.

20

| 정답 | ②

지문은 이념의 시대를 살면서 음악을 작곡한 쇼스타코비치의 삶에 대한 글이다. 그는 권력의 눈밖에 나는 바람에 큰 위기를 겪기도 했고, 사회주의 리얼리즘에 기초한 곡을 작곡하기도 하며 그 시대를 살아냈다. 지문에는 초기 소련이 학구적이고 난해한 현대음악에 대해 관용적인 태도를 보였다고 언급되어 있다. 그러므로 20세기 초 소련은 전통에서 벗어난 예술을 허용하지 않았다는 것은 추론한 내용으로 적절하지 않다.

| 오답풀이 |

① 쇼스타코비치는 사회주의 리얼리즘에 기초한 〈교향곡 제5번〉을 작곡했다는 내용을 보았을 때 예술가는 당대 이념에 영향을 받아 작품을 만들기도 한다는 것을 추론할 수 있다.

③ 쇼스타코비치는 순수하게 자신의 음악성을 드러내려했다. 즉, 예술가는 자신의 예술세계를 끝없이 탐험하는 자유로운 영혼을 가지고 있다는 것도 추론할 수 있다.

④ 독소전쟁에서 승전한 소련의 예술계 상황을 보면 전쟁에서의 승리가 예술가에 대한 탄압으로 이어지기도 한다.

⑤ 이념으로 인해 자신의 예술적 고집을 꺾고 체제의 이념에 부합하는 음악을 내놓았던 쇼스타코비치는 권력과 예술의 불편한 관계를 보여주는 대표적인 사례이다.

언어추리   P.142~151

01	③	02	④	03	②	04	①	05	④
06	①	07	②	08	③	09	②	10	②
11	⑤	12	⑤	13	③	14	②	15	③
16	①	17	①	18	①	19	②	20	②

01 | 정답 | ③

주어진 명제와 대우 명제를 간단히 나타내면 다음과
같다.
- 집이 가깝다 → 지각 × / 지각○ → 집이 멀다
- 집이 멀다 → 과장 미만 / 과장 이상 → 집이 가깝다
- 지각○ → 점수 낮음 / 점수 높음 → 지각×
- 점수 높음 → 과장 이상 / 과장 미만 → 점수 낮음
따라서 '지각○ → 집이 멀다 → 과장 미만'이므로 항
상 옳다.

| 오답풀이 |

①, ②, ④, ⑤ 참인지 거짓인지 알 수 없다.

02 | 정답 | ④

명제가 참이라면 그 명제의 대우도 참이다. 주어진 명
제의 키워드를 단순화하여 정리하면 다음과 같다.
- X패키지를 구매하면 발마사지를 받을 수 있다: X
  → 발마사지
- Y패키지를 구매하면 발마사지를 받을 수 없다: Y
  → ~발마사지
- X패키지를 구매하지 않으면 전통차 서비스를 받을
  수 있다: ~X → 전통차
- A: 첫 번째와 두 번째 명제에 의해 'X → 발마사지
  → ~Y'이므로 옳지 않다.
- B: 첫 번째와 세 번째 명제에 의해 '~전통차 → 발
  마사지'이므로 옳지 않다.
따라서 A와 B 모두 옳지 않다.

03 | 정답 | ②

주어진 명제 간의 연관성을 찾아야 하며, 문장을 도식
화하면 다음과 같다.
- 첫 번째 명제: ~물리학 → ~화학
- 두 번째 명제: 생물학 → 화학
- 세 번째 명제: 물리학 → ~전기공학
세 개의 도식화된 명제를 살펴보면 '두 번째 명제+첫
번째 명제의 대우 명제+세 번째 명제'와 같이 명제들

이 상호 연결고리를 갖게 된다.
따라서 이를 정리하면 '생물학 → 화학 → 물리학 →
~전기공학'의 논리 관계가 성립하며, 이의 대우 명제
인 '전기공학 → ~물리학 → ~화학 → ~생물학'의 논
리 관계 역시 성립한다는 것을 알 수 있다.

04 | 정답 | ①

모든 어류는 조리하지 않고 먹을 수 있으나 어떤 생물
은 조리하지 않고 먹을 수 없다. 그러므로 어떤 생물
은 어류에 속하지 않는다는 결론은 항상 참이다.

05 | 정답 | ④

다음 그림과 같은 벤다이어그램을 통해 선택지 ④가
정답이라는 것을 쉽게 알 수 있다.

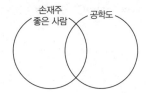

06 | 정답 | ①

문제의 보기를 정리하면 다음과 같다.
- ~조직학 → 해부학
- 면역학 → 생리학
- ~병리학 → ~약리학
- 병리학 → 면역학
- 해부학 → ~생리학
은성이는 조직학에 합격하지 않았으므로 주어진 조건
을 '~조직학 → 해부학 → ~생리학 → ~면역학 → ~
병리학 → ~약리학'으로 정리할 수 있다. 그러므로 은
성이가 합격한 과목은 해부학 1개이다.

07 | 정답 | ②

문제의 조건을 정리하면 다음과 같다.
- ~영어 → 태권도
- ~미술 → ~피아노
- 태권도 → ~수학
- 바둑 → ~미술
- 영어 → 피아노
현수는 바둑 학원을 다닌다고 했으므로 위 명제를 정
리하여 '바둑 → ~미술 → ~피아노 → ~영어 → 태권

도 → ~수학'임을 알 수 있다. 그러므로 현수가 다니는 학원은 바둑과 태권도 학원 2곳이다.

08
|정답| ③

A가 거짓을 말했으므로 D는 햄버거를 먹었다.
E도 햄버거를 먹었고 B는 피자를 먹었다. C는 B와 같은 것을 먹었기 때문에 피자를 먹었다
A도 피자를 먹었기 때문에 피자를 먹은 사람은 3명이다.

09
|정답| ②

가게가 물건을 배달 받은 순서를 부등호로 나타내면 첫 번째 조건에서 D>C, 두 번째 조건에서 E>A, 세 번째 조건에서 C>⋯>A, 네 번째 조건에서 E>__>B이다. 따라서 D>C>E>A>B 순으로 배달을 받는다.

10
|정답| ②

갑이 흡연자이므로 갑의 진술은 거짓이고, 갑의 진술에 의해 무는 비흡연자이다. 무는 진실을 말하므로 병은 비흡연자이다. 병이 비흡연자이므로 정 역시 비흡연자이다. 정은 진실을 말하므로 을은 흡연자이고 거짓을 말한다. 이를 정리하면 다음과 같다.

갑	을	병	정	무
흡연자	흡연자	비흡연자	비흡연자	비흡연자
거짓	거짓	진실	진실	진실

따라서 흡연자는 갑과 을 2명이다.

11
|정답| ⑤

우선, 다섯 명이 말한 내용을 근거로 차량 주유비의 순위를 적어 보면 을 지역>병 지역>무 지역>갑 지역>정 지역의 순이다. 이러한 유형의 문제는 어느 것을 먼저 대입해 보느냐에 따라 문제풀이에 소요되는 시간이 달라질 수 있다. 이 경우, 순위가 가장 멀리 떨어진 을과 정의 대소 관계를 언급한 '무'의 말을 거짓이라고 가정해 본다.
'무'의 말이 거짓이라면 가장 큰 순위와 가장 작은 순위가 달라지기 때문에 나머지 중간에 있는 순위들 모두에 영향을 주어 '무'의 말만 거짓이 될 수 없다. 따라서 1명만 거짓을 말한다는 조건에 비추어 볼 때, 가

장 큰 순위와 가장 작은 순위를 규정한 '무'의 말은 적어도 진실이라고 확신할 수 있다.

12
|정답| ⑤

주어진 [조건]에 의하면 D와 G의 순서, B와 G의 순서, F의 순서, B와 C의 순서, B와 A, E의 순서 등을 알 수 있다. 따라서 'D 또는 C → G → B → E 또는 A → F'의 순서가 된다.
따라서 'C와 D의 휴가 순서는 알 수 없다.'가 옳다.

13
|정답| ③

패스워드는 3으로 시작하게 되며, 짝수 두 개와 홀수 두 개가 연이어 사용되었으므로, 홀수+홀수+짝수+짝수의 형태가 된다. 따라서 $3(a)(b)2$ 또는 $3(a)(b)0$ 중 어느 한 가지 경우에 해당하게 된다. 두 가지 경우를 나누어 살펴보면 다음과 같다.
- $3(a)(b)2$일 경우
  $a+b=7$이어야 하므로, 남아있는 사용 가능한 숫자는 0, 1, 4, 5, 6이며 이 중 짝수와 홀수를 더해서 7이 나올 수 있는 경우는 1과 6 밖에 없다. 따라서 3162가 가능한 패스워드이다.
- $3(a)(b)0$일 경우
  $a+b=9$가 되어야 하므로, 남아있는 사용 가능한 숫자인 1, 2, 4, 5, 6 중 a가 5, b가 4인 경우인 3540이 가능한 패스워드이다.
따라서 가능한 패스워드는 3162와 3540의 2개가 되어, 2는 패스워드에 사용될 수도, 사용되지 않을 수도 있는 숫자가 된다.

14
|정답| ②

- 선혜의 말이 참인 경우
  형호는 1등이고 선혜는 3등이 아니며, 자신이 1등이라는 지혜의 말은 거짓이므로 지혜는 5등이다. 거짓을 말하는 사람은 두 명이므로 선혜, 은태, 수인은 참을 말한다. 이에 따라 수인은 2등이며, 선혜는 3등이 아니므로 4등, 은태는 3등이다.
- 선혜의 말이 거짓인 경우
  형호는 1등이 아니며, 이때 형호의 말이 참이면 선혜는 3등이어야 하는데 3등은 참을 말한다는 조건에 모순이 생긴다. 형호의 말이 거짓이면 선혜는 3등이 아니고 형호는 1등이 아니므로 5등이다. 이에 따라 지혜가 5등이라는 은태의 말은 거짓인데 거짓

을 말하는 사람이 세 명 이상이 되므로 모순이 발생
한다.
따라서 선혜의 말은 참이고, 3등인 사람은 은태이다.

15

A는 참을 말한다고 하였으므로 A의 말을 따라 정리
하면 다음과 같다.
- A가 참 → B는 진실
- B가 진실 → C는 거짓
- C가 거짓 → E는 거짓
- E가 거짓 → D는 거짓
- D가 거짓 → A는 진실

따라서 A가 참을 말할 때, C, D, E는 거짓을 말하므
로 거짓말을 하는 사람은 총 3명이다.

16

정답 | ①

E팀이 7층에 있으므로 C팀 직원의 진술에 의해 C
팀은 가장 낮은 6층이다. C팀이 6층이므로 B의 진
술에 의해 B팀은 9층이다. B팀이 9층이므로 A팀이
8층이라는 진술이 참이다.

17

정답 | ①

4명과 6명이 소대별 1명씩 근무를 서게 되므로 이를
표로 정리하여 근무조를 만들어 보면 다음과 같다. 첫
날 근무자를 표의 가장 앞에 기재해야 날짜순으로 올
바른 현황을 알 수 있다.

구분	최 상병	신 병장	오 상병	나 일병
민 일병	1, 13, 25		7, 19, 31	
양 일병		2, 14, 26		8, 20
백 상병	9, 21		3, 15, 27	
정 상병		10, 22		4, 16, 28
권 상병	5, 17, 29		11, 23	
김 일병		6, 18, 30		12, 24

4명과 6명이 함께 근무를 서게 되므로 두 수의 최소
공배수인 12일마다 한 번씩 동일한 조합의 근무가 발
생하게 되는 것을 알 수 있다.
따라서 위의 표에서 알 수 있듯, 오 상병과 정 상병은
함께 근무를 설 수 있는 조합이 될 수 없다.

18

정답 | ①

주어진 [보기]에서는 C, D, E가 C의 순서에 대해서

모두 다른 진술을 하고 있으므로 C의 순서를 먼저 확
인해 본다.
C의 첫 진술이 진실이라면, D의 두 번째 진술이 거짓
이 되어 C와 D의 첫 번째 진술이 서로 모순이 된다.
그 다음으로 D의 두 번째 C에 관한 진술이 진실이라
면 C의 두 번째 진술과 E의 두 번째 진술이 모두 진
실이 되는데, 가장 먼저 들어온 사람과 네 번째로 들
어온 사람이 모두 E가 되므로 역시 모순이 발생한다.
그 다음으로 C에 관한 진술을 한 E의 첫 번째 진술이
진실일 경우 C는 두 번째로 들어온 것이 되며 E는 첫
번째, D는 다섯 번째, B는 네 번째(두 번째 진술이
참), A가 세 번째(첫 번째 진술이 참)로 들어온 것이
되어 모순이 발생하지 않는다.
따라서 술집에 들어온 순서는 'E−C−A−B−D'
이다.

19

정답 | ②

6명의 용의자 중 이 씨와 신 씨의 진술이 서로 엇갈리
므로 둘이 언급하고 있는 도 씨를 기준으로 생각하자.
우선 도 씨가 범인이라고 가정해보자. 도 씨가 범인이
면 이 씨의 진술이 거짓이므로 이 씨도 범인이다. 도
씨와 이 씨 2명의 범인이 이미 나왔으므로 나머지 현
씨, 김 씨, 신 씨, 명 씨의 진술은 모두 진실일 것이다.
4명의 진술을 모두 확인해보면 모순이 발생하지 않는
다. 이렇게 한 가지 경우를 가정하였을 때 끝까지 모순
이 발생하지 않았다면 다른 경우를 고려하지 말고 바
로 도출된 결과로 정답을 찾으면 된다.
따라서 ②가 정답이다.
만약 도 씨가 범인이 아니라면 신 씨의 진술이 거짓이
므로 신 씨가 범인이다. 또한 도 씨의 진술은 참이므로
김 씨도 범인이다. 범인인 김 씨의 진술은 거짓이므로
명 씨도 범인이 되므로 범인이 2명이라는 문제의 조건
에 모순이 발생한다. 모순이 발생하였으므로 전제했던
가정이 잘못되었다고 볼 수 있다. 즉, 도 씨는 범인일
수밖에 없다.

20

정답 | ②

주어진 [조건]을 정리하면 다음과 같다.

구분	A	B	C	D
월 마감		○		○
지난달 휴가 ×	A			
업무 대행자		○	○	

PART 05 실전모의고사 1회 25

따라서 2가지 이상의 조건을 충족하는 사람은 B뿐이므로 다음 주에 휴가를 확실하게 낼 수 있는 사람은 B이다.

01	⑤	02	④	03	④	04	⑤	05	①
06	③	07	①	08	③	09	①	10	②
11	②	12	④	13	③	14	⑤	15	④
16	④	17	④	18	②	19	④	20	③

01
| 정답 | ⑤

2023년 전체 사업체 종사자 수가 $8,540+10,500+3,600+850=23,490$(명)이다. 따라서 전체 사업체 종사자 중에서 회사법인 종사자가 차지하는 비중은 $\frac{10,500}{23,490} \times 100 ≒ 44.7$(%)이므로 45% 미만이다.

| 오답풀이 |

① 전체 사업체 수는 2018년에 3,250+590+130+140=4,110(개)이고 2023년에 3,300+620+150+200=4,270(개)이므로 4,270-4,110=160(개) 증가하였다.

② 개인사업체당 종사자 수는 2018년에 $\frac{8,270}{3,250}≒2.5$(명)이고 2023년에 $\frac{8,540}{3,300}≒2.6$(명)이므로 증가하였다.

③ 비법인단체당 종사자 수는 2018년에 $\frac{660}{140}≒4.7$(명)이고 2023년에 $\frac{850}{200}=4.25$(명)이므로 감소하였다.

④ 회사법인의 증가율은 $\frac{(620-590)}{590} \times 100 ≒ 5.1$(%)이고 회사이외법인의 증가율은 $\frac{(150-130)}{130} \times 100 ≒ 15.4$(%)이다. 따라서 회사법인보다 회사이외법인의 증가율이 더 높다.

🔎 문제 해결 TIP
회사법인의 수는 590개에서 30개 증가하였고, 회사이외법인의 수는 130개에서 20개 증가하였다. 전체 수치 대비 증가한 수치를 비교해 볼 때, 제시된 해설과 같이 직접 증가율을 구하지 않더라도 회사이외법인의 증가율이 높다는 것을 알 수 있다.

02
| 정답 | ④

어림셈 하면 집행비 총액은 2017년이 가장 작다.

융합비중(%)=$\frac{\text{융합 분야 집행비}}{\text{집행비 총액}} \times 100$에서 집행비 총액이 크고 융합 분야 집행비가 작을수록 융합비중이 작다. $\frac{\text{융합 분야 집행비}}{\text{집행비 총액}}$를 어림셈하면 2017년 $\frac{25,609}{180,831}$에서 $\frac{25}{180}=\frac{1}{7.2}$, 2018년 $\frac{22,975}{184,588}$에서 $\frac{22}{184}≒\frac{1}{8.4}$, 2019년 $\frac{25,709}{192,597}$에서 $\frac{25}{192}≒\frac{1}{7.7}$, 2020년 $\frac{32,038}{224,682}$

에서 $\frac{32}{224}=\frac{1}{7}$, 2021년 $\frac{40,255}{251,274}$에서 $\frac{40}{251}≒\frac{1}{6.3}$이 므로 융합비중이 가장 작은 해는 2018년이다.

| 오답풀이 |
② 융합 분야 집행비가 가장 큰 해는 2021년이고, 단일 분야 집행비가 가장 큰 해도 2021년이므로 2021년 집행비 총액이 가장 크다.
③ 어림셈을 하면 2021년 단일 분야 집행비와 융합 분야 집행비의 차가 170,000억 원 이상으로 가장 크다.
⑤ 2017년 융합비중은 $\frac{25,609}{180,831}×100=14(\%)$이고, 2020년 융합비중은 $\frac{32,038}{224,682}×100=14(\%)$이므로 같다.

03 | 정답 | ④

접종 여부에 따른 감기 발생 여부를 간단히 표로 나타내면 다음과 같다.

구분	접종 ○	접종 ×
감기 ○	1명	4명
감기 ×	3명	2명

위의 표에서 감기에 걸린 어린이가 예방접종을 하지 않았을 확률은 $\frac{4}{5}$이고 예방접종을 하지 않은 어린이가 감기에 걸리지 않았을 확률은 $\frac{2}{6}=\frac{1}{3}$이므로 선택지 ④의 내용은 옳다.

| 오답풀이 |
① 주어진 자료로 6세 어린이의 감기 발생 확률이 높다고 말할 수 없다.
② 예방접종을 했는데도 감기에 걸린 어린이가 1명 있다.
③ 예방접종을 하지 않은 어린이 중 감기에 걸리지 않은 어린이가 2명 있으므로, 예방접종을 하지 않은 어린이가 모두 감기에 걸린 것은 아니다.
⑤ 예방접종을 하지 않은 어린이 중 감기에 걸리지 않은 어린이는 2명이고, 예방접종을 한 어린이 중 감기에 걸리지 않은 어린이는 3명이다.

04 | 정답 | ⑤

80세 이상을 제외한 나머지 연령대는 전혀 어렵지 않음의 응답률이 50% 이상이다. 반면 80세 이상 연령대의 전혀 어렵지 않음 응답률은 50% 미만이므로, 약간이라도 어려움을 느끼는 사람이 절반 이상인 연령대는 80세 이상뿐이다.

| 오답풀이 |
① 상당히 어려움을 느끼는 비율은 20대가 30대보다 높지만, 그 수도 더 많은지는 알 수 없다.
② 100−93.9=6.1(%)로 7% 미만이다.
③ 전혀 어려움을 느끼지 않는 비율은 20대가 93.9%, 30대가 94.9%이다. 따라서 두 연령대를 합친 20~39세 대상으로는 93.9%와 94.9% 사이의 값이 형성될 것이다. 즉, 95% 이상일 수 없다.
④ 30대까지는 약간 어려움이라고 답변하는 분포가 낮아진다.

05 | 정답 | ①

㉠ 2020년 경환자 수는 4,060명이고 중환자 수는 976명이다. 이때, $976×4=3,904<4,060$이므로 2020년 경환자 수는 중환자 수의 4배 이상이다.
㉡ 교통사고 부상자 수는 2016년에 $4,223+1,126=5,349$(명)으로 가장 많다.
㉢ 2015년 중환자 수는 906명이고, 2016년 중환자 수는 1,126명이다. 따라서 2015년 중환자 수는 2016년 중환자 수보다 $1,126−906=220$(명) 적다.

| 오답풀이 |
㉣ 경환자 수는 2016년에 4,223명으로 가장 많다.

✔ 문제 해결 TIP
㉠ 중환자 수에 4를 곱한 계산식 976×4의 결과가 4,000보다 작다는 것만 확인하면 된다.
㉡ 연도별로 부상자 수를 확인하지 않더라도 막대그래프의 높이를 통해 부상자 수가 가장 많은 연도를 쉽게 찾을 수 있다.

06 | 정답 | ③

2022년 대기업 수출액은 $\frac{4,030}{(1-0.1)}=\frac{4,030}{0.9}$(억 달러)이고, 중견기업 수출액은 $\frac{1,151}{(1-0.05)}=\frac{1,151}{0.95}$(억 달러)이므로 2023년 수출액의 전년 대비 감소액은 대기업이 중견기업의 2배 이상이다.

| 오답풀이 |
① 수출기업 수의 증가 또는 감소는 알 수 없다.
② 2022년 대기업 수출액은 $\frac{4,030}{(1-0.1)}=\frac{4,030}{0.9}≒4,478$(억 달러)이다.
④ 중소기업당 수출액은 $\frac{1,127}{94,014}$억 달러이고, 중소기업당 수입액은 $\frac{1,492}{213,494}$억 달러이므로 중소기업당 수출액은 중소기업당 수입액보다 많다.

⑤ 2023년 대기업 수출액의 전년 대비 증감률과 중견기업 수입액의 전년 대비 증감률이 같다. 따라서 전년도 수출액과 수입액 값만을 비교하여 알 수 있다. 2022년 대기업 수출액은

$\dfrac{4,030}{(1-0.1)} = \dfrac{4,030}{0.9}$억 달러이고, 중견기업 2022년 수입액은

$\dfrac{977}{(1-0.1)} = \dfrac{977}{0.9}$억 달러이므로 같지 않다.

07 　　　　　　| 정답 | ①

자격증 시험의 지역별 합격률을 나타내면 다음과 같다.

[표] 자격증 시험에 대한 지역별 합격률

구분	1급		2급	
	응시자 수	합격률	응시자 수	합격률
A 지역	200명	20%	400명	40%
B 지역	180명	약 33%	250명	40%

이때, 2급 자격증 합격률은 두 지역이 서로 같다.

| 오답풀이 |

② A지역의 1급 자격증 합격률은 $\dfrac{40}{40+160} \times 100 = 20(\%)$이다.

③ B지역의 1급 자격증 합격률은 $\dfrac{60}{60+120} \times 100 \fallingdotseq 33(\%)$이다.

④ B지역의 해당 자격증 시험 전체 응시자 수는 60+120+100+150=430(명)이므로 400명 이상이다.

⑤ 해당 자격증 시험에서 A지역 합격자 수는 40+160=200(명)이고 B지역 합격자 수는 60+100=160(명)이므로 B지역이 A지역의 0.8배이다.

08 　　　　　　| 정답 | ③

ⓛ 2022년 뇌혈관 질환으로 사망한 여성은 전년 대비 인구 10만 명당 20명 증가했다.

ⓒ 2021년 2022년 남성 인구가 모두 3천만 명이라면 2022년 간 질환으로 인해 증가한 사망자 수는 전년 대비 $\dfrac{3천만 명 \times (35.7명 - 20.7명)}{10만 명} = 4,500(명)$이다.

| 오답풀이 |

ㄱ 2022년 암으로 사망한 남성은 전년 대비 인구 10만 명당 200.6−199.0=1.6(명) 증가했다.

ㄹ 2022년 여성 인구가 3천만 명이라면 폐렴으로 인한 사망자 수는 $\dfrac{3천만 명 \times 50명}{10만 명} = 15,000(명)$이다.

09 　　　　　　| 정답 | ①

ㄱ 2022년 총집행액은 전년 대비 286,782−265,791=20,991(억 원), 즉 2조 991억 원 증가하였다.

ⓒ 2019년 총집행액은 전년 대비 206,254−197,759=8,495(억 원)으로 1조 미만 증가하였다.

| 오답풀이 |

ⓛ 2022년도 총집행액은 전년 대비 $\dfrac{(286,782-265,791)}{265,791} \times 100 \fallingdotseq 7.9(\%)$ 증가하였다.

ㄹ 2022년 과제 수 건당 조사·분석 정부연구개발예산액은 $\dfrac{286,782}{76,052} \fallingdotseq 3.8(억 원)$이다.

10 　　　　　　| 정답 | ②

• 단독주택에 거주하는 1인 가구는 7,166×42.2%(천 가구)이다.

• 단독주택에 거주하는 전체 가구는 21,448×29.6%≒7,149×3×29.6%=7,149×88.8%(천 가구)이다.

따라서 단독주택에 거주하는 1인 가구가 단독주택에 거주하는 전체 가구보다 적다.

| 오답풀이 |

① 1인 가구는 전체 가구의 $\dfrac{7,166}{21,448} \times 100 = 33.4(\%)$이다.

③ 단독주택에 거주하는 1인 가구는 7,166×42.2%(천 가구)이고, 아파트에 거주하는 1인 가구는 7,166×32.2%(천 가구)이므로 7,166×(42.2%−32.2%)=7,166×10%=716.6, 즉 약 717천 가구 많다.

④ 자기집인 전체 가구는 21,448×57.5%(천 가구)이고, 전세인 전체 가구는 21,448×15.5%(천 가구)이므로 약 21,448×(57.5%−15.5%)=21,448×42%≒9,008(천 가구) 많다.

⑤ 아파트에 거주하는 1인 가구는 7,166×32.2%=7,166×16.1%×2(천 가구)이고, 전세인 1인 가구는 7,166×16.1%(천 가구)이므로 2배이다.

11 　　　　　　| 정답 | ②

네 가입자가 받는 탄소 포인트를 정리하여 표로 나타내면 다음과 같다.

[표] 가입자별 탄소 포인트　　　　　(단위: 포인트)

에너지 사용 유형	A	B	C	D
전기	0	8,000	8,000	4,000
수도	2,500	2,500	1,500	2,500
가스	4,000	4,000	4,000	2,000
합계	6,500	14,500	13,500	8,500

따라서 탄소 포인트를 가장 많이 받는 가입자는 B이고 가장 적게 받는 가입자는 A이다.

12

D지역에서 출근 시간이 30분 미만인 직장인 수는 $400 \times 0.25 = 100$(백 명)이고, A지역에서 출근 시간이 30분 이상 1시간 미만인 직장인 수는 $300 \times 0.35 = 105$(백 명)이다. 따라서 A지역에서 출근 시간이 30분 이상 1시간 미만인 직장인 수가 D지역에서 출근 시간이 30분 미만인 직장인 수보다 500명 더 많다.

| 오답풀이 |

① C지역에서 출근 시간이 30분 미만인 직장인 수는 $250 \times 0.35 = 87.5$(백 명), 즉 8,750명이므로 9천 명 미만이다.

② C지역에서 출근 시간이 1시간 이상 2시간 미만인 직장인 수는 $250 \times 0.25 = 62.5$(백 명), 즉 6,250명이다.

③ 출근 시간이 2시간 이상인 직장인 수는 D지역이 $400 \times 0.05 = 20$(백 명)이고, B지역은 $120 \times 0.25 = 30$(백 명)이므로 D지역보다 B지역이 더 많다.

⑤ A지역에서 출근 시간이 30분 미만인 직장인 수는 $300 \times 0.3 = 90$(백 명)이고, B지역에서 출근 시간이 30분 이상 1시간 미만인 직장인 수는 $120 \times 0.4 = 48$(백 명)이므로 $90 - 48 = 42$(백 명), 즉 4,200명 더 많다.

13

2022년 1~10월 누적 출원ㆍ등록된 건수는 다음과 같다.

(단위: 건)

구분		특허	실용신안	디자인	상표	합계
출원	1~10월 누적	181,224	2,565	45,512	214,427	443,728
등록	1~10월 누적	113,739	1,236	45,458	109,344	269,777

※ (1~10월 누적 건수)=(1~11월 누적 건수)−(11월 건수)

ⓒ 2022년 11월 등록된 지식재산 중 디자인, 상표는 각각의 1~10월 월평균보다 많았고, 특허, 실용신안은 각각의 1~10월 월평균보다 적다.

ⓒ 2022년 11월 출원한 지식재산 중 1~11월 누적의 10% 이상을 차지하는 것은 특허 $26,017 > 20,724.1$, 디자인 $5,782 > 5,129.4$의 2종이다.

| 오답풀이 |

㉠ 2022년 11월 출원한 지식재산 중 특허, 실용신안, 디자인, 상표 모두 각각의 1~10월 월평균보다 많다.

㉣ 2022년 11월 등록된 지식재산 중 1~11월 누적의 10% 이상을 차지하는 것은 상표 $12,718 > 12,206.2$의 1종뿐이다.

14

2022년 수출액은 $882 - 75 - 96 - 113 + 423 - 222 - 111 = 688$(억 원)이다.

2022년 수입액은 $103 + 32 + 28 - 13 + 2 - 13 + 20 = 159$(억 원)이다.

이때 '무역수지=수출액−수입액'이므로 2022년 무역수지는 $688 - 159 = 529$(억 원)이다.

15

㉠ 2022년 4월 출생아 수는 $150 \div 1.25 = 120$(명)이고 5월 출생아 수는 $240 \div (1 - 0.2) = 300$(명)이다. 따라서 2022년 5월 출생아 수는 전월 대비 $\frac{(300 - 120)}{120} \times 100 = 150(\%)$ 증가하였다.

ⓒ 2022년 2월 사망자 수는 $120 \div 1.2 = 100$(명)이고 2022년 3월 사망자 수는 $240 \div 1.2 = 200$(명)이므로 2022년 3월 사망자 수는 전월 대비 100명 증가하였다.

ⓒ 2022년 3월 출생아 수는 $120 \div (1 - 0.2) = 150$(명)이므로 2023년 4월 출생아 수인 150명과 같다.

| 오답풀이 |

㉣ 2023년 출생아 수는 $200 + 240 + 120 + 150 + 240 + 120 = 1,070$(명)이고 사망자 수는 $280 + 120 + 240 + 270 + 190 + 260 = 1,360$(명)이다. 따라서 2023년 상반기의 출생아 수는 사망자 수보다 $1,360 - 1,070 = 290$(명) 적으므로 300명 미만으로 적다.

✍ 문제 해결 TIP

[보기]를 먼저 살펴봐야 한다. 이때, ㉣은 나머지와 달리 2023년의 내용만 확인하면 되므로 가장 먼저 선택하여 계산해 봐야 한다. 특히 제시된 내용은 단순히 덧셈만으로 참 또는 거짓 여부를 확인할 수 있으니, ㉣이 옳지 않다는 것을 확인하였다면 ⓒ만 진위를 확인하여 선택지 중 ① 또는 ④를 정답으로 선택할 수 있게 된다.

16

설문조사 대상인 지역 시민 12,000명 중 유럽 여행을 계획 중인 사람은 $12,000 \times 0.06 = 720$(명)이다. 그리고 국내 여행을 계획 중인 사람은 $12,000 \times 0.35 = 4,200$(명)이므로 제주도 여행을 계획 중인 사람은 $4,200 \times 0.28 = 1,176$(명)이다.

17

ⓒ 2022년 D지역의 고용률은 $\dfrac{280}{320} \times 100 = 87.5(\%)$

이므로 C지역과 D지역의 2022년 고용률은 같다.

ⓔ 2023년 B지역의 인구수는 $75 \div 62.5 \times 100 = 120$ (백 명)이므로 2022년 대비 $150 - 120 = 30$(백 명), 즉 3천 명 증가하였다.

| 오답풀이 |

ⓐ 2022년 A지역의 고용률은 $\dfrac{150}{250} \times 100 = 60(\%)$이므로 증가하였다.

ⓒ C지역의 2022년 인구수는 $630 \div 87.5 \times 100 = 720$(백 명)이므로 감소하였다.

18

| 정답 | ②

ⓐ [그래프]의 수치를 통해 5년간 선호도가 꾸준히 증가한 제품은 없음을 알 수 있다.

ⓑ 2016년 제품 D를 선호하는 사람 수는 $1,200 \times 0.25 = 300$(명)이다.

ⓔ 2016년과 2020년 제품 B를 선호하는 사람 수는 다음과 같다.

- 2016년: $1,200 \times 0.15 = 180$(명)
- 2020년: $1,200 \times 0.25 = 300$(명)

2016년 대비 2020년에 제품 B를 선호하는 사람 수의 증가율은 $\dfrac{(300-180)}{180} \times 100 ≒ 67(\%)$이다.

| 오답풀이 |

ⓒ 연도별로 제품 A를 선호하는 사람 수는 다음과 같다.

- 2016년: $1,200 \times 0.2 = 240$(명)
- 2017년: $1,200 \times 0.15 = 180$(명)
- 2018년: $1,200 \times 0.05 = 60$(명)
- 2019년: $1,200 \times 0.25 = 300$(명)
- 2020년: $1,200 \times 0.2 = 240$(명)

따라서 5년간 제품 A를 선호하는 사람 수의 합은 $240 + 180 + 60 + 300 + 240 = 1,020$(명)이다.

⚙ 문제 해결 TIP

ⓔ 해당 설문은 매년 동일하게 1,200명을 대상으로 선호도 조사를 한 것이므로 연도와 상관없이 비중이 곧 사람 수를 의미한다. 즉, 2016년과 2020년의 비중이 나타내는 수치에 대한 증가율을 바로 구하면 그것이 곧 사람 수의 증가율을 의미하게 되는 것이다. 제품 B를 좋아하는 사람 비중이 2016년에는 15%이고 2020년에는 25%이므로 그 비중의 수치에 대한 증가율은 $\dfrac{(25-15)}{15} \times 100 ≒ 67(\%)$이고, 이 값이 사람 수의 증가율이다.

19

| 정답 | ④

ⓐ 제품 A의 평균 가격은 $[15 \to 18 \to 20 \to 25 \to 40]$으로 꾸준히 상승하였다.

ⓒ 2020년 제품 B의 평균 가격은 20년 전 대비 $\dfrac{(20-18)}{20} \times 100 = 10(\%)$ 하락하였다.

ⓔ 제품 B의 2015년 평균 가격은 10년 전 대비 $\dfrac{(20-10)}{10} \times 100 = 100(\%)$ 인상되었다.

| 오답풀이 |

ⓒ 제품 A의 2005년 평균 가격은 5년 전 대비 $\dfrac{(18-15)}{15} \times 100 = 20(\%)$ 인상되었으므로 옳지 않다.

20

| 정답 | ③

A~D대학교의 참여자 비중은 다음과 같다.

(단위: %)

구분	A대학교	B대학교	C대학교	D대학교
참여자 비중	19.8	34.3	20.5	25.4

주어진 자료는 대학별 합격자 비중이므로 옳지 않다.

| 오답풀이 |

① 합격자 중 비참여자 수는 (합격자)−(참여자)이므로 다음과 같다.

(단위: 명)

구분	A 대학교	B 대학교	C 대학교	D 대학교
(합격자)−(참여자)	12	10	15	10

② A~D대학교의 지원자 및 합격자 수는 다음과 같다.

(단위: 명)

구분	A 대학교	B 대학교	C 대학교	D 대학교
지원자	180	320	200	250
합격자	117	192	124	145

④ 불합격자 수는 (지원자)−(합격자)이므로 다음과 같다.

(단위: 명)

구분	A 대학교	B 대학교	C 대학교	D 대학교
(지원자)−(합격자)	63	128	76	105

⑤ 전체 지원자 수는 950명이므로 대학별 지원자 비중은 다음과 같다.

(단위: %)

구분	A 대학교	B 대학교	C 대학교	D 대학교
지원자 비중	19	34	21	26

01
| 정답 | ④

주어진 수열의 규칙은 다음과 같다.

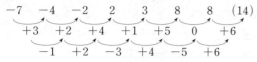

따라서 빈칸에 들어갈 알맞은 수는 14이다.

02
| 정답 | ①

소수 형태를 띠고 있지만 숫자만 살펴보면 3, 8, 11, 19, 30, 49, 79, 128, 207로 피보나치 수열(앞의 두 수의 합이 바로 뒤의 수가 되는 수의 배열)임을 알 수 있다.

따라서 빈칸에 들어갈 수는 $0.79+1.28=2.07$이다.

03
| 정답 | ②

A가 산을 올라간 거리를 $x$km라고 하면, 산을 내려온 거리는 $(x-1)$km이다. 등산 당시 A의 평균속력은 5.8km/h이므로 $\frac{x+(x-1)}{5}=5.8$이고, 식을 정리하면 $x=15$이다. 그러므로 산을 올라간 거리는 15km이고, 산을 내려온 거리는 14km이다. 또한, 등산에 총 5시간이 걸렸는데, 산을 올라갈 때 걸린 시간은 $\frac{15}{5}=3$(시간)이므로, 산을 내려올 때 걸린 시간은 2시간이다.

따라서 A가 산을 내려올 때의 속력은 $\frac{14}{2}=7$(km/h)이다.

04
| 정답 | ⑤

5%의 소금물 240g에 들어 있는 소금의 양은 $240\times0.05=12$(g)이므로 6%의 소금물의 양을 xg이라 하면 $\frac{12}{x}\times100=6$

식을 정리하면 $x=200$

이때, 더 넣은 물의 양을 yg이라고 하면 $\frac{12}{200+y}\times100$

$=5$

식을 정리하면 $240=200+y$ $\quad\therefore y=40$

따라서 6%의 소금물의 양은 200g이고 더 넣은 물의 양은 40g이다.

05
| 정답 | ①

각각의 전개도에 적힌 6개의 숫자들의 합은 모두 10이다. 따라서 세 번째 전개도에서 $5+B+A+3+9+(-10)=10$이므로 $A+B=3$이다.

06
| 정답 | ⑤

세 숫자 간의 규칙은 [첫 번째 숫자의 (십의 자릿수+일의 자릿수)]×[세 번째 숫자의 (십의 자릿수+일의 자릿수)]=가운데 숫자로, (55, 140, 77)의 조합을 위 규칙으로 적용해서 살펴보면, $(5+5)\times(7+7)=10\times14=140$이고, (42, 54, 27)의 조합은 $(4+2)\times(2+7)=6\times9=54$이다.

따라서 $(3+3)\times$[세 번째 숫자의 (일의 자릿수)+(십의 자릿수)]$=78$이 나와야 하므로, [세 번째 숫자의 (일의 자릿수)+(십의 자릿수)]$=78\div6=13$이 나올 수 있는 가운데 숫자는 ⑤ 94이다.

07
| 정답 | ⑤

하루 동안 목수 A는 $\frac{1}{10}$의 일을 하고, 목수 B는 $\frac{1}{12}$의 일을 하므로 두 목수는 하루에 $\frac{1}{10}+\frac{1}{12}=\frac{11}{60}$만큼의 일을 한다. 1년 뒤 20배 많은 양의 일을 할 때, 두 목수는 60일 동안 $60\times\frac{11}{60}=11$만큼의 일을 했으므로 목수 B가 9만큼의 남은 일을 혼자 해서 끝냈다.

따라서 목수 B는 $12\times9=108$(일) 동안 혼자 일하였다.

08
| 정답 | ⑤

여성 지원자의 수가 60명이고, 여성 지원자 중 신입직원과 경력직원의 비가 3:2이므로 여성 지원자 중 신입직원은 $60\times\frac{3}{5}=36$(명), 경력직원은 $60\times\frac{2}{5}=24$(명)이다.

남성 지원자 중 신입직원과 경력직원의 비는 4:3이므로 이를 각각 $4x$, $3x$라고 하면, 전체 신입직원은 $4x+36$, 전체 경력직원은 $3x+24$이다.

지원한 신입직원과 경력직원의 비는 7:5이므로 비례식에 대입하여 식을 정리하면 다음과 같다.
$(4x+36):(3x+24)=7:5 \rightarrow 7(3x+24)=5(4x+36)$
$\therefore x=12$
따라서 정기 공개채용에 지원한 총 인원은
$(4x+36)+(3x+24)=7x+60=144$(명)이다.

09
| 정답 | ⑤

$(60+x)$장을 인쇄한다고 하면,
$\dfrac{(108,000+1,500x)}{(60+x)} \leq 1,600$
$\rightarrow 108,000+1,500x \leq 96,000+1,600x$
$\rightarrow 100x \geq 12,000$
$\therefore x \geq 120$
따라서 기본 60장에 추가 120장을 인쇄하여 총 180장을 인쇄해야 포스터 장당 평균 가격이 1,600원 이하가 된다.

10
| 정답 | ②

그림의 숫자들을 순서대로 나열하면 다음과 같다.
2 −20 −11 19 15 −59 −37 97 67 B A
• 먼저 홀수 항만 순서대로 나열하면 다음과 같다.
  2 −11 15 −37 67 A
  이 수열은 −13, +26, −52, +104, −208 형태로 증감하는 수열이다. 그러므로 A=67−208=−141이다.
• 다음은 짝수 항을 기준으로, (홀수 항, 짝수 항, 홀수 항) 순으로 묶으면 다음과 같다.
  $(2, -20, -11), (-11, 19, 15), (15, -59, -37),$
  $(-37, 97, 67), (67, B, A)$
  이는 (a, b, c) → a+2c=b를 만족한다. 그러므로 67+2A=B이므로 B=67+2×(−141)=−215이다.
따라서 A−B=−141−(−215)=74이다.

11
| 정답 | ③

주어진 숫자가 대분수이므로 가분수로 바꾸면 다음과 같다.
$\dfrac{3}{2}, \dfrac{4}{3}\left(=\dfrac{8}{6}\right), \dfrac{13}{10}, \dfrac{9}{7}\left(=\dfrac{18}{14}\right), \dfrac{23}{18}, \dfrac{14}{11}\left(=\dfrac{28}{22}\right)$
따라서 분자 기준으로 5씩 증가하고, 분모 기준으로 4씩 증가하는 것을 알 수 있다.
위 규칙을 적용하면 빈칸에 들어갈 수는

$\dfrac{28+5}{22+4}=\dfrac{33}{26}=1\dfrac{7}{26}$이다.

12
| 정답 | ④

작년에 E사에서 A제품은 36,000개, B제품은 25,000개 생산했으므로 작년 총생산량은 36,000+25,000=61,000(개)이다.
A제품의 생산량을 15% 줄이기로 했으므로 올해 A제품의 생산량은 36,000×0.85=30,600(개)이고, B제품의 생산량을 10% 늘리기로 했으므로 B제품의 생산량은 25,000×1.1=27,500(개)이다. 따라서 올해 총생산량은 30,600+27,500=58,100(개)이며, 작년의 총생산량에 비해 61,000−58,100=2,900(개) 감소했다.

13
| 정답 | ⑤

총 30일 중 평일은 22일, 주말은 8일이 있다.
근무일의 기댓값은 각각
22×0.2=4.4(일), 8×0.125=1(일)이므로
11월 당직비의 기댓값은
65,000×4.4+105,000×1=391,000(원)이다.

14
| 정답 | ④

다음 그림과 같이 동심원의 4분의 1 부분을 각각 a, b, c, d라고 할 때, a×b=c×d와 같은 식이 성립한다.

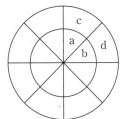

그러므로 A×2=4×4이므로 A는 8이고, B×3=5×9이므로 B는 15이다.
따라서 A+B=8+15=23이다.

15
| 정답 | ⑤

주어진 수열은 더해지는 수가 +3, +5, +8, +13, +21이며, 이는 피보나치수열을 나타낸다. 따라서 마지막에 더해지는 수는 13+21=34이므로 빈칸에 들어갈 수는 53+34=87이다.

16

| 정답 | ⑤

차장 1명과 과장 2명을 한 명으로 보고 사원 5명과 같이 원탁에 앉는 경우의 수는 $(6-1)!=120$(가지)이고, 차장과 과장이 자리를 바꿔 앉을 수 있는 방법은 $3!=6$(가지)이다. 따라서 원탁에 앉을 수 있는 경우의 수는 $120\times6=720$(가지)이다.

17

| 정답 | ①

지민이가 두 번째 차례에서 이기기 위해선 수정이가 몇 점을 득점하는지와는 관계없이 첫 번째와 두 번째 차례에서 모두 10점을 받아야 한다.

따라서 정답은 $\frac{1}{5}\times\frac{1}{5}=\frac{1}{25}$이다.

18

| 정답 | ③

첫 번째 빨간 공이 나올 확률은 $\frac{4}{9}$이며, 두 번째에 노란 공이 나올 확률은 $\frac{2}{8}=\frac{1}{4}$이다. 따라서 첫 번째에 빨간 공, 두 번째에 노란 공이 나올 확률은 $\frac{4}{9}\times\frac{1}{4}=\frac{1}{9}$이다.

19

| 정답 | ④

벽지 A는 $1.2\times2=2.4(\text{m}^2)$ 단위로 판매하므로 도배할 때 $54\div2.4=22.5$에서 23장이 필요하다. 즉, $23\times4,000=92,000$(원)을 지불해야 한다.

벽지 B는 $1\times1.5=1.5(\text{m}^2)$ 단위로 판매하므로 도배할 때 $54\div1.5=36$(장)이 필요하다. 즉, $36\times2,500=90,000$(원)을 지불해야 한다.

따라서 최소 비용으로 도배할 때 벽지 B를 선택해야 하고, 가게에 90,000원을 지불해야 한다.

20

| 정답 | ①

주어진 수열은 $\times(-2)+2$의 관계가 반복되는 규칙을 갖고 있다. 따라서 빈칸에 들어갈 수는 $86\times(-2)+2=-170$이다.

CHAPTER 02   실전모의고사 2회

언어이해   P.180~195

01	①	02	⑤	03	②	04	⑤	05	⑤
06	④	07	④	08	⑤	09	③	10	①
11	④	12	⑤	13	②	14	⑤	15	④
16	⑤	17	⑤	18	④	19	③	20	①

01

| 정답 | ①

혈관 질환의 위험성과 그 원인 그리고 예방을 위한 방법을 설명하고 있다. 특히 고혈압, 동맥경화와 같은 대표적인 혈관 질환을 소개하고 운동과 식습관, 스트레스 관리 등을 통한 예방 방안을 제시하고 있다.

| 오답풀이 |

② 운동과 식단이 혈관 건강에 중요한 역할을 한다고 언급하지만 전체 내용을 반영하기에는 적절하지 않다.
③ 콜레스테롤만을 강조하는 제목이므로 핵심 주제를 충분히 반영하지 못한다.
④ 혈관 건강의 예방 측면만 강조하는 제목이므로 적절하지 않다.
⑤ 일부 질병에 대한 내용이므로 전체를 담는 제목으로는 적절하지 않다.

02

| 정답 | ⑤

위그너 결정은 전자들의 배열이 규칙적으로 완벽한 경우를 말한다. 주어진 지문에서 K연구팀이 최근 발견한 것은 불규칙성을 가진 액체결정이다. 그러므로 초유체의 특징과 유사한 불규칙적으로 짧은 거리에만 결정 배열이 있는 액체결정을 K연구팀이 세계 최초로 발견했다고 해야 지문의 내용과 일치한다.

| 오답풀이 |

① 지문에서 1963년 노벨물리학상을 수상한 헝가리의 이론물리학자 유진 위그너는 전자 사이의 반발력이 충분히 강하면 전자도 결정화할 수 있다고 제안했다고 언급되어 있다.
② K연구팀은 2021년 알칼리 금속을 도핑한 물질에서 액체 성질을 가진 전자 결정 상태를 발견했고, 이에 힌트를 얻어 관련 연구를 이어왔다.
③ 수십 년간 전 세계 과학자들이 초유체 현상과 고온초전도 현상과 같은 물리학 난제를 해결하기 위해 전자 결정을 연구해 왔다.
④ K연구팀은 2021년에 알칼리 금속을 도핑한 물질에서 액체 성질을 가진 전자 결정 상태를 발견해 연구결과를 네이처에 공개한 바 있다. 즉, 액체 성질을 갖는 전자 결정을 발견하고 네이처에 공개했다.

03

| 정답 | ②

폴리페놀은 덩굴 식물인 홉에 포함된 성분이며, 홉은 맥주의 맛을 쓰게 만든다고 하였으므로 홉이 많이 함유된 맥주일수록 쓴맛이 강할 것임을 추론할 수 있다.

| 오답풀이 |

① 질소 기체를 많이 넣으면 맥주 특유의 청량감이 사라진다고 하였을 뿐 맥아의 양에 따른 맥주 청량감의 정도는 알 수 없다.
③ 거품의 유지와 관련한 내용은 주어진 글에서 찾아볼 수 없다.
④ 생맥주 기계 안에 넣기 전 단계로, 효모를 발효한 맥주에 동일하게 0.3~0.4%의 탄산기체가 포함되는 것이지 생맥주에 더 많은 효모가 포함되는 것은 아니다.
⑤ 질소 기체의 용해도와 압력에 관한 설명은 있지만 속도에 대한 설명은 나와있지 않다.

04

| 정답 | ⑤

주어진 글은 비타민C의 메가도스에 대해 설명하는 글이다. 비타민C가 피부 미용에 필수적이고, 인체에 축적되지 않는 특성이 있어서, 메가도스요법이 인기를 끌고 있긴 하지만, 과다섭취 시 주의해야할 점에 대해서 소개하는 글이다. 다만 하루 권장 섭취량이 100mg이지만 흡수율 측면에서 본다면 하루 200~500mg정도를 섭취하는 것이 적합하다고 권장한다는 내용을 통해 하루에 100mg만 먹는 것이 좋다는 것은 글을 통해 추론한 내용으로 적절하지 않다.

| 오답풀이 |

① 주어진 글에서 비타민C는 수용성 비타민이라 과다복용을 해도 배출된다는 것을 알 수 있다. 즉, 비타민C 과다복용이 허용되는 이유는 체내에 축적되지 않고 배출되는 성질을 가졌기 때문이다.
② 주어진 글에서 비타민C를 과다복용하면 신장결석이나 위장장애와 같은 부작용이 나타날 수 있다고 설명하고 있다.
③ 시금치와 양배추에 포함되어 있는 옥살산칼슘은 신장결석을 유발하는 성분이다.
④ 일반적인 메가도스요법은 비타민C 하루 권장 섭취량인 100mg보다 10배에서 200배 더 많은 양을 주사로 투여하거나 보충제로 먹는다고 설명했으므로, 비타민C를 하루에 약 1,000~20,000mg정도 투여하거나 섭취한다는 것을 추론할 수 있다.

05

| 정답 | ⑤

주어진 글은 서양 매너의 기원을 살펴보고 시대별로 매너에 대한 책이 어떻게 발전하게 되었는지 설명하는 글이다. 에라스무스의 경우 말년에 '소년들의 예절론'이라는 책을 썼고, 그 내용에는 모든 계층 사람들을 대

상으로 한 '시빌리테'를 새로운 매너의 형태로 부각시켰다. 그런데 책의 특정 구절을 통해 매너를 이용해 신분제를 철폐하고 평등주의 선언처럼 들린다는 것은 글쓴이가 그렇게 느꼈다는 것이다. 에라스무스의 의도는 아니므로 '에라스무스가 매너를 이용해 신분제를 철폐하고 평등주의를 전파하고자 했다.'는 것은 잘못 이해한 것이다.

| 오답풀이 |

① 고대 그리스에서 테오프라스토스는 예의 바른 행동을 설명한 사례를 모아 '성격의 유형들'이라는 사례집을 냈다.
② 아리스토텔레스가 언급한 중용, 자제력 그리고 친애는 이후 서양 매너와 관련해 중요한 원칙이 되었다.
③ 키케로는 '의무론'에서 이후 매너와 동의어로 쓰이게 된 데코룸이라는 용어를 처음 사용했고, 내적인 본성과 외적인 행동이 일치한다고 말했다.
④ 르네상스기 양대 처세서로 꼽히는 발다사레 카스틸리오네의 '궁정인'에서 유유자적하면서도 능란한 양태인 '스프레차투라'를 강조하였다.

06

| 정답 | ④

주어진 글은 전 세계 정부가 육·해·공·우주 그리고 사이버 공간까지 모든 영역을 포함하는 통합된 국방 체계와 고도화된 디지털 엔지니어링 시스템을 구축하고 있는 상황에서 이에 대비하기 위해 다양한 분야의 전문가와 기업의 전략적인 투자 그리고 업계, 학계, 국제 파트너 간의 협력이 필요함을 강조하는 글이다. 따라서 주어진 글의 주제로 가장 적절한 것은 ④ 국방, 항공, 우주분야의 디지털 엔지니어링을 고도화하기 위해 다양한 분야의 전문가와 기업의 투자와 협력이 필요하다.

| 오답풀이 |

① 군 전문 인력의 역량 강화를 위해 군 장병들에게 전문적인 소프트웨어 교육을 지원한다는 내용은 주어진 글의 일부 내용이므로 글의 주제로는 적절하지 않다.
② 주어진 글은 다양한 분야의 전문가와 기업의 투자를 독려하고자 하는 목적으로 쓰인 글이다. 따라서 '고도화된 디지털 엔지니어링은 이상을 감지하고 상황을 판단하여 신속하게 대처할 수 있게 한다.'는 설명은 주제가 될 수 없다.
③ 주제에는 주어진 글에 나타난 핵심어인 '디지털 엔지니어링'이 포함이 되어야 한다. 또한 협력과 투자를 요하는 대상이 명확하게 나와 있으므로 그 부분 또한 포함할 때 적절한 주제라고 할 수 있다. '미래전을 대비하기 위해서 국방 과학기술을 혁신할 수 있는 기술투자와 함께 고급 국방 인재 양성을 병행해야 한다.'는 내용은 둘 다 빠져 있으므로 주제로 적절하지 않다.

⑤ 주어진 글에서 주체는 디지털 엔지니어링을 고도화하는 데 도움을 주는 주체는 정부가 아니다. 그러므로 주제로 적절하지 않다.

07
정하고 있으므로 B의 주장과 일치하지 않는다.

주어진 글은 헤게모니에 대해 소개하고 사회규범 세계에서 존재하는 '문화적 헤게모니'와 그것의 문제점을 지적하는 글이다. 주어진 글에서 가장 먼저 소개해야하는 단어는 '헤게모니'이다. 그러므로 [다]헤게모니의 어원이 맨 먼저 등장하는 것이 적절하다. 이어서 헤게모니가 어디든 존재한다는 것을 보이고자 [가]'문화적 헤게모니'라는 개념을 주창한 안토니오 그람시가 언급되는 것이 글의 논리에 맞다. 특히 '문화적 헤게모니'라는 단어는 [라]에도 등장하는데, 20세기에 등장한 용어지만 지금 우리 삶에도 그런 현상이 나타나고 있다는 것을 강조하고 있으므로 두 단락은 연결되는 것이 적절하다. 마지막으로 이러한 현상이 가져오는 문제점을 드러낸 [나]가 결론으로 연결되는 것이 문맥에 맞다. 즉, [다]헤게모니의 어원 – [가]'문화적 헤게모니' – [라]문화적 헤게모니 사례 – [나]문화적 헤게모니 고착화의 문제점 순으로 글을 연결하는 것이 적절하다.

08
|정답| ⑤

A는 과기정통부가 방송 산업의 경쟁력 강화와 혁신을 촉진하기 위해서 IPTV가 PP 채널을 과도하게 소유하거나 영향력을 갖지 못하도록 규제하던 제한을 푼다는 내용이다.

반면, B는 PP 채널 중에서 IPTV 사업자가 소유한 채널이 극소수인 상황에 OTT를 통해 작품을 유통하는 IP 스튜디오 중심으로 지형판도가 바뀌는 상황에서 과연 어떤 IPTV 사업자가 PP 채널에 투자를 할 것이며, 실제 시장에서 규제 완화에 대한 니즈가 없는 상황에서 해당 규제 완화는 실효성이 없다고 주장하고 있다. 그러므로 반박하는 내용으로 가장 적절한 것은 '콘텐츠 유통구조가 변화 중인 상황에서 IPTV 사업자가 PP 채널에 투자하기는 어렵다.'이다.

| 오답풀이 |
① B의 주장에 따르면 시장에서는 이러한 규제 혜택을 본 사업자가 없다고 언급했다. 즉, 사업자는 이번 규제 완화로 얻을 수 있는 이점이 없다. 그런데 사업자보다 시청자 입장에서 규제 완화로 얻을 수 있는 이점을 고려해야 한다는 주장은. 마치 사업자에게는 규제완화로 얻을 수 있는 이점이 있다는 것을 가

② B는 시장에서는 해당 규제 완화에 대한 니즈가 없으며 뒤늦은 규제 완화는 실제 방송 산업의 경쟁력을 강화하는데 도움이 되지 않는다고 주장하고 있다. 시장의 활성화를 위해서 규제 완화는 방송 산업의 경쟁력을 강화하는 선행조건이라는 것은 A의 주장을 뒷받침 할 수 있는 내용이므로 반박하는 내용으로 적절하지 않다.
③ 시장의 상황을 고려할 때, IPTV 사업자가 소유한 채널의 수는 고작 3개이다. 게다가 규제를 강화했어야 했다는 것은 B의 주장이 아니다.
④ 규제는 실질적으로 방송사업자의 경쟁력을 제약하여 다양한 콘텐츠를 생산하기 어렵다는 내용은 규제를 완화해야한다는 주장의 근거이므로 A의 주장을 뒷받침할 수 있는 내용이다.

09
|정답| ③

뉴턴의 중력 법칙 발견은 사과가 떨어지는 일화와 같은 단순한 우연이 아닌 오랜 시간 연구와 실험을 거쳐 이루어진 결과라는 점을 설명하고 있다.

| 오답풀이 |
① 사과가 떨어지는 장면은 중력에 대한 뉴턴의 사고 과정에서 작은 실마리를 제공했을 뿐이며 즉시 중력의 법칙을 발견한 것은 아니라고 이해할 수 있다.
② 사과가 떨어지는 장면만으로 중력의 법칙을 떠올린 것이 아니었다고 설명하고 있고, 연구 전체를 이끈 것은 아니며 한 가지 실마리를 제공한 것으로 설명하고 있다.
④ 뉴턴은 사과가 떨어지는 현상과 천체 운동이 같은 원리, 즉 만유인력의 법칙으로 설명된다고 생각했다고 설명하고 있다.
⑤ 뉴턴의 발견은 갑작스러운 사고의 결과가 아니라 오랜 연구와 사고의 연장선에서 이루어진 것이다.

10
|정답| ①

주어진 글의 첫 번째 문단은 종이를 계속 접으면 접힌 종이의 두께가 기하급수적으로 늘어남을 설명하고 있다. 그리고 두 번째 문단은 종이를 접을 때 모서리 부분에 반원이 생기는데 그 반원의 호 길이 역시 기하급수적으로 커짐을 설명하고 있다. 즉 종이를 무한으로 접을 수 없는 이유에 대해 설명하고 있음을 알 수 있다. 따라서 이 글을 읽고 답할 수 있는 궁극적인 질문으로 가장 적절한 것은 ①이다.

| 오답풀이 |
② 종이를 접는 데의 어려움이 아닌, 여러 번 접는 데 어려움이 있는 것이다.
③ 종이접기에 숨겨져 있는 과학적 원리와는 관계가 없다.
④ 종이를 무한으로 접는 방법에 대해서는 언급되어 있지 않다.
⑤ 종이를 접을 때 모서리의 반원이 생기는 것은 맞지만 어떻게

생기는 것인지는 나와 있지도 않고, 이 글이 나오기 위한 궁극적인 질문도 아니다.

11
| 정답 | ④

멸종에 대한 내용은 언급되지 않으며 변이를 통해 면역 체계와 경쟁하며 생존하는 방식이다.

| 오답풀이 |

①, ②, ③, ⑤ 모두 바이러스의 변이 능력과 면역 체계 간의 상호 작용에 대해 설명하고 있다.

12
| 정답 | ⑤

각 문단의 첫 문장을 보고 구조화가 가능한 문단끼리 먼저 연결해 선택지를 확인하는 요령이 필요하다. [마]는 [다]의 이유를 밝히고 있기 때문에 [다] 뒤에 위치해야 한다. 그리고 [라]는 역접 접속어 '하지만'을 통해 [마]와 반대되는 이야기를 하고 있다. 그리고 [나]는 [라]에서 말하는 차원 높은 행복을 보충하여 설명하고 있다. 마지막으로 [가]는 역접 접속어 '그러나'를 통해 [나]에서 말하는 소유에서 오는 행복을 소중히 여기는 데에서 오는 문제를 다루고 있다. 즉, [다] - [마] - [라] - [나] - [가]의 순서가 적절하다.

> **🔑 문제 해결 TIP**
> 문장 순서 파악법은 다음과 같다.
> • 1단계: 지문에 제시된 순서대로 빠르게 문단을 정리하고 화제 파악하기
> • 2단계: 확신이 서는 문단끼리 서로 연결하여 오답 소거하기
> • 3단계: 각 문단 또는 문장의 접속어와 지시어 살피기
> • 4단계: 문두와 문미에 올 문장을 찾아 순서 정하기
> • 5단계: 첫 번째 문장의 서술부에 대한 내용이 전개되거나 관련 내용이 나오면 두 번째 항목으로 설정하기

13
| 정답 | ②

주어진 글은 기업 내 스타 플레이어인 핵심 인재가 기업 및 조직에 미치는 좋은 영향 및 악영향에 대해 말하고 있다. 따라서 이 글의 주제는 이익과 동시에 손해를 가져올 수도 있는 상황을 일컫는 '양면성'이라는 표현을 사용한 ②가 적절하다.

| 오답풀이 |

① 필요악이란 '없는 것이 바람직하지만 상황에 따라 어쩔 수 없이 요구되는 악'을 말한다. 단순히 장단이 있을 수 있다는 의미로 사용하기는 어렵다.

14
| 정답 | ②

주어진 글에서는 공기 부양정의 정의 및 원리, 구성, 장단점 그리고 미래를 모두 다루고 있다. 이를 모두 아우르는 제목으로는 '특징'이 가장 적절하다.

15
| 정답 | ④

50대의 '지천명(知天命)'은 하늘의 뜻을 깨닫고 인생의 본질을 깨우치는 시기로, 인간관계를 더 넓힐 수도 있지만 이미 형성된 관계를 이해하고 받아들이는 방향으로 이어지는 것이 적절하다.

| 오답풀이 |

① 20대는 자립과 성장을 경험하는 시기로, 타인과의 소통과 인간관계 확장을 통한 적응과 성장을 다루는 내용이 적합하다.

② 30대는 인생의 기초를 확립하는 시기로, 인간관계에서도 독립성과 주체성을 강조하는 내용이 적절하다.

③ 불혹의 시기는 외부의 유혹이나 타인의 의견에 흔들리지 않고 자신의 신념을 굳건히 하는 시기이므로 이와 관련된 인간관계를 다루는 것이 적합하다.

⑤ 60대는 타인의 말을 받아들이고 이해와 협력을 중심으로 인간관계를 다루는 내용이 적합하다.

16
| 정답 | ⑤

'지식격차가설'이라고 한다.

"이 가설대로 하면 신문이 없다는 것은 교육을 더 받은 사람들이 당시의 뉴스를 덜 접한다는 것을 의미하기 때문에 신문사 파업으로 인해 비례적으로 더 많이 '손해'를 보게 될 것이다."를 통해 추론할 수 있다.

이 가설에 따르면 어떤 특정한 주제에 관한 대중매체의 보도를 제거해 버리면 교육 수준의 차이가 있는 집단들 사이에 지식 차이가 줄어든다.

17
| 정답 | ①

직급과 호칭의 파괴는 고직급화의 역효과를 완화하기 위함이라고 하였다. 즉 고직급자가 늘어나는 것을 줄이면 인건비 부담을 완화할 수 있다. 따라서 적절한 비판이 아니다.

| 오답풀이 |

② 연공을 중시하는 조직 문화에서는 같은 팀원이라도 직급이 높은 선배가 더 많은 책임과 업무를 부담하는 것이 일반적인데 직급과 호칭이 사라진 상황에서 실제 조직 책임자가 아니라면 굳이 더 많은 책임을 지고자 할 유인이 사라질 수 있다.

③ 위계를 중시하는 조직 문화에서 직급의 상승은 보상만큼이

나 대외적으로 매우 중요한 의미를 지니고 있다. 이런 상황에서 모든 직급과 호칭을 없앴을 경우, 기존 고직급자들의 박탈감과 함께 낮은 직급에서의 성장 동기부여가 사라질 수 있다.

④ 아직까지 직급과 호칭의 파괴로 획기적인 효과를 거두었다는 기업이나 조직이 없으며 오히려 남들보다 앞서 직급과 호칭을 바꾸었다가 예측하지 못한 부작용으로 과거의 방식으로 회귀한 경우도 있다.

⑤ 조직 문화와 연계되지 않고 단순히 직급 및 호칭만의 변화에 대해서 젊은 구성원들은 겉으로만 변했다는 불만을 야기하고, 상대적으로 고직급자들은 자신들의 권위와 기득권을 빼앗겼다고 여길 수 있다.

18 | 정답 | ④

주어진 글에서는 세슘 원자를 이용한 시계와 광시계를 비교하고 있으며, 주파수가 더 높은 광시계가 세슘 원자를 이용한 시계보다 훨씬 높은 정확도를 갖는다고 하였다.

| 오답풀이 |

① 국제도량형총회는 '1초'를 세슘-113 원자에서 나오는 복사선이 91억 9,263만 1,770번 진동하는 데 걸리는 시간으로 정의한다고 하였다.

② 광시계에는 이터븀, 스트론튬, 알루미늄 이온과 같은 원자들이 활용된다.

③ 이터븀, 스트론튬, 알루미늄 이온 등의 주파수가 세슘 원자보다 10,000배 이상 높으나 이들끼리 동일한지는 알 수 없다.

19 | 정답 | ③

4억 년 전의 지구의 1년이 지금의 1년보다 길다는 것은 1년의 날수가 줄어든 것이다. 따라서 지금의 하루가 4억 년 전 하루보다 길다.

| 오답풀이 |

①, ⑤ 산호는 낮과 밤의 생장 속도가 다르기 때문에 하루의 변화가 성장선에 나타나고, 이를 세면 산호가 살던 시기의 1년의 날수를 알 수 있다.

② 4억 년 전의 지구의 1년은 400일 정도였고, 지금은 1년이 365일이므로 더 길다.

④ 지구의 하루가 길어지는 까닭은 지구의 자전이 느려지기 때문이다.

20 | 정답 | ①

"방바닥 쪽의 차가운 공기는~방 전체가 따뜻해진다."를 통해 대류 현상은 찬 공기가 데워져 위로 올라가고 올라간 공기가 식어 아래로 내려오며 순환하는 것임

을 알 수 있다. 따라서 위쪽 공기만 데우는 서양식의 난방은 바닥의 차가운 공기가 데워지지 않으므로 바닥 바로 위 공기까지는 따뜻해지지 않는다.

| 오답풀이 |

② 주어진 글에서 근거를 찾을 수 없고, 글의 흐름에 맞지 않다.

③ 대류 현상에 대한 올바른 설명이 아니다.

④ 주어진 글에서 근거를 찾을 수 없다.

⑤ 벽난로는 방바닥이 데워지지 않는 구조이다. 따라서 공기가 따뜻하게 데워져 위로 올라갈 수 없다.

언어추리

P.196~205

01	①	02	①	03	⑤	04	②	05	②
06	④	07	⑤	08	①	09	②	10	⑤
11	④	12	②	13	⑤	14	③	15	⑤
16	①	17	③	18	③	19	②	20	④

01

| 정답 | ①

'공포 영화를 좋아하면 코미디 영화를 좋아하지 않는다'의 이에 해당하는 명제로 항상 참인 관계가 아니다. 따라서 ①은 주어진 명제들의 관계를 파악했을 때 항상 참이라고 할 수 없는 명제이다.

| 오답풀이 |

② '코미디 영화를 좋아하면 액션 영화를 좋아하지 않는다.'의 대우명제이다.

③ '공포 영화를 좋아하면 코미디 영화를 좋아하지 않는다.'의 대우명제이다.

④ '액션 영화를 좋아하면 로맨스 영화도 좋아한다.'의 대우명제이다.

⑤ '로맨스 영화를 좋아하지 않으면 공포 영화를 좋아한다.'의 대우명제이다.

02

| 정답 | ①

A는 '체크카드를 사용할 수 없는 이탈리아 레스토랑에서는 신용카드를 사용할 수 없다.'의 대우명제이므로 옳다. 반면에 현금 사용과 체크카드 사용은 연관성이 없으므로 B는 옳지 않다.

03

| 정답 | ⑤

첫 번째 명제의 대우 명제와 세 번째 명제, 두 번째 명제의 대우 명제를 차례대로 정리하면 다음과 같다.

- B가 불고기를 먹었다면 A가 냉면을 먹었다.
- A가 냉면을 먹었다면 그날 A는 낮잠을 자지 않았을 것이다.
- A가 낮잠을 자지 않았다면 A와 B 둘 다 피자를 먹지 않았다.

이를 연결하면 'B가 불고기를 먹었다면 A와 B 둘 다 피자를 먹지 않았다.'의 결론을 얻을 수 있다.

04

| 정답 | ②

전제1을 만족하는 가장 기본적인 벤다이어그램은 [그림1]과 같다.

[그림1]

이 상태에서 '중국어'와 '반도체' 사이에 공통영역이 존재한다는 결론을 반드시 만족하기 위해선 [그림2]와 같이 '중국어'가 '영어'를 포함하고 있으면 된다.

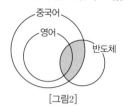

[그림2]

'중국어'가 '영어'를 포함하고 있으면 [그림2]의 색칠된 부분이 반드시 존재하게 되므로, '중국어'와 '반도체' 사이에 공통영역이 존재한다는 결론을 반드시 만족하게 된다. 따라서 정답은 '영어 → 중국어'를 문장으로 바꾼 ②이다.

05

| 정답 | ②

- A지역 → B지역 ⇒ ~B지역 → ~A지역
- A지역 → C지역 ⇒ ~C지역 → ~A지역
- D지역 → C지역 ⇒ ~C지역 → ~D지역
- E지역 → B지역 ⇒ ~B지역 → ~E지역
- ~D지역 → ~B지역 ⇒ B지역 → D지역

따라서 선택지 ②에서 제시된 명제는 A지역과 E지역과의 상호 연결고리를 찾을 수 없으므로 항상 참이라고 할 수 없는 명제이다.

| 오답풀이 |

① '첫 번째 명제+다섯 번째 명제의 대우명제'를 통하여 참이라는 것을 확인할 수 있다.

③ '다섯 번째 명제+네 번째 명제의 대우명제'를 통하여 참이라는 것을 확인할 수 있다.

④ '세 번째 명제의 대우명제+다섯 번째 명제'를 통하여 참이라는 것을 확인할 수 있다.

⑤ 세 번째 명제의 대우명제를 통하여 참이라는 것을 확인할 수 있다.

> ✎ 문제 해결 TIP
>
> 대등한 구조의 명제가 여러 개 나열되어 있는 경우 주어진 명제들과 대우명제들과의 삼단논법을 통한 연결고리를 빠르게 찾아내는 것이 문제풀이의 관건이 된다. 또한, 연결고리로 이어질 수 없는 명제 간에는 논리적인 참과 거짓을 판단할 수 없게 된다.

06

|정답|④

만화를 자주 보는 사람을 '만', 책을 자주 보는 사람을 '책', 호떡을 자주 먹는 사람은 '호'라고 표시하고 전제 1과 전제2를 다시 써보면 다음과 같다.
- 전제1: 만 → ~책
- 전제2: ~만 → 호

전제1과 전제2에 모두 '만'이 등장하므로 '만'이 매개념이다. 전제2의 대우명제는 '호 → 만'이므로 '만'을 매개로 전제1과 전제2를 연결하면 '호 → ~책'라는 결론을 내릴 수 있다. 그런데 '호 → ~책'에 해당하는 선택지가 없으므로 결론의 대우명제를 구해보면 '책 → ~호'인데, 이를 다시 문장으로 바꾸면 "책을 자주 보는 사람은 호떡을 자주 먹지 않는다."이므로 ④가 정답이다.

|오답풀이|

주어진 명제의 내용을 다음과 같이 벤다이어그램으로 나타낼 수 있다.

이때 각 선택지의 반례는 다음과 같다.
①: B
②: B, C
③: D
⑤: B, C

07

|정답|⑤

주어진 명제를 다음과 같이 정리할 수 있다.
- ~오토바이 → ~버스
- 지하철 → 버스
- ~자전거 → ~기차
- ~지하철 → 기차

여기서 첫 번째 → 두 번째(대우) → 네 번째 → 세 번째(대우)로 명제를 연결하면, '~오토바이 → ~버스 → ~지하철 → 기차 → 자전거'의 결론을 얻을 수 있다.

그러므로 오토바이를 좋아하지 않는 사람은 기차를 좋아하므로 ⑤가 정답이다.

✎ 문제 해결 TIP

해당 문제와 같이 여러 명제를 연결하는 문제에서는 한 번만 언급된 개념은 연결된 명제의 '시작'이거나 '끝'일 가능성이 높다. 쉽게 말해 문제에 주어진 4개 명제 중 버스, 지하철, 기차는 두 번씩 언급되어 있지만 오토바이와 자전거는 단 한 번만 언급되어 있고, 명제를 연결하여 얻은 결론에서 오토바이와 자전거는 양쪽 끝에 자리하고 있음을 알 수 있다. 그러므로 한 번만 언급된 개념을 기준으로 다른 명제를 연결하는 것이 풀이에 효과적이다.

08

|정답|①

반드시 출장을 가야 하는 사람은 갑 또는 을이며, 갑과 을 동반 출장 역시 가능하다. 갑이 출장을 갈 경우 정은 출장을 갈 수 없으며, 항상 정과 함께 출장을 가야 하는 병 역시 출장을 갈 수 없게 된다.

두 번째, 세 번째, 네 번째 [조건]을 통해 을이 출장을 갈 경우 역시 병, 정이 동반 출장을 갈 수 없게 된다. 따라서 모든 [조건]을 만족하는 경우의 출장 가능 인원은 갑, 을, 무의 조합이 되는 것을 알 수 있다.

✎ 문제 해결 TIP

가능한 모든 경우를 구하는 문제가 아니다. 선택지 중 가능한 것을 찾으면 된다. 쉽게 말해 갑이 출장을 간다면 정을 출장을 갈 수 없으므로 ②, ③은 제외된다. 병이 출장을 가면 을은 출장을 갈 수 없으므로 ④도 제외된다. 무가 출장을 갈 경우 갑도 출장을 가야 하므로 ⑤도 제외된다.

09

|정답|②

A가 탐정이므로 C는 범죄자가 아니다.
따라서 C의 말은 참이고 E는 탐정이다.
E의 발언에 따라 B는 범죄자이고, B의 발언은 거짓이 된다.
1명이 아니기 때문에 자연스럽게 D가 범죄자가 된다.
D의 발언을 검증해보면 E는 범죄자가 아니기 때문에 거짓 진술이 맞다.
따라서 범죄자는 B, D이다.

10

|정답|⑤

조건에 따라 이 비밀번호는 2개의 짝수(4, 6)와 2개의 홀수(x, 7)로 구성되어 있다. 이때 4개의 숫자 총합이 18을 넘지 않으므로 x는 1만 가능하다. 비밀번호의 첫 번째 숫자는 가장 큰 수이므로 7×××이다.

나머지 3개만 배열하면 되기 때문에 3가지 숫자를 나

열하는 방법인 3!＝3×2×1=6(개)가 된다.

11
| 정답 | ④

W와 Z가 마주 보고 있으므로 다음과 같다.

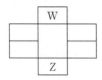

Y는 V와 W 사이에 앉아 있으므로 가능한 경우는 다음과 같다.

	W	
Y		
V		
	Z	

	W	
		Y
		V
	Z	

여기서 X는 Z 바로 옆에 앉아 있지 않다고 했으니 다음의 경우가 가능하다.

	W	
Y		X
V		U
	Z	

	W	
X		Y
U		V
	Z	

어떤 경우에도 Y와 Z가 연달아 앉아 있지 않다.

| 오답풀이 |
⑤ 첫 번째 경우에서 V는 Z의 왼쪽에 앉아 있으므로 항상 옳지 않은 선택지는 아니다.

12
| 정답 | ②

P는 연구원이므로 항상 참을 말한다. 따라서 R은 피실험자가 아니고, 연구원이므로 참을 말한다.
R은 T는 Q와 같다고 했지만 아직은 연구원인지 피실험자인지 알 수 없다.
T는 P가 피실험자라고 했으므로 거짓을 말한다. 따라서 Q도 피실험자가 된다.
Q의 발언에 따라 피실험자는 3명이 아니므로 S의 발언은 참이 된다. 피실험자는 Q와 T 2명이다.

13
| 정답 | ⑤

병이 진실을 말한 경우, 리더도 병이 되고, 모든 인원의 거짓과 모순이 없다.

| 오답풀이 |
• 갑이 진실을 말한 경우, 리더는 정과 병 두 개의 경우가 발생한다.

• 을이 진실을 말한 경우, 병은 리더가 아니다. 병의 발언이 거짓일 경우 리더 여부는 알 수 없다.
• 정이 진실을 말한 경우, 리더는 을, 병 두 개의 경우가 발생한다.

14
| 정답 | ③

A, B 그리고 D는 같은 라인에 있으며, B가 가운데에 위치하게 된다. 또한 1~3번 방 중 하나이므로 2번 방에 위치하게 된다. D의 옆방의 맞은편엔 E가 거주하므로 E는 B의 맞은편에 거주한다. C와 A는 서로 가장 먼 곳에 거주하므로 A가 1번 방일 경우 C는 6번 방, A가 3번 방일 경우 C는 4번 방에 거주한다.

A	B	D
복도		
F	E	C

D	B	A
복도		
C	E	F

15
| 정답 | ⑤

두 번째 진술에 의해 'I>H>J'가 성립하고, 세 번째 진술에 의해 'H>F>J'가 성립하므로 두 진술만 고려했을 때 순서는 'I>H>F>J'이다. 그러나 네 번째 진술에 의해 F와 J는 연달아 발표하지 않으므로 발표 순서는 'I>H>F>G>J'이다. 따라서 마지막 발표자는 J이다.

16
| 정답 | ①

A사원부터 순차적으로 확인해 보면 정답을 구할 수 있다.
A사원은 거짓말을 하거나 정직하거나 둘 중 하나이다. 만약 A사원이 거짓말을 한다고 가정하면, A사원이 말한 'B사원은 거짓말을 한다.'는 말이 거짓이 되므로 B사원은 정직한 사람이 된다. B가 정직한 사람이라면 C사원의 말은 정직한 말이 된다. 따라서 C사원 역시 정직한 사람이 된다. 이 경우는 정직한 사람이 1명이라는 전제에 모순이 생기게 되므로 처음 가정은 틀린 것이 된다.
A사원이 정직한 사람이라면 B사원은 거짓말을 한 것이 되고 C사원 역시 거짓말을 한 것이 된다. 따라서 이 경우는 정직한 사람이 1명이고 거짓말을 한 사람이 2명이라는 전제에 부합하게 되므로 결국 정

직한 사람은 A사원이 되어 꽃다발을 사 온 사람은
정 과장이 된다.

17
| 정답 | ③

가은이는 나영이보다 시험을 잘 봤다고 하고 있으나,
미현이는 시험을 가장 잘 본 학생이 나영이라고 했으
므로 둘 중 한 명이 거짓을 말하고 있다.

- 가은이 거짓을 말하는 경우
  미현의 말은 진실이므로 가장 시험을 잘 본 학생은
  나영이다. 다정의 말도 진실이 되려면 라희보다 시
  험을 잘 본 학생의 수와 못 본 학생의 수는 같아야
  하므로 라희는 3등이다. 나영의 말도 진실이므로
  다정은 4등, 미현은 5등이다. 거짓을 말하는 가은
  이 2등이다.

1등	2등	3등	4등	5등
나영	가은	라희	다정	미현

- 미현이 거짓을 말하는 경우
  나영과 다정의 진술에 의해 미현은 5등인데, 거짓
  을 말하는 사람은 2등이라고 했으므로 조건에 모순
  된다.

따라서 4등인 학생은 다정이다.

18
| 정답 | ③

A는 혼자 출장을 가므로 E는 B와 함께 출장을 간다.
또한 헝가리에는 C가 출장을 가고, 베트남에는 2명이
출장을 가므로 혼자 출장을 가는 A는 미국 또는 독일
로 출장을 가야 하는데, 미국으로 출장을 가지는 않으
므로 A는 독일로 출장을 간다.
F는 함께 출장을 가는 사람이 있는데, A는 혼자 출
장을 가고, B와 E는 이미 짝이 있으며, D와 F는 다
른 국가로 출장을 가므로 F와 함께 출장을 가는 사람
은 C이다. 그런데 C는 헝가리로 출장을 가므로 F도
헝가리로 출장을 간다.
따라서 2명이 출장을 가는 국가는 헝가리, 베트남이
며, B와 E가 베트남으로, D는 남은 미국으로 출장을
간다. 즉, 정답은 ③이다.

19
| 정답 | ②

1번째 칸에는 아무것도 넣지 않았고, 3번째 칸에는
서류 C를 넣었다.

1번째	2번째	3번째	4번째	5번째	6번째	7번째
×		C				

서류 C와 D는 인접한 칸에 넣지 않았으므로 서류 D
는 2번째와 4번째 칸에 넣을 수 없고, 6번째 칸보다
낮은 칸에 넣었으므로 5번째 칸에 넣어야 한다. 그리
고 서류 A와 B는 인접한 칸에 넣었으므로 6번째와 7
번째 칸에 넣어야 하고, E와 F는 2번째와 4번째 칸
에 넣어야 한다.

1번째	2번째	3번째	4번째	5번째	6번째	7번째
×	E/F	C	F/E	D	A/B	B/A

따라서 서류 A를 서류 D보다 위 칸에 넣었다는 것은
항상 옳다.

20
| 정답 | ④

- 민수의 말이 진실인 경우
  민수의 말이 진실인 경우, 민수는 대학원에 진학했
  고 영호도 대학원에 진학했다. 대학원에 진학한 사
  람은 2명이므로 호민, 영호, 수현은 모두 취업을 하
  였고 거짓을 말하여야 한다. 그런데 호민이와 수현
  이는 모두 취업을 했으므로 같은 길을 가게 되었다
  는 호민의 말이 진실이 되어 모순이다.

- 민수의 말이 거짓인 경우
  민수의 말이 거짓인 경우, 민수는 취업을 하였고 영
  호도 취업을 하였다. 영호의 말이 거짓이므로 수현
  이는 대학원에 진학했고 수현의 말은 진실이어야
  한다. 수현의 말이 진실이므로 현영과 민수는 취업
  을 하였고, 둘의 말은 거짓이어야 한다. 현영의 말
  이 거짓이고 민수는 취업을 하였으므로 호민이 대
  학원에 진학을 하여야 한다.

민수	현영	호민	영호	수현
취업	취업	대학원	취업	대학원

따라서 대학원에 진학한 두 사람은 호민과 수현이다.

01	⑤	02	①	03	①	04	⑤	05	①
06	④	07	④	08	⑤	09	④	10	⑤
11	③	12	④	13	①	14	②	15	⑤
16	②	17	①	18	①	19	③	20	③

01

| 정답 | ⑤

4년간 B지역의 선풍기 판매량이 $920+1,080+800+1,250=4,050$(대)이므로 2021년이 차지하는 비중은 $\frac{1,080}{4,050}\times100 ≒ 26.7(\%)$이다. 따라서 30% 미만이다.

| 오답풀이 |

① 두 지역의 선풍기 총판매량을 연도별로 살펴보면 2020년에 2,770대, 2021년에 2,280대, 2022년에 2,450대, 2023년에 2,250대이므로 총판매량이 가장 큰 해는 2020년이다.

② 4년간 두 지역의 선풍기 판매량을 지역별로 확인해 보면 다음과 같다.
- A지역: $1,850+1,200+1,650+1,000=5,700$(대)
- B지역: $920+1,080+800+1,250=4,050$(대)

따라서 4년간 두 지역의 선풍기 총판매량의 차는 $5,700-4,050=1,650$(대)이므로 1,800대 미만이다.

③ 2023년 B지역의 선풍기 판매량은 전년 대비 $\frac{(1,250-800)}{800}\times100 ≒ 56.3(\%)$ 증가하였다.

④ 2022년 A지역의 선풍기 판매량은 2년 전 대비 $\frac{(1,850-1,650)}{1,850}\times100 ≒ 10.8(\%)$ 감소하였으므로 10% 이상 감소하였다.

✎ 문제 해결 TIP

변화율 등의 비율을 계산할 때 선택지와 같이 10% 등으로 제시되었다면 해설처럼 복잡하게 나눗셈식을 사용하여 계산할 필요가 없다. 예를 들어 선택지 ④에서 1,850의 10%에 해당하는 185를 1,850에서 뺀 1,665가 1,650보다 크기 때문에 10% 이상 감소하였음을 알 수 있고, 선택지 ⑤에서는 $4,050\times0.3=1,215>1,0800$이므로 30% 이상임을 알 수 있다.

02

| 정답 | ①

㉠ 3년간 사상자 중 부상자 비율은
$1,696÷(22+1,696)\times100 ≒ 98.7(\%)$이다.
㉡ 2022년 사고 건수는 $1,569-(225+897)=447$(건)이므로 사고 1건당 부상자 수는 $473÷447 ≒ 1.06$(명)이다.

| 오답풀이 |

㉢ 2023년 사망자 수는 2년 전 대비 $(10-4)÷4\times100=150(\%)$ 증가하였다.

㉣ 2023년 부상자 수는 $1,696-(238+473)=985$(명)이므로 2022년 대비 $(985-473)÷473\times100 ≒ 108.2(\%)$ 증가하였다. 즉, 120% 미만으로 증가하였다.

03

| 정답 | ①

㉠ 2017년과 2022년 제품 D의 판매액은 다음과 같다.
- 2017년 제품 D의 판매액: $150\times0.1=15$(억 원)
- 2022년 제품 D의 판매액: $120\times0.33=39.6$(억 원)

따라서 2022년 제품 D의 판매액 변화율은
$\frac{(39.6-15)}{15}\times100=164(\%)$이다.

㉡ 2017년과 2022년 제품 C의 판매액은 다음과 같다.
- 2017년 제품 C의 판매액: $150\times0.25=37.5$(억 원)
- 2022년 제품 C의 판매액: $120\times0.12=14.4$(억 원)

따라서 2017년과 2022년 제품 C의 총판매액은 $37.5+14.4=51.9$(억 원)이므로 50억 원 이상이다.

㉢ 2017년과 2022년 제품 A의 판매액은 다음과 같다.
- 2017년 제품 A의 판매액: $150\times0.12=18$(억 원)
- 2022년 제품 A의 판매액: $120\times0.24=28.8$(억 원)

2022년 제품 A의 판매액은 5년 전 대비 $28.8-18=10.8$(억 원) 증가했으므로 10억 원 이상 증가하였다.

| 오답풀이 |

㉣ 2017년과 2022년 제품 B와 제품 E의 판매액은 다음과 같다.
[2017년]
- 제품 B의 판매액: $150\times0.35=52.5$(억 원)
- 제품 E의 판매액: $150\times0.18=27$(억 원)

[2022년]
- 제품 B의 판매액: $120\times0.18=21.6$(억 원)
- 제품 E의 판매액: $120\times0.13=15.6$(억 원)

따라서 판매액 감소량은 제품 B가 $52.5-21.6=30.9$(억 원)이고 제품 E가 $27-15.6=11.4$(억 원)이므로 제품 B의 판매액 감소량은 제품 E의 판매액 감소량의 $\frac{30.9}{11.4} ≒ 2.7$(배)이다. 즉, 3배 미만이다.

04

| 정답 | ⑤

수도권 인문계열 2021년 재적학생 수는 $4,299\times\frac{100}{4}$(명)이고, 비수도권 교육계열의 2021년 재적학생 수 $2,084\times\frac{100}{4}$(명)이므로 더 많다.

| 오답풀이 |

① 중도 탈락률이 가장 낮은 계열은 의약계열이고, 탈락자 수가 가장 적은 계열은 교육계열이다.

② 중도 탈락률이 가장 높은 계열은 자연계열과 예체능계열이고, 중도 탈락자 수가 가장 많은 계열은 공학계열이다.

③ 의약계열의 수도권 탈락자 수는 의약계열 전체 탈락자 수의 $\frac{737}{4,273} \times 100 \fallingdotseq 17(\%)$이다.

④ 주어진 자료에서는 전년도인 2021년 재적학생 수만 알 수 있고, 2022년 재적학생 수는 알 수 없다.

05 | 정답 | ①

2023년 1인당 전력 소비량에서 2018년 전력 소비량을 빼면 5년간의 1인당 전력 소비량의 증가량이 나온다. 따라서 2018년부터 2023년까지 1인당 전력 소비량의 평균 증가량은 $\frac{(10,039 - 9,305)}{5} = 146.8(\text{kWh})$이고, 마찬가지 방법으로 GDP 대비 전력 소비량의 평균 증가량은 $\frac{(0.270 - 0.306)}{5} = -0.0072(\text{GWh/십억 원})$이다.

06 | 정답 | ④

㉠ 2018년 월평균 온라인쇼핑 거래액은 $\frac{113}{12} \fallingdotseq 9.4$(조 원)이므로 8월 온라인쇼핑 거래액 9조 원보다 많다.

㉡ 2018년 대비 2023년 연간 온라인쇼핑 거래액의 연평균 증가액 $\frac{(229 - 113)}{5} = 23.2$(조 원)보다 연간 모바일 거래액의 연평균 증가액 $\frac{(169 - 69)}{5} = 20$(조 원)이므로 더 적다.

㉣ 2018년 대비 2023년 연간 온라인쇼핑 거래액의 증가율 $\frac{(229 - 113)}{113} \times 100 \fallingdotseq 103(\%)$은 2024년 연간 온라인쇼핑 거래액의 전년 대비 증가율 $\frac{(238 - 229)}{229} \times 100 \fallingdotseq 4(\%)$의 $\frac{103}{4} = 25.75$(배) 이상이다.

| 오답풀이 |

㉢ 2024년 8월 전년 동월 대비 모바일쇼핑 거래액의 증가율 $\frac{(15 - 14)}{14} \times 100 = \frac{1}{14} \times 100(\%)$은 온라인쇼핑 거래액의 증가율 $\frac{(20 - 19)}{19} \times 100 = \frac{1}{19} \times 100(\%)$과 같지 않다.

07 | 정답 | ④

여자의 경우 30대의 비만율이 22.7%로 20대 이하의 18.7% 대비 4.0%p 증가하였다. 그런데, 70대의 비만율 42.3%는 60대 비만율인 35.7% 대비 6.6%p 증가한 수치이므로 이전 연령대 대비 가장 크게 변하는 연령대는 70대이다.

| 오답풀이 |

① 남자의 20대 비만율은 45.0%이고 30대 비만율은 55.8%이다. 그리고 여자의 20대 비만율은 18.7%이고 30대 비만율은 22.7%이므로 남녀 모두 30대의 비만율은 20대보다 높다.

② 남자는 30대 비만율이 55.8%이고, 이후 연령대부터는 꾸준히 낮아지고 있다.

③ 여자는 70대까지 비만율이 꾸준히 증가한다는 것을 알 수 있다.

⑤ 전체 비만율은 20대 이하에서 31.3%로 가장 낮고 80대 이상에서 38.6%로 두 번째로 낮다.

08 | 정답 | ⑤

㉡ 높은 연구윤리 의식이라고 응답한 일반인 비중은 전문가 비중의 약 1.3배 많은 것으로, 일반인이 전문가보다 많은 수가 응답했는지는 알 수 없다.

㉢ 2021년 현 상황을 극복하고 재도약으로 이끌 미래성장동력은 정보통신(AI, 빅데이터 등) 분야라고 응답한 비중은 증가했으나 응답자 수는 전년 대비 증가했는지 알 수 없다. 2020년, 2021년 응답자는 37%, 38%이므로 2년 연속 전체 응답자의 33.33%, 즉 $\frac{1}{3}$ 이상을 차지한 것은 옳다.

㉣ 전년 대비 2021년 응답자 비중이 가장 크게 바뀐 것은 바이오 분야로 36 − 29 = 7(%p) 감소하였다.

| 오답풀이 |

㉠ 전문가는 세계 최초 논문 특허 제품 등 과학기술적 성과 23%와 과학문화 확산 및 대중의 과학화 22%의 순서로 중요한 요소를 응답했다.

09 | 정답 | ④

㉠ 옥외광고 대분류 중 3년간 매출액이 꾸준히 증가한 것은 건물부착광고, 교통시설광고, 공공시설물광고, 공공장소광고, 광고물실사출력의 5개이다.

㉢ 옥외광고 대분류 중 2024년 매출액이 2022년 대비 증가한 것은 건물부착광고, 여가시설광고, 교통시설광고, 공공시설물광고, 공공장소광고, 쇼핑시설광고, 광고물실사출력 7개이다.

㉣ 그 중 2024년 매출액이 2022년 대비 10% 이상 증가한 것은 어림셈을 하면 공공시설물광고 2,144 + 214 = 2,358 < 2,430, 공공장소광소 2,456 + 245 = 2,701 < 2,834의 2개뿐이다.

ⓒ 옥외광고 대분류 중 2024년 전년 대비 매출액이 증가한 것도
건물부착광고, 교통수단광고, 교통시설광고, 공공시설물광고,
공공장소광고, 광고물실사출력의 6개이다.

10
| 정답 | ⑤

㉠ 남자와 여자 모두 경제활동 인구수가 [증가-증
가-증가-감소]하여 일치한다.

㉡ 1월 경제활동 인구수는 $16,000+12,000=28,000$
(명)이고 4월 경제활동 인구수는 $16,700+12,700=$
$29,400$(명)이므로 1월 대비 4월의 경제활동 인구
수 증가율은 $\dfrac{(29,400-28,000)}{28,000}\times100=5(\%)$이다.

㉢ 2월 경제활동 인구수가 $16,200+12,200=28,400$
(명)이다. 따라서 여자가 차지하는 비중은
$\dfrac{12,200}{28,400}\times100≒43(\%)$이므로 45% 미만이다.

✔ 문제 해결 TIP
㉠에서 증감이 일치하는 것을 눈으로 빠르게 확인할 수
있다. 그러면 선택지의 상황을 볼 때, [보기]에서 ㉢의 진
위는 굳이 확인할 필요가 없고, ㉡의 진위만 확인하면
된다.

11
| 정답 | ③

ⓒ 2020년 신입사원 수가 $10+12+7+1=30$(명)이
므로 자연계열을 전공한 신입사원은 전체의 $\dfrac{12}{30}\times$
$100=40(\%)$이고, 2022년에도 40%이므로 2020
년과 2022년 자연계열을 전공한 신입사원의 비중
은 같다.

ⓔ 2019년 신입사원 수가 $4+8+9+4=25$(명)이므
로 공학계열을 전공한 신입사원은 전체의 $\dfrac{9}{25}\times$
$100=36(\%)$이고, 2021년 공학계열을 전공한 신
입사원은 전체의 $\dfrac{5}{20}\times100=25(\%)$이므로 11%p
감소하였다.

㉠ 2018년 어문계열을 전공한 신입사원 수가 5명이고 그 비율이
25%이므로 전체 신입사원 수는 $5÷0.25=20$(명)이다. 그리고
2019년 신입사원 수는 $4+8+9+4=25$(명)이므로 신입사원 수
의 전년 대비 증가율은 $\dfrac{(25-20)}{20}\times100=25(\%)$이다.

ⓒ 2021년 자연계열을 전공한 신입사원 수가 4명이고 그 비율이
20%이므로 전체 신입사원 수는 $4÷0.2=20$(명)이다. 따라서

어문계열을 전공한 신입사원 수는 $20\times0.3=6$(명)이다. 이에
따라 2021년 신입사원 수는 $6+4+5+5=20$(명)이고 2022년
신입사원 수도 $3+8+6+3=20$(명)이므로 서로 같다.

12
| 정답 | ④

ⓒ 부채비율(%)=$\dfrac{부채}{자기자본}\times100$이므로

부채=(부채비율$\times$자기자본)$÷100$이다. 따라서 B
기업의 부채는 $80\times3÷100=2.4$(억 원)이다.

ⓔ D기업의 부채가 2.5억 원이라면 부채비율은
$250÷2=125(\%)$이다.

㉠ 영업이익률(%)=$\dfrac{영업이익}{매출액}\times100$이므로 영업이익=(영업이익
률$\times$매출액)$÷100$이다. 따라서 A기업의 영업이익은 $-50\times$
$10÷100=-5$(억 원)이므로 0보다 작다.

ⓒ C기업의 영업이익이 $0.2\times30=6$(억 원)이므로 이에 2배 증가
한 영업이익은 12억 원이다. 따라서 영업이익률은 $12÷30\times$
$100=40(\%)$이다.

13
| 정답 | ⑤

㉠ 주택보급률이 매년 100% 이상이므로 주택 수가
일반 가구 수보다 더 많다.

㉡ 2020년을 제외하면 15~20년 미만이 가장 낮았으
며, 2020년에는 20년 이상이 가장 낮았다.

ⓒ 주택을 마련하는 데에 5년 미만이 걸리는 가구의
비중은 다음과 같다.

2018년	2019년	2020년	2021년	2022년
44.0%	40.2%	40.3%	51.4%	52.4%

이때, 2019년에는 감소하였으므로 매년 증가한다
고 볼 수 없다.

ⓔ 2022년 일반 가구 수가 1% 증가하면 주택보급률
은 $\dfrac{102.6}{1.01}≒101.6(\%)$로 여전히 100% 이상이다.

14
| 정답 | ②

국세 납부액은 GDP$\times$(국세부담률)$÷100$인데 2016년
대비 2017년에는 B국의 GDP가 증가하였고, 국세부
담률도 증가하였기 때문에 국세 납부액도 증가한다.

① 그래프를 확인하면 매년 증가하고 있다는 것을 알 수 있다.

③ 표를 확인하면 국세부담률이 매년 증가하고 있는 국가는 없음
을 알 수 있다.

④ A국의 2017년과 2018년의 전년 대비 GDP 증가량은 다음과 같다.
- 2017년: 20,717−19,955=762(억 달러)
- 2018년: 21,479−20,717=762(억 달러)
⑤ 연도별 B국의 조세부담률은 2016년에 21.2%, 2017년에 22.1%, 2018년에 21.8%이므로 2017년에 가장 높다.

15
| 정답 | ⑤

2010년 영업부와 제품개발부의 남녀 직원 수를 확인해 보면 다음과 같다.
- 여자: 5+20=25(명)
- 남자: 20+25=45(명)
따라서 영업부와 제품개발부의 남녀 직원 비율을 확인해 보면 다음과 같다.
- 여자: $\frac{25}{(25+45)} \times 100 ≒ 35.7(\%)$
- 남자: $\frac{45}{(25+45)} \times 100 ≒ 64.3(\%)$

16
| 정답 | ②

전년 대비 전체 건축물 수가 감소한 해의 전체 건축물 수는 368개동이고, 감소한 전체 건축물 수는 393−368=25(개동)이므로 $\frac{368}{25} ≒ 14.7$(배)이다.

| 오답풀이 |
① 2016년 지하연계복합건축물 수는 전년 대비 감소했다.
③ 초고층건축물 수가 전년 대비 가장 많이 증가한 해는 2016년이다.
④ 지하연계복합건축물 수가 전년 대비 가장 크게 증가한 해는 2015년 298−223=75(개동)이고, 그 다음으로 증가한 해는 2021년 328−298=30(개동)이다. 이때 2015년 75개동은 223개동의 10% 이상이고, 2021년 30개동은 298개동의 10% 이상이므로 증가율이 10% 이상인 해는 2015년, 2021년이다.
⑤ 2023년 전체 건축물 수는 2014년 대비 475−312=163(개동)이고, 163은 312의 50% 이상이므로 50% 이상 증가했다.

17
| 정답 | ①

수검대상 중 대사증후군 위험요인 1개 이상 보유자 수는 16,954,000×70%=11,867,800(명)이다.
수검대상 중 남성을 x명, 여성을 y명이라 하면
$x+y=16,954,000$ ...... ㉠
대사증후군 위험요인 1개 이상 보유자 중 남성은 $0.8x$명, 여성은 $0.6y$명이므로
$0.8x+0.6y=11,867,800$ ...... ㉡

㉠, ㉡을 연립하여 풀면 $x=8,477,000$, $y=8,477,000$
따라서 대사증후군 위험요인을 1개 이상 보유하고 있는 여성의 수는 $0.6y=5,086,200$이다.

18
| 정답 | ③

선택지별로 비중을 확인하면 다음과 같다.
① 병 지역에서 5개 제품 중 제품 B의 판매 비중:
$\frac{1,500}{7,500} \times 100 = 20(\%)$
② 을 지역에서 5개 제품 중 제품 C의 판매 비중:
$\frac{400}{3,200} \times 100 = 12.5(\%)$
③ 전체 제품 중 제품 C의 판매 비중:
$\frac{6,500}{34,600} \times 100 ≒ 18.8(\%)$
④ 제품 B에 대하여 5개 지역 중 무 지역에서의 판매 비중: $\frac{400}{7,200} \times 100 ≒ 5.6(\%)$
⑤ 제품 D에 대하여 5개 지역 중 정 지역에서의 판매 비중: $\frac{3,200}{7,100} \times 100 ≒ 45.1(\%)$
따라서 판매 비중이 세 번째로 높은 것은 ③이다.

19
| 정답 | ③

ⓒ 청소년 흡연율은 5년간 꾸준히 증가함을 알 수 있다.
ⓒ 2023년 성인의 음주율은 2018년 대비 64.0−52.3 =11.7(%p) 낮아졌으므로 10%p 이상 낮아졌음을 알 수 있다.

| 오답풀이 |
㉠ 주어진 자료는 흡연율 및 음주율을 나타내고 있으므로 학생 수를 알 수는 없다.
㉣ 2023년 성인 흡연율은 2020년 대비 32.2−28.8=3.4(%p) 낮아졌으므로 4%p 미만으로 낮아졌다.

20
| 정답 | ③

장애인 총가구 수와 비장애인 총가구 수를 알 수 없으므로 5인 비장애인 가구 수는 4인 장애인 가구 수보다 1.5배 많다고 할 수 없다.

| 오답풀이 |
① 장애인은 2인 가구 비율이 34.0%로 가장 높고, 비장애인은 1인 가구 비율이 30.1%로 가장 높다.
② 전체 장애인 가구 수를 n가구라 하면 2인 장애인 가구 수는 34n가구이고, 5인 이상인 장애인 가구 수는 8.5n이므로 $\frac{34n}{8.5n}=4$(배) 많다.

④ 장애인 고용률이 33.9%이므로 $\dfrac{33.9}{100} \fallingdotseq \dfrac{1}{3}$로 3명 중 1명꼴로 고용된 반면 비장애인은 65.9%이므로 $\dfrac{65.9}{100} \fallingdotseq \dfrac{2}{3}$로 3명 중 2명꼴로 고용되었다.

⑤ 40대 비장애인 고용률은 40대 장애인 고용률보다 73.4%-58.4%=15%p 높다.

01	①	02	①	03	②	04	⑤	05	①
06	①	07	②	08	③	09	②	10	④
11	③	12	⑤	13	④	14	③	15	③
16	①	17	②	18	①	19	⑤	20	①

01　　　　　　　　　　　　　　| 정답 | ①

주어진 수열의 규칙은 다음과 같다.

$$14 \xrightarrow{\times2-10} 18 \xrightarrow{\times2-15} 21 \xrightarrow{\times2-20} 22 \xrightarrow{\times2-25} 19 \xrightarrow{\times2-30} 8 \xrightarrow{\times2-35} (-19)$$

따라서 빈칸에 들어갈 알맞은 수는 -19이다.

02　　　　　　　　　　　　　　| 정답 | ①

주어진 수를 두 개씩 묶어서 더하면 그 값이 항상 0.46임을 알 수 있다.

즉, $2.23+(-1.77)=0.46$

$1.09+(-0.63)=0.46$

$(-0.33)+0.79=0.46$

따라서 빈칸에 들어갈 수를 a라고 하면 $a+11.58=0.46$에서 $a=0.46-11.58=-11.12$이다.

03　　　　　　　　　　　　　　| 정답 | ②

• 5명을 두 그룹으로 나누는 경우는 (1명+4명), (2명+3명)의 2가지이므로 다음과 같다.

　ⅰ) (1명+4명)으로 나누는 방법의 수는

　　$_5C_1 \times _4C_4 = 5$(가지)

　ⅱ) (2명+3명)으로 나누는 방법의 수는

　　$_5C_2 \times _3C_3 = 10$(가지)

즉, 두 그룹으로 나누는 방법의 수는 $5+10=15$(가지)이므로 $a=15$이다.

• 5명을 세 그룹으로 나누는 경우는 (1명+1명+3명), (1명+2명+2명)의 2가지이므로 다음과 같다.

　ⅰ) (1명+1명+3명)으로 나누는 방법의 수는 $_5C_1 \times _4C_1 \times _3C_3 \times \dfrac{1}{2!} = 10$(가지)이다.

　ⅱ) (1명+2명+2명)으로 나누는 방법의 수는 $_5C_1 \times _4C_2 \times _2C_2 \times \dfrac{1}{2!} = 15$(가지)이다.

즉, 세 그룹으로 나누는 방법의 수는 $10+15=25$(가지)이므로 $b=25$이다.

따라서 $a+b=15+25=40$이다.

04

상반기에 계획한 생산량은 100개×60%=60(개)이고, 이 중 30%가 불량 제품으로 판별되어 폐기되었으므로 실제 생산량은 60개×70%=42(개)이다.

하반기 생산량은 100개−42개=58(개)이고, 하반기에 생산된 제품 58개 중 25개가 Q제품이므로 하반기에 생산된 P제품은 58−25=33(개)이다.

05

편도 거리를 x km라고 하면 $\dfrac{x}{6}+\dfrac{x}{8}=\dfrac{7}{2}$이므로

$x=12$

따라서 A에서 B까지의 편도 거리는 12km이다.

06

주어진 수열의 규칙은 다음과 같다.

52　56　62　65　70　72　76　(　)
　+4　+6　+3　+5　+2　+4　+1
　　+2　−3　+2　−3　+2　−3

따라서 빈칸에 들어갈 수는 76+1=77이다.

07

처음 B컵에 들어있던 소금물 200g의 농도를 x라고 하면, 처음 A컵과 B컵에 들어있는 소금물과 소금의 양은 다음과 같다.

· A컵: 300g의 소금물, 27g의 소금
· B컵: 200g의 소금물, $2xg$의 소금

이후, A컵의 소금물 100g을 B컵에 부었을 때, A컵과 B컵에 들어있는 소금물과 소금의 양은 다음과 같다.

· A컵: 200g의 소금물, 18g의 소금
· B컵: 300g의 소금물, $(2x+9)g$의 소금

다시 B컵의 소금물 50g을 A컵에 부었을 때, A컵과 B컵에 들어있는 소금물과 소금의 양은 다음과 같다.

· A컵: 250g의 소금물, $\left(18+\dfrac{2x+9}{6}\right)$g의 소금

· B컵: 250g의 소금물, $\left(\dfrac{5(2x+9)}{6}\right)$g의 소금

이때, A컵의 소금물의 농도는 8%이므로

$\dfrac{\left(18+\dfrac{2x+9}{6}\right)}{250}\times100=8$이고, 식을 정리하면 $x=1.5$

이다. 따라서 처음에 B컵에 들어있던 소금물 200g의

농도는 1.5%이다.

08

각 화살표의 규칙은 다음과 같다.

⟶ ×3−2,　--▶ (　)²−2,　·····▶ ÷(−2)+5

그러므로 A=2²−2=2, B=2×3−2=4, C=4÷(−2)+5=3이다.

따라서 A+B+C=2+4+3=9이다.

09

+3, −1, +3, −1의 규칙을 보이므로 10 다음은 10−1=9이다.

10

일의 양을 1이라고 하면 A사원의 일 처리 속도는 $\dfrac{1}{10}$

이고, B대리의 일 처리 속도는 $\dfrac{1}{6}$이다. 4시간 동안

A사원이 해결한 일의 양은 $\dfrac{4}{10}$만큼이므로 남은 일을

둘이 해결하는 데 걸리는 시간은 $\dfrac{6}{10}\div\left(\dfrac{1}{10}+\dfrac{1}{6}\right)=$

$\dfrac{9}{4}$(시간), 즉 2시간 15분이다.

🖋 문제 해결 TIP

일의 양을 600이라고 치면 A사원은 1시간에 6만큼 해결하고 B대리는 10만큼 해결할 수 있다. 4시간 동안 A사원이 해결한 일의 양은 24만큼이고, 남은 36만큼을 16의 속도로 해결하므로 $\dfrac{36}{16}=\dfrac{9}{4}$(시간)이 더 걸린다.

11

11개의 자연수 중에서 서로 다른 2개의 수를 선택하는 경우의 수는 $_{11}C_2=\dfrac{11\times10}{2}=55$(가지)이다. 그리고 11개의 자연수 중에서 서로 다른 2개의 수를 선택할 때 7, 9, 11을 선택하지 않는 경우의 수는 8개의 자연수 중에서 서로 다른 2개의 수를 선택하는 경우의 수와 같으므로

$_8C_2=\dfrac{8\times7}{2}=28$(가지)이다.

따라서 구하는 확률은 $1-\dfrac{28}{55}=\dfrac{27}{55}$이다.

12

정답 | ⑤

주어진 수열은 -4, $\times 3$이 반복되는 규칙을 갖고 있다. 따라서 빈칸에 들어갈 수는 $11 \times 3 = 33$이다.

13

정답 | ④

$117 = 9 \times 13$, $91 = 7 \times 13$이므로 117과 91의 최대공약수는 13이다. 따라서 가로 방향으로 $9 + 1 = 10$(그루)의 나무를, 세로 방향으로는 $7 + 1 = 8$(그루)의 나무를 심을 수 있다. 그런데 네 모퉁이마다 한 번씩 중복되므로 필요한 나무의 수는 $(10 + 8) \times 2 - 4 = 32$(그루)이다.

14

정답 | ③

• 500원짜리 0개가 앞면인 경우: 100원짜리가 모두 앞면이 나와야 하므로 1가지이다.
• 500원짜리 1개가 앞면인 경우: 100원짜리가 어떻게 나오든 상관없다. 즉, 경우의 수는 $2^3 = 8$(가지)인데, 500원짜리가 2개이므로 2개 중 1개가 앞면일 경우는 2가지이다. 따라서 해당 경우의 수는 $8 \times 2 = 16$(가지)이다.
• 500원짜리 2개가 앞면인 경우: 100원짜리가 어떻게 나오든 상관없다. 즉, 경우의 수는 $2^3 = 8$(가지)이다.
따라서 300원 이상을 상품으로 받게 되는 경우의 수는 $1 + 16 + 8 = 25$(가지)이다.

15

정답 | ③

다음 그림의 각 부분을 a, b, c, d, e라고 할 때, $a + b + c + d = 3e$와 같은 식이 성립한다.

따라서 $13 + (\ ) + 5 + 19 = 3 \times 15$이므로, 빈칸에 들어갈 수는 $45 - 13 - 5 - 19 = 8$이다.

16

정답 | ①

세 숫자 간의 규칙은 '(첫 번째 숫자)×(세 번째 숫자)÷4=(두 번째 숫자)'로, (8, 30, 15)의 조합을 위 규칙으로 적용해서 살펴보면, $8 \times 15 \div 4 = 30$이고, (20, 60, 12)의 조합은 $20 \times 12 \div 4 = 60$임을 알 수 있다.

따라서 $(\ ) \times 6 \div 4 = 150$이어야 하므로, 빈칸에 들어갈 수는 $150 \times 4 \div 6 = 100$이다.

17

정답 | ②

7개의 점 중에서 3개를 선택하는 경우의 수는 $_7C_3 = \dfrac{7 \times 6 \times 5}{3 \times 2 \times 1} = 35$(가지)이다. 그런데 반원의 아래쪽에 있는 네 점 B, C, D, E 중에 3개를 선택하면 삼각형이 만들어지지 않는다. 네 점 중에서 3개를 선택하는 경우의 수는 $_4C_3 = _4C_1 = 4$(가지)이므로 구하는 경우의 수는 $35 - 4 = 31$(가지)이다.

18

정답 | ①

주어진 수열의 규칙은 다음과 같다.

1	6	14	26	43	66	( )
	+5	+8	+12	+17	+23	+30
		+3	+4	+5	+6	+7

따라서 빈칸에 들어갈 수는 $66 + 30 = 96$이다.

19

정답 | ⑤

마주 보는 수에서 큰 수는 작은 수의 제곱의 값이다. 따라서 빈칸에 들어갈 알맞은 수는 $9^2 = 81$이다.

20

정답 | ①

A팀과 B팀의 현재 스코어가 1:1이므로 남은 3번의 경기에 대한 경우는 다음과 같다.
• 세 번째 경기에서 A팀이 승리, 네 번째 경기에서 A팀이 승리하는 경우
$$\frac{4}{7} \times \frac{4}{7} = \frac{16}{49}$$
• 세 번째 경기에서 A팀이 승리, 네 번째 경기에서 B팀이 승리, 다섯 번째 경기에서 A팀이 승리하는 경우
$$\frac{4}{7} \times \frac{3}{7} \times \frac{4}{7} = \frac{48}{343}$$
• 세 번째 경기에서 B팀이 승리, 네 번째 경기에서 A팀이 승리, 다섯 번째 경기에서 A팀이 승리하는 경우
$$\frac{3}{7} \times \frac{4}{7} \times \frac{4}{7} = \frac{48}{343}$$
따라서 A팀이 최종으로 승리할 확률은
$$\frac{112 + 48 + 48}{343} = \frac{208}{343}$$이다.

언어이해   P.232~249

01	⑤	02	③	03	⑤	04	②	05	⑤
06	②	07	④	08	③	09	③	10	②
11	⑤	12	③	13	⑤	14	①	15	③
16	④	17	④	18	⑤	19	③	20	③

01 | 정답 | ⑤

주어진 글에서 첫 번째 문단은 전 세계적으로 영유아기 미디어 이용 실태에 대해서 구체적으로 설명하고 있다. 두 번째 문단은 이런 상황에 대한 해결방안으로 미디어리터러시 교육을 강조하고 있다. 그러므로 두 문단의 내용을 모두 포괄한 것은 '유아 미디어리터러시 교육이 필요한 이유'이다.

| 오답풀이 |

① 전세계 영유아 미디어 이용실태는 첫 번째 문단의 내용이며, 글쓴이가 주장하는 내용이 담긴 두 번째 문단을 포괄하지 못하고 있으므로 제목으로 적절하지 않다.
② 영유아 미디어 이용의 유해성에 대해서 직접적으로 언급되어 있지 않으므로 제목으로 적절하지 않다.
③ 미디어리터러시 교육의 정의는 드러나 있으나 단순하게 미디어리터러시 교육의 현황을 드러내는 글이 아닌 글쓴이가 미디어리터러시 교육을 해야 한다고 주장하고 있으므로 '미디어리터러시 교육의 정의와 현황'은 제목으로 적절하지 않다.
④ 놀이형 미디어교육 프로그램은 미디어리터러시 교육의 한 방법으로 언급되어 있다. 놀이형 미디어교육 프로그램을 자세하게 소개한 글이 아니므로 제목으로 적절하지 않다.

02 | 정답 | ③

주어진 글은 PPG의 원리를 설명하고 그것이 활용되는 분야에 대한 글이다. 혈중 산소포화도나 혈압을 측정하는 데 쓰이는 PPG는 적외선 및 적색광을 이용해 혈류량 변화를 계속 지켜보면서 혈중 산소포화도를 측정한다고 언급되어 있으므로 녹색광만 쓰이는 것은 잘못 이해한 것이다.

| 오답풀이 |

① PPG의 원리를 보면 피부로 빛을 쏘아서 혈류량에 따라 흡수되는 빛의 양을 측정하는 방식이므로 바늘을 꽂지 않아도 혈중 산소포화도를 측정할 수 있다.
② 맥파를 계속 측정하면 심박수를 알 수 있다. 그러므로 심박수만 잘 측정해도 전반적인 심장 건강 상태나 체력 수준을 짐작할 수 있다.

④ PPG의 원리가 간단하기는 하지만 반사된 빛에는 꼭 필요한 정보만 있는 게 아니라 다양한 노이즈가 함께 들어오기 때문에 응용하기 쉬웠던 기술은 아니다. 그래서 21세기 들어와 관련 기술이 발전하고 나서야 적극적으로 응용되었다.
⑤ 맥파가 움직이는 속도는 약 0.16초로 피가 흐르는 속도인 1~2초보다 빠르다.

03 | 정답 | ⑤

'실밥을 제대로 파악하지 못한 타자는 변화구에 속을 가능성이 크다.'는 주장은 비판이 아니라 주어진 글의 논지를 강화하는 것이다.

| 오답풀이 |

① 실밥의 영향보다 경기에서 투수가 심리적으로 안정된 상태인지가 중요한 요소로 작용할 수 있다는 비판은 경기에서 심리적 상태는 투수의 제구력과 경기 운영에 큰 변화를 준다는 논거로 적용되어 적절한 비판이라 할 수 있다.
② 타자 입장에서는 실밥의 정보보다 투구 순간의 정보가 훨씬 더 중요한 요소라는 비판은 합리적이다.
③ 실밥이 공의 궤적에 영향을 주는 것은 맞지만 공의 속도와 회전력이 경기 결과를 더 결정짓는 요인이라는 비판은 타당하다.
④ 경기의 전체적인 변수를 고려하면 실밥보다는 날씨나 경기장의 조건이 더 큰 변화를 줄 수 있다는 비판은 합리적이다.

04 | 정답 | ②

생략된 내용을 추론하는 문제이다. 제시된 지문에서 (   ) 앞뒤의 내용을 파악하고 논리적인 흐름에 맞는 내용을 찾는 것이 중요하다. (   ) 앞의 '그러나'로 볼 때, '고가의 상품'이 아니면서, '명상, 기도, 필라테스, 요가' 등과 관련되는 내용이어야 하므로, (   ) 안에 들어갈 내용으로는 ②가 적절하다.

| 오답풀이 |

① '국내에서도 최근 힐링과 관련된 갖가지 상품이 유행하고 있다. 간단한 인터넷 검색을 통해 수천 가지의 상품을 확인할 수 있을 정도다.'라고 하였고 (   ) 앞에 '그러나'라고 표현된 것으로 볼 때 적절하지 않다.
③, ④ 글의 맥락을 볼 때 적절하지 않다.
⑤ '간단한 인터넷 검색을 통해 수천 가지의 상품을 확인할 수 있을 정도다.'라고 하였고, 전반적인 글의 맥락을 볼 때 적절하지 않다.

05 | 정답 | ⑤

주어진 글은 LG CNS의 아시아 최초로 구글 클라우드의 '생성형 인공지능(AI) 전문기업' 인증에 대한 글이다. 해당 인증이 어떤 의미를 가지고 있으며, 그 인증을 받기 위해 어떤 요건을 갖추어야 하는지에 대해서부터 LG CNS의 향후 목표 또한 드러낸 글이다. 주어진 ①~⑤ 중에서 글의 내용을 이해한 내용으로 적절한 것은 LG CNS는 구글 클라우드로부터 획득한 인증을 다섯 개까지 확대하게 된 점이다. 지문에서 'LG CNS는 앞서 구글 클라우드로부터 클라우드 전환, 인프라, 데이터 분석, 머신러닝 등 4개 영역에서 전문기업 인증을 획득하였고, 여기에 아시아 최초로 구글 클라우드의 '생성형 인공지능(AI) 전문기업' 인증까지 획득하였으므로 인증이 다섯 개까지 확대되었음을 알 수 있다.

| 오답풀이 |

① 마지막 줄의 "기업 고객 사업에 ~ 고객 가치를 제공할 것"이라는 내용으로 향후 구글의 생성형 AI 서비스를 기업 고객에게 제공할 계획을 가지고 있다는 것을 확인할 수 있으며, 개인 고객에게 제공할 계획을 가지고 있는지는 알 수 없다.
② LG CNS 대표는 생성형 AI와 구글 클라우드 확산 협력 방안을 지난해에 이미 논의 했으므로 논의할 예정이라는 것은 글을 제대로 이해하지 못한 것이다.
③ 구글 파트너 선정이 전문기업 인증의 조건이라는 것은 지문을 통해 파악할 수 없는 내용이므로 이해한 내용으로 볼 수 없다.
④ LG CNS는 아시아 최초로 구글 클라우드의 '생성형 인공지능(AI) 전문기업' 인증을 받았다.

06 | 정답 | ②

주어진 글은 넛지와 다크넛지를 소개하는 글이다. 넛지는 타인에게 부드러운 개입을 통해 개인의 자유를 침해하지 않으면서 선택을 유도하는 마케팅 방법이다. 지문에 고도화된 다크넛지로 인해 소비자들이 피해를 보는 사례가 소개되어 있는 만큼, 고도화된 다크넛지가 사회의 공익을 높일 수 있다는 내용은 추론할 수 없다.

| 오답풀이 |

① 온라인 사용 인터페이스에서 화면 구성을 이용하는 상업적 관행으로 소비자의 자율성과 의사결정을 제대로 할 수 없게 만들며 다양한 방식으로 직·간접적인 피해를 발생시키기도 한다는 내용을 통해 온라인을 통한 전자상거래 규모가 증가하면서 비합리적 구매를 유도하는 행태가 나타나고 있음을 추론할 수 있다.
③ 넛지는 타인에게 부드러운 개입을 통해 개인의 자유를 침해하지 않으면서 선택을 유도하는 마케팅 방법이라는 내용을 통해 강제나 압박이 아닌 자연스러운 이끌림을 통해 행동을 촉진하는 방법의 하나임을 추론할 수 있다.
④ 다크넛지는 고객과 기업간의 신뢰를 잃게 하므로 이를 활용하면 장기적으로 봤을 때 브랜드 평판은 떨어지고 고객들은 떠나게 될 것임을 추론할 수 있다.

⑤ 온라인 사용 인터페이스에서 화면 구성을 이용하는 상업적 관행으로 소비자의 자율성과 의사결정을 방해하는 경우로 가입절차는 간단하지만 해지절차가 복잡한 경우를 들 수 있다. 그러므로 이것은 다크넛지를 활용한 사례로 볼 수 있다.

07 | 정답 | ④

주어진 글은 우리나라 국민들의 문서이해능력의 현황과 원인에 대한 글이다. '대학 진학률과 문자해독률은 최상급인데 문서이해능력은 아주 부족하다. 이는 독서를 소홀히 한 결과'라는 내용이 글의 핵심이다. 문제(부작용이나 효과)를 먼저 제기하고, 문제와 관련된 사항을 강조하거나 증명할 수 있는 내용을 제시한 후, 그렇게 된 근본적 원인이나 궁극적 영향을 제시하는 방식으로 서술되어 있다. 따라서 이를 정리하면 전체 문단의 논리적인 순서는 [다]-[나]-[가]-[라]이다.

08 | 정답 | ③

첫 번째 문단에서 '먹고 마시는 행위와 같은 신체적 감각을 통한 향유가 이성의 테두리 안에서 이루어질 때 얻게 되는 것이다'를 통해 ㉠이 정신을 배제한 신체적 감각을 중시한다고 볼 수는 없다.

| 오답풀이 |

① 첫 번째 문단에서 '다만 감각적 향유가 이성을 벗어나 타인을 배려하지 않고 극단적 탐닉에 빠질 때에는 부정적인 것으로 인식된다'를 통해 알 수 있다.
② 두 번째 문단에서 '인간이 세계의 영원한 질서를 인식하게 됨으로써 얻을 수 있는 것이다'를 통해 알 수 있다.
④ 두 번째 문단에서 '시간적 한계를 뛰어넘는 영원성을 갖는다'를 통해 ㉢은 영원성에 의해 규정됨을 알 수 있다. ㉡은 첫 번째 문단에서 '순간적인 것으로 규정된다'는 것을 통해 순간성에 의해 규정됨을 알 수 있다.
⑤ 두 번째 문단에서 '가장 궁극적인 에우다이모니아를 가져다준다'는 말을 통해 더 우월한 것임을 짐작할 수 있다.

09 | 정답 | ③

두 번째 문단에서 콘크리트의 강도가 높을수록 점성이 증가한다고 했으므로, 150MPa의 콘크리트가 100MPa의 콘크리트보다 점성이 더 강하다.

| 오답풀이 |

① 두 번째 문단의 내용을 통해 시멘트에 물을 포함한 다른 재료를 혼합하여 콘크리트를 만든다는 것을 추론할 수 있다.
② 콘크리트의 마찰력이 증가할수록 압송을 위한 펌프의 압력 조절이나 압송관 설치 등에 있어 더욱 세밀하고 특수한 기술이

필요하다는 서술을 통해 콘크리트의 마찰력이 증가할수록 압
송하는 데 어려움을 겪는다는 것을 추론할 수 있다.
④ 첫 번째 문단을 보면 1MPa가 1cm²당 10kg 하중을 견딘다는
것을 알 수 있다. 따라서 1,000MPa의 콘크리트는 1cm²당 10
톤의 무게를 지탱할 수 있다고 추론할 수 있다.
⑤ 첫 번째 문단에 따르면 초고강도 콘크리트는 건물 기둥과 외
벽의 두께를 획기적으로 줄여 공간 활용도를 극대화하는 이
점이 있다. 이를 통해 강도가 높을수록 공간의 효율성이 높음
을 추론할 수 있다.

10
| 정답 | ②

첫째 단락의 "지구를 중심으로 공전하는 원 궤도에 중
심을 두고 있는 원, 즉 주전원(周轉圓)을 따라"를 통
해 '주전원'이 '천동설'과 관련된 개념임을 알 수 있다.

| 오답풀이 |

① 첫째 단락의 "모든 천체는 ~ 천동설이 정설로 자리 잡고 있
었다."를 통해 알 수 있다.
③ 첫째 단락의 "우주의 중심은 지구이며, ~ 지구의 주위를 공전
한다는 천동설"과 둘째 단락의 "태양을 우주의 중심에 둔 코
페르니쿠스의 지동설"을 통해 알 수 있다.
④ 둘째 단락의 "코페르니쿠스의 지동설은 ~ 수학적으로 단순하
게 설명하였다."를 통해 확인할 수 있다.
⑤ 첫째 단락에서 "과학 혁명 이전 ~ 지배적인 영향력을 발휘하
였다."라고 하였고, 천문 분야에서 대표적으로 천동설에 관한
예를 들고 있다. 그리고 이후에 지동설이 주장되었고, 둘째 단
락에서 "과학과 아리스토텔레스 철학의 결별은 서서히 일어
났다."라고 하였음을 통해 확인할 수 있다.

11
| 정답 | ⑤

고통의 느낌은 뇌 영역 중 전방대상피질의 활성화로
유발되는데, 이때 육체적 통증과 감정적 통증의 차이
를 구별하지 않는다고 하였다. 따라서 팔이 부러졌을
때의 육체적 통증과 마음의 고통, 즉 감정적 통증을
느낄 때 전방대상피질은 동일한 양상으로 반응할 것
임을 알 수 있다.

| 오답풀이 |

① 조류와 포유류도 인간처럼 고통을 느끼며 위험한 자극에 노출
되면 혈압 상승, 동공 확장, 땀 분비, 심장 박동 등을 경험한다
고 하였다.
② 통각, 압각, 시각, 미각 등 시간이 지나면 자극에 적응하여 무
뎌진다고 하였으므로 동일한 맛의 음식을 반복해서 먹으면
점차 맛이 약하게 느껴질 것임을 알 수 있다.
③ 고통의 느낌은 뇌 영역 중 전방대상피질이 활성화될 때 유발
되므로 전방대상피질이 활성화되지 않는 자극은 통증으로 느
끼지 않을 것임을 알 수 있다.

④ 통증은 두뇌 작용에 의한 것인데 어떤 영역은 통증의 강도를,
어떤 영역은 통증의 발생 위치를 담당한다고 하였다.

12
| 정답 | ③

언어 지도는 시간의 흐름에 따라 변화하는 언어를 공
간적으로 투영한 것으로, 시기나 성별에 따라 나타나
는 방언형에 대한 내용은 유추할 수 없다.

| 오답풀이 |

① 진열 지도는 각 지점에 해당하는 방언형을 지도에 직접 표시
하거나 적절한 부호로 표시하므로 등어선을 긋지 않을 수 있
다. 그리고 해석 지도는 방언형이 많지 않을 때 주로 이용한다
고 하였으므로 방언형이 현저히 적을 때는 등어선이 그어지지
않을 수 있다.
② 방언형이 많을 경우에는 주로 진열 지도 방식을, 방언형이 많
지 않을 경우에는 주로 해석 지도 방식을 이용한다.
④ 언어 지도는 지도에 담긴 방언형을 통해 이전 시기의 언어를
재구성하거나, 문학 작품에 나타난 방언 어휘를 이해하는 데
도움을 준다고 하였다.
⑤ 등어선을 그릴 때 지역적으로 드물게 나타나는 이질적인 방언
형은 종종 무시되기도 한다.

13
| 정답 | ⑤

A의 의견은 "처벌은 사회 전체의 이득을 생각해서,
다른 사회 구성원들을 교육하고 범죄자를 교화하는
기능을 수행해야 한다."이다. 그런데 B는 그러한 A
의 주장에 대한 반박으로 범죄자에 대한 처벌의 교화
효과에 의문을 제기하고, 특히 장기 징역형을 받은 죄
수들은 처벌에 의한 교화 효과가 보이지 않음을 지적
하고 있다. 이러한 B의 주장에 대해 A가 반박할 수
있는 것은, 효과가 없다고 부정만 하지 말고 장기 복
역수 역시 교화하는 방안을 모색해야 함을 주장할 가
능성이 크다.

| 오답풀이 |

① 단기 징역형과 장기 징역형의 차이점을 고려해야 하는 것도
있지만, 주요 논지에서 벗어나는 서술이므로 정답으로는 옳지
않다.
② A의 의견을 반박하는 것이므로 적절하지 않다.
③ A는 사회 전체의 이익을 전제로 하고 있으므로 A의 반박으로
볼 수 없다.
④ 특정 범죄에 대한 교화 방안을 말한 것이 아니므로 '다양한 범
죄에 적용할 수 있는 교화 방안'을 제시하는 것은 올바른 반박
이라고 보기 어렵다.

14
| 정답 | ①

주어진 글에서 심각한 합병증을 동반하는 것은 알코올성 간경변증임을 알 수 있다.

| 오답풀이 |
② 알코올성 지방간이란 간 내에 지방이 정상 이상으로 쌓이는 것으로 간 기능에는 큰 이상이 없는 상태를 말한다.
③ 알코올성 간 질환은 B형 간염, C형 간염과 함께 우리나라 만성 간 질환의 주요한 원인이 되고 있다.
④ 알코올성 간 질환은 한 가지 소견이 발견되는 경우는 드물고, 환자에 따라 여러 소견이 겹쳐서 나타난다.
⑤ 알코올성 간 질환 중 지방간은 간 기능에는 큰 이상이 없고, 간염은 염증성 손상이 진행되는 상태이며, 간경변증은 염증성 손상이 비가역적으로 축적되고 섬유화되어 출혈, 혼수, 간암 등의 심각한 합병증을 동반하는 것이므로 지방간, 간염, 간경변증 순서로 그 심각성이 크다고 할 수 있다.

15
| 정답 | ③

브렉시트와 그렉시트의 의미가 먼저 등장하고, 브렉시트와 그렉시트를 비교하면서 유럽연합과 유로존에 대해 설명한 후 리스본 조약에 따른 탈퇴 규정에 관해 서술하고 있다. 따라서 이에 맞는 문단의 배열 순서로는 [다]−[나]−[라]−[가]가 가장 적절하다.

16
| 정답 | ④

28가지의 벽돌이 사용된 백제의 무령왕릉은 발굴된 설계도를 보면 정확하고 치밀하게 제작되었다고 하였으므로 설계도가 존재하지 않았다는 진술은 옳지 않다.

| 오답풀이 |
① 첫 번째 문장을 통해 알 수 있다.
② 돌무지무덤(적석총)에서 내부 공간에 넓은 방을 만들기 시작하면서 시신을 넣어둘 방을 만들고, 그 위에 흙으로 봉분을 만든 것이 굴식 돌방무덤(횡혈식 석실묘)이므로 둘은 내부 공간이 서로 다르다.
③ 마지막 문장에서 무령왕릉은 방대한 부장품들이 있었으므로 도굴되지 않은 묘라는 서술이 있다. 즉, 백제의 다른 왕묘에도 부장품이 있었는데 이들은 무령왕릉과는 다르게 대부분 도굴되었다는 것을 알 수 있다.
⑤ 글의 중간에서 이 양식은 3국에서 기존에 사용하던 돌무지무덤보다 만들기 쉬워 백제와 신라 등으로 전파되었다고 하였으며, 이러한 전파를 통해 탄생한 것이 백제의 무령왕릉이라고 나와 있다. 즉, 3국에서 사용하던 돌무지무덤보다 무령왕릉의 제작이 더 간단하였음을 알 수 있으며, 3국에는 신라가 포함되므로 신라의 돌무지무덤은 무령왕릉에 비해 제작 공정이 까다롭다고 추론할 수 있다.

17
| 정답 | ④

㉠ 첫째 단락에서 "재화의 양이 충분하지 못하면 둘 다 만족할 수 없는 상황이 초래되어 두 사람은 적이 된다."라고 하였다. 즉, 재화의 양이 다수의 욕구를 충족시키지 못할 때 갈등이 발생하는 것이다.
㉡ 첫째 단락에서 "적대적인 상황에 놓여 있을 때 인간은 ~ 가능한 한 모든 사람을 지배하려 한다. 그리고 이것은 자기 보호를 위한 자연스러운 행위로 합리화되기도 한다."라고 하였다. 즉, 적대적인 상황에서도 타인을 보호하려는 심리가 내재되어 있는 것이 아니라 적대적인 상황에서 타인을 지배하려는 마음에는 자신을 보호하려는 심리가 내재되어 있다는 것이다.
㉣ 둘째 단락에 따르면 자기 자신을 보호하고 방어하는 과정에서 타인과 적대적인 갈등을 겪게 하는 것은 경쟁심이 아니라 소심함이다. 경쟁심은 타인과 재물을 자기 것으로 만드는 과정에서 타인과 적대적인 갈등을 겪게 한다.

| 오답풀이 |
㉢ 둘째 단락에서 "명예욕은 자기 자신을 직접적으로 겨냥하는 경우뿐만 아니라 자신의 가족, 동료, 민족, 직업을 폄하하거나 비웃는 말을 들었을 때에도 인간으로 하여금 폭력을 사용하도록 만든다."라고 하였다. 따라서 인간은 자기 주변 사람들의 명예와 자신의 명예를 연결 짓는 경향이 있다는 것은 글쓴이의 견해에 부합한다.

18
| 정답 | ⑤

주어진 글은 리걸테크의 발전방향에 대한 글이다. 주어진 글에서 '기존의 우려와는 달리 법률시장으로의 진입장벽 자체가 없어짐으로써 변호사에 대한 이러한 수요는 오히려 크게 증가할 것으로 생각된다.'는 내용과 실제 업무 수행은 변호사가 한다는 내용을 통해 변호사라는 직업의 인기가 감소하지 않고 오히려 증가할 수 있다고 추론할 수 있다.

| 오답풀이 |
① 주어진 글에서는 리걸테크 서비스가 정확한 법률정보를 제공하는 데에서 나아가 당장 상담해 줄 변호사를 제공해줘야 한다고 하므로 맞는 내용이다.
②, ③ 모바일 디바이스 업체들이 자사 스마트 폰에 AI 에이전트를 구축하는 것을 최우선 과제로 삼고 있다고 언급한 것으로 확인할 수 있다.
④ 주어진 글에서 인공지능을 이용한 법률서비스로 인해 모두가 충분한 법률정보를 접할 것으로 언급하였다. 그러므로 AI를

이용한 법률서비스는 일반인들의 법률정보에 대한 접근성을 높여 줄 것이라고 추론할 수 있다.

19
| 정답 | ③

주어진 글에서는 『인구론』을 통해 맬서스가 주창한 이론의 내용을 간단히 언급한 후, 그의 이론에 대한 비판이 있었고, 그의 이론이 현실화된 것은 아니지만 오늘날까지도 강력한 영향력을 발휘한다는 의의를 설명하고 있다. 따라서 주어진 글의 중심 내용은 맬서스의 이론이 지닌 의의로 볼 수 있다.

| 오답풀이 |
① 사회 개혁을 꿈꾸던 사람들과 맬서스 간에 견해 차이가 있긴 했지만, 이는 주어진 글의 주요 논점으로 보기 어렵다.
② 맬서스가 인구 과잉으로 이어질 수 있는 사회 복지 정책의 문제점을 지적했지만, 주어진 글의 주요 논점으로 보기 어렵다.
④ 맬서스가 『인구론』 제3판에서 자신이 식량의 공급과 비례 관계를 유지하는 한도 내에서 인구 증가를 옹호하는 사람이라는 점을 명시적으로 강조했다는 내용이 주어져 있지만, 주어진 글의 주요 논점으로 보기 어렵다.
⑤ 맬서스가 재난이나 전쟁 등으로 인구 증가를 억제시켜야 한다는 어두운 전망을 도출한 것은 맞지만, 주어진 글의 주요 논점으로 보기 어렵다.

20
| 정답 | ③

첫 번째 단락에서 '정전기의 전압은 수만 볼트(V)에 달하지만, 우리가 실생활에서 쓰는 전기와는 다르게 전류가 거의 없어 위험하지는 않다.'라고 하였으므로 정전기의 전압은 매우 높지만, 위험하지는 않다는 것을 알 수 있다.

| 오답풀이 |
① 두 번째 단락의 첫 번째 문장 '정전기가 생기는 것은 마찰 때문이다.'를 통해 알 수 있다.
②, ④ 두 번째 단락의 '우리 몸과 물체가 전자를 주고받으며 몸과 물체에 조금씩 전기가 저장된다. 한도 이상의 전기가 쌓였을 때 전기가 잘 통하는 물체에 닿으면 그동안 쌓였던 전기가 순식간에 불꽃을 튀기며 이동하면서 정전기가 발생하는 것이다.'에서 알 수 있다.
⑤ 첫 번째 단락의 '정전기란 전하가 정지 상태로 있어 그 분포가 시간적으로 변화하지 않는 전기 및 그로 인한 전기 현상을 말한다.'에서 알 수 있다.

언어추리   P.250~259

01	②	02	⑤	03	②	04	①	05	④
06	①	07	①	08	①	09	③	10	①
11	⑤	12	④	13	①	14	①	15	②
16	④	17	③	18	②	19	②	20	④

01
| 정답 | ②

두 번째 문장의 대우 명제는 항상 참이 된다. 따라서 '임야를 잘 고르는 사람은 주택도 잘 고른다.'는 문장이 참이 되고, 이를 첫 번째 문장과 연결하면, 삼단 논법에 의해 A → B, B → C이면 A → C이므로 '임야를 잘 고르는 사람은 상가도 잘 고른다.'는 B만 옳은 명제인 것을 알 수 있다.

02
| 정답 | ⑤

네 번째 명제의 대우명제와 두 번째 명제를 연결하면 '수영을 좋아하지 않으면 발레를 좋아하지 않는다.'가 된다.

| 오답풀이 |
① '골프를 좋아하면 체조를 좋아하지 않는다.'의 대우명제이다.
② '승마를 좋아하면 발레를 좋아하지 않는다.'의 대우명제이다.
③ '수영을 좋아하면 골프도 좋아한다.', '골프를 좋아하면 체조를 좋아하지 않는다.'에 따라 옳은 내용이다.
④ '수영을 좋아하면 골프도 좋아한다.'의 대우명제이다.

✓ 문제 해결 TIP
참인 명제의 대우 명제 역시 참이다.

03
| 정답 | ②

A는 '대출 카드가 없는 경우에는 도서 대출이 불가능하다.'의 대우명제와 반대이므로 옳지 않다. 반면에 B는 '대출 카드가 없는 경우에는 도서 대출이 불가능하다.'의 대우명제이므로 옳다.

04
| 정답 | ①

주어진 네 개의 명제의 대우명제를 정리해 보면 다음과 같다.
• (명제) 강 대리가 범인이면 한 부장도 범인이다. → (대우명제) 한 부장이 범인이 아니면 강 대리도 범인이 아니다.
• (명제) 민 과장이 범인이면 최 주임도 범인이다. →

(대우명제) 최 주임이 범인이 아니면 민 과장도 범인이 아니다.

- (명제) 최 주임이 범인이면 한 부장은 범인이 아니다. → (대우명제) 한 부장이 범인이면 최 주임은 범인이 아니다.
- (명제) 강 대리가 범인이 아니면 윤 차장도 범인이 아니다. → (대우명제) 윤 차장이 범인이면 강 대리도 범인이다.

따라서 윤 차장을 기준으로 원래의 명제와 대우명제를 함께 정리하면 '윤 → 강 → 한 → ~최 → ~민'의 관계와 이것의 대우명제인 '민 → 최 → ~한 → ~강 → ~윤'의 관계 역시 성립한다. 따라서 선택지 ①은 항상 옳지 않다.

05 | 정답 | ④

주어진 명제와 그 대우명제를 통하여 정답을 찾을 수 있다.
두 번째 명제의 대우명제는 '여행을 좋아하지 않는 사람은 마음이 따뜻하다'이다. 마지막 네 번째 명제와 첫 번째 명제, 두 번째 명제의 대우명제를 연결하면, '영수는 합리적인 사람이고, 합리적인 사람은 여행을 좋아하지 않고, 여행을 좋아하지 않는 사람은 마음이 따뜻하다.'가 된다. 따라서 삼단논법에 의해 '영수는 마음이 따뜻하다.'는 결론이 도출될 수 있다.

06 | 정답 | ①

주어진 내용을 표로 나타내면 다음과 같다.

구분	인천	대구	부산	세종	광주
영업 1팀		×	×	×	
영업 2팀	×			×	×
영업 3팀		×	×		×
영업 4팀		×			×
영업 5팀	×		×		

영업 1팀이 인천으로 워크숍을 간다면 다음과 같이 표를 완성할 수 있다.

구분	인천	대구	부산	세종	광주
영업 1팀	○	×	×	×	×
영업 2팀	×	○	×	×	×
영업 3팀	×	×	×	○	×
영업 4팀	×	×	○	×	×
영업 5팀	×	×	×	×	○

영업 1팀이 광주로 워크숍을 간다면 다음과 같이 표가 채워진다.

구분	인천	대구	부산	세종	광주
영업 1팀	×	×	×	×	○
영업 2팀	×			×	×
영업 3팀		×	×		×
영업 4팀		×			×
영업 5팀	×		×		

이때, 영업 2팀이 대구로 워크숍을 간다면 다음과 같이 표를 완성할 수 있다.

구분	인천	대구	부산	세종	광주
영업 1팀	×	×	×	×	○
영업 2팀	×	○	×	×	×
영업 3팀	○	×	×	×	×
영업 4팀	×	×	○	×	×
영업 5팀	×	×	×	○	×

그리고 영업 2팀이 부산으로 워크숍을 간다면 다음과 같이 표가 채워진다.

구분	인천	대구	부산	세종	광주
영업 1팀	×	×	×	×	○
영업 2팀	×	×	○	×	×
영업 3팀	○ / ×	×	×	× / ○	×
영업 4팀	× / ○	×	×	○ / ×	×
영업 5팀	×	○	×	×	×

따라서 맨 처음에서 1팀이 인천으로 워크숍을 갈 때, 영업 4팀은 부산으로 워크숍을 가므로 항상 옳다.

| 오답풀이 |
② 영업 2팀이 대구로 워크숍을 갈 때, 영업 1팀은 광주로 워크숍을 갈 수 있으므로 항상 옳은 것은 아니다.
③ 영업 3팀이 인천으로 워크숍을 갈 때, 영업 2팀은 부산으로 워크숍을 갈 수 있으므로 항상 옳은 것은 아니다.
④ 영업 4팀이 세종으로 워크숍을 갈 때, 영업 5팀은 대구로 워크숍을 가므로 항상 옳지 않다.
⑤ 영업 5팀이 대구로 워크숍을 갈 때, 영업 3팀은 인천으로 워크숍을 갈 수 있으므로 항상 옳은 것은 아니다.

07

정답 | ①

두 번째 [조건]에서 가희는 나호 맞은편에 앉고, 다호가 그 옆에 앉으므로 가희의 왼쪽 또는 오른쪽에 앉을 수 있다. 추가로 세 번째 [조건]에서 나호의 왼쪽 옆에 나희가 앉으므로 이를 그림으로 나타내면 다음과 같다.

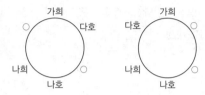

인원 중 남은 남자는 '가호', 여자는 '다희'라는 것을 알 수 있고, 마지막 [조건]에서 다희의 양 옆에는 모두 남자가 앉으므로 이를 고려하여 한 좌석에 한 사람씩 앉히면 다음과 같다.

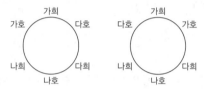

따라서 가희 양 옆에 앉는 사람은 가호와 다호이다.

08

정답 | ①

학생들의 발표 순서를 부등호로 나타내면 첫 번째 조건에서 C>D, 두 번째 조건에서 E>B>A, 세 번째 조건에서 C>⋯>A, 네 번째 조건에서 D>E이다. 따라서 C>D>E>B>A 순으로 발표한다.

09

정답 | ③

J는 3층에서 일하고 K의 바로 위층이므로 K는 2층에서 일한다. K는 H의 바로 위층에서 일하므로 H는 1층에서 일한다. G는 L의 바로 아래층에서 일하고 I와 같은 층에서 일한다. 이때 6명은 적어도 1명씩 각 층에서 일하고 있으므로 L은 5층, G, I는 4층에서 일한다. 따라서 짝수 층에서 일하는 사람은 K(2층), G, I(4층)이다.

10

정답 | ①

2018년 A팀이 C팀으로부터 거둔 승수가 6승이라는 것은 C팀의 21패 중 나머지 15패는 B팀에 당했다는 것을 알 수 있다. 따라서 2018년의 B팀과 C팀의 상호 전적은 B팀 15승 1패, C팀 1승 15패가 된다.

C팀이 2015년부터 B팀에게 당한 패수가 매년 2번씩 증가하였다는 것은 2018년의 C팀의 B팀에 대한 패수가 15이므로 2015년부터 연도별로 9패, 11패, 13패, 15패를 당한 것이 된다. B팀의 연도별 총 패수는 18패, 12패, 9패, 11패인데, 이 중 C팀에게 패한 횟수를 제외한 나머지가 A팀에 대한 패수가 될 것이다. C팀이 B팀에게 패한 횟수가 9패, 11패, 13패, 15패라고 했으므로 거꾸로 B팀이 C팀에게 패한 횟수는 7패, 5패, 3패, 1패가 될 것이며, 따라서 B팀이 A팀에게 패한 횟수는 $18-7=11$(패), $12-5=7$(패), $9-3=6$(패), $11-1=10$(패)가 되는 것을 알 수 있다.

11

정답 | ⑤

도보로 출근하는 것이 가장 느리므로 7번째로 빠르고, 자전거는 5번째로 빠르다. 따라서 남은 운송 수단은 1~4번째, 6번째로 빠르다. 버스는 택시 바로 다음으로 빠르고, 자가용은 버스보다 빠르므로 [자가용>택시>버스] 순이고, 자가용으로 이동하는 것은 지하철보다 느리므로 [지하철>자가용>택시>버스] 순이다. 버스가 6번째로 빠른 경우 택시와 자전거의 순위가 동일해지므로 모순이다. 따라서 버스는 4번째로 빠르고, 지하철이 1번째, 자가용이 2번째, 택시가 3번째, 전동 킥보드가 6번째로 빠르다.

12

정답 | ④

B 지점에서 탄 직원의 수를 x명이라 하면 D 지점에서 탄 직원의 수도 x명이고, C 지점에서 탄 직원의 수는 $(6-x)$명이다. 또한 D에서 탄 직원이 F에서 탄 직원보다 1명이 더 많으므로 F에서 탄 직원은 $(x-1)$명이다. B와 D 지점에서 탄 직원의 수가 같고, 5명이 탄 지점은 한 곳이므로 두 지점에서는 5명이 타지 않았다. 이에 따라 x의 값은 2 또는 3 또는 4이므로 B, C, D, F 지점에서 탄 직원의 수는 5명이 될 수 없다. 즉, E 지점에서 탄 직원의 수가 5명이다. 이때 하차한 직원은 모두 20명이므로
$2+x+(6-x)+x+5+(x-1)=20$ ∴ $x=4$
따라서 C 지점에서 탑승한 직원과 E 지점에서 탑승한 직원 수의 합은 $2+5=7$(명)이다.

13

| 정답 | ①

건물의 위치를 묻는 유형의 문제는 일직선상에 주어진 조건을 표시하며 추리를 하는 것이 효과적인 풀이 방법이다. 주어진 조건의 확정 변수인 편의점을 표시한 그림을 그리면 다음과 같다.

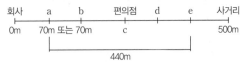

두 번째 조건에서 은행과 미용실 건물 사이에는 다른 건물 2개가 있다고 하였으므로 은행과 미용실은 위 그림 상의 a와 d, 또는 b와 e 중 하나의 조합임을 알 수 있다. 또한 네 번째 조건에서 회사로부터 편의점보다 더 멀리 있는 건물에 미용실이 포함되어 있지 않으므로 미용실은 a 또는 b 중 한 곳임을 알 수 있다. 그런데 세 번째 조건에서 회사와 미용실이 70m 거리에 있다고 하였으므로 만일 미용실이 a지점이라면 회사로부터 e지점까지의 거리가 510m가 되어 사거리까지의 전체 거리와 모순이 있게 된다. 따라서 미용실은 b가 된다.

네 번째 조건에 의해서 d와 e는 은행과 당구장 건물이 되며, 미용실인 b와 은행 건물 사이에 다른 건물 2개가 있어야 하므로 d가 당구장 건물, e가 은행 건물이 되어야 한다. 따라서 남은 a건물은 빵집 건물이 됨을 알 수 있다.

따라서 a, b, c, d, e 건물은 차례로 빵집 건물, 미용실 건물, 편의점 건물, 당구장 건물, 은행 건물이다.

14

| 정답 | ①

진술의 내용이나 형식이 남들과 다르거나 특이한 사람의 진술을 먼저 확인해 보도록 한다.

5명의 진술을 살펴보면 B와 D가 서로 상반된 의견을 제시하고 있다. 만일 B가 진실을 말하고 D가 거짓을 말하고 있다면 지각을 한 학생은 A와 D가 된다. 따라서 지각을 한 학생이 1명이어야 한다는 조건에 모순이 생기게 된다. 반대로 B가 거짓을 말하고 D가 진실을 말하고 있다면 모순이 발생하지 않으며, A가 지각을 한 학생이 된다.

따라서 정답은 A이다.

15

| 정답 | ②

아메리카노를 마신 사람이 한 명이며, 한 명의 진술만 참이므로 아메리카노를 마신 사람을 기준으로 참·거짓 여부를 판단하면 된다.

즉, 갑이 아메리카노를 마신 경우 갑의 진술은 거짓, 을의 진술은 참, 병의 진술은 거짓, 정의 진술은 참이 된다. 이와 같은 방식으로 표를 정리하면 다음과 같다.

아메리카노를 마신 사람		갑	을	병	정
진위 여부	갑	거짓	거짓	참	거짓
	을	참	거짓	참	참
	병	거짓	거짓	거짓	참
	정	참	참	참	거짓

따라서 한 명의 진술만 참인 경우는 을이 아메리카노를 마신 경우에 해당한다.

16

| 정답 | ④

1등인 사람을 바탕으로 거짓을 말한 사람을 찾아보면 다음과 같다.

• 갑이 1등인 경우: 갑, 병, 정, 무가 거짓을 말함
• 을이 1등인 경우: 갑, 병, 정, 무가 거짓을 말함
• 병이 1등인 경우: 갑, 정이 거짓을 말함
• 정이 1등인 경우: 을, 병, 무가 거짓을 말함
• 무가 1등인 경우: 갑, 병, 정, 무가 거짓을 말함

거짓을 말한 사람은 3명이므로 정이 1등을 하였고, 거짓을 말한 사람은 을, 병, 무이다.

🔑 문제 해결 TIP

5명의 진술을 살펴보면, 갑과 을은 진술이 모순되므로 한 선택지에 같이 있을 수 없고, 갑과 정은 진술이 동치이므로 둘 다 있거나 둘 다 없어야 한다. 즉, ①, ③, ⑤는 바로 선택지에서 제외할 수 있다.

17

| 정답 | ③

R은 고양이이므로 거짓을 말한다. 따라서 S는 고양이가 된다.

S가 고양이이므로 거짓을 말한다. 따라서 "P는 고양이이고, R은 개야."는 거짓이다.

P가 개가 되므로 T는 개, Q는 고양이가 된다.

따라서 고양이는 Q, R, S 총 3마리이다.

18

|정답| ②

A와 E의 발언은 서로 모순이다.

따라서 A가 거짓을 말했을 경우와 E가 거짓을 말했을 경우를 나눠서 생각할 수 있다.

A가 거짓을 말했을 경우에는 E의 발언은 참이기 때문에 A는 등산을 하지 않았고 자전거를 탔다.

그러나 이 경우 B의 "C는 자전거 타기를 했다."는 발언으로 자전거를 타는 사람이 2명이 되기 때문에 옳지 않다.

E의 발언이 거짓일 경우, 모순이 없고 A는 등산, C는 자전거, D는 독서, E는 수영이며, B만 어떠한 활동도 하지 않았다.

19

|정답| ②

4명의 말이 각각 거짓이라고 가정했을 때의 상황을 표로 정리하면 다음과 같다.

구분	갑	을	병	정
갑이 거짓	회사원	대학생 또는 화가	회사원 또는 화가	대학생 또는 교수
을이 거짓	대학생 또는 교수 또는 화가	교수	회사원 또는 화가	대학생
병이 거짓	대학생 또는 교수 또는 화가	대학생 또는 회사원 또는 화가	대학생 또는 교수	대학생 또는 교수
정이 거짓	대학생 또는 교수 또는 화가	대학생 또는 회사원 또는 화가	회사원 또는 화가	회사원 또는 화가

위의 표에서와 같이 갑이 거짓인 경우, 교수가 될 수 있는 사람은 정 밖에 없으므로 정이 교수가 된다. 또한 갑이 회사원이므로 병은 화가, 나머지 을이 대학생이 되어 모든 사람의 직업을 알 수 있게 된다.

을이 거짓인 경우, 을이 교수이므로 정은 대학생이 된다. 또한 대학생과 교수를 제외한 나머지 화가는 갑이 될 수밖에 없으며 따라서 병은 회사원이 되어 이 경우에도 모든 사람의 직업을 알 수 있게 된다.

병이 거짓인 경우, 대학생과 교수는 병과 정이 되므로 나머지 회사원과 화가는 갑과 을이 되는데 갑은 대학생, 교수, 화가 중 어느 한 직업이므로 갑이 화가, 을이 회사원이 되어 결국 갑과 을의 직업만 알 수 있게 된다.

정이 거짓인 경우, 회사원과 화가는 정이 된다. 회사

원과 화가를 제외한 나머지 대학생은 을이 될 수밖에 없으며 따라서 갑은 교수가 된다. 결국 갑과 을의 직업만 알 수 있게 된다.

따라서 선택지 ②만이 올바른 판단이 되는 것을 알 수 있다.

20

|정답| ④

졸았던 사람은 거짓을 말한다. 즉, 영태와 민지는 서로 거짓말을 한다고 하므로 모순이고, 동수는 경수가 거짓을 말한다고 했으므로 모순이다. 즉, 태정은 진실을 말하고 있다.

태정이 진실을 말하므로 경수와 영태는 졸지 않았고 민지와 동수가 졸았던 사람이다.

01
| 정답 | ②

2020년 부채 총액은 $720+200=920$(억 원)이고 2022년 부채 총액은 $810+270=1,080$(억 원)이다. 따라서 2022년 부채 총액은 2년 전 대비 $\frac{(1,080-920)}{920}\times100≒17.4(\%)$ 증가하였으므로 20% 미만으로 증가하였다.

| 오답풀이 |

① 2023년 유동부채는 전년 대비 $\frac{(270-180)}{270}\times100≒33.3(\%)$ 감소하였으므로 30% 이상 감소하였다.

③ 부채 총액과 유동부채 모두 [증가-증가-감소-증가]로 일치한다.

④ 2024년 부채 총액이 840+210=1,050(억 원)이므로 유동부채가 차지하는 비중은 $\frac{210}{1,050}\times100=20(\%)$이다.

⑤ 2020년과 2021년 부채 총액에서 비유동부채가 차지하는 비중을 확인해 보면 다음과 같다.

• 2020년: $\frac{720}{(720+200)}\times100≒78.3(\%)$

• 2021년: $\frac{800}{(800+240)}\times100≒76.9(\%)$

따라서 2020년과 2021년 중 부채 총액에서 비유동부채가 차지하는 비중이 더 큰 해는 2020년이다.

02
| 정답 | ③

ⓒ 2012년 건설업 사고 사망자는 2021년의 $\frac{455}{420}=\frac{13}{12}$(배)이다.

ⓔ 2013년 서비스업 사고 사망자는 전년 대비 $\frac{(168-180)}{180}=-\frac{12}{180}=-\frac{1}{15}$, 즉 $\frac{1}{15}$배 감소했다.

| 오답풀이 |

㉠ 2012년 이후 2021년까지 사고 사망자가 꾸준히 감소한 업종은 없다.

ⓒ 2021년 제조업 사고 사망자는 운수창고통신업의 $\frac{184}{72}=\frac{23}{9}$(배)이다.

03
| 정답 | ①

2023년 3분기의 평균 이익과 [그래프]에 주어진 산식을 통해 분기별 총매출액을 구할 수 있다. 3분기의 평균 이익이 14억 8천만 원이고 3분기 평균 이익률이 40%이므로 총매출액은 $1,480÷40\times100=3,700$(백만 원)이다. 조건에서 분기별 총매출액은 항상 일정하다고 하였으며, 이에 따라 1분기, 2분기, 4분기의 평균 이익을 구하면 다음과 같다.

• 1분기: $3,700\times35÷100=1,295$(백만 원)
• 2분기: $3,700\times60÷100=2,220$(백만 원)
• 4분기: $3,700\times50÷100=1,850$(백만 원)

따라서 2023년의 평균 이익은 $(2,220+1,295+1,480+1,850)÷4=1,711.25$(백만 원), 즉 17억 1,125만 원이다.

04
| 정답 | ①

㉠ 2015년까지는 매년 여성과 남성 모두 육아휴직 지원 금액이 증가하고 있다. 2016년에는 여성의 육아휴직 지원 금액이 약 7,000(백만 원) 감소하였고, 남성의 육아휴직 지원 금액이 약 12,500(백만 원) 증가하였으므로 전체적으로 증가하였다. 2017년에는 또다시 남녀 모두 증가하였으므로 매년 증가한다고 할 수 있다.

ⓒ 2017년 남성 육아휴직자 수는 12,043명이고, 2013년 남성 육아휴직자 수는 2,293명이다. 2,293×5=11,465(명)이므로 2017년 남성 육아휴직자 수는 2013년보다 5배 이상 증가하였다.

| 오답풀이 |

ⓒ 2016년 전체 육아휴직자 수는 82,179+7,616=89,795(명), 2017년 전체 육아휴직자 수는 78,080+12,043=90,123(명)이므로 2017년 전체 육아휴직자 수는 전년 대비 증가하였다.

ⓔ 2017년 남성 육아휴직자 1인당 육아휴직 지원 금액은 55,160÷12,043(백만 원)이고, 여성 육아휴직자 1인당 육아휴직 지원 금액은 625,720÷78,080(백만 원)이다. 여성 육아휴직자는 남성의 약 6~7배이지만, 지원 금액은 10배 이상이므로 여성 육아휴직자 1인당 육아휴직 지원 금액이 더 많다.

05
| 정답 | ①

주어진 자료는 GDP 대비 공공복지예산 비율을 나타내고 있다. 따라서 공공복지예산이 증가하였는지의 여부는 알 수 없다.

따라서 세 기념품 중 구매 가격의 인상률이 가장 낮은 것은 기념품C이다.

| 오답풀이 |
① 기념품A는 개당 가격이 이전 대비 2,464−2,200=264(원) 인상되었으므로 300원 미만으로 인상되었다.
② 기념품B는 개당 가격이 이전 대비 10% 인상되었다.
③ 기념품C는 개당 가격이 이전 대비 6% 인상되었다.
④ 기념품 전체 구매 가격은 2020년에 74,800+68,400+57,000 =200,200(원)이고 2024년에는 98,560+81,840+64,395= 244,795(원)이다. 따라서 이전 대비 244,795−200,200=44,595 (원) 증가하였다.

| 오답풀이 |
② [표]를 통해 독일은 항상 GDP 대비 공공복지예산 비율이 25% 이상임을 알 수 있다.
③ [표]를 통해 프랑스는 제시된 국가 중 항상 GDP 대비 공공복지예산 비율이 가장 높음을 알 수 있다.
④ 영국의 GDP 대비 공공복지예산 비율은 2019년 대비 2020년에 24.1−21.8=2.3(%p) 증가하였다.
⑤ 한국은 2019년 대비 2021년에 GDP 대비 공공복지예산 비율이 $\frac{(8.7-7.7)}{7.7} \times 100 ≒ 13.0(\%)$ 증가하였으므로 10% 이상 증가하였다.

06 | 정답 | ②

ⓒ 2023년 A회사의 무선 청소기 매출액은 200× 0.25=50(억 원)이므로 2020년 B회사 매출액 250 억 원의 $\frac{50}{250}=\frac{1}{5}$에 해당한다.

| 오답풀이 |
㉠ 2023년 A회사의 에어컨 매출액은 200×0.3=60(억 원)이고 B회사의 에어컨 매출액은 240×0.25=60(억 원)이다. 따라서 2023년 두 회사의 에어컨 매출액은 서로 같다.
ⓒ 2023년 A회사의 식기 세척기 매출액은 200×0.1=20(억 원) 이고 B회사의 무선 청소기 매출액은 240×0.3=72(억 원)이다. 따라서 2023년 B회사의 무선 청소기 매출액은 A회사의 식기 세척기 매출액의 72÷20=3.6(배)이다.
ⓔ 2020년 A회사의 매출액은 200억 원이고 2022년 매출액은 300억 원이다. 따라서 2022년 A회사의 매출액은 2년 전 대비 $\frac{(300-200)}{200} \times 100=50(\%)$ 증가하였다.
2018년 B회사의 매출액은 180억 원이고 2021년 매출액은 320억 원이다. 따라서 2021년 B회사의 매출액은 3년 전 대비 $\frac{(320-180)}{180} \times 100=77.8(\%)$ 증가하였다.

07 | 정답 | ⑤

2020년과 2024년 기념품별 1개당 가격과 그 인상률을 확인해 보면 다음과 같다.

기념품	2020년	2024년	인상률
A	74,800÷34 =2,200(원)	98,560÷40 =2,464(원)	$\frac{(2,464-2,200)}{2,200} \times 100$ =12(%)
B	68,400÷57 =1,200(원)	81,840÷62 =1,320(원)	$\frac{(1,320-1,200)}{1,200} \times 100$ =10(%)
C	57,000÷76 =750(원)	64,395÷81 =795(원)	$\frac{(795-750)}{750} \times 100$ =6(%)

08 | 정답 | ⑤

㉠ 2021년 가구당 순자산은 50,253−8,801= 41,452(만 원)=4억 1,452만 원이므로, 4억 원 이상이다. 36,287+5,165=41,452(만 원)으로도 구할 수 있다.
ⓒ 2020년 대비 2021년 처분가능소득 증가율은 $\frac{185}{4,818} \times 100 ≒ 3.8(\%)$이므로, 3.4% 이상 증가하였다.

| 오답풀이 |
ⓒ 2020년 가구당 비소비지출은 5,924−4,818=1,106(만 원)으로, 1,100만 원 이상이다. 1,122−16=1,106(만 원)으로도 구할 수 있다.

✎ 문제 해결 TIP

ⓒ (C−D)의 증가율을 구해야 하는데, C는 3.4% 증가하였고 D는 1.4% 증가하였으므로 (C−D)의 증가율은 반드시 3.4% 이상이다. 만약 C와 D의 증가율이 동일하다면 (C−D)의 증가율도 동일하고, C의 증가율보다 D의 증가율이 높다면 (C−D)의 증가율은 C의 증가율보다 낮다.

09 | 정답 | ④

수상운송업은 매출액이 31.2조 원이고, 영업비용이 31.4조 원이므로 영업이익은 31.2−31.4=−0.2(조 원)이다. 따라서 영업이익은 0보다 작다.

| 오답풀이 |
① 수상운송업의 매출액은 31.2조 원으로, 육상운송업 다음으로 크다.
② 항공운송업과 창고 및 운송 관련 서비스업의 영업비용은 각각 19.5조 원, 20.3조 원으로 30조 원 미만의 업종에 해당한다.

③ 육상운송업의 영업이익은 62.3−55.2=7.1(조 원)으로 7조 원을 넘는다.

⑤ 창고 및 운송 관련 서비스업의 영업이익률은 $\frac{(26.0-20.3)}{26.0}\times$ 100≒21.9(%)이므로 25% 미만이다.

10
| 정답 | ⑤

㉠ 주어진 [표1]의 수치에 [표2]의 가중치를 적용하여 업체별 종합점수를 확인하면 다음과 같다.

구분	성능	내구성	불량률	가격	종합점수
가중치	0.4	0.2	0.3	0.1	100
업체 A	24	6	21	6	57
업체 B	32	10	15	5	62
업체 C	24	14	24	2	64
업체 D	28	18	18	4	68
업체 E	20	16	27	3	66

따라서 도급업체로 선정되는 업체는 D이다.

㉡ 업체 A의 종합 점수는 57점이므로 60점 미만이다.

㉢ 가중치를 적용하지 않고 항목별 점수의 합을 계산할 때, 업체별 점수는 다음과 같다.
- 업체 A: 60+30+70+60=220(점)
- 업체 B: 80+50+50+50=230(점)
- 업체 C: 60+70+80+20=230(점)
- 업체 D: 70+90+60+40=260(점)
- 업체 E: 50+80+90+30=250(점)

따라서 업체 E의 점수가 250점으로 두 번째로 높다.

11
| 정답 | ②

㉡ 2019년 하반기 대비 2020년 하반기 노사분규 건수가 늘어난 업종은 화학공업, 섬유, 사회·개인서비스, 기타사업으로 총 4개이다.

| 오답풀이 |

㉠ 2019년에는 섬유, 광업 2개이다.

㉢ 하반기 노사분규 건수가 가장 많은 업종은 2019년의 경우 기계·금속이고, 2020년의 경우 사회·개인서비스로 서로 다르다.

12
| 정답 | ④

㉠ 2020년 실업률과 실업자 수를 활용하여 경제활동인구 수를 계산한다. 실업률=$\frac{실업자\ 수}{경제활동인구}\times$ 100으로 경제활동인구=(실업자 수÷실업률)×

100이다. 따라서 (1,108÷4)×100=27,700(천 명), 2,770만 명으로 3,000만 명 이하이다.

㉡ 2030년 실제 인구수에 대한 정보가 없으므로 알 수 없다.

㉣ 2010년 전체 인구 중 65세 이상 인구가 차지하는 비율이 10.4%이고, 15세 미만 인구가 차지하는 비율이 7.2%이므로 두 인구수 비율의 차는 10.4−7.2=3.2(%p)이므로 3%p 이상임을 알 수 있다.

| 오답풀이 |

㉢ [표]에서 15세 이상 생산가능인구가 44,785천 명이고, 15~64세 취업자 수가 2,000만 명이라면 15~64세 인구에 대한 고용률은 $\frac{20,000}{44,785}\times$ 100≒44.7(%)이므로 40% 이상임을 알 수 있다.

13
| 정답 | ②

범죄 발생건수 대비 검거율(이하 검거율)은 $\frac{검거건수}{발생건수}$ ×100이므로 범죄 발생건수가 적고 검거건수가 많을수록 검거율은 높다. 주어진 그래프에서 연도별 범죄 발생건수와 검거건수의 수치가 크게 차이나지 않으므로 발생건수 그래프와 검거건수 그래프 사이의 간격이 좁을수록 검거율이 높음을 의미한다. 두 그래프 사이의 간격이 다른 해에 비해 좁아 보이는 2017년, 2018년 검거율을 구해보면 2017년 $\frac{1,414}{1,662}\times$ 100≒85(%), 2018년 $\frac{1,329}{1,581}\times$ 100≒84(%)이므로 범죄 발생건수 대비 검거율은 2017년에 가장 높다.

| 오답풀이 |

① 범죄 발생건수와 검거건수는 2021년 이후 증가 추세이다.

③ 2022년 범죄 발생건수 대비 검거율은 $\frac{1,134}{1,482}\times$ 100≒76.5(%)이고, 2021년 범죄 발생건수 대비 검거율은 $\frac{1,137}{1,430}\times$ 100≒79.5(%)이므로 전년 대비 감소했다.

④ 범죄 발생건수 그래프가 오른쪽 아래 방향으로 큰 차이로 내려갈수록 전년 대비 범죄 발생건수가 가장 크게 감소한 해이므로 2017년과 2021년의 전년 대비 범죄 발생건수 감소량을 구하면 된다. 2017년 범죄 발생건수는 전년 대비 1,662−1,849=−187(천 건) 감소, 2021년 범죄 발생건수는 전년 대비 1,430−1,588=−158(천 건) 감소했으므로 범죄 발생건수가 전년 대비 가장 크게 감소한 해는 2017년이다.

⑤ 범죄 발생건수 그래프는 오른쪽 아래 방향으로 내려가고 검거건수 그래프는 오른쪽 위 방향으로 올라간 해는 2016년이므로 범죄 발생건수는 감소하고 검거건수는 증가한 해는 2016년뿐이다.

14

ⓒ 2023년 373,827은 768,067의 50% 미만이고, 2019년 345,773은 681,049의 50% 초과이므로 2023년 행정부 국가공무원 여성비율은 2019년보다 감소했다.

참고로, 행정부 국가공무원 여성비율은 2023년 $\frac{373,827}{768,067} \times 100 ≒ 48.7(\%)$이고, 2019년 $\frac{345,773}{681,049} \times 100 ≒ 50.8(\%)$이므로 감소했다.

ⓔ 373,827−370,758＝3,069이고, 3,069는 370,758의 1% 미만이므로 2023년 여성인 행정부 국가공무원이 전년 대비 8% 증가한 것은 아니다. 참고로, 2023년 여성인 행정부 국가공무원은 전년 대비 $\frac{(373,827−370,758)}{370,758} \times 100 ≒ 0.8(\%)$ 증가했다.

| 오답풀이 |

ⓐ [표2]에서 2023년 행정부 국가공무원은 768,067명이고 그 중 여성은 373,827명이므로 $\frac{373,827}{768,067} \times 100 ≒ 48.7(\%)$이다.

ⓑ [표1], [표2]에서 2023년 특정직 행정공무원은 768,067−(125+181,420+443)=586,079(명)이고 그 중 여성은 373,827−(16+72,141+170)=301,500(명)이므로 $\frac{301,500}{586,079} \times 100 ≒ 51.4(\%)$를 차지했다.

15

| 정답 | ②

5개 지역 A~E의 남자 음주자 수는 450＋600＋500＋300＋150＝2,000(명)이다. 따라서 남자 음주자 비중을 지역별로 확인해 보면 다음과 같다.

- A지역: $\frac{450}{2,000} \times 100 = 22.5(\%)$
- B지역: $\frac{600}{2,000} \times 100 = 30.0(\%)$
- C지역: $\frac{500}{2,000} \times 100 = 25.0(\%)$
- D지역: $\frac{300}{2,000} \times 100 = 15.0(\%)$
- E지역: $\frac{150}{2,000} \times 100 = 7.5(\%)$

따라서 지역별 비중을 바르게 나타낸 그래프는 ②이다.

16

| 정답 | ⑤

2023년 5개 제품의 총판매량이 210＋90＋190＋180＋195＝865(천 개)이므로 제품 A가 차지하는 비중은 $\frac{210}{865} \times 100 ≒ 24.3(\%)$이다. 즉, 25% 미만이다.

| 오답풀이 |

① 2021년 매출액을 제품별로 확인하면 다음과 같다.
- 제품 A: 160×12=1,920(백만 원)
- 제품 B: 200×14.5=2,900(백만 원)
- 제품 C: 120×20=2,400(백만 원)
- 제품 D: 200×18=3,600(백만 원)
- 제품 E: 185×16.5=3,052.5(백만 원)

따라서 2021년 매출액이 가장 큰 제품은 D이다.

② 2022년 제품 B의 판매량은 전년 대비 $\frac{(200−170)}{200} \times 100 = 15(\%)$ 감소하였다.

③ 2021년부터 2023년까지 제품 C의 총매출액은 (120+160+190)×20=9,400(백만 원), 즉 94억 원이다.

④ 2020년 제품 C의 매출액은 150×20=3,000(백만 원)이고 제품 D의 매출액은 160×18=2,880(백만 원)이다. 따라서 2020년 제품 C의 매출액은 제품 D의 매출액보다 3,000−2,880=120(백만 원), 즉 1억 2천만 원 더 높다.

> **🔑 문제 해결 TIP**
>
> ① 2021년 매출액을 제품별로 구하지 않더라도 빠르게 확인할 수 있다. 제품 B와 제품 D는 판매량이 같으므로 단가가 높은 제품 D의 매출액이 높다. 제품 A와 제품 D를 비교하면 판매량과 단가 모두 제품 D가 높으므로 제품 A는 확인하지 않아도 된다. 마찬가지로 제품 D는 제품 E보다 판매량과 단가가 모두 높으므로 결국 네 제품 A, B, D, E 중에서 제품 D의 매출액이 가장 높다는 것을 알 수 있다. 따라서 두 제품 C와 D만 매출액을 비교하면 된다.

17

| 정답 | ④

ⓐ 6~10위 회사의 점유율 합계는 3.7＋3.6＋3.1＋2.7＋2.6＝15.7(%)로, 1위 테슬라 점유율 13.7%보다 높다.

ⓑ 주어진 표를 통해 순위권 회사 중 2020년 대비 2021년에 판매량이 감소한 회사는 없음을 알 수 있다.

| 오답풀이 |

ⓒ 판매량 성장률이 가장 높은 회사는 179.3%인 BYD로, 2021년 1~11월 판매량은 2020년 판매량 전체의 $\frac{50}{17.9} ≒ 2.8(배)$이다.

18

| 정답 | ③

ⓐ 주어진 자료는 4월과 10월의 외래객 수이므로 2020년 4월의 전월, 즉, 2020년 3월의 자료는 알 수 없다.

ⓑ 아프리카의 경우 2020년 10월 대비 2021년 4월 외래객 수가 감소하였다.

ⓒ 2020년 4월 총외래객 수는 2019년 10월의 1.5% 이상이지만, 2020년 4월 아시아주 외래객 수는 2019년 10월 대비 1.5% 미만이므로 외래객 감소율은 아시아주가 전체보다 더 크다.

✏ 문제 해결 TIP
단순 비교 자료인 ⓒ을 먼저 해결한다. ㉠에서는 전월과 전년 동월의 의미를 헷갈리지 말아야 한다. ⓒ에서 감소율을 직접 구할 수도 있지만 대략적인 비교를 통해서 구하는 것이 빠르다. 분자, 분모의 감소율 비교로 구할 수도 있고, 아시아주의 2020년 4월 외래객 수를 대략 20,000명이라 하였을 때 2019년 10월 아시아주 외래객 수는 2020년 4월의 60배(1,200,000) 이상인데, 총외래객 수를 대략 30,000명이라 하였을 때 2019년 10월 총외래객 수가 2020년 4월의 60배(1,800,000)에 못 미치므로 아시아주 외래객 수의 감소율이 총외래객 수의 감소율보다 크다고 할 수 있다.

19
| 정답 | ②

고혈압 유병률이 가장 높은 해와 고중성지방혈증 유병률이 가장 높은 해는 모두 2016년이다.

① 매년 고혈압, 고콜레스테롤혈증, 고중성지방혈증, 당뇨병 순으로 유병률이 높다.
③ 주어진 자료로는 알 수 없다.
④ 2018년 고콜레스테롤혈증 유병률은 전년 대비 감소하였다.
⑤ 2015년 대비 2019년 고혈압의 유병률도 감소하였다.

✏ 문제 해결 TIP
③ 계산 문제처럼 보이나 주어진 자료에서 확인할 수 없는 정보이므로 옳지 않다. 각 만성질환의 유병률을 합해 계산하지 않도록 한다.

20
| 정답 | ③

2024년 상반기 전년 동기 대비 제조업 근로자 수 증감을 표로 정리하면 다음과 같다.

100만 원 미만	$47-46=1$(천 명)
100만 원 이상 200만 원 미만	$172-212=-40$(천 명)
200만 원 이상 300만 원 미만	$1,237-1,325=-88$(천 명)
300만 원 이상 400만 원 미만	$1,134-1,102=32$(천 명)
400만 원 이상	$1,494-1,315=179$(천 명)

① 2024년 상반기 교육서비스업 근로자 수는 158+237+474+316+395=1,580(천 명)이다.
② 2024년 상반기 전년 동기 대비 산업대분류별 근로자 수 증감

제조업	$4,084-3,999=85$(천 명)
보건업 및 사회복지서비스업	$2,865-2,771=94$(천 명)
도매 및 소매업	$2,146-2,126=20$(천 명)
건설업	$1,649-1,679=-30$(천 명)
교육서비스업	$1,580-1,616=-36$(천 명)

④ 2024년 상반기 보건업 및 사회복지서비스업에서 200만 원 이상 300만 원 미만 임금근로자 수는 2,865-(804+374+380+273)=1,034(천 명)이다.

2024년 상반기 200만 원 이상 300만 원 미만 임금근로자 수

제조업	1,237(천 명)
보건업 및 사회복지서비스업	1,034(천 명)
도매 및 소매업	807(천 명)
건설업	466(천 명)
교육서비스업	474(천 명)

⑤ 2024년 상반기 교육서비스업 임금별 구성비

100만 원 미만	$\frac{158}{1,580}\times100=10(\%)$
100만 원 이상 200만 원 미만	$\frac{237}{1,580}\times100=15(\%)$
200만 원 이상 300만 원 미만	$\frac{474}{1,580}\times100=30(\%)$
300만 원 이상 400만 원 미만	$\frac{316}{1,580}\times100=20(\%)$
400만 원 이상	$\frac{395}{1,580}\times100=25(\%)$

01	⑤	02	④	03	③	04	③	05	④
06	④	07	⑤	08	③	09	②	10	③
11	⑤	12	③	13	⑤	14	②	15	③
16	②	17	②	18	②	19	⑤	20	③

01
| 정답 | ⑤

주어진 수열은 다음과 같은 규칙을 갖는다.

$$3 \quad 2 \quad -4 \quad -5 \quad 10 \quad 9 \quad (\quad) \quad -19$$

$$-1 \quad \times(-2) \quad -1 \quad \times(-2) \quad -1 \quad \times(-2) \quad -1$$

따라서 빈칸에 들어갈 수는 $9 \times (-2) = -18$이다.

02
| 정답 | ④

세 숫자 간의 규칙은 {(첫 번째 숫자)+(세 번째 숫자)}×5=(두 번째 숫자)로, 규칙을 적용해서 살펴보면, (7, 125, 18)의 조합은 $(7+18) \times 5 = 25 \times 5 = 125$임을 알 수 있고, (69, 425, 16)의 조합은 $(69+16) \times 5 = 85 \times 5 = 425$임을 알 수 있다.

따라서 빈칸에 들어갈 수는 $(14+46) \times 5 = 60 \times 5 = 300$이다.

03
| 정답 | ③

언어와 도표해석만 어려웠다고 답한 응시생 수를 x라고 하면, 세 과목 모두 어려웠다고 답한 응시생이 13명, 도표해석만 어려웠다고 답한 응시생이 6명이므로 다음과 같이 벤 다이어그램에 표현할 수 있다.

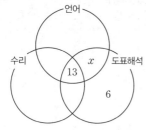

또한, 도표해석이 어려웠다고 답한 응시생이 62명, 세 과목 중 두 과목만 어려웠다고 답한 응시생은 60명이므로 다음과 같이 추가로 표현할 수 있다.

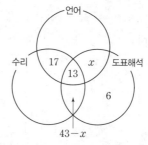

그리고 언어, 수리가 어려웠다고 답한 응시생이 각각 63명, 61명이므로 다음과 같이 추가로 표현할 수 있다.

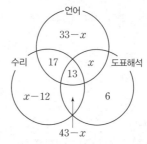

따라서 언어 또는 수리만 어려웠다고 답한 응시생은 $(33-x)+(x-12) = 21$(명)이다.

04
| 정답 | ③

브랜디 xg을 첨가하였을 때 알코올의 용량은
$$\left(\frac{14}{100} \times 750 + \frac{4}{10} \times x\right)\text{g}$$
이고
총용량은 $(750+x)$g이므로

$$\frac{\frac{14}{100} \times 750 + \frac{4}{10} \times x}{750+x} = \frac{20}{100}$$

$$14 \times 75 + 4x = 2(750+x)$$

$$1,050+4x = 1,500+2x$$

$$2x = 450$$

$$\therefore x = 225\text{(g)}$$

05
| 정답 | ④

- 공통으로 가입하는 동아리가 1개인 경우
  두 사람이 4개의 동아리 중 1개를 공통으로 가입하고 나머지 3개 중 서로 다르게 하나씩 가입해야 하므로 $_4\text{C}_1 \times 3 \times 2 = 24$(가지)이다.
- 공통으로 가입하는 동아리가 없는 경우
  한 사람이 4개 중 두 군데 가입하면 나머지 한 사람은 무조건 남은 두 군데에 가입해야 하므로 $_4\text{C}_2 = \frac{4 \times 3}{2} = 6$(가지)이다.

따라서 구하는 경우의 수는 $24+6 = 30$(가지)이다.

06

| 정답 | ④

다음 그림의 각 부분을 a, b, c, d, e라고 할 때, b×d=e, 2ab−c=e와 같은 식이 성립한다.

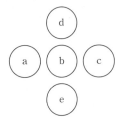

그러므로 B=3×6=18이고, 2×4×6−A=18이므로 A=30이다.
따라서 A−B=30−18=12이다.

07

| 정답 | ⑤

묶음으로 판매한 두 고기의 양이 각각 3kg씩이므로 어제 삼겹살 단품은 9kg 판매하였고 목살 단품은 6kg 판매하였다. 이때 고기 단품이 600g이므로 단품으로 판매한 금액은 삼겹살이 15,000×15=225,000(원)이고 목살이 12,000×10=120,000(원)이다. 즉, 단품으로 판매한 금액이 225,000+120,000=345,000(원)이므로 묶음 판매의 매출액은 453,000−345,000=108,000(원)이다.
묶음으로 판매한 두 고기의 양이 6kg이므로 묶음 판매(2팩)로 5개를 판매하였다. 그런데 만약 할인하지 않았다면 묶음 판매 매출액이 (15,000+12,000)×5=135,000(원)이므로 묶음 판매 5개에 대한 할인 금액은 135,000−108,000=27,000(원)이다. 따라서 1 묶음에 대한 할인 금액은 27,000÷5=5,400(원)이다.

08

| 정답 | ③

가장 작은 정사각형의 개수는 4×4=16(개)이다.
작은 정사각형 4개로 이루어진 정사각형의 개수는 3×3=9(개)이다.
작은 정사각형 9개로 이루어진 정사각형의 개수는 2×2=4(개)이다.
작은 정사각형 16개로 이루어진 정사각형의 개수는 1개이다.
따라서 정사각형의 개수는 16+9+4+1=30(개)이다.

09

| 정답 | ②

+2, $+2^2$, $+2^3$, $+2^4$, $+2^5$, …의 규칙을 보이고 있다. 따라서 65 다음은 $65+2^6=129$이다.

> ### ◆ 문제 해결 TIP
> (2의 거듭제곱)+1을 이용하여 문제를 해결할 수도 있다. $3=2+1$, $5=2^2+1$, $9=2^3+1$과 같은 규칙으로 문제를 해결할 수도 있다.

10

| 정답 | ③

주어진 수열은 +0.2, −0.4의 규칙이 반복된다. 따라서 마지막 빈칸에 들어갈 수는 −0.37+0.2=−0.17이다.

11

| 정답 | ⑤

• 거리=속력×시간
두 선수의 속도 단위를 변환하면
$$6km/h=\frac{6,000m}{60분}=100(m/분),$$
$$9km/h=\frac{9,000m}{60분}=150(m/분)$$이다.
따라서 두 선수가 10분 동안 달린 거리의 합은 호수 둘레의 길이와 같으며 계산은 다음과 같다.
$$(100+150)×10=2,500(m)$$

> ### ◆ 문제 해결 TIP
> 두 사람이 같은 방향으로 이동하면 빠른 사람이 느린 사람을 따라잡을 때 한 바퀴의 차이가 난다는 것을 이용하여 식을 세우고, 서로 반대 방향으로 이동하면 두 사람이 움직인 거리의 합이 한 바퀴라는 것을 이용하여 식을 세우도록 한다.

12

| 정답 | ③

○, ×퀴즈를 맞힐 확률이 $\frac{1}{2}$이므로 틀릴 확률은 $\frac{1}{2}$이고, 사지선다 퀴즈를 맞힐 확률이 $\frac{1}{4}$이므로 틀릴 확률은 $\frac{3}{4}$이다.

4개의 문제 중 3개를 맞히는 경우를 고려해서 확률을 구하면 다음과 같다.
• ○, ×퀴즈 중 두 문제를 모두 맞히고, 사지선다 중 하나를 맞힐 확률

$$: \left(\frac{1}{2}\right)^2 \times {_2}C_1 \times \left(\frac{1}{4}\right) \times \left(\frac{3}{4}\right) = \frac{6}{64}$$

- ○, ×퀴즈 중 하나를 맞히고, 사지선다를 모두 맞힐 확률

$$: \left(\frac{1}{2}\right)^2 \times \left(\frac{1}{4}\right)^2 = \frac{1}{64}$$

따라서 4개의 문제 중 3개를 맞힐 확률은 $\frac{6}{64} + \frac{1}{64}$
$= \frac{7}{64}$이다.

13 | 정답 | ⑤

- A: 시계의 가운데 숫자들을 나열하면 다음과 같다.

  13   22   A   46   61

  이 수열은 $+9$, $+11$, $+13$, $+15$ 형태로 2씩 증가하는 수열이다.

  그러므로 $A = 22 + 11 = 33$이다.

- B: 각 시계의 숫자들을 (시침이 가리키는 숫자, 분침이 가리키는 숫자, 가운데 숫자) 형태로 순서대로 나열하면 다음과 같다.

  $(2, 3, 13)$, $(4, 2, 22)$, $(5, 8, 33)$, $(8, 6, 46)$, $(10, B, 61)$

  이 수열은 $(a, b, c) \rightarrow 5a + b = c$를 만족하는 수열이다.

  그러므로 $5 \times 10 + B = 61$이므로 $B = 61 - 50 = 11$이다.

따라서 $A - B = 33 - 11 = 22$이다.

14 | 정답 | ②

주어진 수열은 -1, $\times 2$가 반복되는 규칙을 가지고 있다. 따라서 빈칸에 들어갈 수는 $6 - 1 = 5$이다.

15 | 정답 | ③

3의 배수는 모든 자릿값의 합이 3의 배수여야 한다. 그런데 $1+2+3+4+5 = 15$로 이미 3의 배수이므로, 이 중 한 장을 제외한 나머지 네 숫자의 합이 3의 배수가 되려면 빠져야 하는 수는 3의 배수인 3이다. 즉, 1, 2, 4, 5만을 이용하여 만들어진 네 자리 수만이 3의 배수이므로 모두 $4! = 24$(개)이다.

16 | 정답 | ②

100개를 포장하는 데 1명이 하면 150시간이 걸리므로, 1명이 250개를 포장하려면 $150 \times 2.5 = 375$(시간)이 걸린다. 따라서 20시간 안에 완수하려면 $375 \div 20 = 18.75$(명), 즉 최소 19명이 필요하다.

17 | 정답 | ②

그림의 숫자들을 순서대로 나열하면 다음과 같다.

4 2 -7 14 16 B -29 38 A

- 먼저 홀수 항만 순서대로 나열하면 다음과 같다.

  4   -7 16 -29 A

  이 수열은 $\times(-2)+1$, $\times(-2)+2$, $\times(-2)+3$, $\times(-2)+4$ 형태로 증감하는 수열이다. 그러므로 $A = -29 \times (-2) + 4 = 62$이다.

- 다음은 짝수 항을 기준으로, (홀수 항, 짝수 항, 홀수 항) 순으로 묶으면 다음과 같다.

  $(4, 2, -7)$, $(-7, 14, 16)$, $(16, B, -29)$, $(-29, 38, A)$

이는 $(a, b, c) \rightarrow a + c + 5 = b$를 만족한다. 그러므로 $B = 16 + (-29) + 5 = -8$이다.

따라서 $A + B = 62 + (-8) = 54$이다.

18 | 정답 | ②

- 주사위의 눈이 짝수이고, 동전을 2번 던졌을 때 동전의 뒷면이 2번 나올 확률

$$: \frac{3}{6} \times \frac{1}{2} \times \frac{1}{2} = \frac{1}{8}$$

- 주사위의 눈이 홀수이고, 동전을 3번 던졌을 때 동전의 뒷면이 2번 나올 확률

$$: \frac{3}{6} \times {_3}C_2 \times \left(\frac{1}{2}\right)^2 \times \frac{1}{2} = \frac{3}{16}$$

따라서 동전의 뒷면이 2번 나올 확률은 $\frac{1}{8} + \frac{3}{16} = \frac{5}{16}$이다.

19 | 정답 | ⑤

원가를 x원이라 하면 (정가) $= x + \frac{20}{100}x = x + \frac{1}{5}x = \frac{6}{5}x$(원), (판매 가격) $= \left(\frac{6}{5}x - 300\right)$(원)이다.

이때, 이익이 700원이므로 $\left(\frac{6}{5}x - 300\right) - x = 700$

$$\frac{1}{5}x = 1,000$$

$$\therefore x = 5,000\text{(원)}$$

따라서 판매 가격은 $\frac{6}{5} \times 5,000 - 300 = 5,700$(원)이다.

20

| 정답 | ③

A에서 D까지 이동한다고 할 때, B는 반드시 거치고, C는 거치지 않는 경우의 수는 '(A에서 B를 거치고 D 까지 이동하는 경우의 수)−(A에서 B와 C를 모두 거 치고 D까지 이동하는 경우의 수)'이다.

- A에서 B를 거치고 D까지 이동하는 경우의 수
  $_3C_2 \times _7C_3 = 3 \times 35 = 105$(가지)
- A에서 B와 C를 모두 거치고 D까지 이동하는 경우 의 수
  $_3C_2 \times _3C_1 \times _4C_2 = 3 \times 3 \times 6 = 54$(가지)

따라서 경우의 수는 $105 - 54 = 51$(가지)이다.

| CHAPTER 04 | 실전모의고사 4회 |

언어이해   P.288~307

01	③	02	④	03	⑤	04	②	05	④
06	④	07	④	08	④	09	②	10	①
11	①	12	④	13	③	14	⑤	15	③
16	③	17	④	18	③	19	⑤	20	③

01

| 정답 | ③

주어진 글은 엣지 AI를 소개한 다음 기존 클라우드 AI에 비해 뛰어난 특징을 설명하고 있다. 또한 엣지 AI를 국내외 기업들이 어떻게 활용하고자 하는지도 설명하고 있다. 엣지 AI가 클라우드 AI에 비해 다양 한 작업을 수행하는데 한계가 있다는 것은 지문을 이 해한 내용으로 적절하지 않다.

02

| 정답 | ④

주어진 글은 중대재해처벌법으로 인해 긍정적인 변화 가 나타나긴 했으나 한계가 있음을 지적하고 있다. 그 러므로 제목으로 가장 적절한 것은 ④이다.

| 오답풀이 |

① 중대재해처벌법이 중요한 이유 중 하나로 건설업과 제조업이 한국경제에서 중요한 비중을 차지하고 있다고 언급하고 있다. 그러나 이 부분은 중대재해처벌법에 대해 소개하는 내용일 뿐 전체 글의 목적인 중대재해처벌법의 한계는 포함하지 못 하고 있으므로 전체 글의 제목으로는 적절하지 않다.

② 중대재해처벌법의 목적 또한 글에 드러나 있으나 마지막 단락 의 내용을 보았을 때, 목적에 대해 설명하는 글이 아니라 해당 법의 한계를 인지하고 이를 감안해야 한다는 내용을 포괄하 지 못하므로 제목으로 적절하지 않다.

③ 중대재해처벌법의 효과가 제목이 되기 위해서는 실제 어떤 사 례가 있었는지, 해당 법을 시행한 후에 어떤 결과가 나타났는 지에 대해서 보다 상세하게 기술을 해야 한다. 그러므로 제목 으로 적절하지 않다.

⑤ 중대재해처벌법을 대하는 기업의 자세로 안전보건 관리체계 의 구축 및 이행에 관한 조치가 나타나 있다. 그러나 이 부분 은 중대재해처벌법의 시행에 따른 변화를 일부 소개하는 내 용에 불과하므로 전체 글의 제목으로 볼 수 없다.

03

| 정답 | ⑤

주어진 글은 K연구팀이 항암물질 'MO−2097'을 발 굴하는 과정을 단계별로 소개하고 있다. 고형암이 성

장하는 과정에서 저산소증이 발생하는데 그것이 일반 세포는 죽이고 종양세포를 성장시키는 역할을 하게 된다. 여기서 종양세포를 성장시키는 것은 $HIF-1\alpha$ 단백질이다. 그러므로 이 단백질이 과다 발현하지 않도록 조절하는 치료제를 개발해야 했고, K연구팀은 결국 신규 항암물질 'MO-2097'을 발굴했다.

고형암이 성장하는 과정에서 산소공급이 부족해지고, 이로 인해 종양세포는 성장하고 일반 세포는 사멸하게 되므로 해당암 환자에게 산소공급을 충분히 해주는 것은 치료에 도움이 된다.

| 오답풀이 |

① 주어진 글에 근거하면 저산소증이 신체 장기에 단단한 형태의 악성 종양을 발병시키는 것이 아니라 악성 종양이 저산소증을 유발한다.

② $HIF-1\alpha$ 단백질은 암의 치료제가 아닌 항암 표적 단백질로 큰 관심을 받고 있다.

③ 연구팀은 이전의 연구에서 $HIF-1\alpha$의 발현을 조절하는 인자로 hnRNPA2B1 단백질을 발견하였다.

④ MO-2097은 다양한 천연물에서 새롭게 개발한 물질이고, 이것이 hnRNPA2B1과 결합할 때, $HIF-1\alpha$를 감소시켜 항암효과가 있는 것이다.

04 | 정답 | ②

보편적으로 적용되는 성격 특성을 자신만의 특성으로 여기는 심리적 경향인 바넘효과는 포러가 성격 진단 실험을 통해 증명하였다. 이때 실험에 참여한 학생들이 자신이 받은 동일한 내용의 검사 결과지를 개인에게만 해당하는 성격 특성으로 인식하였다고 하였으므로, 포러 실험의 결과지 내용은 보편적인 성격 특성으로 구성되었음을 알 수 있다.

| 오답풀이 |

① 주어진 글을 통해 알 수 없는 내용이다.

③ 혈액형과 성격의 상관관계에 대한 과학적 근거는 없다고 하였으므로 같은 혈액형으로만 구성되더라도 사람들의 성격이 모두 비슷한지는 알 수 없다.

④ 혈액형별 성격 유형을 믿는 나라는 우리나라와 일본밖에 없다고 하였을 뿐 혈액형과 성격의 연관성에 관한 연구가 어떤 국가에서 처음으로 시도되었는지는 주어진 글에서 알 수 없다.

⑤ 바넘효과는 보편적인 성격 특성을 자신만의 특성으로 여기는 심리적 경향이므로, 이를 활용한 광고에서는 특정 대상이 아닌 모든 사람이 자신과 관련된 내용이라고 생각할 수 있는 문구를 사용할 것이라고 추론할 수 있다.

05 | 정답 | ④

주어진 글은 실험 결과를 예로 들어 백색 소음이 미치는 긍정적인 영향을 설명하고 있다.

| 오답풀이 |

① 백색 소음의 뜻과 기준에 관한 내용은 글의 전체 내용을 포괄하는 중심 내용은 아니고, 간단하게 개념은 언급하였으나 자세하게 설명하지는 않았다.

② 주어진 글에서는 백색 소음에 관한 연구가 일부 제시되었을 뿐, 소음에 관한 연구 현황이 글의 중심 내용은 아니다.

③ 주어진 글을 통해 일상생활 속에서 백색 소음을 활용하는 방법에 관한 내용을 추론할 수는 있지만, 글의 중심 내용이라고 볼 수는 없다.

⑤ 주어진 글에서는 컬러 소음이 무엇인지만 간략하게 제시되었을 뿐, 두 소음의 차이를 설명하지는 않는다.

06 | 정답 | ④

A는 PaaS를 통해 세계적인 SNS가 된 인스타그램의 사례를 들어 PaaS의 역할의 중요성을 강조하는 글이다.

반면, B는 국내에서 정부 주도의 PaaS가 중단되어 기업이나 개인은 다른 PaaS를 도입하거나 대안을 마련해야 한다는 글이다. A의 입장에서 B를 반박하려면 개발자가 소프트웨어를 만드는데 집중할 수 있도록 지원하는 PaaS의 중요성을 강조해야 한다. 즉 정부에서 PaaS 지원을 중단하지 않아야 하는 이유를 제시해야한다. 그러므로 가장 적절한 것은 ④ 세계적인 애플리케이션은 개발자가 소프트웨어를 만드는 데 집중할 수 있는 지원이 있을 때 가능하다는 것이다.

| 오답풀이 |

① 인공지능 시대에는 민간 협의체가 주축이 돼 운영되는 PaaS의 중요성은 더 커지고 있다는 것은 B의 정부 주도의 PaaS를 중단하는 근거로 작용하므로 반박하는 내용으로 적절하지 않다.

② 자동화된 환경 설정과 확장성을 갖춘 플랫폼은 개발자와 스타트업 회사들에게 인기가 높다는 내용은 정부주도의 PaaS를 유지해야 한다는 내용과는 관련성이 없으므로 B를 반박하는 내용으로 보기 어렵다.

③ 기업이 개발한 PaaS가 국내 확산뿐만 아니라 글로벌 진출까지 독려하는 체계적 지원이 필요하다는 내용은 정부주도의 PaaS가 아닌 민간이 개발한 PaaS 자체에 대한 지원이므로 B에서 정부 차원의 PaaS 개발 및 유지에 들었던 비용을 향후 기업이 개발한 PaaS에 대한 지원으로 바꾸자는 내용이 될 수 있으므로 B를 반박하는 내용은 될 수 없다.

⑤ 정부 주도 사업에서 벗어나 민간 주도의 PaaS 생태계가 갖춰질 때 완성도 높은 애플리케이션이 개발된다는 정부 주도 사업에 대한 비판이므로 B에서 PaaS-TA를 중단하는 근거가 된다. 그러므로 B를 비판하는 내용이 될 수 없다.

07
| 정답 | ④

토이스토리의 성공이 기술적 혁신뿐만 아니라 감동적인 스토리와 캐릭터의 매력이 결합된 결과라고 설명하고 있다.

| 오답풀이 |

①, ③ 토이스토리는 최초의 풀 3D 애니메이션으로 애니메이션 제작 방식에 혁신을 가져왔다.

② 픽사가 감동적인 스토리와 기술적 진보를 결합하여 성공을 거두었다는 내용으로 미루어 볼 수 있다.

⑤ 토이스토리가 어린이 애니메이션을 넘어 성숙한 주제를 다루며 성인 관객에게도 감동을 준다고 설명하고 있다.

08
| 정답 | ④

숙주 세포 내로 들어간 바이러스 유전 물질은 자신의 단백질 껍질을 합성하고 그 속으로 들어가는 조립 과정을 통해 복제가 완성된다.

| 오답풀이 |

① 바이러스에 의한 질병은 세균에 의한 질병과 달리 치료약이 별로 없다는 서술을 통해 세균에 의한 질병은 특정 세균을 치료하는 치료약이 존재한다는 것을 알 수 있다.

② 바이러스로 인한 질병을 치료하려면 체내에 침투한 바이러스를 제거해야 하는데 숙주 세포를 그대로 둔 채 바이러스만 죽이는 것이 어렵다는 서술을 통해 바이러스를 제거하기 위해서는 숙주 세포도 함께 제거해야 한다는 것을 알 수 있다.

③ 바이러스는 먼저 자신의 숙주가 되는 미생물, 식물, 동물 등의 세포 표면에 달라붙어 유전 물질을 세포 내로 들여보낸다는 서술을 통해 바이러스는 숙주가 될 세포 표면에 달라붙어야만 자신을 복제할 수 있다는 것을 알 수 있다.

⑤ 글의 '만일 숙주가 사람이라면'이라는 부분을 통해 미생물, 식물, 동물뿐만 아니라 사람도 바이러스가 침투할 수 있는 숙주의 대상에 포함됨을 알 수 있다.

09
| 정답 | ②

주어진 글은 원주율의 역사적 발전 과정과 과학적, 수학적 중요성을 설명하고 있으므로 핵심 주제를 나타내는 제목은 ②가 가장 적절하다.

| 오답풀이 |

①, ③, ④, ⑤ 모두 주어진 글의 일부 내용을 반영하고 있지만 전체 중심 내용을 반영하지 못한다.

10
| 정답 | ①

서울의 아리랑은 여러 지방 아리랑의 공통점이 응집

되어 있다고 하였으므로 시기적으로 지방 아리랑보다 늦게 형성되었음을 추측할 수 있다.

| 오답풀이 |

③ 민요는 특정 작가가 있는 것이 아니기 때문에 여러 지방 민요의 특징을 수용하는 데는 시간적 격차가 있었을 것이라는 추측을 할 수 있다.

11
| 정답 | ①

우리나라는 초등학교 6년, 중학교 3년, 고등학교 3년, 대학 4년의 6-3-3-4의 학제이며 중학교까지 의무교육에 해당한다.

| 오답풀이 |

② 중학교까지 의무교육이며 고등학교는 선택적이지만 일반적으로 많은 학생들이 진학한다.

③ 4년제와 2년제는 일반적인 형태이긴 하지만 대학수학능력시험을 통하지 않고서도 다양한 전형으로 입학이 가능하다.

④ 중학교는 별도의 시험 없이 입학한다.

⑤ 우리나라는 다양한 사교육을 별다른 제약 없이 접할 수 있다.

12
| 정답 | ④

글의 전체 흐름을 파악해 보면, '제4차 산업혁명의 도래에 대해 간단한 설명 및 언급'이 먼저 위치해야 한다고 판단할 수 있다. 그다음으로 '제4차 산업혁명의 특징 및 이에 대한 구체적인 예시'가 위치하고, 이후 이를 '어떻게 대응해야 하는가'의 논점이 위치하는 것이 논리적인 흐름이라고 볼 수 있다. 따라서 이를 바탕으로 문단을 적절히 배열한 것은 [다]-[라]-[가]-[나]이다.

13
| 정답 | ③

주어진 글은 배양육을 생산하는 과정에 대해 설명하고 있다. 배양육의 생산 과정에서 만들어지는 결과물이 지방이 전혀 없는 순수한 단백질 덩어리이므로 육질을 완벽하게 재현하기 어려우며 시장에 바로 내놓기 어렵다고 말하는 것으로 글을 마치고 있다. 그러나 배양육이 완벽한 육질을 재현하기 위해 필요한 공정은 무엇인지에 대해서는 이 글을 통해 알 수 없다.

14
| 정답 | ⑤

주어진 글은 인간의 공격 행동과 관련된 두 심리학자의 견해를 제시하고 있다. 그러나 여기서 TV나 신문

등을 통해 공격 행동을 접한다는 내용은 주제를 제시하기 위한 서론에 불과하다. 주장하는 바의 근거가 아니므로 이에 대해 비판하는 것은 적절하지 않다.

| 오답풀이 |
① 프로이트의 주장을 비판하고 있다.
②, ③ 달라드의 주장을 비판하고 있다.
④ 프로이트와 달라드가 주장하는 공격 행동의 요인은 모두 외부적이므로 이 둘의 주장을 모두 비판하고 있다.

15 | 정답 | ③

주어진 글에서는 15세기에는 조선백자의 문양이 점차 단순해졌음을 설명하고, 18세기에는 그 문양에 민화적인 요소가 더해지고 서민적인 분위기가 되었다고 말하고 있다. 따라서 가장 적절한 주제는 ③이다.

| 오답풀이 |
① 고려청자에 관한 내용은 언급되어 있지 않다.
② 15세기와 18세기의 조선백자의 균형미에 대해서는 언급되어 있지 않다.
④ 18세기의 조선백자에 서민적인 분위기가 반영되었다고 볼 수 있으나, 15세기에는 어떠한 사회 문화가 반영되었는지 언급되어 있지 않다.
⑤ 15세기와 조선백자의 문양은 외국에서 어떤 것이 들어와도 과감히 생략했다는 특징을 가지고 있으나, 이와 관련된 18세기 조선백자의 설명은 언급되어 있지 않다.

16 | 정답 | ③

마지막 문단의 내용에서 읽기의 과정별 활동이 반드시 그 단계에서만 이루어져야 하는 것이 아님을 알 수 있다. 읽기의 과정별 활동은 독자의 읽기 상황에 따라 유연하게 적용할 수 있다.

| 오답풀이 |
① 두 번째 문단에서 "읽기 과정은 대체로 '읽기 전', '읽기 중', '읽기 후'의 세 단계로 나뉜다."라고 하였다.
② 두 번째 문단의 맨 처음 문장에서 "글의 내용을 잘 이해하려면 읽기의 과정에 따라 읽는 것이 좋다."라고 하였다.
④, ⑤ 세 번째 문단에서 "글의 제목이나 차례를 훑어보면서 글의 내용을 예측해 본다. 또 그것들과 관련된 자신의 경험을 떠올리면서 배경지식을 활성화한다."라고 하였다.

17 | 정답 | ④

모든 원소는 원자로 구성되어 있고, 원자에는 원소마다 고유한 수의 양성자가 포함되어 있다고 하였으므로 모든 탄소 원자에 포함된 양성자 수는 동일할 것임

을 알 수 있다.

| 오답풀이 |
① 비금속성 원소는 금속성 원소와 달리 광택이 없고 전기나 열을 잘 전도하지 않는다고 하였으므로 비금속성인 황 원소는 금속성인 철 원소보다 열을 잘 전달하지 않을 것이라고 유추할 수 있다.
② 원소는 화학적인 방법으로 더는 다른 물질로 변화될 수 없는 물질을 이루는 기본 성분이라고 하였다.
③ 주어진 글을 통해 알 수 없는 내용이다.
⑤ 비금속 원소는 대부분 전자를 얻어 음이온이 되기 쉬운 성질이 있다고 하였으므로, 비금속성인 질소는 양이온보다 음이온이 되기 쉬울 것이라고 유추해야 한다.

18 | 정답 | ③

둘째 단락에서 과학적 분석을 바탕으로 특정 색채가 지닌 이미지를 제품의 기능이나 특성 등과 적절하게 결합하여 소비자의 마음을 사로잡는 일이 색채 마케팅의 핵심이 되고, 과학적 분석을 거쳐 완성한 색채 디자인은 디자이너의 개인적 직감에 의존하여 발생할 수 있는 위험 부담을 줄일 수 있다고 하였다. 이는 색채 마케팅이 디자이너의 직감보다는 과학적 분석에 근거해야 함을 강조한 것이라고 할 수 있다. 따라서 광고는 디자이너의 직감과 과학적 분석이 일치했을 때 소비자들의 호응을 얻는다는 이해는 적절하지 않다.

| 오답풀이 |
① 셋째 단락에서 시각 이미지 중에서 색채가 제품 이미지를 만드는 요소 가운데 절반 이상을 차지한다는 전문가들의 견해를 소개하고 있다.
② 둘째 단락에서 과학적 분석을 거쳐 완성한 색채 디자인이 광고주가 안정적으로 이윤을 추구하는 데 커다란 역할을 한다고 하였다.
④ 둘째 단락에서 색채 마케팅의 핵심이 '과학적 분석을 바탕으로 특정 색채가 지닌 이미지를 제품의 기능이나 특성 등과 적절하게 결합하여 소비자의 마음을 사로잡는 일'이라고 하였다. 따라서 같은 종류의 제품을 광고할 때에도 그 제품에서 강조하고자 하는 기능에 따라 색을 다르게 쓸 수 있다.
⑤ 글의 전체 내용을 요약한 것이다.

19 | 정답 | ⑤

주어진 글은 자유 무역의 이론적 토대가 되는 비교 우위 이론의 현실 적용 가능성을 설명하고 있다. 그리고 두 번째 문단부터는 비교 우위 이론이 이론적 설득력을 갖기 위해 필요한 성립 조건을 말하고 있으며, 성립 조건에 대해서도 현실 적용 가능성을 언급하고 있다.

20
|정답| ③

A의 입장은 고령화 사회에서 노인의 복지와 사회적 지원 체계를 확립하여 시스템 전반의 개선을 주장하고 있다. 따라서 고령화 인구의 행위를 제한하기보다는 인프라 개선을 통해 환경을 변화시키자는 주장은 적절하다.

| 오답풀이 |
① 고령 운전자에 대한 관점에서 벗어난 주장이다.
② 개별적인 접근을 제안하지만, A의 전체적인 고령화 사회 대비 방안과는 맞지 않는다.
④ A는 고령운전자의 운전 능력을 지속시키자는 것이 아니고 떨어진 능력을 사회적으로 준비하자는 입장이다.
⑤ B가 주장한 고령화 운전에 대한 반박이 아니다.

언어추리
P.308~317

01	②	02	⑤	03	①	04	④	05	③
06	④	07	①	08	④	09	③	10	⑤
11	③	12	①	13	③	14	②	15	①
16	⑤	17	③	18	⑤	19	①	20	②

01
|정답| ②

새를 좋아하지 않으면 물고기를 좋아한다는 항상 참은 아니다.

| 오답풀이 |
① 첫 번째 명제의 대우명제이므로 참이다.
③ 세 번째 명제의 대우명제이므로 참이다.
④ 두 번째 명제의 대우명제이므로 참이다.
⑤ 네 번째 명제의 대우명제이므로 참이다.

02
|정답| ⑤

첫 번째 명제의 대우명제와 세 번째 명제를 살펴보면 남을 존중하는 사람은 배려심이 높고 자아 존중감이 높은 사람은 남을 존중하므로 '자아 존중감 높음 → 타인 존중 → 배려심 높음 → 포용력 높음'의 관계가 성립한다.
책임감이 높은 사람은 덕망이 높고, 배려심이 낮은 사람은 덕망이 낮으므로 덕망이 높은 사람은 배려심이 높다. 따라서 '책임감 높음 → 덕망 높음 → 배려심 높음 → 포용력 높음'의 관계가 성립한다.
따라서 자아 존중감이 높은 사람은 포용력이 높으므로 포용력이 낮은 사람은 자아 존중감이 낮다(대우 관계 성립).

| 오답풀이 |
① 남을 존중하는 것과 덕망이 높은 것 사이의 관계는 알 수 없다.
② 책임감이 높으면 포용력이 높지만 이의 관계는 참인지 거짓인지 알 수 없다.
③ 책임감이 높으면 배려심이 높지만 역의 관계는 참인지 거짓인지 알 수 없다.
④ 덕망이 높은 것과 자아 존중감이 높은 것 사이의 관계는 알 수 없다.

03
|정답| ①

A는 '회원 카드가 없는 경우에는 헬스클럽을 이용할 수 없다.'의 대우명제이므로 옳다. 헬스클럽 회원은 수영장을 이용할 수 있다고 하였지만 수영장을 이용하는 모든 사람이 헬스클럽 회원인지는 알 수 없으므

로 B는 옳지 않다.

04
| 정답 | ④

A는 두 번째 명제와 상충되므로 틀리다. B는 세 번째 명제에 따라 반드시는 아닐 수 있으므로 틀리다. 따라서 A와 B 둘 다 틀리다.

05
| 정답 | ③

전제1을 만족하는 기본적인 벤다이어그램은 [그림1]과 같다.

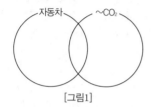

[그림1]

이 상태에서 '오토바이'와 '~CO$_2$' 사이에 공통영역이 존재한다는 결론을 반드시 만족하기 위해선 [그림2]와 같이 '오토바이'가 '자동차'를 포함하면 된다.

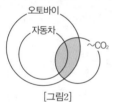

[그림2]

'오토바이'가 '자동차'를 포함하고 있으면 자동적으로 [그림2]의 색칠된 부분이 반드시 존재하게 되어 결론을 만족할 수 있다. 따라서 정답은 ③이다.

06
| 정답 | ④

명제가 참이라면 그 명제의 대우도 참이다. 주어진 명제의 키워드를 단순화하여 정리하면 다음과 같다.
- 베트남을 좋아하면 태국을 좋아하지 않는다:
  베트남 → ~태국
- 방글라데시를 좋아하면 네팔을 좋아한다:
  방글라데시 → 네팔
- 라오스를 좋아하면 태국을 좋아한다:
  라오스 → 태국
- 방글라데시를 좋아하지 않으면 라오스를 좋아한다: ~방글라데시 → 라오스

명제와 그 대우를 고려했을 때, '~네팔 → ~방글라데시 → 라오스 → 태국 → ~베트남'이므로 네팔을 좋아하지 않으면 태국을 좋아한다.

07
| 정답 | ①

A는 '이 쇼핑몰에서는 반품이 가능하다.'와 '이 쇼핑몰에서는 구매 후 7일 이내에 반품해야 한다.'에 따라 옳은 내용이다. B는 '이 쇼핑몰에서는 구매 후 7일 이내에 반품해야 한다.'에 따라 옳지 않은 내용이다.

08
| 정답 | ④

결승선을 통과하는 순서를 부등호로 나타내면 첫 번째 조건에서 T>R>S, 두 번째 조건에서 Q>P>R, 세 번째 조건에서 Q>S, 네 번째 조건에서 T>P이다. 따라서 T>Q>P>R>S 또는 Q>T>P>R>S순으로 결승선을 통과했다.

09
| 정답 | ③

갑이 당직을 선다면, 진실을 말한 사람은 을과 병이다. 을이 당직을 선다면, 진실을 말한 사람은 갑, 병, 정이다. 병이 당직을 선다면, 진실을 말한 사람은 을이다. 정이 당직을 선다면, 진실을 말한 사람은 을과 병이 된다.
이때, 1명만이 진실을 말하였으므로 진실을 말한 사람은 을이며, 당직을 서게 될 사람은 병이다.

10
| 정답 | ⑤

영업부에는 물리학과가 배정되지 않았고, 물리학과는 경영학과와 같은 부서에 배정되었다. 기획부에는 C만 배정되었다고 하였으므로 경영학과와 물리학과는 기획부에 배정되지 않았고, 재무부에 배정되었다. 따라서 영업부와 기획부에는 컴퓨터공학과가 배정되었다. 즉, 기획부(C-컴퓨터공학과), 재무부(A-경영학과, ○-물리학과), 영업부(○-컴퓨터공학과)이다. 이때, D가 컴퓨터공학과가 아니므로 D는 물리학과이고, B가 컴퓨터공학과이다. 따라서 기획부(C-컴퓨터공학과), 재무부(A-경영학과, D-물리학과), 영업부(B-컴퓨터공학과)가 된다.

11
| 정답 | ③

아버지는 아들을 아들의 나이에 절반을 더한 33살에 낳은 것을 알 수 있으며, 아들이 22살이므로 아버지는 현재 55살이 된다. 한편, 아버지와 어머니의 나이가 한때 4배의 차이가 났다는 것을 통해, 아버지가 4

살, 8살, 12살…일 때, 어머니가 1살, 2살, 3살…이었다는 것을 알 수 있다. 이 중 가장 현실적인 4살을 적용해 보면, 아버지가 4살 일 때, 어머니가 4배 차이인 1살, 2년 뒤 아버지가 6살 일 때, 어머니가 2배 차이인 3살, 다시 3년 뒤 아버지가 9살 일 때, 어머니가 3분의 2인 6살이 된다는 것을 쉽게 알 수 있다. 따라서 아버지는 어머니보다 3살 많은 것이 되어 현재 어머니는 52살이 된다는 것을 알 수 있다.

12 | 정답 | ①

기획팀장의 옆에 인사팀장이 있으므로 기획팀장과 마주 보는 영업팀장과 인사팀장 사이에는 한 자리가 있게 된다. 영업팀장의 한 칸 건너 자리가 생산팀장의 자리이므로 영업팀장을 중심으로 좌우측 자리가 언급되지 않은 자리가 된다. 결국 기획팀장을 중심으로 시계 방향으로 보면 기획팀장－인사팀장－( )－영업팀장－( )－생산팀장, 기획팀장－생산팀장－( )－영업팀장－( )－인사팀장 순이다.
따라서 빈 두 자리에 총무팀장과 홍보팀장이 앉을 수 있게 되므로 총무팀장의 좌우측 옆자리에 함께 앉을 수 있는 두 사람은 인사팀장과 영업팀장 또는 영업팀장과 생산팀장이 된다.

13 | 정답 | ③

1층: E, 3층: B, A는 4층에서 근무한다.
D가 2층일 경우 C는 3층 또는 4층 근무한다.
D가 3층일 경우 C는 4층 근무한다.
이중 A가 C보다 높은 층에서 근무하므로 C는 3층에 근무하게 되고 D는 자동으로 2층에 근무하게 된다. 따라서 같은 층에 근무하는 인원은 B와 C이다.

14 | 정답 | ②

만일 D의 진술이 거짓이라면, C와 E의 말에 모순이 생긴다. 따라서 D의 진술은 참이 된다. D의 진술이 참이라면 C의 진술은 거짓이 된다. 그런데 A의 말은 참이므로 C의 진술 중 B가 관리자로 선정되었다는 말만 거짓이 된다. 나머지 사람들의 진술까지 정리하면 다음과 같다.
• A: D가 진행자
• B: A는 진행자 아님
• C: B는 관리자 아님
• E: C는 안내자이며, B는 선정되지 않음

따라서 위의 진술만으로는 A와 E가 어떤 역할을 맡았는지 확정되지 않는다. 그러나 B가 선정되지 않은 것은 확실히 알 수 있으므로 선택지 ②가 정답이 된다.

15 | 정답 | ①

한 사람씩 야근한 경우를 가정하고 사람들의 진술을 살펴보면 다음과 같다.
• A가 야근을 했을 경우: B, D의 진술이 거짓
• B가 야근을 했을 경우: A, B, D, E의 진술이 거짓
• C가 야근을 했을 경우: A, C, E의 진술이 거짓
• D가 야근을 했을 경우: A, B, D, E의 진술이 거짓
• E가 야근을 했을 경우: A, B, D, E의 진술이 거짓
따라서 거짓을 말한 사람이 2명이라는 전제에 따라 야근을 한 사람은 A이며, 이때 거짓을 말한 사람은 B와 D이다.

16 | 정답 | ⑤

조건을 바탕으로 추론하면 우선 D선수는 2위, C선수는 3위가 된다.
1위, 4위, 5위가 정해지지 않은 가운데 A선수는 1등이 될 수 없다.
B선수는 4위 또는 5위가 되고, A선수가 B선수보다 늦게 도착했으므로 B선수는 4위 A선수는 5위가 된다. E선수는 자동으로 1위가 된다. 최종순서는 다음과 같다.
E선수－D선수－C선수－B선수－A선수

17 | 정답 | ③

B는 C가 숙제를 해오지 않았다고 하였으나, D는 C가 숙제를 해왔다고 말하고 있다. 그러므로 B와 D 중 한 학생이 거짓을 말하고 있다.
• B가 거짓을 말하는 경우
  B를 제외한 다른 4명의 진술은 모두 참이므로 A의 진술에 의해 A와 D는 숙제를 해왔고, C의 진술에 의해 B도 숙제를 해왔고, D의 진술에 의해 C도 숙제를 해왔다. 숙제를 안 한 사람은 E뿐인데, 숙제를 해오지 않은 사람이 2명이라는 문제의 조건에 모순된다.
• D가 거짓을 말하는 경우
  D를 제외한 다른 4명의 진술은 모두 참이므로 A의 진술에 의해 A와 D가 숙제를 해왔고, B의 진술에 의해 C는 숙제를 해오지 않았다. 이를 정리하면 다

음과 같다.

구분	A	B	C	D	E
진위 여부	진실	진실	진실	거짓	진실
숙제 여부	○		×	○	

숙제를 해오지 않은 사람은 2명이므로 B와 E 중 숙제를 안 한 사람이 있다. 그리고 C는 숙제를 해오지 않았으므로 ③은 항상 옳지 않다.

18
| 정답 | ⑤

호랑이가 거짓말이면, 호랑이만 거짓을 말한다.

| 오답풀이 |
고양이가 거짓말이면, 거짓말한 동물은 1명에 모순이다.
개가 거짓말이면, 거짓말한 동물은 1명에 모순이다.
토끼가 거짓말이면, 원숭이는 거짓말로 거짓을 말한 동물은 2명이다.
원숭이가 거짓말이면, 토끼의 말과 모순이다.

19
| 정답 | ①

형진이와 상현이의 진술이 서로 엇갈리므로 둘 중 하나는 진실, 하나는 거짓을 말하고 있다. 또한 형은이는 형진이가 1등을 했다고 말하고 있으므로, 형진의 진술이 진실이라면 형은의 진술도 진실이며, 형진의 진술이 거짓이라면 형은의 진술도 거짓이다. 한편 석재는 본인이 3등 안에 들지 못했다고 말하고 있으나 혁준은 석재가 3등 안에 들었다고 말하고 있다. 석재와 혁준의 의견이 엇갈리므로, 둘도 하나는 진실, 하나는 거짓을 말하고 있다.
형진이가 진실을 말할 경우에는 형진, 형은, 석재/혁준 중 한 사람이 진실을 말하므로 3명이 진실을 말하는 상황이 된다. 반대로 형진이가 거짓을 말할 경우에는 상현, 석재/혁준 중 한 사람이 진실을 말하므로 2명이 진실을 말하는 상황이 된다. 3명이 진실을 말하고 있으므로 형진이가 진실을 말하고 있다.
따라서 1등을 한 사람은 형진이다.

20
| 정답 | ②

확정적인 [조건]부터 적용하면 첫 번째로 탕비실 물품 채우기, 마지막으로 엑셀 작업을 한다.

1	2	3	4	5	6	7
탕비실						엑셀

회의 자료 인쇄 바로 다음에 회의하고, 거래처 메일을 확인한 바로 다음에 외근을 가므로, [인쇄−회의], [메일−외근]으로 묶을 수 있다. 그런데 회의는 외근을 가기 전에 하므로, [인쇄−회의]가 [메일−외근]보다 앞에 오며, 파일 정리는 외근을 다녀온 뒤에 하므로 두 묶음보다 뒤에 하므로 다음과 같다.

1	2	3	4	5	6	7
탕비실	인쇄	회의	메일	외근	파일	엑셀

따라서 5번째로 처리해야 하는 업무는 '외근'이다.

01	④	02	③	03	①	04	④	05	④
06	①	07	②	08	⑤	09	②	10	④
11	⑤	12	①	13	⑤	14	⑤	15	①
16	②	17	⑤	18	④	19	②	20	⑤

01 | 정답 | ④

ⓒ 2018년 대비 2023년 수검자 수가 증가한 암 중에서 수치가 2배 이상 증가한 질병 D의 증가율이 가장 높다.

ⓔ 질병 B 전체 수검 대상자 수는 2019년에 900÷50 ×100=1,800(천 명)이고, 2021년에는 1,200÷60 ×100=2,000(천 명)이다. 따라서 2,000−1,800 =200(천 명), 즉 20만 명 증가하였다.

| 오답풀이 |

ⓐ 2020년 질병 A의 전체 수검 대상자 수는 950÷50× 100=1,900(천 명)이고 질병 D의 전체 수검 대상자 수는 850 ÷40×100=2,125(천 명)이다. 따라서 옳지 않다.

ⓒ 2023년 전체 수검자 수를 확인해 보면 다음과 같다.
- 질병 A: 1,500÷50×100=3,000(천 명)
- 질병 B: 1,050÷65×100=1,615.4(천 명)
- 질병 C: 600÷50×100=1,200(천 명)
- 질병 D: 1,500÷60×100=2,500(천 명)
- 질병 E: 180÷30×100=600(천 명)

이때, 전체 수검 대상자 수가 가장 많은 것은 질병 A이고, 수검률이 가장 높은 것은 질병 B이므로 옳지 않다.

🔑 문제 해결 TIP
ⓒ 직접 계산하지 않더라도 전체 수검 대상자 수를 비교할 수 있다. 질병 A와 질병 B를 비교할 때, 수검자 수는 질병 A가 많은 데 수검률은 질병 B가 더 높다. 이때, 주석에서의 산식을 고려할 때, 질병 A의 전체 수검 대상자 수가 훨씬 많다는 것을 알 수 있다. 또, 질병 D의 경우에는 수검자 수가 질병 A와 같지만, 수검률이 높으므로 전체 수검 대상자 수는 질병 A가 많다는 것을 알 수 있다.

02 | 정답 | ③

ⓐ 총지출액을 100%로 하면 비례식 $100 : 7.5 = x : 24$를 세울 수 있다. 이를 풀면 $7.5x=2,400$
$\therefore x=320$
따라서 2019년 총지출은 300조 원 이상이다.

ⓔ 2019년 총지출이 320조 원이므로 2020년 총지출도 320조 원이다. SOC 투자 규모 비중은 8%이므

로 2020년 SOC 투자 규모는 320×0.08= 25.6 조 원이다.

| 오답풀이 |

ⓒ 2016~2019년 동안 SOC 투자 규모는 전년 대비 '증가−감소−감소−감소'이다.

ⓒ SOC 투자 규모와 총지출 대비 SOC 투자 규모 비중이 모두 증가한 해는 2016년 1개년이다.

03 | 정답 | ①

ⓐ 3월부터 6월까지 지역별로 출생아 수를 구해 보면 다음과 같다.
- A지역: 285+309+212+404=1,210
- B지역: 269+204+344+419=1,236
- C지역: 140+206+251+297=894
- D지역: 364+256+280+340=1,240

따라서 3월부터 6월까지 출생아 수가 두 번째로 많은 지역은 B이다.

ⓒ A지역, D지역에 대하여 1월부터 5월까지 평균 출생아 수를 확인해 보면 다음과 같다.
- A지역: (437+124+285+309+212)÷5= 273.4(명)
- D지역: (381+313+364+256+280)÷5= 318.8(명)

따라서 1월부터 5월까지 평균 출생아 수는 D지역이 A지역보다 318.8−273.4=45.4(명) 더 많다.

| 오답풀이 |

ⓒ 2월 B지역의 전월 대비 출생아 수 증가율은 $\frac{(450-321)}{321} \times$ 100≒40.2(%)이고 6월의 C지역은 $\frac{(297-251)}{251} \times 100≒$ 18.3(%)이다. 따라서 2월 B지역의 전월 대비 출생아 수 증가율은 6월의 C지역보다 40.2−18.3=21.9(%p) 높으므로 20%p 이상 높다.

ⓔ 3월 출생아 수가 285+269+140+364=1,058(명)이므로 3월 출생아 중 B지역이 차지하는 비중은 $\frac{269}{1,058} \times 100≒25.4$(%) 이다. 그리고 5월 출생아 수가 212+344+251+280=1,087 (명)이므로 5월 출생아 중 C지역이 차지하는 비중은 $\frac{251}{1,087}$ ×100≒23.1(%)이다. 따라서 3월 출생아 중 B지역이 차지하는 비중은 5월 출생아 중 C지역이 차지하는 비중보다 25.4− 23.1=2.3(%p) 높으므로 2%p 이상 높다.

04 | 정답 | ④

수력 발전 비율은 2017년에 처음으로 석유 발전 비율을 추월하였고, 그 이후 계속 높게 유지된다.

① 석탄의 발전 비율은 2016년과 2019년에 전년 대비 감소하였다.
② 2013년 원자력 발전 비율(29.3%)은 LNG(22.3%)의 2배 미만이다.
③ 2017년 이후부터 LNG와 원자력의 발전 비율의 합보다 석탄 발전 비율이 높다.
⑤ LNG의 전년 대비 발전 비율은 2014년 22.3−16.3=6(%p), 2015년 16.3−11.8=4.5(%p) 변화하였다. 따라서 두 번째로 크게 변화한 해는 2015년이다.

🗝 문제 해결 TIP

2017년 이후부터는 석탄 발전 비율이 50%를 넘어섰으므로 LNG와 원자력의 발전 비율의 합보다 크다는 것을 계산하지 않아도 쉽게 알 수 있다.

05

- 헌혈률(%)=$\dfrac{\text{총헌혈실적}}{\text{총인구}}\times100$에서 헌혈률(%)=$\dfrac{2,800}{51,300}\times100≒5.5(\%)$이다.

- 헌혈 가능 인구 대비 헌혈률(%)=$\dfrac{\text{총헌혈실적}}{\text{헌혈 가능 인구}}\times100$에서 $7=\dfrac{2,800}{\text{헌혈 가능 인구}}\times100$이므로 헌혈 가능 인구는 40,000천 명이다.

- 헌혈자 1인당 평균 헌혈실적=$\dfrac{\text{총헌혈실적}}{\text{헌혈자 실인원 수}}$에서 $2.1=\dfrac{2,800}{\text{헌혈자 실인원 수}}$이므로 헌혈자 실인원 수는 1,333명이다.

- 실제 국민 헌혈률(%)=$\dfrac{\text{헌혈자 실인원 수}}{\text{헌혈 가능 인구}}\times100$에서 $\dfrac{1,333}{40,000}\times100≒3.3(\%)$이다.

따라서 헌혈률과 실제 국민 헌혈률의 합은 5.5+3.3=8.8(%)이다.

🗝 문제 해결 TIP

총헌혈실적 $a(=2,800)$천 건, 총 인구 $b(=51,300)$천 명, 헌혈 가능 인구 c천 명, 헌혈자 실인원 수 d천 명이라고 하자.

- 헌혈률(%)=$\dfrac{\text{총헌혈실적}}{\text{총인구}}\times100=\dfrac{a}{b}\times100=\dfrac{2,800}{51,300}\times100≒5.5(\%)$

- 헌혈 가능 인구 대비 헌혈률(%)=$\dfrac{\text{총헌혈실적}}{\text{헌혈 가능 인구}}\times100=\dfrac{a}{c}\times100=7.0(\%)$이므로 $\dfrac{a}{c}=\dfrac{7}{100}$

- 헌혈자 1인당 평균 헌혈실적=$\dfrac{\text{총헌혈실적}}{\text{헌혈자 실인원 수}}=\dfrac{a}{d}=2.1$

- 실제 국민 헌혈률(%)=$\dfrac{\text{헌혈자 실인원 수}}{\text{헌혈 가능 인구}}\times100=\dfrac{d}{c}\times100=\dfrac{d}{a}\times100\times\dfrac{a}{c}=\dfrac{1}{2.1}\times100\times\dfrac{7}{100}≒3.3(\%)$

따라서 헌혈률과 실제 국민 헌혈률의 합은 5.5+3.3=8.8(%)이다.

06

㉠ 3년간 B기업의 수출액 합계는 45+44+61=150(억 달러)이고, 수입액 합계는 51+48+47=146(억 달러)이므로 무역수지는 흑자를 나타낸다.
㉡ C기업의 2021년 수출액은 4,011−1,209−1,498=1,304(억 달러)이므로 연도별로 C기업의 수출액은 항상 수입액보다 많다.

㉢ 2021년 C기업의 수출액은 4,011−1,209−1,498=1,304(억 달러)이므로 1,300억 달러 이상이다.
㉣ 2022년 A기업의 무역수지는 184−178=6(억 달러)이다. D기업의 수출액은 1,303−480−391=432(억 달러)이고, 수입액은 1,420−501−499=420(억 달러)이므로 무역수지는 432−420=12(억 달러)이다.

07

한국패션시장 규모의 전년 대비 증가율의 크기는 2022년이 가장 크고 2023년 $\dfrac{1.4}{47.1}\times100\%$, 2024년 $\dfrac{1.4}{48.5}\times100\%$이므로 $\dfrac{1.4}{47.1}\times100>\dfrac{1.4}{48.5}\times100$이다. 따라서 한국패션시장 규모의 전년 대비 증가율의 크기는 2023년, 2024년 순이다.

| 오답풀이 |

① 한국패션시장 규모의 전년 대비 증가액의 크기는 2022년이 47.1-43.5=3.6(조 원)으로 가장 크다.

③ 소비자는 의류 구매 시 착용감을 29%로 가장 중요한 고려 요소로 뽑았다.

④ 구매 1회당 지출금액이 10만 원 이상인 응답자는 26+19=45(%)이고, 10만 원 미만인 응답자 34+21=55%이므로 55-45=10(%)보다 적었다.

⑤ 구매 1회당 지출금액이 5~10만 원 미만인 응답률 34%는 의류 구매 시 착용감을 최우선으로 고려한다는 응답률 29%보다 34-29=5(%) 많다.

08

| 정답 | ⑤

[보고서]의 내용을 바탕으로 지점별 종합 점수를 먼저 확인해 볼 필요가 있다.

- A지점: 8.4+6.5+5.9+7.7+7.4+4.9=40.8(점)
- B지점: 6.8+7.0+9.1+8.5+6.1+5.5=43.0(점)
- C지점: 6.5+5.9+8.5+9.1+8.4+7.1=45.5(점)
- D지점: 7.8+9.1+6.4+8.7+7.5+5.4=44.9(점)
- E지점: 5.1+4.2+5.8+8.4+9.1+8.5=41.1(점)

철산 지점은 종합 점수가 세 번째로 낮다고 하였으므로 B지점이다. 그리고 홍대 지점은 종합 점수가 45점을 넘겼다고 하였으므로 유일하게 45점을 넘긴 C지점이다. 인하대 지점은 가격 항목에서 가장 낮은 점수를 기록했다고 하였으므로 [표]에서 가격 항목 점수가 가장 낮은 A지점이다. 그리고 [보고서]의 나머지 내용 중 가격 항목을 제외한 항목별 점수의 합계가 가장 높은 지점이 의정부 지점이므로 가격 항목을 제외한 항목별 점수의 합계를 확인해 보면 다음과 같다.

- A지점: 8.4+6.5+5.9+7.7+7.4=35.9(점)
- B지점: 6.8+7.0+9.1+8.5+6.1=37.5(점)
- C지점: 6.5+5.9+8.5+9.1+8.4=38.4(점)
- D지점: 7.8+9.1+6.4+8.7+7.5=39.5(점)
- E지점: 5.1+4.2+5.8+8.4+9.1=32.6(점)

따라서 의정부 지점이 D지점이므로 수원역 지점이 E지점이다.

09

| 정답 | ②

연도별로 제품별 매출액 비중을 확인해 보면 다음과 같다.

- 2018년 총매출액이 1,200+2,000+500+100+700=4,500(억 원)이므로

제품 A	제품 B	제품 C	제품 D	제품 E
$\dfrac{1,200}{4,500}$	$\dfrac{2,000}{4,500}$	$\dfrac{500}{4,500}$	$\dfrac{100}{4,500}$	$\dfrac{700}{4,500}$
×100	×100	×100	×100	×100
≒27(%)	≒44(%)	≒11(%)	≒2(%)	≒16(%)

- 2019년 총매출액이 1,500+2,500+800+200+1,000 =6,000(억 원)이므로

제품 A	제품 B	제품 C	제품 D	제품 E
$\dfrac{1,500}{6,000}$	$\dfrac{2,500}{6,000}$	$\dfrac{800}{6,000}$	$\dfrac{200}{6,000}$	$\dfrac{1,000}{6,000}$
×100	×100	×100	×100	×100
≒25(%)	≒42(%)	≒13(%)	≒3(%)	≒17(%)

- 2020년 총매출액이 1,800+2,400+1,000+100+ 1,200=6,500(억 원)이므로

제품 A	제품 B	제품 C	제품 D	제품 E
$\dfrac{1,800}{6,500}$	$\dfrac{2,400}{6,500}$	$\dfrac{1,000}{6,500}$	$\dfrac{100}{6,500}$	$\dfrac{1,200}{6,500}$
×100	×100	×100	×100	×100
≒28(%)	≒37(%)	≒15(%)	≒2(%)	≒18(%)

- 2021년 총매출액이 2,400+1,700+600+300+1,000 =6,000(억 원)이므로

제품 A	제품 B	제품 C	제품 D	제품 E
$\dfrac{2,400}{6,000}$	$\dfrac{1,700}{6,000}$	$\dfrac{600}{6,000}$	$\dfrac{300}{6,000}$	$\dfrac{1,000}{6,000}$
×100	×100	×100	×100	×100
≒40(%)	≒28(%)	≒10(%)	≒5(%)	≒17(%)

- 2022년 총매출액이 2,000+1,500+800+700+1,500 =6,500(억 원)이므로

제품 A	제품 B	제품 C	제품 D	제품 E
$\dfrac{2,000}{6,500}$	$\dfrac{1,500}{6,500}$	$\dfrac{800}{6,500}$	$\dfrac{700}{6,500}$	$\dfrac{1,500}{6,500}$
×100	×100	×100	×100	×100
≒31(%)	≒23(%)	≒12(%)	≒11(%)	≒23(%)

따라서 옳지 않은 그래프는 ②이다.

10

| 정답 | ④

노년부양비={고령인구(65세 이상)÷생산연령인구(15~64세)}×100에서 생산연령인구(15~64세)=고령인구(65세 이상)×(100÷노년부양비)이므로 2072년 생산연령인구는 16,500(천 명)<17,271×(100÷104.2)<16,600(천 명)이다.

노령화지수={고령인구(65세 이상)÷유소년인구(0~14세)}×100에서 유소년인구(0~14세)=고령인

구(65세 이상)×(100÷노령화지수)이므로 2072년 유소년인구는 $2,300$(천 명)$<17,271×(100÷726.8)<2,400$(천 명)이다.

따라서 2072년 총인구는 $17,271+16,500+2,300=36,071$(천 명) 이상 $17,271+16,600+2,400=36,271$(천 명) 이하이므로 4천만 명 이하이다.

| 오답풀이 |

① 65세 이상 인구는 2060년 감소한다.
② 노년부양비={고령인구(65세 이상)÷생산연령인구(15~64세)}×100이므로 노년부양비와 생산연령인구는 반비례한다. 즉, 노년부양비가 가장 높은 해에 생산연령인구는 가장 적다.
③ 노령화지수={고령인구(65세 이상)÷유소년인구(0~14세)}×100이므로 유소년인구와 노령화지수는 반비례한다. 즉, 유소년인구가 가장 많은 해에 노령화지수가 가장 작다.
④ 노년부양비={고령인구(65세 이상)÷생산연령인구(15~64세)}×100에서 생산연령인구=$\frac{18,682}{90.3}×100=20,689$(천 명), 2천만 명 이상이다.

11
| 정답 | ⑤

사망자 수가 가장 많은 해는 2020년이다. 4년간 전체 차대차 사고 건수는 2,600건이므로

$\frac{800}{2,600}×100≒30.8(\%)$이다.

| 오답풀이 |

① 2020년 교통사고 부상자 수는 2018년 대비 $\frac{(320-240)}{240}×100≒33(\%)$ 증가하였으므로 30% 이상 증가하였다.
② 부상자 수의 증감 추이는 '증가-증가-감소'인데, 사망자 수의 증감 추이는 '감소-증가-감소'이다.
③ 2019~2020년 사고 건수와 사상자 수를 비교해 보면 다음과 같다.

구분	사고 건수	사상자 수
2019년	700+150=850(건)	300+30=330(명)
2020년	800+200=1,000(건)	320+60=380(명)

따라서 2020년의 사고 건수 및 사상자 수는 전년 대비 증가하였다.
④ 2018년과 2020년의 차대차 사고 건수 대비 차대사람 사고 건수는 다음과 같다.

• 2018년: $\frac{100}{500}=0.2$
• 2020년: $\frac{200}{800}=0.25$

따라서 2020년에 더 많다.

12
| 정답 | ①

기업 C의 2021년 매출액은 $3×179-150-205=182$(억 원)이므로 옳지 않다.

| 오답풀이 |

② 기업 A의 2022년 매출액은 $3×112-120-105=111$(억 원)이므로 110억 원 이상이다.
③ 기업 A의 2022년 매출액이 111억 원이므로 2022년 다섯 기업의 총매출액은 111+204+205+108+261=889(억 원)이다. 따라서 매출액 평균은 889÷5=177.8(억 원)이므로 180억 원 미만이다.
④ 기업 E의 3년 평균 매출액은 (172+197+261)÷3=210(억 원)이다. 그런데 기업 A의 3년 평균 매출액이 112억 원이므로 2배 미만이다.
⑤ 기업 D의 2020년 매출액은 $3×185-207-108=240$(억 원)이다. 그런데 기업 B의 3년 평균 매출액이 204억 원이므로 30억 원 이상 많다.

🔑 문제 해결 TIP
자료 3개의 평균을 구하는 것에 대해서는 직접 계산하는 것보다 가평균을 활용하는 것이 문제 풀이 시간을 단축하는 데 효과적이다. 예를 들어 선택지 ①에서 기업 C의 2021년 매출액을 확인할 때, 3년 평균 매출액 수치가 179이므로 2020년에는 −29, 2022년에는 +26을 생각할 수 있다. 즉, 두 해는 3년 평균 매출액보다 (−29)+26=−3을 나타내고 있으므로 2021년 매출액 수치는 179+3=182임을 알 수 있다. 마찬가지로 선택지 ②에서도 기업 A의 3년 평균 매출액 수치가 112이므로 2020년에는 +8, 2021년에는 −7을 생각할 수 있다. 따라서 2022년 매출액 수치는 112−1=111임을 알 수 있다.

13
| 정답 | ⑤

주어진 [그래프]를 통해 두 꺾은선그래프의 간격이 가장 크게 벌어진 해가 2019년임을 알 수 있다. 2019년 전입자와 전출자 수의 격차는 $476-402=74$(천 명), 즉 7.4만 명이므로 7만 명 이상이다.

| 오답풀이 |

① 수도권 전출자 수는 2013~2014년과 2015~2016년에 증가하였다.
② 수도권 인구 중 자연증가(출산)와 자연감소(사망)에 관한 내용이 제시되어 있지 않으므로 수도권 인구가 증가하거나 감소하였는지의 여부는 알 수 없다.
③ 수도권 전입자 수는 2019년에 47만 6천 명으로 가장 많다.
④ 수도권 전입자 수는 2013년 대비 2019년에 476−462=14(천 명), 즉 14,000명 더 많다.

14
정답 | ⑤

㉠ 영업부와 인사부는 B업체, A업체, C업체 순으로 선호한다.

㉡ 기획부와 재무부는 C업체, A업체, B업체 순으로 선호한다.

㉢ 모든 부서에서 A업체를 두 번째로 선호하며, 전체적으로 A업체를 선호하는 직원은 39명, B업체를 선호하는 직원은 38명, C업체를 선호하는 직원은 38명으로 A업체의 선호도가 가장 높다.

🖋 문제 해결 TIP
㉢ B업체와 C업체는 순서에 관계없이 7명, 8명, 11명, 12명이 선호하므로 선호하는 직원의 수가 동일하다. 따라서 B업체, C업체 중 한 곳만 계산하면 된다. A업체는 B업체보다 영업부는 −2명, 기획부는 +2명, 재무부는 +2명, 인사부는 −1명 선호하므로 A업체를 선호하는 직원이 B업체보다 1명 더 많다. B업체와 C업체 선호 직원 수가 동일하므로 A업체를 선호하는 직원 수가 가장 많다.

15
정답 | ①

2010년 훈련 인원 중 재직자는 4,243천 명, 즉 424만 3천 명이다.

| 오답풀이 |
② 재직자에 대한 훈련 지원금이 두 번째로 많은 해는 4,741억 원인 2008년이다.

③ 훈련 인원 중 실업자 수는 2006년 대비 2010년에 304−102=202(천 명) 증가하였다.

④ 2007년 훈련 지원금 중 재직자를 대상으로 한 금액이 차지하는 비중은 $\frac{4,075}{7,713} \times 100 ≒ 52.8(\%)$이므로 절반이 넘는다.

⑤ 훈련 인원이 가장 많은 해와 훈련 지원금이 가장 많은 해는 2009년으로 동일하다.

🖋 문제 해결 TIP
④의 경우 4,075×2>8,000>7,713이므로 2007년 훈련 지원금 중 재직자를 대상으로 한 금액이 차지하는 비중이 50% 이상임을 쉽게 확인할 수 있다.

16
정답 | ②

㉠ 공공 분야의 토목 공종과 민간 분야의 건축 공종은 2018년에 전년 대비 감소, 민간 분야의 토목 공종은 2020년에 전년 대비 감소했으므로, 유일하게 공공 분야의 건축 공종만 매년 증가했다.

㉢ 공공 분야에서 2018년과 2020년의 두 공종의 수주액 차이는 다음과 같다.
• 2018년: 250−190=60(천억 원)
• 2020년: 292−228=64(천억 원)
그러므로 2020년에 더 크다.

| 오답풀이 |
㉡ 민간 분야 수주액 총합은 2021년에 179+1,379=1,558(천억 원)으로 가장 높다.

㉣ 2021년 전체 토목 공종 수주액은 356+179=535(천억 원)이고, 이 중 민간 분야가 차지하는 비율은 $\frac{179}{535} \times 100 ≒ 33.5(\%)$로 35%를 넘지 않는다.

17
정답 | ⑤

㉢ 매출액이 가장 작은 분기는 4분기로 순이익은 270−50−40=180(천만 원)이고, 매출액이 두 번째로 작은 분기는 2분기로 순이익은 280−60−40=180(천만 원)으로 동일하다.

㉣ (공헌 이익−순이익)은 '공헌 이익−(공헌 이익−고정비)=고정비'이다. 고정비는 매분기 동일하므로 매분기 순이익과 공헌 이익의 차이는 동일하다.

| 오답풀이 |
㉠ 2분기의 매출액이 4분기의 매출액보다 크지만, 2분기와 4분기 공헌 이익은 280−60=270−50=220(천만 원)으로 동일하다.

㉡ 매출액이 가장 큰 분기는 3분기로 공헌 이익은 350−100=250(천만 원)=25(억 원)이다.

🖋 문제 해결 TIP
[보기]의 ㉠~㉣ 중 비교적 확인을 빠르게 할 수 있는 ㉡과 ㉣을 먼저 확인한다. 매출액이 가장 큰 3분기의 공헌 이익은 250천만 원이므로 옳지 않다. 따라서 선택지 ②와 ⑤가 남는데 매분기 순이익과 공헌 이익의 차이는 고정비이자 분기별로 동일하다. 따라서 유일하게 ㉣이 포함된 선택지 ⑤가 정답임을 알 수 있다.

18
정답 | ④

조사 대상 중 2022년 10대 이하의 흡연자 수는 1,500×0.048=72(명)이고 음주자 수는 500×0.096=48(명)이다. 이때, 72÷48=1.5이므로 2022년 10대 이하의 조사 대상 중 흡연자 수는 음주자 수의 1.5배이다.

| 오답풀이 |
① 2012년 흡연자 조사 대상 중 20대는 1,500×0.29=435(명)이고, 30대는 1,500×0.354=531(명)이다. 따라서 구하는 흡

연율=$\frac{(435+531)}{(1,500+1,500)}\times100=32.2(\%)$이다.

② 조사 대상 중 2012년 40대의 음주자 수는 500×0.574=287 (명)이므로 300명 미만이다.

③ 조사 대상 중 2022년 60대 이상 흡연자 수는 1,500×0.406= 609(명)이므로 600명 이상이다.

⑤ 조사 대상 중 2012년 30대 음주자 수는 500×0.648=324(명) 이고, 2022년 20대 흡연자 수는 1,500×0.252=378(명)이다. 따라서 2012년 30대 음주자 수는 2022년 20대 흡연자 수보 다 적다.

> **⚡ 문제 해결 TIP**
>
> 해설과 같이 문제를 해결하기에는 계산이 복잡하고 시간 이 오래 걸릴 수 있으므로 다음과 같이 해결하도록 한다. 조사 인원수가 연령대별 1,500명씩 똑같으므로 20대의 29.0%와 30대의 35.4%의 산술평균으로 흡연율을 확인 할 수 있다. 즉, 구하는 흡연율은 (29.0+35.4)÷2=32.2(%) 이다.

19 | 정답 | ②

2020년 제품 C의 매출액은 180×1,800=324,000(천 원)이고, 제품 D의 매출액은 1,000×300=300,000(천 원)이다. 따라서 2020년 제품 C의 매출액은 제품 D의 매출액보다 높다.

| 오답풀이 |

① 2021년 제품 E의 매출액은 800×500=400,000(천 원)이다. 그런데 제품 A와 제품 B의 매출액이 각각 210×2,000= 420,000(천 원), 280×1,500=420,000(천 원)이므로 2021년 매출액이 가장 높은 제품은 E가 아니다.

③ 2019년 제품 B의 매출액은 350×1,500=525,000(천 원)이 고, 제품 C의 매출액은 150×1,800=270,000(천 원)이므로 두 제품의 매출액 차이는 525,000−270,000=255,000(천 원), 즉 255,000,000원이다.

④ 조사 기간 동안 제품 C의 판매량은 200+150+180+200= 730(천 개)이다. 그런데 제품 A의 판매량이 120+150+200 +210=680(천 개)이므로 조사 동안 가장 적은 판매량을 나타 낸 제품은 A이다.

⑤ 제품 D의 판매량은 2018년 1,200,000개이고, 2019년 800,000개이므로 2018년 대비 $\frac{(1,200-800)}{1,200}\times100≒33.3(\%)$ 감소하였다.

20 | 정답 | ⑤

2019~2021년 산업별 무역수지를 구하면 다음과 같다.

[제조업]

• 2019년: 2,400−3,000=−600(천 달러)

• 2020년: 2,000−2,000=0(천 달러)

• 2021년: 2,500−2,500=0(천 달러)

[건설업]

• 2019년: 3,600−9,000=−5,400(천 달러)

• 2020년: 3,500−6,000=−2,500(천 달러)

• 2021년: 4,000−12,000=−8,000(천 달러)

[IT산업]

• 2019년: 5,800−5,000=800(천 달러)

• 2020년: 6,100−5,200=900(천 달러)

• 2021년: 6,400−5,500=900(천 달러)

따라서 건설업의 무역수지가 잘못 표시되어 있으므로 정답은 ⑤이다.

| 오답풀이 |

① 2021년 산업별 수입액 비중은 다음과 같다.

• 제조업: $\frac{2,500}{20,000}\times100=12.5(\%)$

• 건설업: $\frac{12,000}{20,000}\times100=60(\%)$

• IT산업: $\frac{5,500}{20,000}\times100=27.5(\%)$

창의수리					P.336~343
01 ⑤	02 ③	03 ②	04 ①	05 ④	
06 ②	07 ②	08 ⑤	09 ④	10 ⑤	
11 ⑤	12 ②	13 ④	14 ①	15 ⑤	
16 ①	17 ③	18 ②	19 ③	20 ①	

01
| 정답 | ⑤

주어진 수열은 $+4$, -3, $+2$의 규칙이 반복된다. 따라서 마지막 빈칸에 들어갈 수는 $12+4=16$이다.

02
| 정답 | ③

전체 경우의 수는 4명이 5개의 조 중에서 하나를 선택하는 경우로 $5^4=625$(가지)이다.
4명 중 2명은 같은 조, 남은 2명은 각각 다른 조로 배정될 경우의 수는 '(같은 조의 2명을 1명으로 보고, 5개의 조에 총 3명이 각각 다른 조로 배정될 경우의 수) × (4명 중 2명을 뽑는 경우의 수)'이다. 그러므로 경우의 수는 $5\times4\times3\times{}_4C_2=360$(가지)이다.
따라서 직원 A~D 4명 중 2명은 같은 조, 남은 2명은 각각 다른 조로 배정될 확률은
$\dfrac{360}{625}=\dfrac{72}{125}$이다.

03
| 정답 | ②

B팀의 총원을 a라고 하면, 다음과 같은 식이 성립한다.
$\dfrac{(88\times4)+(73+a)}{(4+a)}=79$
$\rightarrow 352+73a=79(4+a)$
$\therefore a=6$
B팀의 총원이 6명이므로 C팀의 총원은 $15-4-6=5$(명)이다. 그러므로 C팀 총원의 평균점수를 x라고 하면 다음과 같은 식이 성립한다.
$\dfrac{88\times4+73\times6+x\times5}{15}=80$
$\rightarrow 790+5x=1,200$
$\therefore x=82$
따라서 C팀 총원의 평균점수는 82점이다.

04
| 정답 | ①

다음 정사각형의 각 부분을 a, b, c라고 할 때, $(a+b)\div(-2)=c$와 같은 식이 성립한다.

따라서 $\{10+(\quad)\}\div(-2)=-6$이므로, 빈칸에 들어갈 수는 $(-6)\times(-2)-10=2$이다.

05
| 정답 | ④

작년에 K제품의 정가는 10,000원, 원가는 $(1,000\times3)+(500\times2)=4,000$(원), 판매량은 1만 개이므로 작년의 매출총이익은 $(10,000원-4,000원)\times1만 개=6,000$(만 원)이다.
그리고 올해 K제품의 정가는 10,000원, 원가는 A, B부품의 가격이 각각 20%, 40% 증가했으므로 $(1,200\times3)+(700\times2)=5,000$(원), 매출총이익은 작년보다 10% 이상 증가해야 하므로 $6,000\times1.1=6,600$(만 원) 이상이 되어야 한다.
따라서 '판매량=매출총이익÷(정가－원가)'이므로 6,600만 원÷(10,000원-5,000원)$=13,200$(개) 이상 판매해야 한다.

06
| 정답 | ②

전체 직원 수는 100명이고, A~C교육 중 최대 2개까지 수강할 수 있으므로 A교육, B교육, C교육을 모두 수강하는 직원 수는 0명이다. 따라서 A교육과 C교육을 동시에 수강하는 직원 수는
• 전체 직원 수 100명: $n(U)=200$
• A교육, B교육, C교육을 수강하는 직원 수: 40명, 50명, 75명: $n(A)=40$, $n(B)=50$, $n(C)=75$
• A교육과 B교육을 동시에 수강하는 직원 수 20명: $n(A\cap B)=20$
• B교육과 C교육을 동시에 수강하는 직원 수 15명: $n(B\cap C)=15$
• A~C교육 중 최대 2개까지 수강: $n(A\cap B\cap C)=0$
따라서 $n(U)=n(A)+n(B)+n(C)-n(A\cap B)-n(B\cap C)-n(A\cap C)+n(A\cap B\cap C)$
$\rightarrow n(A\cap B\cap C)-n(U)=n(A\cap B)+n(B\cap C)+n(A\cap C)-n(A)-n(B)-n(C)=20+15+x-40-50-75$
$\rightarrow n(A\cap C)=n(A)+n(B)+n(C)-n(A\cap B)-n(B\cap C)+n(A\cap B\cap C)-n(U)$
$=40+50+75-20-15+0-100=30$(명)

따라서, A교육과 C교육을 동시에 수강하는 직원 수는 30명이다.

07
| 정답 | ②

- A: 왼쪽 톱니바퀴의 외톱니의 숫자들을 나열하면 다음과 같다.

2 2 4 5 6 11 A 23

이 수열은 홀수 항은 2씩 증가하는 수열이고, 짝수 항은 ×2+1씩 증가하는 수열이다.

그러므로 A=6+2=8이다.

- B: 왼쪽 톱니바퀴의 내톱니의 숫자들을 나열하면 다음과 같다.

18 11 22 15 30 23 46 ( )

이 수열은 −7, ×2가 반복되는 수열이다.

그러므로 ( )=39이다.

또한, 오른쪽 톱니바퀴의 외톱니의 숫자들을 나열하면 다음과 같다.

3 1 2 0 0 3 1 B

이 수열은 서로 맞물리는 '오른쪽 톱니바퀴의 외톱니 숫자를 5로 나누었을 때의 나머지'를 나열한 수열이다. B와 맞물리는 오른쪽 톱니바퀴의 외톱니 숫자는 ( )=39이고, 39를 5로 나누었을 때의 나머지는 4이다. 그러므로 B=4이다.

따라서 A+B=12이다.

08
| 정답 | ⑤

아래와 같은 규칙을 따른다.

14 9 11 8 7 3 −2 (−11)

−5 +2 −3 −1 −4 −5 −9

$-5+2=-3$, $2-3=-1$, $-3-1=-4$, $-1-4=-5$, $-4-5=-9$이다. 피보나치 수열의 규칙에 따라 수열이 형성된다. 따라서 ( )는 $-2-9=-11$이다.

09
| 정답 | ④

등산로 평지의 길이를 x km, 오르막(내리막)의 길이를 y km라고 하면 올라갈 때 평지에서 걸린 시간은 $\dfrac{x}{8}$시간, 오르막에서 걸린 시간은 $\dfrac{y}{4}$시간이므로

$\dfrac{x}{8}+\dfrac{y}{4}=1.5$

양변에 8을 곱하면 $x+2y=12$ ··· ㉠

또, 내려오는 길에 평지에서 걸린 시간이 $\dfrac{x}{9}$시간, 내리막에서 걸린 시간이 $\dfrac{y}{12}$시간이므로

$\dfrac{x}{9}+\dfrac{y}{12}=\dfrac{11}{12}$

양변에 36을 곱하여 식을 정리하면

$4x+3y=33$ ··· ㉡

$4 \times$ ㉠ $-$ ㉡을 하면 $5y=15$ ∴ $y=3$

$y=3$을 ㉠에 대입하면 $x+2 \times 3=12$ ∴ $x=6$

따라서 등산로의 길이는 $6+3=9$(km)이다.

10
| 정답 | ⑤

펌프 A와 B가 하루 동안 빼낼 수 있는 물의 양을 x, y라고 하고 전체 물의 양을 1이라 하면

$\begin{cases} 8x+18y=1 \cdots ㉠ \\ 4x+21y=1 \cdots ㉡ \end{cases}$

위의 ㉠ 식과 ㉡ 식을 연립하여 풀면 $x=\dfrac{1}{32}$, $y=\dfrac{1}{24}$이다. 따라서 펌프 A만을 작동시킬 경우 32일이 걸린다.

11
| 정답 | ⑤

주어진 숫자가 대분수이므로 가분수로 바꾸면 다음과 같다.

$1\dfrac{2}{3}=\dfrac{5}{3}$, $2\dfrac{2}{3}=\dfrac{8}{3}$, $4\dfrac{1}{3}=\dfrac{13}{3}$, $6\dfrac{2}{3}=\dfrac{20}{3}$

분자 기준으로 +3, +5, +7, ···의 규칙을 보이므로 위 규칙을 적용하면 빈칸에 들어갈 수는 $\dfrac{20+9}{3}=\dfrac{29}{3}=9\dfrac{2}{3}$이다.

12
| 정답 | ②

아래와 같은 규칙을 따른다.

8 24 32 36 38 36 32 (24)

+16 +8 +4 +2 −2 −4 −8

따라서 ( ) 안에 들어갈 수는 $32-8=24$이다.

13
| 정답 | ④

7% 농도의 소금물 300g 안에는 21g의 소금이 있고

6.6% 농도의 소금물 1,000g 안에는 66g의 소금이 있다. 따라서 A% 농도의 소금물 500g에는 45g의 소금이 있던 것이므로 A=9(%)이다.

> **🔑 문제 해결 TIP**
> 녹아 있는 소금의 양에만 집중해서 풀이하면 쉽다.

14
| 정답 | ①

보라색과 주황색 컵의 비율은 7 : 8이고, 총 150개이므로 보라색과 주황색 컵의 개수는 각각 $\frac{7}{15} \times 150 = 70$(개), $\frac{8}{15} \times 150 = 80$(개)이다. 또한 곰돌이와 꽃무늬 컵의 비율은 7 : 23이므로 개수는 각각 $\frac{7}{30} \times 150 = 35$(개), $\frac{23}{30} \times 150 = 115$(개)이다. 따라서 꽃무늬 컵의 보라색과 주황색의 비율(11 : 12)에 따라 개수를 구하면 보라색은 $\frac{11}{23} \times 115 = 55$(개), $\frac{12}{23} \times 115 = 60$(개)이므로 곰돌이 무늬 컵의 보라색과 주황색의 비율은 $(70-55) : (80-60) = 15 : 20 = 3 : 4$이다.

15
| 정답 | ⑤

먼저 8가지 색 중에서 4가지를 골라 E~H를 칠하는 경우의 수는 $_8C_4 \times (4-1)!$이다. E~H를 칠하고 나면 A~D는 원순열이 아니게 되므로 A~D를 칠하는 경우의 수는 4!이다. 따라서 8개 영역에 서로 다른 8가지 색으로 칠하는 경우의 수는
$$\frac{8 \times 7 \times 6 \times 5}{4 \times 3 \times 2} \times 3! \times 4! = 10,080(가지)이다.$$

16
| 정답 | ①

빈칸을 다음과 같이 a, b, c, d, e, f라고 하자.

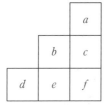

주어진 도형에서 아래에 있는 칸에 쓰인 수를 위의 칸에 차례로 적는다는 것을 알 수 있다. 즉, $b = d+e$, $c = e+f$, $a = b+c$이다.
따라서 빈칸에 들어갈 수는 $(-3)+(-1) = -4$이다.

17
| 정답 | ③

뽑은 공으로 만든 숫자가 41 이상이 되려면 십의 자리 숫자가 '4'인 경우와 '5'인 경우로 나눠 생각해야 한다.

- 십의 자리 숫자가 4인 경우
  십의 자리 숫자로 4를 뽑을 확률은 $\frac{1}{5}$이고, 일의 자리 숫자는 3, 5를 뽑아야 하므로 확률은 $\frac{2}{4} = \frac{1}{2}$이다. 따라서 $\frac{1}{5} \times \frac{1}{2} = \frac{1}{10}$이다.

- 십의 자리 숫자가 5인 경우
  십의 자리 숫자로 5를 뽑을 확률은 $\frac{1}{5}$이다.

따라서 뽑은 공으로 만든 숫자가 43 이상이 될 확률은 $\frac{1}{10} + \frac{1}{5} = \frac{3}{10}$이다.

18
| 정답 | ②

5명 중 자신의 이름이 적힌 의자에 앉을 사람 두 사람을 고르는 경우의 수는 $_5C_2 = \frac{5 \times 4}{2} = 10$(가지)이다.
나머지 세 사람을 A, B, C라고 하였을 때, (A좌석, B좌석, C좌석)에 3명 모두 다른 사람의 자리에 앉으려면 (B, C, A), (C, A, B) 2가지만 존재한다. 따라서 구하는 경우의 수는 $10 \times 2 = 20$(가지)이다.

19
| 정답 | ③

방의 개수를 x개라 하면 신입사원 수는 $(3x+5)$명이다. 방 하나에 4명씩 배정할 때 마지막 방에는 1명이 배정되었고, 2개의 빈방이 생겼다고 했으므로 $(x-3)$개의 방에는 4명이 배정되고 하나의 방에는 1명이 배정된 것이다.
정리하면 신입사원 수는 $4(x-3)+1 = 3x+5 \rightarrow x = 16$(개)
따라서 L사 신입사원 수는 $3 \times 16 + 5 = 53$(명)이다.

20
| 정답 | ①

각 항의 숫자는 4^0+3, 4^1+3, 4^2+3, 4^3+3, 4^4+3의 값으로 19 다음은 $4^3+3 = 67$이다.

정답과 해설

2025 최신판

에듀윌 취업
LG그룹 온라인 인적성검사
통합 기본서

고객의 꿈, 직원의 꿈, 지역사회의 꿈을 실현한다

에듀윌 도서몰
book.eduwill.net

• 부가학습자료 및 정오표: 에듀윌 도서몰 > 도서자료실
• 교재 문의: 에듀윌 도서몰 > 문의하기 > 교재(내용, 출간) / 주문 및 배송

베스트셀러 1위
에듀윌 토익 시리즈

쉬운 토익 공식으로
기초부터 실전까지 한번에, 쉽고 빠르게!

토익 입문서

토익 입문서

토익 실전서

토익 종합서

토익 종합서

토익 단기서

토익 어휘서

동영상 강의 109강 무료 제공